2010

中国期货市场年鉴

中国证券监督管理委员会 编

China Futures Market Yearbook (2010)

中国财政经济出版社

目 录

第一部分

综 述

第二部分

领导讲话

第三部分

文件汇编

第四部分

研究报告（摘要）

前　言

在中国证监会领导的关心和指导下，在上海期货交易所、郑州商品交易所、大连商品交易所、中国金融期货交易所、中国期货保证金监控中心和中国期货业协会等单位的大力支持下，我们在借鉴往年经验的基础上，继续编撰了《中国期货市场年鉴（2010）》。

《中国期货市场年鉴（2010）》的编写工作由中国证监会主席助理姜洋同志亲自主持，期货监管一部、期货监管二部具体负责。中国期货业协会的领导和相关同志为年鉴的编写和出版提供了大力支持，在此一并表示衷心感谢。

欢迎期货行业人员和社会各界人士对年鉴提出批评和指正，以便今后不断改进和完善。

中国证券监督管理委员会

二〇一一年八月

第五部分

交易所概况

第六部分

监控中心概况

第七部分

期货业协会概况

第八部分

期货公司概况

第九部分

附　　录

第一部分

综　　述

2010 年期货市场监管概况

2010 年，在中国证监会党委的正确领导下，期货市场认真贯彻落实科学发展观，按照“夯实基础，培育机制，加强监管，防范风险，服务实体经济发展”的总体要求，紧紧抓住股指期货上市和完善市场监管的基础性制度建设两条主线，围绕提升监管质量、防范市场风险、推进产品上市和促进功能发挥等主要方面的工作，全面推进市场监管和日常工作，较好地完成了年初全国证券期货监管工作会议部署的各项工作，期货市场运行平稳、产品创新有序推进、市场功能日益发挥。

一、市场运行情况

2010 年全年，我国期货市场共成交 15.67 亿手（单边，下同），同比增长 45.25%，成交金额 154.56 万亿元（单边，下同），同比增长 136.85%。其中，股指期货自 2010 年 4 月 16 日上市起运行平稳，全年累计成交 4587.33 万手，41.07 万亿元，分别占全市场的 2.93% 和 26.57%。与 2009 年相比，早籼稻、棉花、锌、玉米和白糖期货合约的成交量增长较为显著。

2010 年，国际大宗商品走势跌宕起伏，第一季度中美两国经济延续着强劲的复苏势头，大宗商品价格在经济前景向好的预期下维持着 2009 年以来的上升格局。进入第二季度以后，欧洲债务危机的突然爆发，改变了投资者对后市的乐观预期，大宗商品价格掉头向下，呈现震荡回落的走势。此后，由于欧洲银行压力测试结果缓解了市场对欧洲经济前景的担忧，加之投资者对美国实施新一轮量化宽松政策的预期日益升温，全球市场流动性再度泛滥，美元走势持续疲弱，国际大宗商品期货价格自第三季度开始总体呈现出震荡上涨的格局，其中，棉花、白糖、铜、黄金等多个品种期价表现强劲，连续创下历史新高。

随着国内经济的企稳回升，为了有效防止经济过热、化解通胀压力，中央银行在 2010 年上半年连续收紧流动性，加之受到国内产业结构调整、出口退税取消等因素的影响，国内大宗商品价格在上半年整体呈现震荡回落的走势。自第三季度开始，受国内经济整体向好、美元单边下跌、全球通胀预期升温以及现货市场供求关系紧张等因素的影响，国内大宗商品期货价格跟随国际期货价格大幅反弹，走出了一轮快速上涨的行情。进入第四季度，随着国务院连续出台多项措施稳定物价，以及中央银行先后采取加息、上调存款准备金率的货币政策组合拳回笼货币，国内期货价格此前强劲的上涨势头得到了一定程度的遏制。与 2009 年年末相比，上海期货交易所的黄金、铜期货主力合约价格分别上涨 24.9% 和 20.6%，铝、锌期货价格分别下跌 3.2% 和 7.9%，螺纹钢期货价格上涨 6.7%，燃料油期货价格上涨 4.9%，天然橡胶期货价格上涨 52.0%；郑州商品交易所强筋小麦期货主力合约价格上涨

20.5%，棉花、白糖、菜籽油期货价格分别上涨71.7%、22.7%和27.5%，精对苯二甲酸（PTA）期货价格上涨26.9%，早籼稻期货价格上涨10.7%；大连商品交易所黄大豆1号、豆粕、豆油、棕榈油期货主力合约价格分别上涨12.1%、13.9%、32.1%和34.5%，玉米期货价格上涨24.4%，线型低密度聚乙烯（LLDPE）期货价格下跌1.0%，聚氯乙烯期货价格上涨9.3%；中国金融期货交易所沪深300股指期货主力合约价格较上市首日挂牌基准价下跌7.12%。

二、市场监管工作情况

（一）稳步推进品种创新，顺利推出股指期货

推出股指期货是深化资本市场基础性制度建设的重大战略举措。2010年1月8日，国务院原则同意推出股指期货交易后，中国证监会按照“平稳推出和安全运行为首要目标，严格控制风险，引导投资者有序参与，不追求交易量和活跃程度，逐步发挥市场功能”的股指期货上市工作指导思想，成立上市工作领导小组及办公室，组织开展了各项上市准备工作。一是批复发布了股指期货合约、各项规则和投资者适当性制度；二是建立和落实了期现货跨市场监管协调机制，防范跨市场风险；三是发布证券公司和基金公司参与股指期货的指引；四是拟定IB准入条件和分步实施方案，组织对派出机构和IB进行培训，精心组织开户工作，做好现场督导，严格落实投资者适当性制度；五是深入开展投资者教育和舆论引导工作，为股指期货上市创造良好的氛围。2010年4月8日，股指期货顺利启动；2010年4月16日，股指期货合约在中金所正式挂盘交易。

股指期货上市后，市场总体运行平稳，初步实现了平稳上市和安全运行的预期目标。客户开户工作平稳有序，投资者理性参与交易；价格运行理性，期现货价格相关性良好；合约交割平稳、顺利，交割量较小。股指期货市场服务股票市场的功能逐渐显现，证券公司、基金专户等特殊机构投资者、一般法人客户以及自然人客户开始利用股指期货市场进行套期保值交易和风险管理，在股票市场波动中，股指期货发现价格的功能得到体现。

做好股指期货上市和监管工作的同时，指导商品期货交易所继续研究上市和国民经济相关性强、现货市场化程度高的大宗商品，对铅、焦炭、动力煤、甲醇等开展期货交易的可行性进行了市场调研和论证。为贯彻《国务院关于推进上海加快发展现代服务业和先进制造业建设国际金融中心和国际航运中心的意见》的精神，组织上海期货交易所对保税交割进行了全面详细论证，积极与海关总署、财政部、税务总局、外汇局等部门沟通，并于2010年11月正式批准上海期货交易开展铜、铝期货保税交割试点。截止到2010年年底，我国期货市场上市品种达到24个，其中，商品期货品种23个，金融期货品种1个。

（二）强化市场监管，守住不发生系统性风险的底线

一是强化每周市场运行分析例会制度，对每周期货市场运行情况进行全面分析评估，针对市场运行特点制定相关工作计划。组织召开期货交易所业务监管座谈会，分析期货市场运行情况，讨论期货市场监查工作，督促交易所加强风险防范、完善相关制度、打击违法违规行为。二是加强交割仓库监管工作，确保交割工作稳定运行。督促交易所落实交割仓库年审工作，进一步完善年审方式、内容和程序；指导交易所完善交割仓库布局和监管程序，逐步

建立健全备用库制度。三是严密监控股指期货运行情况，确保股指期货平稳运行。密切关注市场运行情况，完善监管制度，规范市场运行秩序，从严打击市场异常交易行为，扎实做好股指期货市场运作管理与监管的各项工作。指导中国金融期货交易所加大监管力度，细化监管方案，落实监管责任，加强市场培训和投资者教育；对股指期货过度交易行为进行窗口指导；及时向中国证监会领导及国务院报告股指期货首日、首月运行情况及价格大幅波动日的有关情况；向有关部委通报可能影响股指期货正常运行的各种传言，取得理解和支持。四是完成了对期货交易所绩效评价相关方案的设计，对期货交易所的监管和绩效评价工作迈上了新台阶。五是及时发现并提前化解了部分品种的潜在风险，确保了市场稳定运行。针对国庆节后期货价格连续上涨、交易规模持续扩大、市场系统性风险有所增加的情况，及时向各期货交易所发出有关通知，并现场指导和督促各交易所完善风险处置预案，切实做好维护市场稳定的相关工作。六是加强对中国期货保证金监控中心有关工作的监管和指导，督促、协调期货市场运行监测监控系统的建设进度。

（三）加强法规制度建设，推进市场监管的程序化和制度化

一是积极推动《期货法》立法和《期货交易管理条例》修订工作。广泛征求期货交易所、派出机构及期货公司意见，听取业界对《期货交易管理条例》修订的具体意见建议，配合国务院法制办财金司、会法律部推进《期货交易管理条例》修订工作，明确修改思路，提出具体修改建议。二是加强与司法机关的沟通协调，推动期货司法解释的完善，确立期货交易所指定管辖和结算担保金司法保护的新制度，为期货市场稳健运行寻求司法政策支持。三是在广泛调研和征求各方意见的基础上，共出台了8个规范交易所自律监管的工作指引，涉及信息报送、监查、规则修改、品种创新、市场异常交易行为和波动、程序化交易、交易专网规范管理以及实际控制关系账户认定等方面，通过完善制度、落实责任、明确程序，落实“强势监管”的要求。四是启动期货市场违法违规认定标准的制定工作，明确证监会和交易所的监管边界，进一步完善监管工作流程，启动了账户清理工作。五是积极配合相关部门做好中远期市场整顿规范及非法期货查处工作。期货市场的监管工作正逐步走向规范化和精细化，更具有针对性，监管质量得到了保证和提升。

（四）做精做细现有期货品种，促进市场功能发挥

一是初步建立了期货品种的评估体系，组织交易所对上市品种开展功能评估，为完善规则提供依据。二是针对一些交易规则不适应目前市场发展的现状，推动交易所对交易所章程、交易规则以及合约进行了修订，促进风险防范和功能发挥。三是为从源头上促进期货市场发挥功能，指导各交易所在准备上市新品种时，从规则体系上体现限制过度投机、鼓励方便套期保值（简称套保）、贴近实体产业的理念，强化交易所风险控制（简称风控）手段，使企业套保更为透明便捷，遏制过度投机。四是组织期货交易所对厂库交割制度进行研究，了解美国期货市场的做法，着重从降低利益冲突、防范市场风险的角度研究针对性制度措施。

（五）加快行业信息系统建设，做好市场技术保障

一是完成对期货公司落实《期货公司信息技术管理指引》情况进行了现场检查，推动

期货行业信息安全迈上新台阶。二是在“两会”、“五中全会”、“上海世博会”等重要敏感时期，协调督促各期货交易所、保证金监控中心做好信息技术风险排查工作，加强敏感时期信息安全保障工作。三是加强交易所交易专网接入和使用管理。积极参与中国证监会证信办主导的《证券期货业信息化和信息安全“十二五”规划》和《证券期货业标准体系框架》的起草工作。四是加强程序化交易的研究，启动程序化交易的报备工作。

此外，加强期货市场信息统计与研究基础设施建设，启动期货市场研究分析数据库建设。整合系统研究力量，成立了期货市场“十二五”课题研究小组。专门针对期货市场对外开放、机构投资者、商品指数交易、期货市场分析体系建设和低碳经济等市场发展的重大课题开展研究。

2010年期货公司监管概况

2010年，紧紧围绕“期货市场正处于从量的扩张向质的提升转变关键时期”的重要判断，期货公司监管工作继续深化基础制度建设，加强合规监管，切实防范风险，期货公司整体实力和行业规范发展水平进一步提高。期货公司作为期货市场功能发挥重要一环的作用进一步凸显，服务国民经济发展的能力增强。

一、做好期货公司服务股指期货上市各项准备工作

（一）加强前期调研、出台政策标准，强化中间介绍（IB）业务监管

2010年1月8日公布股指期货上市后，中国证监会陆续下发了《关于进一步加强证券公司为期货公司提供中间介绍业务管理的通知》、《证券公司为期货公司提供中间介绍业务操作指引》、《证券公司为期货公司提供中间介绍业务开业验收检查工作指引》等一系列规章制度。从强化介绍业务人员专职管理、强化证券公司与期货公司内部管理、强化一线监管三方面加强管理，形成系统的中间介绍业务监管体系，在此基础上，引导证券公司及营业部分批分步开展介绍业务，按照成熟一家、开业一家原则，批准验收了1000多家证券公司营业部开展中间介绍业务，基本满足市场需要。

（二）开展多层次、全方位的中间介绍业务培训

在股指期货上市前不到三个月的时间里，在全国22个城市有序组织了56场1.1万人次中间介绍业务培训，包括对各派出机构监管工作人员、各期货公司、证券公司管理层和一线工作人员等，确保中间介绍业务有序、高效开展。

（三）为股指期货平稳上市提供技术保障，首次在全行业开展了期货公司技术评级工作

通过近4个月工作，完成了所有163家期货公司的信息技术检查工作。通过检查，93%的期货公司达标，对未达标的公司进行了限期整改。

（四）积极开展投资者教育工作

大力推进投资者教育相关制度建设，发布了《关于进一步加强期货投资者教育工作的指导意见》；开展股指期货投资者调查工作；采取多种形式，利用各类媒体普及知识，讲解规则，揭示风险，使投资者客观了解股指期货产品功能及特征。

二、依法加强监管，不断提升期货公司合规运作水平

（一）持续加强日常监管

一是通过非现场监管强化净资本监控。在日常监管工作中，动态掌握期货公司净资本变动情况，及时跟踪相关预警信息。以严格的净资本监管，提高期货公司抗风险能力。二是通过现场监管抓重点环节。2010年8～11月，对全国期货公司营业部开展全面检查，通过检查，增强了期货营业部规范运作、防控风险意识，进一步强化了营业部监管。三是规范营业部设立审批工作，促进行业协调发展。通过下发营业部设立指引、与分类评价结果挂钩等工作，进一步规范了期货公司营业部设立审批工作，取得了良好的效果。截至2010年年底，全国期货营业部共1021家，比2009年底增加了182家。

（二）着力加强信息技术建设

一是期货公司信息技术水平与申请金融期货结算业务资格挂钩，期货公司开展创新业务试点，也必须符合相关信息技术分类要求。二是在2010年分类监管工作中，将信息技术检查中未达到最低等级要求的公司评价结果定为D，将达到最低等级要求但未达到其应该达到的更高等级要求的公司评价结果下调3个级别。三是研究期货公司信息技术日常监管政策。四是加强期货公司信息技术基础建设。

（三）顺利完成2010年期货公司分类评价

结合实际工作中的问题和监管需要，在保持分类评价试行办法稳定不变的前提下，2010年，对分类评价的操作细则进行了及时修订，进一步明确了违规使用自有资金及信息技术事件的扣分标准等细则。5～7月，组织实施了第二次分类评价工作，并向各证监局通报了各辖区公司的分类结果，全面反馈分类评价评分的调整情况，提高了评价工作的透明度。

（四）平稳推进行政许可审核工作

依法推进行政许可工作，全年完成137项行政许可事项，进一步加大行政许可工作的透明度，主动向社会公开行政许可审核工作内部工作流程和审核进展情况，积极主动接收社会监督。

（五）进一步做好风险处置和防范工作

推进四川嘉陵和北亚期货的风险处置工作。嘉陵期货风险处置完成账户清理、符合条件的客户保证金收购补偿等项工作，行政清理工作全部完成。全面启动北亚期货风险处置工作。

（六）继续加强持证企业监管

进一步理顺和厘清了境外期货业务监管职责和监管体制，在继续做好持证企业境外期货套期保值业务监管工作的同时，进一步加强了与相关部委的沟通协调，积极参与中央企业金融衍生品业务临时监管机制。

（七）研究完善保障基金，切实保护投资者合法权益

根据《期货投资者保障基金管理暂行办法》等法规和规章，研究制定了期货交易所、期货公司缴纳期货投资者保障基金的具体实施办法。发布了《关于期货交易所、期货公司缴纳期货投资者保障基金有关事项的规定》，正式启动期货投资者保障基金的筹集工作，建立健全了期货投资者保护长效机制。

三、积极提升期货公司中介服务能力，稳步推动行业创新发展和对外开放

（一）加快推进期货公司投资咨询业务试点工作

2010 年，启动了期货公司投资咨询业务立法起草工作。起草完成了《期货公司期货投资咨询管理试行办法（征求意见稿）》。通过公开征求意见、召开研讨会等形式广泛征求社会各界意见，并进一步修改了该征求意见稿和起草说明。组织中国期货业协会研究开展期货投资咨询业务相关从业资格考试、合同指引等行业自律工作。

（二）以研究推出境外代理为主线，稳步推进期货行业对外开放

2010 年以来，中国证监会就期货公司境外代理业务积极与相关部门进行多次沟通协调，通报工作方案主要思路和主要内容。就多个重大政策问题初步形成共识。同时，加强对合资期货公司、香港子公司的日常监管、信息收集和监控，完善香港子公司业务信息报送，支持香港子公司开展多牌照经营。

（三）研究期货公司客户资产管理业务试点工作

2010 年，通过充分借鉴证券、基金开展客户资产管理相关经验，中国证监会广泛征求行业内各方意见，不断调整试点工作方案，起草了有关试点管理办法草案。

第二部分

领 导 讲 话

推动资本市场改革发展的重大举措

——致中国金融期货交易所股指期货启动仪式的贺词

国务院副总理　王岐山

（2010 年 4 月 8 日）

今天，股指期货正式启动，标志着我国资本市场改革发展又迈出了一大步。这对于发育和完善我国资本市场体系具有重要而深远的意义。我对此表示热烈祝贺！

在当前极为复杂的经济形势下，推出股指期货，充分表明了党中央、国务院推进资本市场改革发展的坚定决心。股指期货是国际上成熟的金融衍生产品，流动性强、透明度高，具备价格发现、风险对冲、稳定市场等重要功能。自诞生以来，股指期货走过了近 30 年的发展历程，经受了历次金融危机的考验，没有出现大的系统性风险。目前，股指期货已发展成为全球交易量最大的期货品种。

作为一种金融衍生产品，股指期货毕竟是一把“双刃剑”，既是管理风险的工具，使用不当也极易引发风险。我们坚持把防范风险放在首要位置，既充分借鉴国际成熟的做法，又充分联系我国资本市场的实际，经过反复论证，做了大量缜密的准备工作。通过完善法制环境，强化监管，提高门槛，降低杠杆，加强投资者教育，提高投资者风险意识和承受能力，确保股指期货平稳推出。

我国资本市场诞生 20 年来，虽然经历风风雨雨，但始终不断向前发展，显示出强大的生机和活力。近年来，股权分置改革、创业板、融资融券等重大基础性制度建设不断推进，资本市场在拓宽融资渠道、优化资源配置、服务经济发展等方面，发挥着越来越重要的作用。

我们要清醒地看到，我国资本市场发育还比较稚嫩，与发达国家相比，存在较大差距，还有很长的路要走。要科学全面地认识资本市场功能，坚持市场配置资源的基础性作用不动摇；加快转变发展方式，调整结构；处理好创新与监管的关系；守住不发生系统性风险的底线，力求实现资本市场又好又快发展。

我坚信，伴随着经济持续快速发展，金融改革开放不断推进，我国资本市场的巨大潜力将进一步释放，未来发展前景会更加广阔！

稳妥推出股指期货　完善资本市场功能

《人民日报》特约评论员

（2010 年 4 月 8 日）

2010 年 4 月 8 日，股指期货在中国金融期货交易所正式启动，沪深 300 股指期货合约也将于 4 月 16 日上市交易。这是深化资本市场创新的必然结果，标志着我国金融期货市场建设迈出了关键的一步。

2010 年是我国资本市场建立 20 周年。经过多年的探索实践，我国资本市场规模、质量、活跃度、影响力、开放度大幅提升，成为全球发展最快的市场之一，在经济社会发展中发挥着越来越重要的作用。近年来，股权分置改革、新股发行体制改革、创业板和融资融券等重大基础性制度建设相继推出，完善了市场体制机制，为股指期货的推出奠定了市场基础。期货市场持续较快发展，市场功能逐步强化，市场运行总体平稳，也为推出股指期货积累了经验、创造了条件。自 2010 年 1 月 8 日国务院原则同意推出股指期货以来，股指期货主要制度均已发布实施，技术系统顺利切换上线，业务培训、投资者教育和客户开户工作全面推开，推出股指期货的时机已经成熟。

作为国际上成熟金融期货市场的基础衍生产品，股指期货的推出，有利于改善股票市场的运行机制，增加市场弹性；有利于培育市场化的资产价格形成机制，引导资源优化配置；有利于发展机构投资者队伍，维护投资者合法权益。在这次国际金融危机中，股指期货等场内衍生品市场因为运行规范、价格透明、流动性高、集中清算、监管严格，保持了平稳运行，为维护金融市场的稳定发挥了积极作用。我国发展股指期货市场，要始终坚持以科学发展观为指导，紧紧围绕深化市场功能、服务经济金融改革的目标，充分借鉴国际成熟市场的成功经验，并从国际金融危机和我国过去发展金融期货的实践中汲取经验教训，处理好虚拟经济与实体经济、市场创新与风险监管的关系，不断深化对股票市场和股指期货市场运行规律的认识，有针对性地进行制度安排，努力探索出一条既符合国际惯例、又体现中国现阶段市场特点的金融期货市场规范发展之路。

要始终坚持把风险防范放在第一位。期货等衍生品是一把“双刃剑”，既是管理风险的工具，使用不当也会成为引发风险的源头。要更加注重风险防控工作，坚持风险可测、可控、可承受，坚持发展的速度与监管的能力相适应，创新的步伐与风险控制的能力相匹配，促进股指期货市场稳定健康发展。

要始终坚持加强基础性制度建设。适应我国资本市场“新兴加转轨”的阶段性特征，不断探索完善股指期货各项制度安排，强化市场约束，逐步形成一整套适合我国经济金融发展需要的股指期货市场制度体系，夯实金融期货市场功能发挥和稳定健康发展的制度基础。

要始终坚持加强市场监管。以打击市场操纵、防范和化解风险以及促进市场功能发挥作为市场监管的重点，进一步完善跨市场监管的协作机制，切实加强一线监管，坚决打击违法违规行为，及时发现、及时制止、及时查处，全力维护公开、公平、公正的市场秩序。

我们还应清醒地认识到，作为一个新生事物，股指期货市场的发展可能会面临着许多新情况、新问题，怎样培育一个成熟、健康的股指期货市场，更好地发挥好这个市场的功能，更加有效地为整个经济社会发展服务，还有很长的路要走。市场有关各方都要关心、呵护和大力支持股指期货市场的发展，共同为其营造良好的市场环境。证券期货经营机构要严格落实投资者适当性制度的各项要求，持续深入做好投资者风险教育工作，把规则讲透，把风险讲够，引导投资者正确认识、理性参与股指期货市场。

我们坚信，在有关部门和社会各界的全力支持下，我国股指期货市场将平稳起步，为资本市场改革创新和经济社会发展作出应有的贡献。

在股指期货启动仪式上的讲话

中国证监会主席　尚福林

（2010 年 4 月 8 日）

尊敬的俞正声书记，各位来宾，各位朋友：

大家下午好！

刚才，我宣读了王岐山副总理的重要贺词，《人民日报》今天专门刊发了关于股指期货的特约评论员文章，这充分体现了党中央、国务院对资本市场改革发展的高度重视，也是对我们的巨大鼓励和鞭策。在上海世博会即将开幕之际，经过长期扎实细致的准备，经国务院同意，股指期货今天正式启动，标志着我国金融期货市场建设迈出了关键的一步。在此，我谨代表中国证监会向出席启动仪式的俞正声书记，人民银行等部委和上海市的各位领导以及在座的各位嘉宾表示热烈的欢迎！向长期以来支持资本市场改革发展工作，在股指期货筹备过程中，给予无私帮助，付出辛勤劳动的有关领导、新闻媒体、市场参与各方的同志们、朋友们表示衷心的感谢！

股指期货是以股票价格指数为交易标的的期货品种，是国际金融期货市场一个比较成熟的衍生产品。发展股指期货，有利于改善股票市场的运行机制，增加市场运行的弹性；有利于完善市场化的资产价格形成机制，引导资源优化配置；有利于培育成熟的机构投资者队伍，为投资者提供风险管理工具。经过 30 多年的发展，目前，全球已经有 32 个国家和地区的 43 家交易所上市了近 400 个股指期货合约。根据有关方面的统计，2009 年全球股指期货、期权共成交 63.8 亿手，占全球期货市场总成交量的 36%，是全球交易量最大的期货品种。近几年，随着我国在世界经济格局中的影响日益扩大，一些境外交易所先后推出了以我国 A 股价格指数为交易标的的股指期货合约。适应我国经济和资本市场发展的需要，建立金融期货等衍生产品市场，适时推出股指期货，已经成为提升我国资本市场服务国民经济全局能力的内在要求。

推出股指期货也是我国资本市场改革发展和发育创新的必然结果。经过 20 年来的探索实践，我国资本市场规模不断扩大，结构逐步优化，运行秩序明显改善，在经济社会发展中发挥着越来越重要的作用。同时也要看到，由于市场内在约束不健全，缺乏对冲风险的机制，我国资本市场长期处于单边运行的状态，制约了市场资源配置功能的充分发挥。国务院在 2004 年年初发布的《关于推进资本市场改革开放和稳定发展的若干意见》中明确提出，要“研究开发与股票和债券相关的新品种及其衍生产品”。

近年来，随着党中央、国务院一系列大力发展资本市场政策措施的贯彻落实，市场基础性制度建设不断加强，市场法制框架基本形成，市场运行的体制机制逐步完善，资本市场总体上保持了稳定健康发展的态势，为股指期货的推出创造了良好的市场条件。

2006 年 2 月，中国证监会成立了“金融期货筹备领导小组”，开始推进股指期货上市的准备工作。同年 9 月，经国务院同意，中国证监会批准成立了中国金融期货交易所，股指期货进入实质性筹备阶段。三年多来，按照“高标准、稳起步”的要求，中国证监会有关部门和中国金融期货交易所充分吸收了我国商品期货市场的经验教训，广泛借鉴了境外股指期货市场的成熟经验，在合约规则设计、技术系统建设、仿真交易演练、应急预案准备、跨市场监管机制安排等方面做了大量艰苦细致的工作，特别是针对国际金融危机的经验教训，进一步完善股指期货的规则体系。到 2009 年底，股指期货的筹备工作已基本完成。

自今年 1 月 8 日国务院原则同意推出股指期货以来，为保障股指期货平稳推出和安全运行，中国证监会、中国金融期货交易所和市场有关各方在前期工作的基础上，在以下三个方面做了针对性的安排。一是完成了主要制度规则的制定和发布实施工作。借鉴国际经验并结合我国实际，修改完善了股指期货的主要业务规则，如提高保证金、降低最低持仓限制、建立代理结算制度等等。各项制度设计集中体现了服务股票现货市场、服务机构投资者套期保值、抑制过度投机、维护市场稳定的原则和理念。在相关制度正式出台前，广泛听取了市场、有关方面和专家的意见，增强了制度的科学性和可操作性。二是全面推进了客户开户、人员培训、技术保障等工作。加强对开户合规性的监督检查，投资者开户工作总体平稳有序推进。截至 2010 年 4 月 7 日，已经有 4740 户投资者成功开立股指期货交易账户，其中，约 90% 的投资者来自商品期货市场。对期货公司、证券公司管理层以及业务骨干进行了大范围的专业培训，总计超过 6000 人次。中国金融期货交易所技术系统顺利切换上线，技术系统测试工作稳步开展，技术保障和应急响应能力明显增强。三是持续加强投资者教育和新闻宣传工作。按照“把规则讲透、把风险讲够”的原则，持续深入开展了宣传引导和投资者教育活动。建立了股指期货投资者适当性制度，引导投资者理性参与股指期货交易，从源头上深化投资者风险教育。时至今日，股指期货上市的各项准备工作已全部就绪。

各位来宾，女士们，先生们：推出股指期货是党中央、国务院从我国经济社会发展要求和资本市场阶段性特征出发，对我国资本市场体系建设作出的一项重大决定。股指期货推出后，将经历一个较长时间的培育、完善并逐步发展成熟的过程。下一步，我们将紧紧围绕国家经济社会建设全局和资本市场改革发展大局，按照王岐山副总理贺词的要求，总结和汲取国际成熟市场和我国过去发展金融期货的经验教训，坚持发展的速度与监管的能力相适应，创新的步伐与风险控制的水平相匹配，不断深化对股票现货市场和股指期货市场运行规律的认识，努力探索出一条既符合国际市场惯例，又体现中国现阶段市场特点的金融期货发展道路，促进金融改革不断深化和我国资本市场巨大潜力的进一步释放。

第一，要坚持强化风险防范不动摇，逐步发挥市场功能。发展金融衍生品，风险防范永远都是第一位的。1995 年，“百年老店”巴林银行由于交易期指的巨额亏损而倒闭。我国 20 世纪 90 年代初发展国债期货时，也曾因为风险控制不当而出现重大风险。要着眼于系统性风险的监测、监控和预警，加快建设“期货市场运行监测监控系统”，完善全市场压力测试机制。股指期货市场创新要充分考虑市场条件，更加注重风险防范和控制工作，按照风险“可测、可控、可承受”的原则，进行有针对性的制度安排和监管安排，健全应急机制和预案。在此基础上，逐步发挥股指期货市场功能，完善市场对冲机制，促进股指期货市场健康稳定发展。

第二，要坚持加强和改进市场监管，切实维护“三公”原则。股指期货推出后，股票现货市场和股指期货市场的联动作用和交织影响将给市场监管工作带来更大的挑战。要利用好股指期货市场监管协调小组的平台，加强跨市场监管，加大与宏观经济管理部门、司法机关的沟通协作，努力实现“市场信息共享、监管政策协调、监管手段同步、风险防范联动”的跨市场监管目标。要建立健全跨市场违法违规行为的调查、认定和查处的工作机制，对于市场操纵、内幕交易等违法违规行为，要细化、量化判定标准，严格执法，及时发现、及时制止、及时查处。中国金融期货交易所要认真履行一线监管职责，加强市场监测和风险控制，加强对市场运行维护的统筹管理，提高技术保障能力，确保交易正常进行。要加强对证券公司、期货公司等中介机构参与股指期货业务的监督检查，严格依法依规监管，努力提高市场透明度，保护好投资者的合法权益。

第三，要坚持完善制度规则体系，不断夯实市场健康运行的内在基础。适应我国资本市场“新兴加转轨”的阶段性特征，认真探索和完善股指期货各项制度安排，强化市场内在约束，逐步形成一套适应我国经济金融发展需要的股指期货市场制度体系。要根据市场运行中出现的新情况、新问题，不断完善相关政策措施和交易规则，确保市场平稳运行。要健全监管工作机制，促进行政监管与自律监管有机结合。要建立科学的品种创新评估机制，稳妥推进金融衍生产品的开发与创新。要积极探索投资者教育和服务工作的长效机制，普及股指期货知识，推广相关制度规则，讲清市场风险，引导投资者理性、有序参与，逐步培育成熟的投资者队伍。

各位领导、各位来宾，女士们、先生们：今天，我国股指期货市场正式起航了。作为资本市场的新生事物，它的成长壮大和功能发挥需要一个长期的过程。我们要在科学发展观的指引下，不断探索，在实践中逐步发展和完善我国股指期货市场，更好地服务经济社会发展全局。我们坚信，有党中央、国务院的正确领导，有社会各界的大力支持，股指期货市场一定能够“平稳推出、安全运行”！

谢谢大家！

在股指期货上市仪式上的致辞

中国证监会副主席　桂敏杰

（2010年4月16日）

尊敬的韩正市长、屠光绍副市长，尊敬的梅拉梅德先生，女士们、先生们：

大家上午好！

今天，沪深300股指期货合约将在中国金融期货交易所挂牌交易，这是我国金融期货市场建设进入实质运行的重要一步。在此，我谨代表中国证监会向中国金融期货交易所表示热烈的祝贺，向一贯关心支持资本市场改革发展的有关部委，上海市委、市政府以及新闻媒体的各位领导和朋友们表示衷心的感谢！

在一周前的股指期货启动仪式上，王岐山副总理的贺词为我国股指期货市场的发展与监管指引了方向，明确了目标。中国证监会尚主席对股指期货的稳定运行提出了具体要求。王副总理强调，要守住不发生系统性风险的底线。尚主席也指出，发展金融衍生品，要高标准、稳起步。为此，我们要谨慎稳妥地做好各项工作，加强监管，防范风险，确保股指期货市场平稳推出。

回顾股指期货上市筹备过程，我们立足于中国资本市场的实际，特别是针对国际金融危机的经验教训，对股指期货的合约规则、风险控制、市场监管、技术系统等设计了符合市场特点的制度安排。在结算制度方面，采取了分级结算模式。在合约规则的制定方面，既体现了符合国际通行惯例，如净资本监管、市场监测监控等，又结合中国市场实际，坚持和发扬了监控效果明显的特色做法，如保证金集中存管、开户实名制、统一开户等。在行业信息安全方面，开展了全行业的信息安全大检查，强化了技术保障能力。同时，贯彻“把适当的产品卖给适当的投资者”的理念，建立了股指期货投资者适当性制度。各项规则制度，我们都广泛征求和吸收了市场各方的意见，增强了制度设计的科学性和可操作性。

女士们，先生们，合约上市只是金融期货市场发展的起步，股指期货上市后，要更加注重风险控制和监管，注重品种培育，注重投资者权益保护，稳步推进我国金融期货市场稳定健康发展。

第一，证监会要坚持从严监管的原则。要积极研究股指期货推出后市场的新变化、新特点，不断深化监管创新和制度创新。要把打击市场操纵、防范和化解风险、保护投资者利益以及促进市场功能发挥作为市场监管的重点。要加强信息共享和监管联动，加强跨市场监管。

第二，交易所要全面强化自律监管。中国金融期货交易所要认真履行一线监管职责，严密监控市场运行，监测市场风险，组织好交易结算，维护和提高市场公信力。沪、深证券交易所要按照职责分工，落实好跨市场监管的各项工作要求。

第三，中介机构要依法合规运作。期货公司、证券公司等中介机构要严格落实投资者适当性制度的各项要求，认真履行投资者管理职责，规范运作，守法经营。

此外，参与股指期货投资交易的投资者要充分了解股指期货的产品特征和风险特点，审慎评估自身的风险承受能力，理性参与股指期货交易。

各位领导，各位来宾，女士们，先生们，股指期货在我国还是一个新生事物，从上市到成熟并发挥其功能需要一个逐步培育的过程。我们要在现有制度框架下，不断探索，深化认识，使股指期货这一金融衍生品种逐步成熟完善，使其功能逐步发挥，推进资本市场稳定运行和改革发展。

谢谢大家！

在郑州农产品期货（棉花）高峰论坛上的致辞

中国证监会纪委书记 李小雪

（2010 年 9 月 10 日）

各位来宾、各位朋友，女士们、先生们：

大家好！很高兴参加首届郑州农产品期货（棉花）高峰论坛。本届论坛以“棉花产业发展、全球市场与风险管理”为主题，对于深入研讨发挥期货市场功能，服务棉花产业发展将具有重要的现实意义。在此，我谨代表中国证监会对论坛的举办表示衷心祝贺，向参加论坛的各位来宾表示热烈欢迎！

今年是我国资本市场建立 20 周年。资本市场的建立是我国改革开放、特别是社会主义市场经济体制建设的标志性成就之一。2004 年，《国务院关于推进资本市场改革开放和稳定发展的若干意见》发布以来，在党中央、国务院的正确领导下，我国资本市场深入贯彻落实科学发展观，坚持为国民经济发展服务的大方向，不断加强和改善市场监管，资本市场的改革和发展都取得了重大成绩。

在期货市场方面，一是基础性制度建设全面推进，市场规范化程度显著提高。推动修订了《期货交易管理条例》。同时，配套修改和新制订了多项涉及期货交易所、中介机构、高管人员、金融期货业务等各方面的规章和规范性文件。创新性地建立了期货保证金安全存管监控制度，开户实名制和统一开户制度、股指期货投资者适当性制度，以及期货投资者保障基金制度、期货公司净资本监管制度、分类监管制度等。目前正在着力推进“期货市场运行监测监控系统”建设。

二是商品期货品种日益丰富，市场规模稳步扩大。目前，我国已经成功上市了 23 个期货品种。除原油外，国际市场上主要的大宗商品期货品种在我国都已上市，覆盖农产品、金属、能源和化工等诸多产业领域的商品期货品种体系基本形成。随着商品期货品种的日益丰富，市场规模也在不断扩大。2009 年我国商品期货成交量占全球总成交量的 43%，跃居全球第一。今年 1 ~8 月份，商品期货市场累计成交 18.98 亿手，成交金额 135.72 万亿元，比去年同期分别增长 49.18% 和 73.52%。

三是股指期货顺利推出，期货市场产品结构进一步完善。按照“高标准、稳起步”的要求，经过 3 年多的精心筹备，今年 4 月 16 日，我国第一个金融期货品种——沪深 300 指数期货合约在中国金融期货交易所正式上市交易，标志着我国期货市场形成了商品期货与金融期货共存互促的崭新发展格局。期货市场覆盖面由实体产业延伸到金融领域，服务国民经济的广度和深度得到了极大拓展。股指期货上市四个月来，运行总体平稳，基本实现了

“平稳推出、安全运行”的既定目标。

四是市场功能得到发挥，服务国民经济发展的能力逐步显现。在一些领域，期货价格在指导现货生产、消费和流通方面的先导作用日益显现，相关产业链企业对期货市场重要性的认识日益深入，越来越多的企业利用期货市场管理风险，实现稳定生产经营。在国际大宗商品市场上我国期货市场的铜、大豆、PTA、棉花等品种影响力不断增强。

当然，我们也清醒地认识到，只有20年成长史的中国期货市场还显得非常年轻。以新兴加转轨为基础特征的中国期货市场与境外有着100多年历史的成熟市场相比，在制度建设、市场创新、风险管理、功能发挥等各方面都存在较大差距，需要我们认真地向境外市场学习。特别是2008年全球金融危机，在境外以场内市场为主的衍生品市场由于透明度较高，监管制度严格，市场整体基本保持平稳运行的经验，更值得我们认真借鉴。

总体来看，我国期货市场经过20年的建设和发展，目前正处在由量的扩张向质的提升转变的关键阶段。当前及今后一段时期，我们要努力做好以下几个方面的工作，争取在更高层面上为国民经济发展提供优质期货服务。第一，进一步健全市场法制和加强监管。积极推动《期货法》立法工作，为完善期货市场基础性制度建设提供法律基础。进一步加强期货市场监管，加大违规案件查处打击和曝光力度，提高市场监管效果，坚决守住不发生系统性风险底线，维护“三公”原则和正常的市场秩序。

第二，深化期货产品功能发挥。研究制定上市期货品种评估办法，全面评估已上市期货品种市场运行质量和功能发挥情况。稳步推出大宗商品期货新品种。稳妥推进金融衍生产品的开发与创新。

第三，促进中介行业发展。进一步明确期货公司功能定位，支持期货公司围绕主营业务开展组织创新、服务创新和技术创新，着力提高专业中介服务能力。通过差异化政策导向扶优限劣，支持优质期货公司做优做强。适时开展期货公司资产管理业务试点，制订期货公司从事期货投资咨询业务相关办法，研究开展境外期货代理业务。

第四，改善投资者结构。积极扩大期货市场的机构投资者队伍，特别是要提高产业链企业的参与程度。借鉴股指期货投资者适当性制度，研究建立商品期货市场投资者适当性制度的可行性。继续深入开展投资者教育活动，逐步培育成熟的投资者队伍。

第五，加强人才队伍建设。人才是推动资本市场可持续发展的根本保证。当前及今后一段时期，要认真学习贯彻中央人才工作会议和《国家中长期人才发展规划纲要》，结合市场发展实际，不断加大行业人才特别是高层次人才的培养力度，努力造就一支数量足、结构优、业务精的行业人才队伍，为实现市场的创新发展、科学发展奠定坚实的人才基础。

今年也是郑州商品交易所（简称郑商所）成立20周年。回顾我国期货市场发展历程，作为国务院批准的我国首家期货市场试点单位，郑商所在探索建立具有中国特色期货市场方面作出了开拓性努力。在中国证监会统一领导下，郑商所立足国情，积极探索，科学发展，逐步建立起了以粮、棉、油、糖大宗农产品为主，兼有工业品的综合性期货交易品种体系。在郑商所上市的6个关系国计民生的大宗商品中，棉花期货是我国期货市场自1998年开始，经过6年规范整顿后，国务院同意上市交易的第一个期货新品种，也是我国期货市场步入稳步发展阶段的重要标志。棉花期货自上市以来，市场规模不断扩大，功能作用日益发挥。在服务棉花流通体制改革，支持棉花产业发展，促进棉农增收、棉企增效等方面发挥了积极作用。同时，郑州棉花期货的国际影响力也在不断增强。

党中央、国务院高度重视发展期货市场。2004 年以来，连续 7 年的中央一号文件都提出要注重发挥期货市场在引导生产、稳定市场、规避风险方面的作用。今年中央一号文件进一步明确要求“加快发展农产品期货市场”。表明了党中央、国务院对新形势下期货市场改革发展工作提出了更高要求。中央一号文件突出强调，一方面要稳定发展粮、棉、油、糖等大宗农产品生产；另一方面，明确提出要鼓励生产经营者运用期货交易机制规避市场风险。

本次郑州农产品期货高峰论坛就是按照中央要求，贯彻落实一号文件精神的一项重要举措。论坛的召开，有利于进一步增强广大产业链企业积极有序参与期货市场的意识，提高利用期货市场服务棉花产业发展的能力，也有利于进一步扩大我国期货市场的国际影响力。希望大家充分利用好这一平台，问候老朋友，结识新朋友，探讨合作，交流经验，为进一步发挥农产品期货市场功能，更好地服务实体经济发展建言献策。

借此机会，我要特别感谢河南省委、省政府长期以来对资本市场，尤其是对郑州商品交易所改革发展的大力支持。向关心中国证监会工作的国家有关部委和各级地方党委、政府致以诚挚的谢意。同时，我也要向参加本次论坛的各位来宾表示衷心的感谢！期货市场的稳定健康发展，离不开大家的关心和支持。希望大家在今后一如既往地关心和支持中国证监会的工作。我们愿意和社会各界一起，继续积极稳妥推进资本市场改革与发展，为促进国民经济又好又快发展作出新贡献。

最后，预祝首届郑州农产品期货（棉花）高峰论坛取得圆满成功！

谢谢大家！

在期货公司及证券公司股指期货培训班上的讲话

中国证监会主席助理　姜　洋

（2010 年 1 月 24 日）

同志们：

2010 年 1 月 8 日，中国证监会召开新闻发布会，宣布国务院原则同意推出股指期货品种，同时明确了上市准备工作需要 3 个月左右的时间。目前，股指期货上市的各项准备工作正在有条不紊地推进之中，投资者适当性制度、股指期货合约及规则细则等已经或正在公开征求意见，准备工作很快就将进入投资者开户阶段。做好投资者开户工作，是保障股指期货顺利上市和平稳运行的重要一环，期货公司和从事股指期货中间介绍业务的证券公司任务艰巨，责任重大。为深入落实投资者适当性制度，扎实推进开户工作，我们专门分层次举办了期货公司和证券公司各类人员的系列培训班。昨天，期货公司的董事长、总经理和证券公司分管 IB 业务的副总已经进行了首期培训。借这个机会，我对期货公司和证券公司股指期货的推进工作谈几点意见：

一、推出股指期货对于资本市场改革发展意义重大

稳妥推出股指期货既是贯彻落实《国务院关于推进资本市场改革开放和稳定发展的若干意见》精神的重要体现，也是深化资本市场基础性制度建设的战略举措。“国九条”明确指出，研究开发与股票和债券相关的新品种及其衍生产品。经过近 30 年的不断完善，交易机制和风险控制措施已较为成熟，产品简单、透明度高、监管严格，大力发展包括股指期货在内的场内衍生品市场成为国际趋势。股指期货具有健全股票市场价格形成机制和对冲股票市场价格风险的功能。股指期货推出后，随着其功能的逐步发挥，将给我国证券市场和期货市场带来转折性的变化，对深化我国资本市场改革发展意义重大。

成熟的股指期货市场大概有如下五方面的作用。

一是有利于形成股票市场的“内在稳定器”机制。长期以来，我国股票市场单边运行，缺乏稳定运行的约束机制，导致市场波动幅度较大。虽然股指期货推出后，总体上不会改变股票市场长期运行的趋势，但由于股指期货提供了多空双向交易机制，在股市非理性上涨时，投资者的看空预期可以在期货市场上实现，起到平抑股价的作用；在股市非理性下跌时，又能通过期货市场做多给予市场支撑。这种内在制衡机制有利于增加市场弹性，促进股市平稳运行，避免因暴涨暴跌而损害到实体经济。

二是有利于形成股票市场市场化的价格形成机制。期货市场具有价格发现的重要功能，

推出股指期货有利于股票市场更加科学、合理地发现价格，逐步形成市场化的资产定价机制。而资本市场也只有成为资产、资本的价格发现场所，才能真正成为实体经济的“晴雨表”，才能为市场化配置资源，建立健全市场经济体制发挥积极作用。

三是有利于培育股票市场成熟的机构投资者队伍。成熟股指期货市场经验表明，股指期货先作为一种风险管理和对冲工具，有利于机构投资者的投资组合和套期保值。股指期货上市后，可以为我国股票市场增加新的投资工具和风险管理工具，促进机构投资者的成熟，更好地发挥其稳定市场的重要作用。

四是有利于完善股票市场的内在体制机制。一个完整意义上的股票市场，应该包括股票发行一级市场、股票交易二级市场和管理股市风险的股指期货市场。这三个市场有机协调、相伴共生、功能互补。全球大多数股票市场都是由这三个市场组成的，一级市场实现了筹资，二级市场实现了资产定价和优化配置，而股指期货市场则实现了股市风险的分割、转移和再分配。股指期货市场以期货交易的机制使股市风险可表征、可分割、可转移和可管理，对于维护股市稳定健康和可持续发展具有积极作用。

五是有利于完善期货市场体系。经过这些年来的规范发展，我国商品期货市场持续稳定健康发展，服务国民经济发展的能力逐步显现。推出股指期货，促进金融期货市场平稳起步，将有利于拓展期货公司业务范围，增强期货公司做优做强的能力，也将有利于完善期货市场的市场结构，形成商品期货市场与金融期货市场协调发展的新局面。

二、珍惜机遇，严控风险，全力确保股指期货平稳推出

从 2001 年证监会组织开展股指期货交易可行性研究算起，股指期货的研发和筹备工作已近 9 年时间。这期间，资本市场各项重大改革稳步推进，市场内外部环境发生了积极变化；商品期货市场法规制度不断完善，监管机制逐步健全，规范发展能力进一步增强；股指期货从研发到筹备，期间又经历了应对国际金融危机的实践，监管部门和市场各方对衍生品风险的认识和运行规律的把握更加深刻。当前，国内外经济金融形势总体平稳，推出股指期货面临着十分有利的内外部条件。

（一）当前推出股指期货时机已经成熟

1. 资本市场体制机制的不断完善，为推出股指期货创造了良好的市场环境。

近年来，根据党中央、国务院的决策部署，证监会认真贯彻落实“国九条”精神，坚持“标本兼治、远近结合、内外并重”的方针，坚定不移地强化资本市场基础性制度建设。股权分置改革从根本上解决了股票市场定价机制扭曲的问题，为股指期货的推出奠定了现货市场基础。随着股权分置改革基本完成，目前我国股市流通股市值已经超过了非流通股市值，占到总市值的 64%。在全流通的市场条件下，发行制度改革、推出创业板等重大政策措施的出台，进一步完善了市场体制机制，夯实了资本市场稳定健康发展的内在基础，在这样的背景下推出股指期货已经水到渠成。

2. 期货市场法规制度逐步健全，市场监管不断加强，具备了推出股指期货交易的制度环境。

一是符合中国市场实际的期货市场法规体系基本形成，《期货交易管理条例》及配套规章和规范性文件的陆续出台，为我国推出包括股指期货在内的金融期货奠定了法规基础。二

是期货市场基础制度不断健全。成立了期货保证金监控中心，推行具有中国特色的期货保证金存管监控制度；建立严格的期货开户实名制和统一开户制度；建设期货市场运行监测监控系统，提高了市场分析和风险防范能力；实施以净资本为核心的风险监管制度和期货公司分类监管制度。三是监管工作机制进一步完善，监管水平不断提高。建立了证监会机关、派出机构、期货交易所、监控中心和期货业协会“五位一体”监管工作机制，优化了监管资源，提高了监管效率。现行的法规制度和监管体系经受住了国际金融危机的考验，增强了股指期货顺利推出和平稳运行的信心。

3. 股指期货各项筹备工作已经就绪，具备了推出股指期货的现实条件。

2006 年 1 月，证监会成立了“金融期货筹备领导小组”，开始推进股指期货上市的工作。2006 年 9 月，经国务院同意，证监会批准成立了中金所。按照“高标准、稳起步”的要求，完成了合约规则制定、技术系统建设，建立了跨市场监管协作机制，开展了大规模的投资者教育活动。同时，开展了三年多的仿真交易，既检验了合约、完善了规则、优化了风险控制制度，还对交易所和期货公司技术系统的安全性、可靠性进行了全面测试和实战演练。一年多来，中金所认真反思了此次国际金融危机的教训，强化了风险控制措施，完善了应急处置预案，加强了技术系统保障。目前各项筹备工作基本完成。

当前，中央应对国际金融危机、保持经济平稳较快发展的一揽子计划取得了明显成效，经济回升向好的趋势不断巩固。股票市场运行总体平稳。此时推出股指期货交易，对投资者的心理影响较小，对股票市场产生剧烈冲击的可能性不大。但是今年我国宏观经济形势可能较为复杂，资本市场运行面临的不确定、不稳定因素较多，要珍惜当前难得的机遇，稳妥推出股指期货。

（二）要十分注重风险防范，确保股指期货平稳推出

期货等金融衍生品是一把“双刃剑”，既能管理风险，使用不当也会引发风险。1995 年，巴林银行因内控不严，一个交易员在日经 225 股指期货上亏损近 15 亿美元，导致一家百年银行破产，震惊了国际金融市场。这次国际金融危机的教训再次告诉我们，衍生品本身是个好东西，但失去监管就会变异，就会放大风险。我国 20 世纪 90 年代发展国债期货时，因为风险控制缺失、监管不到位而酿成了“3・27 事件”，从此我国金融期货市场陷入停滞达 10 多年之久。因此，发展金融衍生产品，风险防范永远都是第一位的，要十分珍惜来之不易的机会，切实强化风险防范工作，确保股指期货平稳推出。

尽管各期货公司、证券公司筹备股指期货已经有三年多的时间了，但是当前我们仍然要把风险防范放在十分突出的位置。证监会确立了以平稳推出和安全运行为首要目标，明确了严控风险、引导投资者有序参与的指导思想。各项制度设计也体现了从严从紧的思路，其目的只有一个，千方百计保障股指期货平稳上市。各期货公司、证券公司要对照证监会和交易所的要求，进一步检视各项业务准备工作，全面细致地梳理内控制度、风险控制体系、业务操作流程、技术系统等各个环节，做好风险隐患排查工作，完善应急预案，确保无一遗漏，万无一失。

股指期货推出后，将给股票市场运行带来一系列深刻的变化，对投资者行为、股票市场估值、市场预期和市场文化等影响深远，特别是对股票市场投资者原有的投资理念冲击巨大。如果这些股票市场的投资者进入股指期货市场，对期货交易的理念和机制有一个熟悉的

过程，若出现巨额损失将可能成为市场和社会的不稳定因素。因此，深化投资者教育，特别是针对中小投资者的风险教育非常迫切，要按照“把规则讲透、把风险讲够”的原则，持续深入地开展投资者教育工作。

当前，一项十分重要的工作就是投资者开户工作。做好投资者开户工作就等于股指期货上市工作成功了一半。各期货公司、证券公司要精心准备，打赢这一场硬仗。股指期货市场不是一个大众市场，这是一个被西方发达市场定义为高杠杆、高风险、高收益的市场，是一个对投资者风险承受能力要求很高的市场，不适合一般投资者参与。欧美及日本等国监管部门对中介机构发展客户参与股指期货交易都有严格的规定，不允许金融机构发展不具备适当性条件的投资者进行交易。因此，借鉴成熟股指期货市场的经验，证监会和中金所要求期货公司必须把好入门关，期货公司必须要求参与者要熟悉产品知识与交易规则、具有较高的风险承受能力。美国次贷危机以及香港雷曼迷你债券等重大风险事件启示我们，任何金融创新必须要处理好与投资者风险承受能力的关系，妥善做好相关制度安排，将适当的产品销售给适当的投资者。各期货公司、证券公司在开户环节要严格落实好投资者适当性制度，综合评估投资者对股指期货的认知程度、接受程度和风险承受程度，从源头上深化投资者风险教育，有效避免投资者盲目入市，真正做到保护投资者的合法权益。

三、下一步工作要求

推出股指期货是资本市场一项重大的制度创新。无论是对于监管部门、交易所，还是对于期货公司、证券公司等市场主体而言，我们都面临着一个全新的市场，新情况、新变化，新问题、新矛盾将不断出现。现有的制度设计、风控措施、技术系统等，都需要接受新的实践检验。我们应当按照“以平稳推出和安全运行为首要目标，严格控制风险，引导投资者有序参与，不追求交易量和活跃程度，逐步发挥市场功能”的指导思想开展股指期货交易。目前，各期货公司、证券公司热情都很高，盲目乐观情绪蔓延，急躁冒进，大干快上，开户下指标、定任务的苗头性倾向有所显现。这与我们稳妥推出股指期货的指导思想是背离的、也是有害的。市场各方要按照这个指导思想有条不紊地开展工作。各期货公司、证券公司要切实增强使命感和责任感，严格落实各项监管要求，切实履行中介机构的职责，与监管部门、交易所一道，共同推进股指期货市场平稳起步。

（一）要严格贯彻落实投资者适当性制度

实施投资者适当性制度，事关股指期货的顺利推出和上市后的平稳运行，对于防控市场风险、保护投资者权益具有十分重要的意义。各期货公司、证券公司要认真学习领会投资者适当性制度的精神实质，进一步完善内控、合规制度，把适当性制度的各项要求落到实处。期货公司是落实投资者适当性制度的主要责任主体，总经理是第一责任人。要根据证监会、中金所和中期协的有关规定，严格执行投资者适当性制度，建立以了解客户和分类管理为核心的客户管理和服务制度。从事期货中间介绍业务的证券公司也要建立相应的内控、合规制度，严格执行投资者适当性制度的相关要求。在制度的执行过程中，要严防把关不严，协助客户弄虚作假；更要严防形式主义，走过场。

投资者适当性制度的落实情况，是期货公司、证券公司内控和合规管理的重要内容，将直接与分类监管评价挂钩。中金所、各证监局将从严监管，加大对制度执行情况的检查力度，对于违法违规行为，发现一起，查处一起，决不姑息。中金所将对违反适当性制度的会员公司采取警示、暂停受理申请开立新的交易编码等自律措施。证监局也将对违反适当性制度的期货公司、证券公司采取谈话提醒、限期整改、限制业务等监管措施，情节严重的，还要依法进行行政处罚。同时，要加大责任追究的力度，责任到人，对工作人员负有责任的，中金所和证监局也将采取通报批评、公开谴责、暂停或撤销任职及从业资格等处罚措施。

（二）要精心组织投资者开户工作

开户环节是投资者进入股指期货市场的第一道关口。期货公司和从事期货中间介绍业务的证券公司要严把开户关，一方面要规范客户开发，加强客户风险教育，持续深化客户服务，推进客户分类管理；另一方面要加强开户环节管理，明确开户业务流程和合规要求，建立开户审核工作制度和责任追究制度。投资者适当性制度的相关要求要嵌入开户环节，投资者适当性制度实施方案及相关制度报中金所和公司所在地派出机构备案，并在通过中金所的备案审查后方能正式接受客户开户。中金所将统一公布股指期货开户举报电话，接受社会监督。

各期货公司、证券公司要制定股指期货投资者集中开户的应对预案，进行充分的业务培训，组织足够的人员，布置合适的场地和设施，准备充足的开户材料，确保投资者开户工作平稳有序推进。要建立客户投诉和纠纷的处理机制，做好客户的沟通解释工作，建立与中金所的信访联动机制，配合中金所做好信访工作，将各种不稳定因素和苗头性问题消除在基层、化解在萌芽状态。

（三）要规范开展中间介绍业务

近期，证监会下发了《关于进一步加强证券公司为期货公司提供中间介绍业务管理的通知》，进一步强化了证券公司为期货公司提供介绍业务的规范运作、风险防范和监督管理。各期货公司、证券公司要加强协调配合，按照权责明确、风险可控的原则制定中间介绍业务实施的联合办法和联合规划，做好联合自查，严格依据双方的风险管理能力、技术水平确定开展介绍业务的证券公司营业部数量，成熟一家、验收一家、开业一家，有效防范中间介绍业务风险。各期货公司和通过中间介绍业务开业验收的证券公司要切实做好开户衔接工作，按照要求做好制度流程设计、开户人员准备、技术系统和内控管理等各项工作。

特别需要强调的是，股指期货推出后，大量的证券投资者可能希望短期内参与股指期货交易。各期货公司、证券公司要坚持以风险控制为核心原则，逐步共同发展符合适当性制度要求的介绍业务客户，坚决杜绝为提高市场占有率而盲目发展客户的行为。

（四）要切实保障信息系统安全

各期货公司要进一步落实《期货公司信息技术管理指引》，继续完善信息技术系统，加强信息技术系统运行维护和网络安全防护，切实保障信息技术系统的稳定性和安全性。期货公司要根据中金所的工作进展积极开展信息技术系统的升级、联网和测试工作，落实业务值守制度，做好股指期货相关技术系统的准备工作，切实确保交易正常进行。全面结算会员与交易会员要做好分级结算制度实施的测试和演练。

各期货公司、证券公司要加强介绍业务技术系统的衔接和联网测试工作，保障介绍业务技术系统的安全运行。要制定信息技术系统应急预案，加强应急演练，对上市初期可能出现的各种情况做到预研预判，应对有策，遇到突发事件要及时处置和报告。

同志们，股指期货上市工作时间紧、任务重、要求高，各期货公司、证券公司要高度重视，周密部署，狠抓落实，全力做好各项准备工作，为这项重大改革创新取得成功积极贡献力量。

在 APEC 金融监管者培训计划——新产品监管研讨会上的致辞

中国证监会主席助理　姜　洋

（2010 年 3 月 8 日）

尊敬的各位来宾，女士们，先生们：

上午好！很高兴参加 APEC 金融监管者培训计划——新产品监管研讨会。在此，我谨代表中国证监会对本次研讨会的召开表示热烈的祝贺，对远道而来的各国朋友们表示诚挚的欢迎！

金融监管者培训项目是由亚太经合组织和亚洲开发银行共同资助，面向 APEC 全体金融监管机构。中国证监会曾于 2007 年 3 月和 2009 年 3 月成功承办了“集合理财计划和对冲基金培训研讨会”以及“市场中介机构检查培训研讨会”两次培训项目。此次研讨会是在各国应对国际金融危机取得积极成果的背景下举办的 2010 年首期季度培训项目，来自亚太地区金融监管部门和有关国际组织的人员相聚上海，以新产品监管为主题，就共同关心的监管热点问题交换意见、沟通信息，我相信这对于各方增进了解、扩大共识、深化合作，具有十分重要的意义。借此机会，我将介绍中国资本市场最新发展和监管的情况，并对新产品监管问题谈点看法。

一、中国资本市场发展与监管概况

中国资本市场是伴随着中国经济改革开放而萌芽、产生和发展的。以 20 世纪 90 年代初上海、深圳证券交易所的建立为起点，20 年来，中国资本市场从无到有，从小到大，基础制度不断加强，品种体系不断健全，市场功能日益发挥，广度和深度不断拓展，整体结构和质量明显改善，逐步发展成为全球重要的新兴市场之一。

进入新世纪以来，特别是 2004 年 1 月《国务院关于推进资本市场改革开放和稳定发展的若干意见》颁布以来，中国证监会不失时机地推进了一系列资本市场综合改革举措，着力推进股权分置改革、提高上市公司质量、证券公司综合治理、大力发展机构投资者、加强市场法制建设等基础性制度建设，推动了资本市场平稳快速健康发展，有力支持了国家经济建设，促进了社会主义市场经济体系的建立和完善。国际金融危机爆发以来，中国证监会进一步加强了资本市场监管工作，积极应对国际金融危机对国内市场和各类主体的直接冲击，继续强化有利于市场稳定运行的基础制度安排，同时稳步推出创业板、新股发行制度改革等举措。中国资本市场不仅经受住了危机的挑战与考验，而且还保持了良好的发展势头，在促进经济和社会发展中发挥了日益重要的作用。与2003年末相比，中国上市公司的数量从1287家增加到1718家，增加的400多家上市公司大多数是各行业的大型骨干企业和创新型高科技企业。股票市值由4.25万亿元增加到24.4万亿元，流通市值由1.32万亿元增加到15.1万亿元，市值排名已由全球第13位上升到第3位。证券公司、基金公司等市场主体的盈利能力和抗风险能力也得到明显提升。

期货市场作为资本市场的重要组成部分，经过20世纪90年代初的创设到中后期的清理整顿，在挫折中发展起来并迅速成长起来。经过近20年的探索实践，中国期货市场已初步形成了既借鉴国际成熟市场先进经验，又符合中国市场实际的监管制度安排，比如保证金安全存管监控制度、开户实名制、统一开户制度、分类监管制度、投资者适当性制度、"期货市场运行监测监控系统"等。正是因为有了这样一套适应中国期货市场发展阶段的监管制度和监管技术，近年来期货市场保持了稳定健康发展的良好势头。"国九条"发布以来，在过去8个品种的基础上先后上市了16个关系国计民生的大宗商品期货品种，至此，除原油期货外，国际上主要的大宗商品期货品种都已在中国上市交易，覆盖农产品、金属、能源和化工的商品期货品种体系初步形成。2009年期货市场成交量和成交额分别达到了21.6亿手和130.5万亿元，从成交量看，已成为名列全球前列的商品期货市场。期货市场运行总体平稳，特别是2008年成功抵御了因国际金融危机导致的"百年一遇"系统性风险的冲击。期货市场经济功能逐步发挥，服务国民经济发展的能力明显增强。

与国际成熟市场相比，与经济发展的需求相比，中国资本市场还存在较大的差距，自身建设也还存在一些不完善之处，比如期货市场的结构问题，商品期货市场取得了比较好的发展，金融期货市场才刚刚起步。中国证监会将继续加强市场基础性制度建设，加快市场体系建设，加强市场监管，不断健全市场体制机制，努力建设一个与中国经济发展水平相匹配的，透明高效、结构合理、机制健全、功能完善、运行安全的资本市场。

二、对加强新产品监管的几点看法

这次国际金融危机爆发以来，金融产品尤其是场外衍生产品的创新过度和监管不足受到了广泛质疑，要求加强监管、提高透明度的呼声日益强烈。如何处理好创新与监管的关系又一次成为市场和监管部门关注的热点话题。创新是资本市场发展的动力和源泉，是提高市场效率的必要途径，但创新不能脱离市场发展实际，否则，将必然产生难以控制的风险，甚至会付出沉痛的代价。中国正在稳步推进股指期货上市和融资融券试点等创新工作，也同样面临着创新与监管的协调问题，希望本次研讨会能为我们提供更多的真知灼见和智慧成果。这里，结合中国资本市场的发展实际，我谈几点看法：

一是市场创新要与服务经济发展相结合。资本市场作为虚拟经济，根植于实体经济，服务于实体经济，必须与实体经济相协调。深化市场创新，必须反映经济发展的真实需求，必须遵守虚拟经济自身发展的规律。中国证监会在期货产品的发展问题上，始终坚持服务实体经济的基本原则，只有那些符合国民经济发展需要且市场条件具备的产品才能上市交易，因此，这些年来中国上市的商品期货新品种运行平稳，交易活跃，且上市数量和交易规模在国际上都是名列前茅的。

二是市场创新要与市场的承受能力相适应。市场创新需要充分考虑市场发育程度、法制诚信环境、市场主体成熟度等各种限制条件和制约因素量力而行，不能盲目创新。中国资本市场的一个突出特征就是新兴加转轨，资本约束不到位、市场约束不健全、法制诚信体系不完善等，因此，任何市场创新必须立足于这一特征，坚持走统筹兼顾、循序渐进的改革道路。同时，要保护好、实现好投资者的合法权益，我们在股指期货市场建立了投资者适当性制度，从根本上讲，就是要强化投资者风险教育，引导投资者理性参与和增强自我保护能力。

三是市场创新要与风控水平和监管能力相匹配。市场创新和加强监管是一对矛盾。市场创新对规避监管有着天然的内生需求，而加强监管是防范创新风险的重要手段。中国证监会一贯坚持在风险可测、可控、可承受的前提下，稳步推动行业产品创新、业务创新、组织创新和制度创新，既注重更新监管理念，创新监管方式，提高监管效能，防范和化解风险，又着力培育和完善市场机制，充分发挥市场机制的作用，引导和支持创新。对于即将推出的股指期货和融资融券试点，我们将切实加强监管，防范和化解风险，确保平稳推出和安全运行。

四是市场创新要加强国际监管合作。这次国际金融危机在全球范围内的迅速蔓延和传导，进一步强化了加强国际监管合作的必要性和重要性。中国证监会正根据改革开放的总体战略部署积极稳妥地推进资本市场的对外开放，重视与境外证券期货监管机构加强交流与合作，目前，我们已经与42个国家和地区签署了46个监管合作谅解备忘录。随着经济全球化的不断深入，资本市场的创新也将跨越国界，为防范和控制系统性风险，我们希望与各国金融监管部门加强合作，共同应对各种危机和挑战。

最后，祝愿各国朋友们在上海期间生活愉快！

就股指期货上市接受记者联合采访

中国证监会主席助理 姜 洋

（2010年4月8日）

记者：在当前国际社会质疑衍生品过度创新的背景下，我国推出股指期货是出于怎样的考虑？

答：衍生品市场分为场外（或柜台）衍生品市场和场内（交易所）衍生品市场。国际主流舆论认为，场外衍生品市场创新过度、监管不足，是此次国际金融危机蔓延的重要原因之一。相比之下，场内衍生品市场产品简单、交易公开透明、实行统一结算、监管严格，在金融危机中不但没有出现大的问题，而且作为有效的风险管理工具，发挥了稳定金融市场的积极作用。

长期以来，中国内地股票市场单边运行，缺乏双向的市场约束机制，市场波动幅度较大，机构投资者迫切需要推出股指期货来管理风险。股指期货是基础性的场内衍生品，为市场提供了双向制衡机制，不会改变股票市场的长期运行趋势，但有助于股票市场的平稳运行。

记者：股指期货也曾发生过巴林银行、法兴银行等重大风险事件。我国股指期货市场有哪些针对性的制度安排？

答：期货等金融衍生品是一把“双刃剑”，既是管理风险的工具，使用不当也会成为引发风险的源头。如国际上曾经发生过的巴林银行、法兴银行等重大风险事件，就是使用不当的典型。但需要说明的是，巴林银行、法兴银行等风险事件都是金融机构的个体风险，其所在的股指期货市场并没有出现此次金融危机中场外衍生品市场的结算违约等系统性风险。股指期货在20世纪80年代在美国推出，近30年来尚未发生过系统性风险。这说明，期货市场的整个制度设计是严密的，整体的风险控制机制是健全的，系统性风险能够做到可测可控可监管。股指期货是机构投资者的风险管理工具，但需要特别强调的是，机构投资者在参与股指期货交易时要有较强的风险控制意识和风险控制能力，并遵循套期保值的理念。巴林银行、法兴银行等风险事件都是因为这些金融机构内控制度不健全，过分追求投机利益而酿成的。

为保障股指期货的平稳运行，证监会在防范系统性风险和个体风险方面都有针对性措施。一方面，股指期货制度设计贯彻“高标准、稳起步”原则，引入分级结算模式，建立结算担保金制度，设定较高的保证金标准，交易标的为抗操纵性强的沪深300指数，投机持仓限额为100手，根据交易目的分类设立交易编码，实行套期保值审批，强化大户报告监管要求，进一步完善了跨市场监管机制。同时，证监会加强期货市场基础制度建设，推行期货保证金存管监控制度，实施了严格的期货开户实名制和统一开户制度，推行以净资本为核心的风险监管制度和期货公司分类监管制度。现行的制度框架和监管体系经受住了国际金融危机的考验。另一方面，在投资者适当性制度中，证监会针对巴林银行、法兴银行此类事件的个体风险，对机构投资者的内控有明确规定，要求机构投资者建立健全内控制度，规范内部决策机制，严格操作流程。因此，证监会汲取过去国际国内发展金融期货的经验和教训，在制度设计时，始终坚持把风险防范放在第一位。

记者：股指期货投资者适当性制度是一项重大的制度创新，目前实施效果如何？

答：金融期货是高风险、专业化的风险管理市场，中国内地股指期货市场的长期目标是要建成以机构投资者为主的专业化市场。为从源头上深化投资者风险教育，引导投资者理性参与，切实保护投资者的合法权益，证监会在股指期货市场建立了投资者适当性制度。从目前实施的情况看，各方面反映良好，认为制度设计科学、指标合理、流程清晰、操作性强。通过开展现场检查，期货公司等中介机构能够严格执行适当性制度的各项要求，投资者也比较理解和配合。

目前投资者开户审慎、理性，总体平稳有序。这既是适当性制度严格执行、投资者风险教育深入开展的结果，也符合新品种上市初期的一般规律。从韩国、印度、香港和台湾地区等周边市场的经验看，股指期货上市初期投资者数量都不多，交易也不太活跃，需要一定的市场培育期。从国内商品期货市场的实践看，一个新品种上市后，投资者从了解、熟悉到逐渐参与，品种从培育、完善到最终成熟也都需要较长的时间。

记者：股指期货涉及现货和期货两个市场，请问在跨市场监管方面有哪些具体措施？

答：证监会在股指期货筹备过程中始终高度重视跨市场监管问题，专门成立了由会机关相关部门、沪深证券交易所、登记结算公司、中金所和期货保证金监控中心组成的市场监管协调小组，以加强跨市场监管。为防范跨市场操纵，在标的指数选择、每日结算价和交割结算价的确定、持仓限额和大户报告等方面都有针对性的监管措施。中金所还与沪深证券交易所、登记结算公司、监控中心建立了跨市场联合监管机制和跨市场数据交换平台，落实信息交换、风险预警、风险控制、应急预案等跨市场监管要求，努力实现“市场信息共享、监管政策协调、监管手段同步、风险防范联动”的跨市场监管目标。股指期货上市后，证监会还将继续加强跟踪分析和市场研究，及时根据市场的运行情况，不断完善相关制度和措施，以确保股票市场和股指期货市场协调发展、平稳运行。

记者：机构投资者是股指期货市场的参与主体，证监会对机构投资者参与政策有何考虑？

答：在股指期货制度设计中，证监会充分考虑了各类机构投资者参与的需要。符合法规规定和监管要求的机构投资者，在条件具备、准备充分后都可以参与股指期货交易。目前，证券公司、证券投资基金等参与股指期货的政策规定征求意见工作已经完成。证监会正在根据反馈意见进行修改和完善，不久将陆续发布实施。同时，证监会也向有关监管部门及时通报了股指期货进展情况，积极推动和配合有关监管部门研究出台相关政策。

记者：股指期货上市将对上海国际金融中心建设产生怎样的影响？

答：上海国际金融中心建设是一项国家战略。上市股指期货，有助于完善上海的金融市场体系和结构，增强上海金融中心的服务能力；有助于加快上海的金融集聚，吸引金融机构、人才、资金和信息汇集，进一步巩固和增强上海作为金融中心的竞争力和国际影响力。证监会将切实加强监管，防范市场风险，确保股指期货市场的平稳运行，为上海国际金融中心建设作出积极贡献。

稳步发展期货市场 服务实体经济健康发展

——在第七届上海衍生品市场论坛上的讲话

中国证监会主席助理 姜 洋

（2010 年 5 月 28 日）

尊敬的各位领导，各位来宾，女士们，先生们：

上午好！很高兴出席由上海期货交易所主办的第七届上海衍生品市场论坛。上海衍生品市场论坛自 2004 年创办以来，已连续成功举办了六届，正日益成为中国期货市场展示发展成就、深化产业服务、促进国际交流的重要平台和窗口。在此，我谨代表中国证监会对本届论坛的成功召开表示衷心的祝贺！对参加论坛的中外同行及有关方面的领导、专家和企业家表示热烈的欢迎！本届论坛的主题是“全球经济复苏与商品期货市场”，下面，我就稳步发展期货市场、更好地服务于实体经济健康发展谈几点意见：

一、我国期货市场服务实体经济的能力初步显现

2004 年《国务院关于推进资本市场改革开放和稳定发展的若干意见》发布以来，在国家“稳步发展期货市场”方针的指引下，中国证监会不断加强期货市场基础性制度建设，稳步推进新产品上市和加强市场风险监管，期货市场逐步进入了持续稳定健康发展的轨道，期货市场与现货市场、实体产业的融合度不断提高。国际金融危机爆发以来，中国期货市场继续坚定不移地推进改革创新，在积极应对危机、维护平稳运行的同时，进一步增强了服务国民经济发展的能力。

一是产品结构日益完善，市场规模稳步扩大。目前，我国已成功上市了 23 个期货品种，除原油外，国际市场上主要的大宗商品期货品种在我国都已上市，覆盖农产品、金属、能源和化工等诸多产业领域的商品期货品种体系基本形成。同时经过 3 年多的精心筹备，4 月 16 日，我国第一个金融期货品种——沪深 300 指数期货合约在中国金融期货交易所正式上市交易，一个多月来总体运行平稳。今年前 4 个月，全国期货市场累计成交 8.6 亿手，成交金额 64.9 万亿元，同比分别增长 60% 和 124.6%，客户保证金突破 1200 亿元，投资者开户数超过 100 万户。经过这些年的规范治理，期货公司的资本实力、抗风险能力、盈利能力以及服务实体产业的能力也正日益提升。

二是市场法制基础不断加强，各项基础性制度建设全面推进。一直以来，中国证监会始终坚持把加强期货市场各项基础建设作为工作的重中之重。法规层面，根据期货市场发展新

形势的需要，推动修订颁布了《期货交易管理条例》。同时，配套修改和新制订了涉及期货交易所、中介机构、高管人员、金融期货业务等覆盖期货市场各个方面的配套规章和规范性文件。制度层面，逐步建立并完善了期货保证金安全存管监控制度、期货投资者保障基金制度、开户实名制、统一开户制度、期货公司净资本监管制度、分类监管制度、股指期货投资者适当性制度，以及正在着力推进建设的“期货市场运行监测监控系统”等。这些法规制度建设，使市场的规范化程度大大提高，为期货市场服务实体经济发展提供了有力保障。

三是市场功能逐步发挥，服务国民经济发展的能力初步显现。近年来，我国期货市场总体保持平稳运行，没有出现大的风险，特别是2008年以来成功应对了国际金融危机的冲击，市场功能逐步发挥。在一些领域，期货价格在指导现货生产、消费和流通方面的先导作用日益显现，一些较为成熟品种的期货价格已经成为国内外贸易的重要定价参考，国际影响力正在增强。相关产业链企业也越来越认识到期货市场的重要性，通过期货市场进行套期保值、管理风险的企业稳步增加。

二、积极推动期货市场的改革与发展更好地服务于实体经济

从期货市场萌芽、产生和发展的历程看，期货市场与实体经济始终紧密相连，植根于实体经济，服务于实体经济。欧洲的工业革命使伦敦成为世界性的原材料交易定价中心；美国南北战争之后，农业生产力的迅速发展产生了芝加哥这样一个世界性的农产品定价中心；20世纪70年代后的经济全球化和风险管理全球化，再次确立了北美和欧洲世界衍生品交易中心和定价中心的地位。在这次国际金融危机中，以期货市场为代表的场内衍生品市场以其监管严格、规则简单透明和注重风险管理，不仅成功地度过了金融危机的冲击，而且较好地发挥了对冲风险的功能，并为市场提供了流动性，这一点已经得到了国际社会的广泛认可。

我国期货市场只有短短十几年的发展历史，伴随着商品流通体制改革和市场经济体制改革而建立并逐步发展，已经具备了一定的规模，也逐步发挥了市场的经济功能。但离有影响力的商品定价中心还有较大距离。目前，芝加哥、伦敦的定价中心的影响力是经历了上百年的努力形成的。因此，我们要清醒地认识到，不是建立了期货市场就取得了定价中心的地位，也不是上市了期货品种就有了定价话语权。只有当相关行业的市场化程度比较高，行业上下游企业广泛参与期货交易，期货价格作为行业定价的基准才能确立，并随着对外开放的不断深化，我国期货市场在全球贸易中的定价影响力才能逐步增强。定价中心建设是一项长期而艰巨的任务，涉及经济活动的多个方面，需要全社会共同努力才能实现。当前还存在着一些制约期货市场服务经济发展的内外部因素和矛盾，需要我们共同努力去克服和解决。

从外部环境看，随着中国经济越来越深入地融入全球一体化进程中，一方面，由地缘政治、利率、汇率和原材料价格等变化引起的不确定性，导致国内各类经济实体参与期货交易进行风险管理的需求日益强烈；另一方面，我国又存在着大量的制约企业参与套期保值的法律政策障碍和体制机制矛盾，制约了企业的参与度和期货市场功能的进一步发挥。因此，迫切需要提高全社会对风险管理意义的认识，从更高的层面认识期货市场的积极作用，创造条件并采取积极有效的政策措施，促使期货市场更好地发挥其价格发现和风险管理的功能，不断增强期货市场的定价能力和话语权。

与此同时，期货市场自身也还存在一些结构性矛盾和问题。主要表现在：投资者结构不合理，以个人散户为主，现货企业参与度不高；产品结构不合理，以商品期货为主，金融期

货刚刚起步；市场规则制度还存在一些制约功能发挥的不利因素；市场中介机构服务产业的能力还需加强；监管的效率和能力也还需要进一步提高等。

三、进一步促进期货市场服务实体经济发展的措施

当前，我国期货市场运行总体平稳、交易规模快速增长。但是，我们必须居安思危、未雨绸缪，决不能忽视风险控制。此次国际金融危机的一个最重要的教训，就是国际金融市场长期以来过于强调创新和流动性，忽视了相应的监管和风险控制。我们要充分吸取这个教训，守住不发生系统性风险的底线，各项创新活动都必须有针对性的监管和制度安排，确保风险可测、可控、可承受。

当前和今后一个时期，将是我国期货市场由量的扩张向质的提升转变的关键时期。下一步，中国证监会将继续按照国家“稳步发展期货市场”的指导思想，坚持以科学发展观为指导，以服务国民经济又好又快发展为目标，以推进解决制约期货市场服务实体经济的体制性、机制性问题为重点，标本兼治，远近结合，内外并举，重点做好以下几方面工作：

一是继续坚持服务实体经济的导向，促进商品期货市场健康发展。品种的功能发挥是一个逐步的过程，新品种上市只是功能发挥的开始，后续的精心培育才能保证服务实体经济的水平和质量。交易量和市场规模要始终服务于功能发挥。要全面评估已上市商品期货品种的市场运行质量和功能发挥情况，有针对性地完善规则制度，做精做细期货品种，更好地服务于国民经济发展。要逐步建立科学的新品种上市工作机制，稳步推动国民经济发展需要、市场条件具备的商品期货新品种上市。要加强市场风险的预警和监测、监控工作，确保商品期货市场稳定运行。

二是继续坚持“高标准、稳起步、严监管”，确保股指期货安全运行。要把风险防范放在优先重要的位置，坚持发展的速度与监管的能力相适应，创新的步伐与风险控制的水平相匹配，积极研究探索股指期货市场的运行规律，进一步完善跨市场监管机制，切实加强市场一线监管，坚决打击市场操纵、内幕交易等违法违规行为，维护公开、公平、公正的市场秩序。加强市场培育和功能评估，逐步深化市场功能，服务经济金融改革全局。

三是要强化期货公司中介定位，扶优限劣，促进行业结构优化。要进一步明确期货公司作为现代金融服务企业的功能定位，以服务现货企业和产业发展为核心，支持期货公司围绕主营业务开展组织创新、服务创新和技术创新，着力提升专业化中介服务能力。深入推进期货公司分类监管，通过差异化的政策导向扶优限劣，支持优质期货公司做优做强，推动期货行业市场化整合。适时开展期货公司客户资产管理业务试点。制订期货公司从事期货投资咨询业务相关办法。研究开展境外期货代理业务。

四是要加强投资者教育，进一步完善投资者适当性管理。要积极探索投资者教育和分类管理的长效机制，严格落实股指期货投资者适当性制度的各项要求，研究建立商品期货市场投资者适当性制度。要按照“把规则讲透、把风险讲够”的原则，继续广泛深入开展投资者教育活动，普及知识，揭示风险，引导投资者理性、有序参与，维护投资者的合法权益。要大力发展期货市场的机构投资者，逐步培育成熟的投资者队伍。

在上海推进国际金融中心建设的进程中，上海市委、市政府始终高度重视并大力支持资本市场的改革发展工作，借此机会，我代表中国证监会向上海市委、市政府表示衷心的感谢。目前，举世瞩目的上海世博会正在举办，相信为期半年多的上海世博会将对上海建设国

际金融中心起到积极的促进作用。在上海“两个中心”建设的进程中，上海期货及金融衍生品市场也一定会取得更快、更大的发展。

各位来宾，各位专家，中国的发展离不开世界，世界的发展也需要中国。本届论坛的举办，为期货市场、实体经济及有关方面交流经验、探讨发展提供了一个很好的机会。我希望与会人士充分发表意见、深入开展探讨、积极寻求合作，为期货市场更好地服务于我国经济发展方式转变作出贡献。

最后，预祝本届论坛取得圆满成功。谢谢大家！

借鉴国际监管经验 稳步发展期货市场

——在境外期货监管研讨会上的讲话

中国证监会主席助理 姜 洋

（2010 年 8 月 5 日）

期货市场在国际上具有悠久的历史，累积了丰富的监管经验。无论是英国的伦敦金属交易所（London Mental Exchange，LME），还是美国的芝加哥期货交易所（Chicago Board Of Trade，CBOT），其期货市场发展的历史都超过了 100 年。这 100 多年的期货发展史，不仅是期货市场曲折发展、经济功能逐步深化的历史轨迹，也是加强期货市场监管、防范和化解风险的制度变迁之路。纵观成熟市场国家的期货发展史，其实就是一部鲜活生动的市场监管者与操纵者的博弈史。

时至今日，市场各方已经认识到，市场的自律管理是重要的，但仅仅有自律管理是不够的，还需要更强势的行政监管。所以在这次金融危机后，许多国家都在检讨过去的监管政策，都采取行动，加强监管。美国刚刚通过的金融监管法案——《多德－弗兰克华尔街改革和消费者保护法》就是一个非常重要的例子。在这次国际金融危机中，期货市场以严格的监管、较高的透明度和较强的风险管理能力经受了考验，发挥了市场机制的作用，为世界经济体的恢复性增长作出了贡献。但也应该看到，期货市场仍然有许多需要解决和完善的问题，尤其在新中国这个只有约 20 年期货发展史的国家，如何根据国情并借鉴国际成功经验，如何在促进创新的同时加强期货市场监管，如何防范和化解风险显得尤为重要。

“他山之石，可以攻玉。”总结国际期货市场监管的宝贵经验，珍惜各种学习的机会，无疑对促进我国期货市场的稳步发展、提高我国期货监管水平、更好地服务于国民经济具有积极意义。

一、我国期货市场发展与进步

2010 年，是新中国资本市场建立 20 周年。作为新兴市场的中国期货市场也有近 20 年历史，伴随着我国经济的改革开放茁壮成长，市场规模快速扩大，市场建设成效显著。

一是从品种体系建设来看，我国 4 家期货交易所（上海期货交易所、郑州商品交易所、大连商品交易所、中国金融期货交易所）上市了 24 个商品期货和 1 个金融期货品种。除石油之外，国际上主要的农产品、金属和化工等大宗商品的期货品种均已上市。金融期货发展已迈出坚实的第一步。

二是从市场规模来看，2009年商品期货成交量21亿手，同比增长58%；成交金额130万亿元，同比增长81%。2010年上半年成交量来看，我国已居全球前列，但由于期货合约价值较小、持仓量水平较低，从整体上看，我国期货市场与国际成熟市场相比仍有不小差距。

三是从中介机构发展来看，目前有期货公司164家，主要从事经纪业务。期货公司业务较为单一、综合服务能力较弱。

四是从投资者结构来看，虽然投资者开户数已超过100万户，但机构投资者偏少。需要再努力推动发展机构投资者，促进投资者结构的合理化。

五是从基础性制度建设来看，建立了以《期货交易管理条例》为核心的法规体系，设立了期货保证金监控中心，建立了具有中国特色的保证金安全存管监控制度。此外，还建立了投资者保障基金制度、期货公司净资本监管制度、股指期货投资者适当性制度等，为期货市场的可持续发展奠定了良好的基础。

六是从市场功能发挥来看，期货市场的价格发现和风险管理功能，在现货生产、流通和消费等方面的作用日益显现，一些较为成熟品种的期货价格已成为现货贸易的重要定价参考。相关现货企业日益认识到期货市场的重要作用，开始运用期货市场进行风险管理。

七是从监管体系建设来看，期货监管力量不断增强。中国证券监督管理委员会（简称中国证监会）设立了期货监管一部和期货监管二部，分别负责期货市场和中介机构的监管。在全国36家中国证监会派出机构中，有31家设立了期货处，负责各辖区的期货监管。同时，建立了“五位一体”的监管工作机制。

二、我国期货市场面临的挑战与应对策略

我国期货市场的发展，主要得益于我国经济的快速发展，得益于现货相关企业对风险管理功能的迫切要求，得益于不断强化的期货监管。期货市场在保持快速发展的同时，仍面临一些新的挑战，包括社会各个层面对发展期货市场的认识需要提高、要解决制约市场发展的制度性障碍、要着力培养专业人才，以及交易技术、全球化、监管资源不足等带来的挑战等。

下一步，中国证监会将继续与国际期货监管机构和市场机构保持良好的交流与合作，从我国实际出发，积极借鉴境外市场发展中的一些好的做法和经验，稳步推进我国期货市场的发挥，促进国民经济的可持续发展。

一是推动期货法的立法工作。行业法是行业走向成熟的重要标志和条件，是行业长远发展的依据和保障。我们要在总结中外期货市场发展经验教训的基础上，加快推进制定期货法律，为我国期货市场长远发展奠定坚实的法律基础。

二是坚守不发生系统风险的底线。要始终坚持把风险防范放在期货监管的首位。期货是一把“双刃剑”，即使是管理风险的工具，使用不当也会成为引发风险的源头。我们要更加注重风险防范及控制工作，坚持风险可测、可控、可承受，坚持发展的速度与监管的能力相适应，坚持创新的步伐和风险控制的能力相匹配，促进期货市场稳定健康的发展。

三是促进投资者结构的完善。积极引导产业链相关企业利用期货市场管理风险，研究推动各类机构参与期货交易的方式与途径创新，研究发展期货市场机构投资者，优化投资者结构，促进期货市场协调可持续发展。

四是完善市场监管。要不断强化监管，加强一线自律监管和行政监管的协调配合，完善跨市场监管合作机制，保护投资者的合法权益；维护“公开、公平、公正”原则，提高市场规范运作水平，为期货公司创造公平竞争的平台与环境，鼓励有竞争能力和发展潜力的公司通过竞争脱颖而出；要吸引和鼓励优秀人才加入期货行业，不断提升期货服务业的素质和水平。

五是加强与其他政府部门的合作。要与国家各有关部门、相关现货产业主管部门紧密合作，做好投资者教育工作，推动全社会提高对期货市场在价格发现和风险管理方面作用的认识，逐步解决制约期货市场发展的制度性障碍和体制性矛盾，营造有利于期货市场稳定发展的环境和氛围。

目前及今后一段时间，我国期货市场将处于从量的积累到质的提升的关键期。我们要抓住机遇，促进从量变到质变。我国期货市场要走向成熟，成为在国际市场上有重要影响力的市场，仍有相当长的一段路要走。我们将在境外各方的积极参与和帮助下，在国内有关方面的大力支持下，作出坚持不懈的努力！

在第五届国际油脂油料大会上的讲话

中国证监会主席助理　姜　洋

（2010 年 11 月 6 日）

尊敬的各位领导，各位来宾，女士们，先生们：

大家上午好！

很高兴参加由大连商品交易所和马来西亚大马交易所联合举办的第五届国际油脂油料大会。首先我谨代表中国证监会对大会的成功召开表示热烈的祝贺！对长期以来关心、支持期货市场发展与监管工作的各位领导、各位专家、各界朋友们表示衷心感谢！

近年来，证监会深入贯彻落实国务院《关于推进资本市场改革开放和稳定发展的若干意见》，大力推进期货市场的改革和发展，我国期货市场呈现出健康平稳运行的良好态势。期货市场规模稳步扩大，商品期货品种创新有序推进，成功上市股指期货，形成了较为完备的期货品种体系，市场法规和各项制度逐步健全，期货交易所和中介机构的管理水平和抗风险能力不断增强，期货市场服务国民经济的功能大大提升。

一是市场规模稳步扩大。今年前 10 个月，我国期货市场的成交量为 24.95 亿手，成交金额为 236.15 万亿元，同比分别增长 51.49% 和 136.74%，继续保持较快增长势头，是全球第一大商品期货市场，在国际期货市场中的影响力不断提高。截至 10 月底，期货市场的投资者开户 115.28 万户，客户保证金 1793.98 亿元。法人企业客户持仓和套期保值持仓的比例明显提高。期货交易所在确保市场平稳运行的同时，不断总结经验、完善品种、优化规则，服务实体产业。期货公司的结构进一步优化，经营管理水平和资产质量明显提高，在政策引导和市场竞争中，一批期货公司抓住机遇做优做强，脱颖而出。

二是期货品种体系初步形成。近年来，我会先后批准上市了 15 个关系国计民生的大宗商品期货品种，今年 4 月股指期货成功上市交易，标志着期货市场进入了一个新的发展阶段。至此，覆盖农产品、金属、能源、化工和金融等领域的期货品种体系初步形成，为现货企业和金融机构利用期货进行套期保值和管理风险提供了条件。

三是期货市场法规制度不断健全。目前，以国务院《期货交易管理条例》为核心的、符合中国实际的期货市场法规制度体系已基本形成。期货开户实名制、期货市场统一开户制度、期货公司净资本风险监管制度、期货公司分类监管制度、期货保证金安全存管监控制度、期货投资者保障基金制度、投资者适当性制度，以及正在推进建设的期货市场运行监测监控系统和股指期货跨市场监管制度等基础性制度建设，为期货市场的规范平稳运行提供了坚强的保障。

四是股指期货顺利上市，运行平稳。经过精心筹备，今年4月16日，股指期货在中国金融期货交易所顺利上市交易。股指期货上市后，交易活跃，运行平稳，证券公司、证券投资基金等证券市场机构投资者有序参与。截至10月底，股指期货共成交7127.49万手，总成交金额61.99万亿元。实践证明，我们在股指期货中采用的分级结算模式、结算担保金制度、投资者适当性制度以及跨市场联合监管机制等一系列的制度创新，对于防范市场风险、保障股指期货平稳运行方面是成功和有效的。

五是期货市场功能得到初步发挥。目前，我国期货市场各品种价格与国际同类商品期货价格以及现货市场价格具有较高的相关性，在国民经济发展中逐步发挥了发现价格和套期保值的功能。比如铜、铝等期货价格已成为国内有色金属生产、贸易的公认基准，期货套期保值交易是行业常规的经营手段，国内90%以上的铜加工企业参与铜的期货交易。在农产品期货方面，国内大豆贸易商50%以上参与了大豆期货交易。期货市场在促进现货市场流通秩序建立、推动农业结构调整、粮食流通体制改革及改善企业经营管理等方面都发挥了重要作用。

当前，我国期货市场正处在从规模扩张向质量提升转变的关键时期，期货市场在更高层次服务国民经济发展的条件已经具备。在刚刚结束的中共中央十七届五中全会上，党中央提出的“十二五”规划建议中再次明确提出了要稳步发展期货市场。期货市场各方要深刻领会中共中央十七届五中全会精神，在推动我国经济发展方式转变和结构调整、全面建设小康社会方面发挥作用。

从国际、国内环境看，期货市场正面临着难得的发展机遇。一方面，期货市场的地位和作用在国际金融危机的反思和总结中得到强化和提高。今年7月美国出台了新的金融改革法案，法案对期货市场和场外衍生品市场进行了明确的区分，同时要求场外市场交易产品要进行标准化，并转入集中的场所进行清算。这充分说明期货市场高透明、高流动性和低信用风险等诸多优势得到肯定，期货市场在国际金融市场体系中的地位和作用得到了进一步的巩固和提高。另一方面，快速发展的中国经济需要期货市场提供更高层次的套期保值、资产定价和风险管理服务。随着经济总量的快速增长，我国已经成为众多大宗商品的生产国、消费国和贸易国，迫切需要提高对大宗商品定价权和企业风险管理能力，这些需求为期货市场发展提供了契机。同时，金融期货市场能够完善金融资产的市场定价机制和金融机构的风险管理机制，对于深化资本市场改革具有重要意义。

下一步，中国证监会将继续按照国家“稳步发展期货市场”的指导思想，全面贯彻落实科学发展观，以“夯实基础，培育机制，加强监管，防范风险，服务实体经济”为主线，守住不发生系统性风险的底线，确保期货市场平稳运行。在深化现有期货品种功能的基础上，按照“高标准，稳起步”的原则做好期货品种的创新工作，继续研究推出符合国民经济发展需要的大宗商品期货品种。同时，加强市场机制建设，从完善期货市场法制基础、完善期货市场投资者结构，以及商品期货投资者适当性制度等方面夯实期货市场改革发展的内外部基础。

油脂油料不仅是国民经济重要的战略物资，食用油还是城乡居民重要的生活必需品。目前，国内期货市场上市的油脂油料期货包括大连商品交易所的大豆、豆粕、豆油及棕榈油期货和郑州商品交易所的菜籽油期货等5个品种，今年前10个月，这5个品种成交量合计达到4.69亿手，成交金额24.23万亿元，分别占全国商品期货市场成交总量和成交总额的

19.35%和13.91%，已经成为我国期货市场的重要组成部分。油脂油料也与农村经济、农民收入和农业发展息息相关，在当前农产品价格剧烈波动的背景下，油脂油料期货对农民和现货企业锁定风险、稳定收益，促进油脂油料产业健康发展具有重要作用，其价格发现功能也为相关决策部门提供了信号和依据。

大连商品交易所和大马交易所联合主办的国际油脂油料大会为全球油脂油料期货和现货领域的交流与合作提供了一个很好的平台，衷心希望期货业和相关现货企业能够充分利用这个平台，相互增进了解，共同促进相关期货品种做深做精，促进期货市场与现货市场的良性互动。

最后，预祝本次大会圆满成功，谢谢大家！

第三部分

文件汇编

法规、规章和规范性文件

中国证券监督管理委员会公告

［2010］4 号

现公布《关于建立股指期货投资者适当性制度的规定（试行）》，自 2010 年 2 月 8 日起施行。

中国证券监督管理委员会
二〇一〇年二月五日

关于建立股指期货投资者适当性制度的规定（试行）

第一条 为督促期货公司建立健全内控、合规制度，建立并完善以了解客户和分类管理为核心的客户管理和服务制度，保护投资者合法权益，保障股指期货市场平稳、规范和健康运行，根据《期货交易管理条例》、《期货交易所管理办法》及《期货公司管理办法》等法规、规章，制定本规定。

第二条 本规定所称股指期货投资者适当性制度（以下简称投资者适当性制度），是指根据股指期货的产品特征和风险特性，区别投资者的产品认知水平和风险承受能力，选择适当的投资者审慎参与股指期货交易，并建立与之相适应的监管制度安排。

第三条 中国证监会各省、自治区、直辖市、计划单列市监管局（以下统称各派出机构），中国金融期货交易所（以下简称中金所），中国期货保证金监控中心公司（以下简称监控中心），中国期货业协会（以下简称中期协）应当按照“统一领导、各司其职、各负其责、加强协作、联合监管”的原则，严格落实本规定的各项工作要求。

第四条 中国证监会及其派出机构对期货公司执行投资者适当性制度的情况进行监督检查。

中金所、中期协对期货公司执行投资者适当性制度的情况进行自律管理。

监控中心对期货公司执行投资者适当性制度的情况进行核查验证。

第五条　中金所应当从投资者的经济实力、股指期货产品认知能力、投资经历等方面，制定投资者适当性制度的具体标准和实施指引，并报中国证监会备案。

第六条　期货公司应当建立健全内控、合规制度，严格落实投资者适当性制度。

期货公司应当根据中金所制定的标准和指引，制定投资者适当性标准的实施方案，建立并有效执行客户开发管理制度和开户审核工作制度，完善业务流程与内部分工，加强责任追究。

期货公司应当及时将投资者适当性制度实施方案及相关制度报中金所和公司所在地中国证监会派出机构备案。

第七条　期货公司应当深化客户服务，向投资者充分揭示股指期货风险，全面客观介绍股指期货法律法规、业务规则和产品特征，测试投资者的股指期货基础知识，认真审核投资者开户申请材料，审慎评估投资者的风险承受能力，不得为不符合适当性标准的投资者申请开立股指期货交易编码。

期货公司应当建立客户资料档案，除依法接受调查和检查外，应当为客户保密。

第八条　自然人投资者应当全面评估自身的经济实力、产品认知能力、风险控制能力、生理及心理承受能力等，审慎决定是否参与股指期货交易。

法人投资者及其他经济组织从事股指期货交易业务，应当根据自身的经营管理特点和业务运作状况，建立健全内部控制和风险管理制度，对自身的内部控制和风险管理能力进行客观评估，审慎决定是否参与股指期货交易。

第九条　投资者应当如实申报开户材料，不得采取虚假申报等手段规避投资者适当性标准要求。投资者提供虚假证明材料的，应当承担相应的责任。

投资者应当遵守“买卖自负”的原则，承担股指期货交易的履约责任，不得以不符合投资者适当性标准为由拒绝承担股指期货交易履约责任。

第十条　中金所、期货公司应当加强对投资者交易行为的合法合规性管理，督促投资者遵守股指期货交易相关法律、法规、规章及中金所业务规则，持续开展投资者风险教育。

第十一条　期货公司应当完善客户纠纷处理机制，明确承担此项职责的部门和岗位，负责处理投资者参与股指期货交易所产生的投诉等事项，及时化解相关矛盾纠纷。

期货公司应当督促客户遵守法律法规，通过正当途径维护自身合法权益，不得侵害国家利益及他人的合法权益，不得扰乱社会公共秩序。

第十二条　期货公司违反投资者适当性制度要求，未能执行相关内控、合规制度的，中国证监会及其派出机构依据相关法律法规的规定，采取监管措施；情节严重的，根据《期货交易管理条例》第七十条进行处罚。

期货公司违反投资者适当性制度要求的，中金所、中期协应当根据业务规则和自律规则对其进行纪律处分。

第十三条　取得中间介绍业务资格的证券公司接受期货公司委托，协助办理开户手续的，应当对投资者开户资料和身份真实性等进行审查，向投资者充分揭示股指期货交易风险，进行相关知识测试和风险评估，做好开户入金指导，严格执行投资者适当性制度。

第十四条　期货公司和从事中间介绍业务的证券公司应当在其经营场所为投资者办理股指期货开户手续。

第十五条　中国证监会及其派出机构对取得中间介绍业务资格的证券公司进行日常监督

检查，发现证券公司违反投资者适当性制度要求的，依法采取监管措施或者予以行政处罚。

中金所对期货公司执行投资者适当性制度的情况进行检查，检查中发现从事中间介绍业务的证券公司存在违法违规行为的，应将有关情况通报相关派出机构。

第十六条 投资者适当性制度对投资者的各项要求以及依据制度进行的评价，不构成投资建议，不构成对投资者的获利保证。

第十七条 本规定由中国证监会负责解释。

第十八条 本规定自2010年2月8日起施行。

期货交易所相关文件

关于同意中国金融期货交易所开展股指期货交易的批复

证监函［2010］4号

中国金融期货交易所：

你所《关于申请上市股指期货的请示》（中金所办字［2010］8号）收悉。根据《期货交易管理条例》和《期货交易所管理办法》的有关规定，现批复如下：

一、同意你所组织股指期货交易。

二、合约具体挂牌时间在我会批复相关合约后，由你所根据市场状况和各项准备工作进展情况确定。

请你所统筹安排，精心组织，进一步做好上市前的各项准备工作，注意防范和妥善化解可能出现的市场风险，确保股指期货的顺利推出和平稳运行。

中国证券监督管理委员会

二〇一〇年一月十二日

关于同意中国金融期货交易所沪深300股指期货合约和修改《交易规则》、《违规违约处理办法》的批复

证监函［2010］38号

中国金融期货交易所：

你所《关于提请审批我所〈交易规则〉〈违规违约处理办法〉和〈沪深300股指期货合

约〉的请示》(中金所监字［2010］9号)收悉。根据《期货交易管理条例》和《期货交易所管理办法》的规定，现批复如下：

一、批准你所《沪深300股指期货合约》。

二、批准你所修改《中国金融期货交易所交易规则》和《中国金融期货交易所违规违约处理办法》。

请你所切实做好相关宣传和培训工作。在上市股指期货的各项准备工作完成后，请你所上报上市沪深300股指期货合约的申请。

中国证券监督管理委员会
二〇一〇年二月十二日

关于同意中国金融期货交易所上市沪深300股票指数期货合约的批复

证监函［2010］74号

中国金融期货交易所：

你所《关于上市股指期货的请示》(中金所办字［2010］30号)收悉。根据《期货交易管理条例》和《期货交易所管理办法》等有关规定，现批复如下：

一、同意你所上市沪深300股票指数期货合约。

二、沪深300股票指数期货合约的具体挂牌时间由你所根据市场状况及各项准备工作的进展情况确定。

三、在上市初期，你所对沪深300股票指数期货合约的保证金标准、交割、市场监控等方面和环节应当从严要求，切实防范市场操纵。

你所应当以高度负责的态度，按照“高标准、稳起步”的原则，进一步做好上市沪深300股票指数期货合约的各项准备工作，注意防范和妥善化解可能出现的市场风险，确保沪深300股票指数期货合约的平稳推出和安全运行。在组织沪深300股票指数期货合约交易过程中，如遇重大事项，你所应当及时报告我会。

特此批复。

中国证券监督管理委员会
二〇一〇年三月二十四日

关于同意上海期货交易所开展期货保税交割业务试点的批复

证监函［2010］448号

上海期货交易所：

你所《关于申请开展期货保税交割试点业务的请示》（上期交能化字［2010］311号）收悉。根据《国务院关于推进上海加快发展现代服务业和先进制造业建设国际金融中心和国际航运中心的意见》（国发［2009］19号）有关精神，批复如下：

一、同意你所在海关总署确定的海关特殊监管区域开展铜和铝期货保税交割业务试点。

二、你所应当严格遵守国家有关部门出台的政策法规，制定和完善业务规则，做好技术系统、风险控制、一线监管等各项准备工作，保障期货保税交割业务试点的平稳运行。

三、试点过程中如遇重大问题，你所应当及时报告我会。

特此批复。

中国证券监督管理委员会

二〇一〇年十二月十三日

期货公司相关文件

中国证券监督管理委员会公告

［2010］7 号

现公布《关于期货交易所、期货公司缴纳期货投资者保障基金有关事项的规定》，自公布之日起施行。

二〇一〇年三月十五日

关于期货交易所、期货公司缴纳期货投资者保障基金有关事项的规定

为建立健全期货投资者保护长效机制，根据《期货投资者保障基金管理暂行办法》（证监会令第 38 号，以下简称《暂行办法》）等有关规定，现就期货交易所、期货公司缴纳期货投资者保障基金（以下简称保障基金）的有关事项规定如下：

一、各期货交易所应根据《暂行办法》第九条、第十条的规定，按照截至 2006 年 12 月 31 日风险准备金账户总额的百分之十五缴纳保障基金的启动资金；按其向期货公司会员收取的交易手续费的百分之三缴纳以前年度（2007 年 8 月至 2009 年 12 月）应缴纳的后续资金。上海期货交易所和大连商品交易所于 2008 年 8 月已经缴纳的首批启动资金可从中扣减。各期货交易所应在本规定施行之日起 7 个工作日内将上述资金划至中国期货保证金监控中心开设的保障基金专用账户。

二、从 2010 年起，各期货交易所和期货公司应按照《暂行办法》第九条、第十条规定按季度缴纳保障基金的后续资金。期货公司暂不缴纳以前年度（2007 年 8 月至 2009 年 12 月）应缴纳的后续资金。

各期货交易所应当在每季度结束后 15 个工作日内，按其向期货公司会员收取的交易手续费的百分之三缴纳保障基金，并按期货公司代理交易额的千万分之五至十代扣代缴期货公司应缴纳的保障基金。各期货公司缴纳保障基金的比例与期货公司分类评级结果的对应关系

见附件。

三、各期货交易所应核定各期货公司在其交易所发生的代理交易额，并按各期货公司评级对应的缴纳比例计算各期货公司应缴纳的保障基金。我会将书面通知各期货交易所期货公司每年的分类评级结果，各期货交易所应在收到分类评级结果的次月起按照新比例计算各期货公司应缴纳的基金。

四、各期货交易所应按时足额缴纳应缴的和代扣代缴的保障基金，并书面通知期货公司扣缴情况，期货公司应及时补足结算准备金账户资金。各期货交易所和期货公司不得故意拖延或拒绝缴纳基金。

五、各期货交易所和期货公司应依据《企业会计准则》和相关会计制度做好会计处理工作，并依据《关于证券行业准备金支出企业所得税税前扣除有关问题的通知》（财税［2009］33号）和《关于期货投资者保障基金有关税收问题的通知》（财税［2009］68号）办理相关减免税事宜。

六、本规定自公布之日起施行。

附件：期货公司缴纳保障基金比例与期货公司分类结果对应关系表

附件：

期货公司缴纳保障基金比例与期货公司分类结果对应关系表

期货公司级别	缴纳保障基金比例
AAA 级	代理交易额的千万分之五
AA 级	代理交易额的千万分之五点五
A 级	代理交易额的千万分之六
BBB 级	代理交易额的千万分之六点五
BB 级	代理交易额的千万分之七
B 级	代理交易额的千万分之七点五
CCC 级	代理交易额的千万分之八
CC 级	代理交易额的千万分之八点五
C 级	代理交易额的千万分之九
D 类	代理交易额的千万分之十

行政许可文件（目录）

22. 关于核准李泽侯期货公司首席风险官任职资格的批复（证监许可［2010］460号）
23. 关于核准韩雪期货公司首席风险官任职资格的批复（证监许可［2010］461号）
24. 关于核准国泰君安期货有限公司变更注册资本的批复（证监许可［2010］556号）
25. 关于核准东吴期货有限公司变更注册资本的批复（证监许可［2010］557号）
26. 关于核准第一创业证券有限责任公司为期货公司提供中间介绍业务资格的批复（证监许可［2010］558号）
27. 关于核准中国国际金融有限公司为期货公司提供中间介绍业务资格的批复（证监许可［2010］559号）
28. 关于核准浙江省永安期货经纪有限公司变更股权的批复（证监许可［2010］560号）
29. 关于核准广永期货有限公司变更注册资本和股权的批复（证监许可［2010］563号）
30. 关于核准华鑫期货有限公司金融期货经纪业务资格的批复（证监许可［2010］564号）
31. 关于核准方正期货有限公司金融期货经纪业务资格的批复（证监许可［2010］565号）
32. 关于核准甘肃陇达期货经纪有限公司金融期货经纪业务资格的批复（证监许可［2010］566号）
33. 关于核准红塔证券股份有限公司为期货公司提供中间介绍业务资格的批复（证监许可［2010］582号）
34. 关于核准广发期货有限公司变更注册资本的批复（证监许可［2010］583号）
35. 关于核准安徽徽商期货经纪有限公司变更注册资本和股权的批复（证监许可［2010］584号）
36. 关于核准北京首创期货有限责任公司变更股权的批复（证监许可［2010］585号）
37. 关于核准甘肃陇达期货经纪有限公司变更注册资本和股权的批复（证监许可［2010］600号）
38. 关于核准国海良时期货有限公司变更股权的批复（证监许可［2010］601号）
39. 关于核准鲁证期货有限公司变更注册资本和股权的批复（证监许可［2010］602号）
40. 关于核准新湖期货有限公司变更注册资本和股权的批复（证监许可［2010］603号）
41. 关于核准栾铁夫期货公司首席风险官任职资格的批复（证监许可［2010］639号）
42. 关于核准银河期货经纪有限公司变更注册资本的批复（证监许可［2010］730号）
43. 关于核准湘财祈年期货经纪有限公司变更股权的批复（证监许可［2010］737号）
44. 关于核准经易期货经纪有限公司变更注册资本和股权的批复（证监许可［2010］757号）
45. 关于核准金鹏期货经纪有限公司变更注册资本和股权的批复（证监许可［2010］758号）
46. 关于核准中国国际期货有限公司变更注册资本的批复（证监许可［2010］761号）
47. 关于核准中信建投期货经纪有限公司变更注册资本的批复（证监许可［2010］772号）
48. 关于核准深圳金汇期货经纪有限公司金融期货经纪业务资格的批复（证监许可［2010］773号）
49. 关于招金期货有限公司金融期货经纪业务资格的批复（证监许可［2010］774号）
50. 关于核准上海金源期货经纪有限责任公司金融期货经纪业务资格的批复（证监许可［2010］775号）

51. 关于核准上海大陆期货有限公司变更股权的批复（证监许可［2010］785号）

52. 关于核准宁波杉立期货经纪有限公司变更注册资本和股权的批复（证监许可［2010］846号）

53. 关于核准李雅婷期货公司首席风险官任职资格的批复（证监许可［2010］847号）

54. 关于核准曹晓红期货公司首席风险官任职资格的批复（证监许可［2010］850号）

55. 关于核准中谷期货经纪有限公司变更注册资本和股权的批复（证监许可［2010］851号）

56. 关于核准长城伟业期货有限公司变更注册资本的批复（证监许可［2010］855号）

57. 关于核准安信期货有限责任公司变更股权的批复（证监许可［2010］856号）

58. 关于核准金瑞期货有限公司变更注册资本和股权的批复（证监许可［2010］897号）

59. 关于核准山西三立期货经纪有限公司变更注册资本和股权的批复（证监许可［2010］898号）

60. 关于核准上海东证期货有限公司变更注册资本的批复（证监许可［2010］899号）

61. 关于核准上海永大期货经纪有限公司变更注册资本的批复（证监许可［2010］900号）

62. 关于核准刘洁期货公司首席风险官任职资格的批复（证监许可［2010］909号）

63. 关于核准周静期货公司首席风险官任职资格的批复（证监许可［2010］910号）

64. 关于核准江南期货经纪有限公司变更股权的批复（证监许可［2010］911号）

65. 关于核准国信期货有限责任公司变更注册资本的批复（证监许可［2010］912号）

66. 关于核准京都期货经纪有限公司变更注册资本的批复（证监许可［2010］913号）

67. 关于核准兴业期货有限公司变更注册资本和股权的批复（证监许可［2010］914号）

68. 关于核准五矿实达期货经纪有限责任公司变更注册资本和股权的批复（证监许可［2010］917号）

69. 关于核准江苏东华期货经纪有限公司变更注册资本和股权的批复（证监许可［2010］918号）

70. 关于核准广晟期货有限公司变更股权的批复（证监许可［2010］919号）

71. 关于核准上海永大期货经纪有限公司金融期货经纪业务资格的批复（证监许可［2010］920号）

72. 关于核准长江期货有限公司变更股权的批复（证监许可［2010］930号）

73. 关于核准汇鑫期货经纪有限公司变更注册资本和股权的批复（证监许可［2010］974号）

74. 关于核准国元期货有限责任公司变更股权的批复（证监许可［2010］975号）

75. 关于核准中证期货有限公司变更注册资本的批复（证监许可［2010］978号）

76. 关于核准冠华期货经纪有限公司变更注册资本的批复（证监许可［2010］979号）

77. 关于核准海南星海期货经纪有限公司变更注册资本和股权的批复（证监许可［2010］980号）

78. 关于核准深圳瑞龙期货有限公司变更注册资本和股权的批复（证监许可［2010］1005号）

79. 关于核准天津金谷期货经纪有限公司变更注册资本和股权的批复（证监许可［2010］1006号）

80. 关于核准浙江大越期货经纪有限责任公司变更注册资本和股权的批复（证监许可［2010］1007 号）

81. 关于核准烟台中州期货经纪有限公司变更注册资本和股权的批复（证监许可［2010］1008 号）

82. 关于核准浙江省永安期货经纪有限公司变更注册资本的批复（证监许可［2010］1009 号）

83. 关于核准天鸿期货经纪有限公司金融期货经纪业务资格的批复（证监许可［2010］1010 号）

84. 关于核准安信期货有限责任公司变更注册资本的批复（证监许可［2010］1017 号）

85. 关于核准金元期货经纪有限公司变更注册资本和股权的批复（证监许可［2010］1018 号）

86. 关于核准张科期货公司首席风险官任职资格的批复（证监许可［2010］1023 号）

87. 关于核准李伟民期货公司首席风险官任职资格的批复（证监许可［2010］1030 号）

88. 关于核准五矿海勤期货有限公司变更股权的批复（证监许可［2010］1035 号）

89. 关于核准蒋涛期货公司首席风险官任职资格的批复（证监许可［2010］1120 号）

90. 关于核准刘积红期货公司首席风险官任职资格的批复（证监许可［2010］1142 号）

91. 关于核准乔文忠期货公司首席风险官任职资格的批复（证监许可［2010］1143 号）

92. 关于核准饶国芳期货公司首席风险官任职资格的批复（证监许可［2010］1144 号）

93. 关于核准宏源期货有限公司变更注册资本的批复（证监许可［2010］1164 号）

94. 关于核准国泰君安期货有限公司变更注册资本的批复（证监许可［2010］1165 号）

95. 关于核准华海期货有限公司金融期货经纪业务资格的批复（证监许可［2010］1168 号）

96. 关于核准和合期货经纪有限公司金融期货经纪业务资格的批复（证监许可［2010］1169 号）

97. 关于核准重庆先融期货经纪有限公司变更注册资本的批复（证监许可［2010］1170 号）

98. 关于核准招商期货有限公司变更注册资本的批复（证监许可［2010］1174 号）

99. 关于核准方正证券有限责任公司为期货公司提供中间介绍业务资格的批复（证监许可［2010］1175 号）

100. 关于核准北京首创期货有限责任公司变更注册资本和股权的批复（证监许可［2010］1176 号）

101. 关于核准北方期货经纪有限责任公司变更股权的批复（证监许可［2010］1177 号）

102. 关于核准德邦期货有限公司变更股权的批复（证监许可［2010］1178 号）

103. 关于核准华鑫证券有限责任公司为期货公司提供中间介绍业务资格的批复（证监许可［2010］1179 号）

104. 关于核准中天证券有限责任公司为期货公司提供中间介绍业务资格的批复（证监许可［2010］1180 号）

105. 关于核准中山证券有限责任公司为期货公司提供中间介绍业务资格的批复（证监许可［2010］1181 号）

106. 关于核准李敏期货公司首席风险官任职资格的批复（证监许可［2010］1184 号）

107. 关于核准黄露期货公司首席风险官任职资格的批复（证监许可［2010］1185 号）

108. 关于核准王颖期货公司首席风险官任职资格的批复（证监许可［2010］1309号）
109. 关于核准王丽娜期货公司首席风险官任职资格的批复（证监许可［2010］1310号）
110. 关于核准曹永军期货公司首席风险官任职资格的批复（证监许可［2010］1311号）
111. 关于核准国都期货有限公司变更注册资本的批复（证监许可［2010］1371号）
112. 关于核准华安期货有限公司变更股权的批复（证监许可［2010］1372号）
113. 关于核准象屿期货有限责任公司变更股权的批复（证监许可［2010］1373号）
114. 关于核准张帆期货公司首席风险官任职资格的批复（证监许可［2010］1374号）
115. 关于核准神华期货经纪有限责任公司金融期货经纪业务资格的批复（证监许可［2010］1375号）
116. 关于核准东兴期货有限责任公司金融期货经纪业务资格的批复（证监许可［2010］1376号）
117. 关于核准天琪期货有限公司变更注册资本和股权的批复（证监许可［2010］1389号）
118. 关于核准上海久恒期货经纪有限公司变更注册资本和股权的批复（证监许可［2010］1408号）
119. 关于核准中晟期货经纪有限公司变更注册资本和股权的批复（证监许可［2010］1600号）
120. 关于核准湘财证券有限责任公司为期货公司提供中间介绍业务资格的批复（证监许可［2010］1611号）
121. 关于核准国元证券股份有限公司为期货公司提供中间介绍业务资格的批复（证监许可［2010］1612号）
122. 关于核准鞍山五环期货经纪有限公司变更股权的批复（证监许可［2010］1618号）
123. 关于核准吉林金昌期货有限公司变更股权的批复（证监许可［2010］1619号）
124. 关于核准上海东亚期货经纪有限公司变更注册资本和股权的批复（证监许可［2010］1624号）
125. 关于核准华元期货有限责任公司金融期货经纪业务资格的批复（证监许可［2010］1625号）
126. 关于核准海航东银期货有限公司变更注册资本和股权的批复（证监许可［2010］1629号）
127. 关于核准中粮期货经纪有限公司变更注册资本和股权的批复（证监许可［2010］1921号）
128. 关于核准鑫鼎盛期货有限公司金融期货经纪业务资格的批复（证监许可［2010］1922号）
129. 关于核准烟台中州期货经纪有限公司金融期货经纪业务资格的批复（证监许可［2010］1923号）
130. 关于核准格林期货有限公司变更注册资本和股权的批复（证监许可［2010］1924号）
131. 关于核准浙商期货有限公司变更注册资本的批复（证监许可［2010］1927号）
132. 关于核准国海证券有限责任公司为期货公司提供中间介绍业务资格的批复（证监许可［2010］1928号）
133. 关于核准重庆三五九期货经纪有限公司变更注册资本和股权的批复（证监许可

［2010］1930 号）

134. 关于核准英大证券有限责任公司为期货公司提供中间介绍业务资格的批复（证监许可［2010］1931 号）

135. 关于核准鑫鼎盛期货有限公司变更注册资本的批复（证监许可［2010］1934 号）

136. 关于核准上海中财期货有限公司变更注册资本和股权的批复（证监许可［2010］1935 号）

137. 关于核准贾玉祥期货公司首席风险官任职资格的批复（证监许可［2010］1936 号）

第四部分

研究报告（摘要）

稳步发展碳排放权市场 服务国家低碳经济建设

20 世纪七八十年代，国际社会逐渐意识到气候变化问题的严重性，要求对气候变化问题进行研究，制定应对气候变化政策的呼声越来越高。1992 年，国际社会就应对气候变化达成国际公约——《联合国气候变化框架公约》。公约达成了“共同但有区别的责任”原则，每个国家都有责任减缓气候变化，但在应对气候变化的过程中，发达国家应该承担主要义务。1997 年，在日本京都各缔约国达成《京都议定书》。《京都议定书》第一次规定了具有法律约束力的、减少温室气体排放的具体量化目标和时间进度表，这些量化减排和限排目标只对签约的发达国家有法律效力。

为了帮助发达国家以较低的成本实现温室气体减排，并且由于在全球各个地方减排二氧化碳对大气的效用都相同，因而《京都议定书》规定了三个机制，分别是碳排放权交易机制、清洁发展机制和联合履行机制。正是这三个机制，为全世界的减排行动奠定了操作基础，为碳排放权交易市场的发展打下根基。

碳排放权交易机制的原理是总量—限额交易，称为“配额交易”。具体而言，第一步，由联合国确定全球温室气体最大允许排放量；第二步，按照各国历史排放量以及各国家之间政治博弈，将最大允许排放量配额分配给《京都议定书》缔约国，这样每个缔约国获得该国的排放配额；第三步，由缔约国政府对若干排放权指标再次分配给国内上规模的企业，政府可以选择不同的分配方式，比如免费分配和公开拍卖两种方式，通过建立碳排放权交易市场，将碳排放权变成商品，在市场合法买卖。碳排放权交易的实质是，通过产权界定将碳排放权变成商品，通过市场手段来调节碳排放权的分配，促进温室气体减排。

清洁发展机制是项目产生的碳减排量的交易，称为“项目交易”。由于发达国家企业减排成本高，因此《京都议定书》规定，发达国家可以通过向发展中国家提供资金和技术的方式，购买发展中国家企业实施减排项目所产生的碳减排量，这些碳减排量通过核证之后，发达国家企业就可以增加数量相当的碳排放量。联合履行机制与清洁发展机制过程相似，唯一不同在于联合履行机制是发达国家之间项目产生减排量的买卖。

碳排放权交易市场，是现货市场和衍生品市场的统称。与传统的大宗商品交易机制有所不同，碳排放交易因其标的物的特殊性，需要独立的碳排放配额登记系统用于登记托管碳排放配额现货。具体来说，交易所提供合约交易平台，清算机构提供合约的清算，相应的碳排放权现货所属的温室气体减排计划下的碳排放配额登记系统进行最终碳排放配额的划拨。

2005 年以来，随着《京都议定书》实施，国际碳交易市场得到了迅速发展，日益成为推动低碳经济发展最为重要的机制。根据世界银行的数据，2009 年全球碳交易量达到 87 亿吨二氧化碳，为 2005 年的 12. 25 倍。碳排放权衍生品交易发展非常迅猛，截至 2009 年底，全球共有12家交易所提供碳排放权期货或期权交易，交易量从2005年的109亿美元增加到2009年的1437亿美元，增幅达12倍。目前，国际排放权交易市场并未形成统一的市场。市场上交易着不同的标的产品且存在着不同的合同结构，各市场对交易的管理规则也不相同。在各区域市场中，欧盟排放贸易体系始终担任着全球引领者的角色。美国奥巴马政府积极促进气候变化立法，推行碳排放权交易，美国国内也出现了区域温室气体减排行动计划和自愿减排市场，在碳排放权交易市场上，美国力量正在崛起。将于2010年12月在墨西哥召开的气候变化大会上，各方能否妥协形成全球统一的减排框架，是未来碳排放权市场发展的最大不确定性所在，这直接决定着碳排放权交易市场能否在2012年《京都议定书》到期后获得进一步发展。

中国政府为促进清洁发展机制项目活动的有效开展，国家发改委、科技部、外交部和财政部于2005年10月发布实施了《清洁发展机制项目运行管理办法》，这是我国碳排放权市场发展的重要法规基础。我国碳排放交易始于少数企业进行清洁发展机制项目，在通过国家发改委批准和联合国清洁发展机制执行理事会审核注册成功后，将项目产生的减排量直接卖给国外具有减排任务的企业，或者专门从事于清洁发展机制项目开发的国外中介机构。清洁发展机制交易是点对点的交易，交易不活跃，国内中介机构在此过程中的参与程度较低。

2008年以来，我国碳排放市场快速发展，一些省市产权交易机构开展了排放权交易业务，为清洁发展机制项目交易提供交易平台，并形成了以北京、上海和天津三家较为典型的碳排放交易中心。目前，这三家环境交易所均已开展了自愿减排的碳交易机制，探索碳排放交易，北京推行自愿碳减排标准“熊猫标准”、上海推出绿色世博自愿减排平台、天津推广企业自愿减排联合行动等。

与其他国家相比，中国国内的碳市场起步较晚，还处在襁褓阶段。作为清洁发展机制项目供应大国，中国始终不具备价格发言权，只是向发达国家提供初级廉价的温室气体减排量，处于国际碳市场及碳价值链的低端位置。国家发改委明确提出，将在“十二五”规划中，详细提出应对气候变化方案、建立温室气体计量监测系统及温室气体排放数据库的对策，研究低碳经济发展政策，考虑在特定行业和地区开展小范围碳排放试点交易。因此，国内碳交易市场虽然面临诸多困难，但发展前景广阔。

（期货市场“十二五”规划课题组）

期货市场助菜籽油企业“转方式”

——来自湖北奥星粮油工业公司的调研

我国是世界上最大的油菜籽生产国，菜籽油加工企业布局分散，规模小、数量多，厂房设备、工艺水平参差不齐，产品附加值低、加工能力过剩。2007 年 6 月，菜籽油期货在郑州商品交易所上市以来，证监会认真贯彻落实国务院《关于促进食用植物油产业健康发展保障供给安全的意见》，精心培育和深化菜籽油期货发现价格、套期保值、规避风险的功能，引导和支持国内油脂油料生产、加工和贸易企业利用期货市场做大做强。湖北奥星粮油工业有限公司（以下简称奥星公司），是一家主营菜籽油的油脂加工企业。短短的 4 年时间，奥星公司充分利用期货市场、现货市场两个市场的资源，尤其是在国际金融危机期间，通过参与期货市场套期保值，加快整合产业链上、中、下游资源，已经快速成长为菜籽油加工行业的内资领军企业，为我国菜籽油行业的“调结构、转方式”进行了有益探索。

一、上游端：转变收购方式，助推农业产业化

菜籽油生产和贸易的特点是“季产年销”，季节性集中加工，常年储存和销售。油菜籽上市集中在每年的 5 月底到 7 月初的较短时期，企业集中收购原料后，在加工、储存和销售过程中，面临着菜籽油价格剧烈波动的风险。“抢不到原料是等死，抢到原料也不一定活下去”这句话是菜籽油加工企业矛盾心理的真实写照。

菜籽油期货上市后，为企业提供了解决这个两难问题的办法。在菜籽收购环节，奥星公司会参考菜籽油期货价格倒推出相对应的油菜籽价格，同时参考国家托市价格和各个信息点汇总上来的各地现货价，科学制定菜籽收购价；再根据这个价格推算出菜籽油成本价，加上一定的加工费及利润就是企业的目标销售价。同时，奥星公司积极关注期货市场价格变化。如果期货价格达到目标销售价格，就坚决卖出套保，以规避菜籽收购后可能面临的菜籽油价格下跌的风险；在期货价格低于目标销售价时，公司菜籽收购量适当减少，并根据对后市的研判进行一定比例的趋势套保。由此，奥星公司摈弃了过去收完油菜籽赌菜油行情的高风险经营模式，转变为追求合理加工利润的稳健经营模式。

为了获取数量稳定、优质的双低油菜籽原料，奥星公司依托技术创新，为农民提供优质油菜种子，建立产业基地，通过“农民经纪人 + 农户”和“期货 + 订单”的模式，推广集约化、规模化种植。同时，通过期货市场价格套保，与农户进行二次结算、贴补差价，有效保证了订单的履约率。目前，奥星公司已发展双低油菜籽种植面积 130 万亩，推动了菜籽油产业化水平和农业生产方式的转变。

二、下游端：转变定价方式，促进传统贸易升级

油菜籽及菜籽油的定价一直是我国中小型油脂加工企业经营中的一道难题。老油脂经常用一斤猪肉和一斤菜籽的比价关系来简单确定。菜籽油期货上市后，期货价格集权威、公开透明、指导作用强的特点，以奥星公司为代表的国内油脂企业逐步摆脱了不同区域市场价格迥异、虚挂不实的困扰。奥星公司以菜籽油期货价格为基准和参考，充分借助期货公司等中介机构的信息资讯，在农民和企业上下游客户中建立了信息收集网络，建设了一个完善的市场信息平台，创新性地设定了从油菜籽到菜籽油、菜粕的产品标准定价程序体系，大幅提高了定价的准确性和灵活性。

近几年来，菜籽油作为生物能源原料，与国际原油价格关联度增强，价格波动频繁。在这种情况下，奥星公司借鉴国际市场大宗商品贸易中的成熟做法，推出了期货点价①模式。奥星公司与贸易商约定：贸易商先把货款以高于市场价的价格支付给奥星公司，待货物到达销区后，以约定时间内任意一天的当日期货结算价加上预定的600~800元/吨的升水，作为双方最终结算价格。这样，菜籽油贸易企业只需关注期货价格和升贴水，规避了在途期间的价格风险。同时，还有效解决了回扣纠纷、质量纠纷等老大难问题。奥星公司也一举扩大了销售网络和市场份额，还加速了资金流转，有效提升了企业的竞争力。期货点价模式推出后，得到了下游企业的广泛认可。目前，奥星公司已与陕西、四川等地数十家企业建立了稳定的供销关系。这种贸易定价模式对于促进菜籽油企业贸易方式升级也具有积极意义。

三、中游端：利用期货价格信息，促进产业资源整合

湖北中小油型油脂加工企业有一百多家，企业规模小，竞争实力弱。奥星公司充分利用期货市场的价格信息和作为期货交割仓库的优势，加快对同一产业链油脂加工企业的资源整合，形成了“龙头公司+中小油厂”的共赢的合作模式。一是逐步形成了区域物流中心。奥星公司拥有5万吨的仓容和较好的运输条件，又是郑州商品交易所菜籽油期货的指定交割仓库。当地有十四家中小油厂看中奥星的仓储条件和销售网络，与其建立了良好的合作关系。通过为中小油厂提供代为储存、抵押物监管以及调节“丰歉”的“蓄水池”等类金融中介服务，奥星也因此逐步形成了区域性的菜籽油集散中心，为扩大自身市场份额、强化企业品牌建设、提升当地油脂企业整体竞争力提供了重要支撑。二是分散了行业经营的市场风险。国际金融危机期间，面对菜籽油价格暴跌的形势，奥星公司主动利用期货市场套期保值，通过“现货做空+期货做多”，以资金做抵押，向同行“借油”销往下游企业；同时以相对低价买入未来相应月份的菜籽油期货，到期从交割库提货或从现货市场采购，再“归还”给“借出”企业。通过“一借一还”，奥星公司等于为其他中小油厂进行了替代套保，降低了同行的库存压力和资金压力，有效分散了行业经营风险。三是解决了油脂企业融资难的问题。油脂加工企业融资主要依赖政策性银行收购资金贷款，融资渠道单一。奥星公司积极利用菜籽油期货交割仓库的优势，为当地中小油脂企业提供现货仓单或期货注册仓单服务；中小油脂企业再把仓单质押到商业银行贷款。现货或期货仓单融资缓解了资金难的问

① 期货点价模式即以期货价格为基准，再加上升贴水，作为双方合同价格。升帖水根据运输费用、库存费用、资金利息和目标利润等确定。

题，提高了企业资金利用率；期货注册仓单还可以直接在期货市场交割实现销售，无论对于油脂企业还是贷款银行都较为便利、灵活。在奥星公司的带动下，仓单融资正被越来越多的中小型油脂企业认识和运用。

依托期货市场，奥星公司已经并正在探索一条菜籽油生产、加工、销售一体化，经营模式产业化的现代农业发展之路。越来越多的民营企业像奥星公司一样，不再只盯着现货市场，而是在现货、期货两个市场中寻求转型的机遇。在这可喜的变化中，我国菜籽油行业未来的新格局、新发展正在悄然酝酿。

（期货市场“十二五”规划课题组）

国际商品指数、投资工具及对期货市场影响分析

一、国际商品指数发展概况

大致而言，国际商品指数经历了两个发展阶段：1933～1986年为第一阶段。在这期间商品指数主要是被政府、研究机构及投资机构作为经济运行的表征指标。1986年至今为第二阶段，在这期间，商品指数除了表征功能之外，更多地被用来交易与投资跟踪的标的。

1933年，美国股票、债券与商品期货市场交易重新活跃。在此背景下，1934年1月，在美国财政部的要求下，美国劳工统计局（BLS）就开始使用28种敏感性商品价格行情计算每天的商品现货价格指数，1940年1月正式对公众发布。1952年，进行了修改，跟踪22种商品。这22种商品是被认为对经济运行状况最为敏感的商品，因此，BLS指数常被政府作为观察经济运行状况的先行指标。

同年，美国记者米尔顿·杰勒（Milton Jiler）发现，商品期货市场重新活跃后，却没有相应的行情信息服务，这限制了商品交易与经济的发展。于是他发起成立了商品研究局，即CRB，并提供商品期货市场的行情服务。CRB于1957年开始编制商品期货指数。当时编制CRB指数主要是为了反映在交易所交易的商品市场总体价格的动态变化情况。该指数跟踪了28种商品，其中26种商品是在美国与加拿大交易所交易，只有2种商品（新澳尔良棉花与明尼阿波利斯小麦）是在现货市场交易。由于美国劳工统计局编制的BLS指数仅仅覆盖现货指数，并且价格变动不及时，因此，1981年，政府决定停止该指数的编制工作，而由CRB指数代替。从此，CRB指数就被认为是商品市场的“道琼斯平均工业指数”。1986年6月，纽约期货交易所（NYFE）推出CRB指数的期货，这使得商品指数发展进入了一个新的阶段。

CRB指数期货上市之后，并没有受到机构的追捧，平均每天交易量只有230～240张合约。在这种情况下，更多的人认为理论并没有错，错在CRB指数本身，因为它是一只等权重的指数，不能很好地满足机构交易的需求。在这种情况下，1991年1月，高盛商品指数（GSCI）应运而生，并于1992年7月28日，在芝加哥商业交易所（CME）上市了该指数的期货品种。GSCI指数把关注重点放在每年哪些商品被消费掉，其价格变化对生活成本的影响。同年芝加哥期货交易所（CBOT）编制的国际商品指数与农产品指数期货也分别于8月11日与25日获得了美国商品期货交易委员会（CFTC）的批准。随后出现的是道琼斯AIG商品指数（DJ－AIGCI）与罗杰斯国际商品指数（RICI），它们均创建于1998年。DJ－AIGCI期货于2001年11月在CBOT上市交易。跟踪RICI指数首只基金于1998年7月面世。2001年，标普公司也发布了商品指数（SPCI）。SPCI最大的特点是不包括黄金，因为他们认为大部分黄金是被储备的，而不像其他商品一样被消费掉了。2007年2月，标普公司收

购高盛商品指数，两个指数合并为SP－GSCI指数。2003年，德意志银行发布了流动性商品指数（DBLCI）。2006年，雷曼商品指数（LBCI）、美林全球商品指数（MLCX）蒂派森商品指数（DCI）、CX商品指数、CYD商品指数等纷纷推出。2007年，瑞银彭博固定期限商品指数（CMCI）面世。

二、商品指数投资工具及投资者结构

国际市场上商品指数的投资工具主要有商品指数场外产品（包括互换与结构性票据）、商品指数基金、商品指数ETF及ETN、商品指数期货等。在这些工具中，商品指数互换、结构性票据及商品指数基金是商品指数最常见的投资工具，为机构投资者常用，跟踪资金规模最大。其次是商品指数ETF及ETN，常为个人投资者所用，跟踪资金规模也较大。而商品指数期货的交易量却很小。

根据巴克莱统计，2009年末，全球跟踪商品指数的投资工具总额已超过2500亿美元。而据CFTC统计，2009年末，全球跟踪商品指数的投资工具总额为2112亿美元，约占全美33家交易所期货与期权品种持仓总额的1%。根据CFTC的报告，截至2008年6月底，从持仓量角度来看，商品指数投资者中，机构投资者占42%，零售投资者（包括ETF、ETN等使用者）占25%，指数基金占24%，国家主权基金占9%。

三、商品指数化投资对期货市场的影响分析

2008年，原油价格突破每桶147美元，临近交割的CBOT小麦期货价格严重偏离现货价格，一些监管者、实体企业、私人交易者等开始对商品指数基金提出质疑。商品指数基金单纯做多的操作方式，是否助推了商品期货价格的非理性上涨？是否影响了商品期货市场基本功能的发挥？商品指数投资一时成为舆论的焦点，被推到了风口浪尖，至今尚未平息。

针对各界对商品指数基金的质疑，监管层、金融机构和学者都对此展开了研究，但研究结果却大相径庭：一种观点认为商品指数基金造成了商品价格的非理性上涨；另一种观点认为商品指数基金对商品价格无显著冲击，只是其他利益者的替罪羔羊。

我们认为，商品指数化投资对商品期货价格不具有直接因果关系。理由如下：

1. 商品指数基金的操作方式不是商品期货价格上升的直接原因。一般的商品指数基金是可以申购或赎回的，并非只有做多一个方向。正如股票市场上的指数基金一样，股票市场上的指数基金数量很多、规模很大，但股市并未一直上涨，即使股市上涨也没有人天真地将其归因于股票指数基金的参与。

2. 商品指数基金的目的是投资而不是投机。商品指数投资是一种被动的、完全抵押的、单纯做多投资形式。与股票指数或债券指数投资没有本质不同，只有投资者预期投资标的会趋好时，投资者才会出手。商品指数投资对于投资管理的本质贡献在于为投资者提供了一种有效的多样化配置与投资工具，而不是专门为投机者创造的工具。

3. 商品指数投资与传统操纵市场定义不符。对于期货市场的操纵行为有严格的定义，其中关键就是在期货市场和现货市场同时操作，而商品指数基金仅在期货市场做多，并没有囤积现货行为，所以认为商品指数基金操纵了商品价格，造成商品价格的非理性上涨是没有依据的。

（期货市场“十二五”规划课题组商品指数研究小组）

江西铜业：锁定风险敞口，细化套保方案

江西铜业集团公司（简称江铜）成立于1979年7月1日，30年来成为集采、选、冶、加工、贸易为一体的国内最大、最现代化的铜生产和加工基地，以及黄金、白银、铼、硒、碲等稀贵金属和硫化工的重要生产基地。1997年，江铜成立江西铜业股份有限公司，同时在香港联交所和上海证券交易所上市。该上市公司下属的单位有德兴铜矿等八家矿山，贵溪冶炼厂等三家冶炼厂，江铜耶兹铜箔等四家铜加工企业，稀散金属生产单位，以及财务公司、物流公司等支持服务单位。

一、江铜的盈利模式及风险敞口

（一）盈利模式

江铜的主营业务有三项：铜矿开采、阴极铜冶炼、铜材加工，基本覆盖了从铜矿开采到最终制成铜材的整个产业链。

1. 铜矿开采。江铜对自有的德兴铜矿、永平铜矿等矿山进行开采，并加工成铜精矿，供集团内部的冶炼厂使用。

2. 阴极铜冶炼。江铜在贵溪等冶炼厂使用自产铜精矿、进口铜精矿以及购买的粗杂铜冶炼阴极铜，通过赚取加工费获得利润。

3. 铜材加工。江铜集团下属的南方总公司等单位使用阴极铜加工铜线杆、铜板带、铜管等，通过赚取加工费获得利润。

（二）产业链不同环节的风险敞口

沿着从铜矿开采到最终制成铜材销售这一产业链，每个环节的作价模式有所不同，给江铜的经营带来了复杂的价格风险。值得庆幸的是，从原料到成品，虽然铜精矿、阴极铜、铜材的作价模式不同，但基本是以期货价格为基准，因而期货市场成为江铜套期保值、对冲风险的必然选择。

二、江铜的套期保值系统

早在1992年，江铜就进入国内期货市场开展套期保值业务。1992年至1994年，江铜利用期货市场回笼了货款，解决了三角债难题；1995年至1997年，江铜利用期货市场提升了产品质量、打造了国际品牌；1998年至2006年，东南亚金融危机之后，江铜利用期货市场锁定了企业利润，规避了市场风险；2007年至今，江铜以公司流程再造为基础，改革套期

保值模式，建立了成熟、系统化的套保模式和策略，实现了期现互动，共同发展。

目前，江铜在保值决策、制度建设与执行、保值头寸管理、市场跟踪分析、科学评价保值效果、期现互动等均有了质的飞跃。江铜每一次保值决策都紧盯上市公司整体成长水平及行业内同类企业成长水平，分析研究国际著名分析机构关于年度平均价的预测报告，查看上一季财务报告公布后市场的反应。

（一）决策、执行、会计、评估和风控体系

为了完善期货管理领导体系，江铜成立了期货保值决策委员会，下设保值执行委员会，执行委员会下设办公室，并就委员会召开和决策程序做出了明确的规定。账务处理上，采用《企业会计准则第 24 号——套期保值》进行处理，并成立了风险控制内审部，对期货风险进行管理。通过设立决策委员会、建立期现保值管理系统、加强制度建设，保障江铜的期货业务开展。

（二）套保策略

江铜的套期保值策略经过十多年的摸索和发展，得到不断改进和完善。根据公司阴极铜及铜杆线的生产规模和原料结构，江铜总体保值策略是对外购原料和铜杆线客户点价销售进行充分保值，对自产矿在高价位运行时不进行大量保值。保值目标为：现货采购和销售等业务板块都能够充分运用期货保值工具，灵活经营，做好原料采购和销售，在赢得市场的同时适时规避风险。据此，江铜针对不同业务环节，区分不同风险，设计了不同的保值模式。

三、江铜保值业务的实际操作——以铜杆业务为例

（一）借助期货市场保值功能，首创铜杆点价销售机制

针对不利的竞争形势，南方公司与金瑞期货公司进行了数十次集体讨论，最终提出利用上海期货交易所铜期货的保值功能、改变铜杆销售定价方式的方案，希望借此在华南铜杆市场有所突破。按照该方案，南方公司向优质客户开放点价销售模式，同时在期货市场进行保值，规避客户点价风险。

（二）市场规模和利润双增，确立行业领先地位

南方公司首创的铜杆点价销售机制恰好满足了客户的需求，铜杆点价销售的方式逐步在业务中推广，并且在 2001 年至 2008 年，南方公司国有资产年增值率都保持在 100% 以上。

（三）树立科学套保理念，规避企业经营风险

南方公司充分发挥期货市场套期保值的功能，以科学的套保理念为基础，在经营规模快速扩张的同时，降低了企业面临的风险，从而保证了企业在极端行情下的风险最小化。

四、启示

经过多年运作，江铜对期货市场的认识不断提高和深入，利用期货市场的方式日益灵活。江铜不再仅仅将期货市场当作现货采购或销售的渠道，而是充分利用期货市场提供的价

格信息和市场机会来为企业经营决策服务，积极参与期货市场促使江铜从生产型企业转向为经营型企业。

由于长期坚持套期保值理念，规范运作，江铜多次被中国证监会树立为国有企业从事套期保值的典范。江铜的成功经验正在被更多有色金属行业的企业所借鉴，目前国内有色金属行业大部分上市公司都利用期货市场管理财务风险，以尽可能地减少原材料价格波动对企业生产经营造成冲击。通过期货市场，这些企业提高了市场化运作水平，奠定了与国际有色金属行业巨头一比高低的基础。坚持套期保值战略的企业放弃了超额利润，也回避了意外的风险，实现了企业的均衡生产，提高了整个行业的经济效益。

江铜利用期货市场套期保值的历史长、策略灵活，其经验可以为其他企业利用期货市场进行套期保值提供参考。

（上海期货交易所与中浦院“期货市场典型案例研究”课题组）

全球衍生品交易回暖
中国保持全球商品期货市场领先地位

——2010年全球衍生品市场综述

过去的2010年全球衍生品市场交易回暖，中国继续占据全球第一大商品期货市场地位。

一、全球场内衍生品市场交易呈现活跃

2010年，全球期货和期权交易量约为222.95亿张，同比增长25.65%。其中，期货成交111.83亿张，期权成交111.13亿张（见表4-1）。

表4-1 2010年全球衍生品交易量 单位：张

	2010年	2009年	同比增长（%）
期货	11182528178	8188016317	36.57
期权	11112719271	9556587701	16.28
期货和期权合计	22295247449	17744604018	25.65

数据来源：FIA

从交易类别来看，金融类衍生品2010年交易量均有明显增长，合计成交约193.10亿张，同比增幅达25.14%。其中，外汇类产品以142.03%的同比增幅排在所有类别的第一位；利率与债券产品以30.03%的同比增幅排第四位；股指类产品增幅为16.17%；商品类衍生品交易量继续保持较高的同比增幅，全年成交约29.85亿张，同比增长29.04%，增幅较大的是农产品类（40.71%）和非贵金属类产品（39.07%）。

从各类别产品所占全部类别的比重来看，金融类衍生品交易量依然占据主要份额，约占全部衍生品交易总量的86.61%。各类别产品所占全部类别比重排名依次为：股票指数类（33.25%）、单个股票类（28.19%）、利率和债券类（14.39%）、外汇类（10.77%）、农产品类（5.85%）、能源类（3.25%）、非贵金属类（2.89%）、贵金属类（0.78%）和其他类（0.62%）。

二、拉美、亚太地区领跑全球衍生品交易市场

从衍生品交易地区分布来看，以新兴市场为主的亚太和拉美地区交易量继续延续较快增长的发展趋势。2010年亚太地区衍生品交易量约88.65亿张，同比增长42.83%，约占全球

衍生品交易总量的 39.76%，超越传统老大北美地区成为全球第一。拉美地区交易量约 15.27 亿张，同比增长 49.58%，成为全球交易量同比增幅最大的地区，约占全球衍生品交易总量的 6.85%。欧洲地区共计成交约 44.19 亿张，增幅为 15.13%。北美地区交易所交易量约 71.70 亿张，同比增幅为 12.85%，占全球衍生品交易总量比重下降至 32.16%。

三、中国作为全球第一大商品期货市场的龙头地位不可动摇

2010 年，中国期货市场依然保持较快的发展速度，全球第一大商品期货市场的龙头地位不可动摇。2010 年，全球商品期货与期权成交总量约为 29.85 亿张，其中，商品期货成交约为 28.35 亿张，约占全球商品期货与期权成交总量的 94.97%。中国商品期货市场共成交商品期货约 15.21 亿张，约占全球商品期货与期权成交总量的 50.95%。如单按商品期货成交总量计算，则占全球商品期货成交总量的 53.65%。

2010 年，中国金融期货交易所还推出了中国首个金融期货合约——沪深 300 股指期货，全年共计成交 4587 万张合约，促进了中国期货市场体系的完善。

2010 年，中国期货市场共计成交各类期货合约（包括商品和金融）约 15.67 亿张，同比增长 45.25%。

四、全球衍生品交易所及衍生品合约排名

2010 年，韩国交易所（KRX）交易量同比增长 20.82%，继续排列全球衍生品交易所交易量首位。芝加哥商业交易所集团（CME Group）各类衍生品交易均有恢复性增长，同比增幅达 18.96%，超过欧洲期货交易所（Eurex）位居全球第二。全球衍生品交易量排名前 20 家交易所中交易量同比增幅最大是印度大宗商品交易所（MCX），涨幅高达 180.66%，首次挤进全球十大衍生品交易所之列。上海期货交易所以 43.01% 的同比增幅名列全球第 11 位。郑州商品交易所以 118.35% 同比涨幅排名第 12 位。大连商品交易所因同比减少 3.27% 全球排名下降至第 13 位。

如果单按商品类期货与期权成交量计算，中国上海、郑州和大连三家期货交易所分别排在全球第 2 至 4 位。排在首位的是芝加哥商业交易所集团。

韩国交易所（KRX）的 Kospi 200 期权合约全年成交 35.26 亿张，连续数年高居全球衍生品合约成交排名首位。印度大宗商品交易所（MCX）美元对印度卢比期货合约成交 8.21 亿张合约，名列第二。排第三的是印度国民证券交易所（NSE）美元对印度卢比期货合约，成交 7.05 亿张合约。郑州商品交易所白糖期货合约以约 3.05 亿张的成交量列全球衍生品合约成交的第 8 位，成为排名前十位中唯一的商品类期货合约，也是中国商品期货合约首次进入全球十大衍生品合约之列。上海期货交易所有三个品种进入全球衍生品合约成交排名前 20 位，其中螺纹钢期货合约排名第 14 位，天然橡胶期货合约排名第 18 位，锌期货合约排名第 20 位。

在排名前 20 位的商品期货与期权合约中，中国商品期货交易所的品种合约有 11 个，占据了半壁江山。其中，郑州商品交易所的白糖、上海期货交易所的螺纹钢排在前两位，芝加哥商业交易所集团（CME Group）的原油期货合约排名第三。上海期货交易所的天然橡胶合约和锌合约、大连商品交易所的豆粕和豆油及郑州商品交易所的棉花分别排名第 4、第 5、第 6、第 8 和第 9 位。

五、上海期货交易所继续稳步发展

2010 年，上海期货交易所以 43.01% 这一较高的同比增幅位列全球衍生品交易所第 11 位，在全球商品期货和期权交易所中排第 2 位。各个品种合约成交 6.22 亿手，约占全球商品期货与期权成交总量的 20.83%；如单按商品期货成交总量计算，则占全球商品期货成交总量的 21.94%。

上海期货交易所各个上市品种在各类别品种交易量排名方面也取得领先地位。螺纹钢期货合约成交排全球衍生品合约第 14 位，排全球商品期货与期权合约第二。天然橡胶合约排全球衍生品合约第 18 位，排全球商品期货与期权合约第四。锌合约以 354.49% 的同比增幅排全球商品期货与期权合约成交第五，首次进入全球衍生品合约成交前 20 强。螺纹钢、天然橡胶、锌、铜、燃料油和线材等成交排名同品种全球第一。铝和黄金分别排名全球同品种第 2 位和第 8 位。

（上海期货交易所发展研究中心　任有标）

上期有色金属指数研究

一、项目背景

2009 年 4 月国务院颁布的《国务院关于推进上海加快发展现代服务业和先进制造业建设国际金融中心和国际航运中心的意见》中明确指出，要“加大期货市场发展力度，做深做精现有期货品种”。根据文件精神，上海期货交易所研究认为开发“上期有色金属指数”是做深做精现有期货品种的重要步骤，是丰富上海金融市场产品和工具、发展机构投资者的重要手段，因此在 2009 年将其作为重点工作来抓。2010 年 3 月上海市人民政府办公厅《关于 2010 年上海国际金融中心建设重点工作安排的通知》中进一步明确由上海期货交易所牵头研发金属指数项目，有力推动了上期有色金属指数的研发工作。项目包括设计上期有色金属指数、开发商品指数评估和模拟平台、建立金融工程实验室等。目前，该指数已通过专家论证和各项模拟评估，进入试运行阶段。该指数将有助于提升我国期货市场服务国民经济的广度和深度，并对优化投资者结构、合理引入机构投资者起到搭桥铺路的基础作用，进而为我国期货市场从量的扩张到质的提升作出贡献。

在 2010 年度上海金融创新奖的评选中，上海期货交易所的“上期有色金属指数研究”项目荣获上海金融创新成果奖二等奖。

二、主要创新点

第一，自主设计的指数兼具标尺性和投资性，体现了流动性、连续性、抗操纵性、多样性、可扩展性相结合的原则，在权重设计、合约选择、指数计算及调整等方面有诸多创新。项目在分析国外著名商品指数设计原则和编制方法的基础上，结合我国期货市场和实体经济的现实情况，提出我国商品指数要综合考虑标尺性和投资性的编制理念，并提出三大设计原则：流动性、连续性、抗操纵性。因此，从设计理念和思路上保证与我国期货市场和实体经济的匹配度，进而提高指数的有效性和权威性。

第二，开发设计了包括现货、产业、收益性、组合多样性等因素的多指标评估体系，可以用于各种商品指数的模拟和评估。在整个指数编制理念和原则的指导下设计编制细节，对品种选择、权重设计、合约选择、指数计算和指数调整等方面进行详细的分析论证；创造性地提出从权重敏感性角度将权重设计划分为及时性、滞后性和混合性三种方案，并从标尺性和投资性两个角度构建基于现货指数、产业指数、期货指数、风险收益性、组合多样性、套保通胀及产业风险等多指标评估体系。通过评估论证确定最终编制方案，使得最终商品指数的编制方案更有说服力，确保指数的客观公正。

第三，加大投入，建立了国内期货界首个功能齐全的金融工程实验室，可用于未来新产品开发和风险测评工作。其中，配套开发的商品指数研发平台主要包括商品指数编制、商品指数分析、数据维护、系统管理等模块，指数研发平台已经完成开发和试运行，处于正常运作状态，为上期有色金属指数的日常维护提供支持，为后续开发我国商品指数体系提供支撑。

三、研究意义

第一，作为国内交易所第一个推出的商品指数，将带动相关产业的发展，提升上海价格的影响力。上海市的发展目标是到2020年基本建成国际金融中心，国际金融中心必然也是包括商品期货在内的国际金融及衍生品定价中心。作为国内最大、全球最主要的期货交易所之一，由上海期货交易所研究并发布的“上期有色金属指数”等商品价格指数，是上海建设国际金融定价中心的重要组成部分。作为国内交易所第一个开发的指数产品，其权威性和公信力将对促进上海国际金融中心的建设发挥重要促进作用。

第二，指数有很强的权威性和公信力，可为国家宏观调控、相关产业发展提供决策参考。商品指数是重要的宏观经济先行指标之一，能在一定程度上反映经济发展趋势，可用于监测大宗商品价格变化，为国家宏观统计与分析部门的数据统计、分析与预测提供更有价值的信息，为我国宏观经济调控政策的制定和调整提供重要的参考依据。还可以向外释放中国供需信号，引导国际商品价格合理变化，进而促进中国经济的平稳发展。

第三，有利于优化期货市场投资者结构，加快促进我国期货市场从“量的扩张”到“质的提升”。优化投资者结构是我国期货市场发展的一项重大课题。在商品已成为一项重要资产配置工具的今天，各类金融机构应该是期货市场发展机构投资者的主要对象。一般而言，机构投资者没有现货背景，主要利用专业知识进行组合投资。另外，从大资金进行资产配置的角度来看，配置单一商品期货品种达不到分散风险的目的，而商品指数能够在一定程度上起到对冲通货膨胀的作用；同时商品与股票和债券具有低相关和负相关关系。因此，商品指数必将是机构投资者进入商品期货市场的重要渠道。

第四，催生商品指数基金等各类机构蓬勃发展，吸引大量新资金和新机构，为上海国际金融中心提供新的增长点。上期有色金属指数将为投资者提供利用期货市场进行商品类资产配置提供新的途径，有助于分流资金、吸引机构投资者，培育包括掉期产品、指数基金、ETF、专家理财等在内的多元化期货市场投资主体，进而为期货市场价格发现和套保功能的实现及上海国际金融中心的建设提供更优化的市场条件。

（上海期货交易所发展研究中心　黄伟）

关于国际棉商倒闭与信贷资金进入期货市场的研究

2008 年 3 月前后，美国棉花期货在短期内出现了大涨大跌的极端行情，行情结束后，一些从事棉花贸易的“百年老店”损失惨重，最终至少有八家棉商宣布破产。市场有一种观点：棉商的倒闭是由于参与期货造成的。针对这种情况，我们进行了认真研究，深入分析了美国棉花期货市场及棉商的操作模式，研究结果与市场观点有所不同。

一、2008 年 3 月初棉花期货大幅上涨的原因

美国一直是传统的棉花种植国家，近年来，美国的棉花产量有所下降，由第二位跌至第三位。作为全球最大的棉花出口国，美国在国际棉花贸易中的地位十分重要，加上美国有发达的棉花期货市场，因此美棉价格影响着全球，是国际贸易的定价基准。

（一）棉花收益下降导致种植面积缩小

2008 年，市场预计更多的农民将会选择大豆、玉米、小麦等作物。美国农业部（USDA）预测棉花种植面积将减少 11.8%，美国国家棉花总会（NCC）的预测更低。

（二）传统喊价方式转为电子交易的技术影响

洲际交易所（ICE）棉花期货交易一直都使用着传统的场内喊价交易，但从 2008 年 3 月第一个交易日开始使用电子盘交易，交易开始时间由原来的 10:30 提前到凌晨 1:30。这样一来，当美国很多传统的棉花交易员还在睡梦中的时候，棉花期货已经开始交易了。事实上，3 月 3 日凌晨从 1:30 ~ 4:30，短短的 3 个小时，棉花期货 5 月合约价已经大涨了 3 美分，并封至停板。当交易员早上醒来的时候，一切已晚，很多棉商立即面临着追加保证金风险。

（三）衍生品交易规则的漏洞

虽然 ICE 对每一个交易账户都设有持仓限制，目的是为了防范投机资金大举入场炒作，搅乱市场秩序，但是对于像美林、高盛等这些投行，交易所一般都把它们看成经纪公司，允许它们有较大额度的持仓。而机构投资者就是利用华尔街的一些投资银行躲避了较小的持仓限制，从而可以放心大胆入场炒作。

首先，投资银行会和有意购买棉花期货的机构客户签订一种叫做掉期（Swaps）的私人合同（Private Contract）。随后，华尔街银行为了对冲自己本身的风险，就在期货市场上大量

买入棉花期货对冲价格下跌的风险。

（四）期货、期权双重计算结算价的规则影响

ICE 兼有棉花期货和期权。根据 ICE 的规定，棉花期货每日结算价不但要将期货的价格算在内，还要纳入期权价格。这样如果棉花期货价格当日涨停，在结算时，加上期权价格的涨幅，当日结算价会高于涨停板价格。

在 2008 年 3 月 3 日之前，期权市场上很少有机构或者个人投资者大量买入或持有棉花 5 月、7 月或者 9 月的看涨期权。当投资者大量买入看涨期权时，期权价格也大幅上扬，导致 4 日和 5 日的实际结算价大幅高于涨停板价格。

美国商品期货交易委员会（CFTC）的报告可以看出，3 月 3 日，棉花期货突然涨停板之后，市场空头处于极度恐慌中，此时他们就将目光转移到了期权市场，试图通过买入看涨期权来对冲风险，结果大幅推高了期权价格。高启的期货结算价使得棉商需要追加的保证金更多。

二、棉商的贸易方式及倒闭的原因

（一）美国棉商的运营方式

为了对冲棉价下跌的风险，贸易商一般在和棉农签订购买合同后，会在期货市场上的相对高位卖出套保以防止棉价下跌所带来的风险。

（二）2008 年棉商拥有大量的空头头寸

美国棉花期货上的主导力量一直是棉花贸易商，由于 2006、2007 年度，以印度和中国棉花增产，导致美棉出口不畅，贸易商手中积压了大量陈棉，使得它们在期货市场的空头套保头寸不断积累。CFTC 持仓报告显示，截至 2008 年 2 月 26 日，仅商业空头套保持仓已经高达 239993 手，为历史最高。

（三）棉商交易中的策略失误

美国棉花期货从 2007 年 12 月就开始了小幅的上涨，美棉 5 月合约仅在 2 月份累计上涨 18%，较大的上涨幅度应该能引起棉商的注意。令人意想不到的是，3 月第一个交易日，美棉突然疯狂上涨，而在这个时候，虽然很多棉商开始减仓，但是由于亏损太大，他们并不愿意平掉手中的头寸，而是选择了在期权市场上买入看涨期权来避险。当接下来期棉再度上涨甚至涨停时，很多棉商面临着补足保证金的要求。

（四）未能得到银行后续资金的有效支持

在棉商需要补足保证金时，他们紧急联系了可以提供贷款的银行。但是，银行对未来棉花的价格并不能确定，无法提高贸易商手中本来已经用于抵押的棉花现货的价值，最终银行决定不再给予棉花贸易商进行更多的贷款。

三、启示

总结这次国际棉商倒闭的教训，有两点原因是致命的：

第一，美国过于宽松和多样的衍生品交易，使得例如对冲基金和社保基金可以大规模进入棉花期货市场来进行交易，棉花期货市场的正常交易秩序被短期打乱，在市场中进行交易的棉花企业，特别是背负银行贷款的企业面临短期价格大幅波动的风险就很大。

第二，棉商无法得到银行的后续支持来保护其头寸，最终导致其无力追加保证金和还贷而宣布破产。

思考国际棉商倒闭的事件，对我国期货市场形成以下借鉴：

第一，我国的期货市场管理相对严格，也更稳定，金融资本或者游资目前进入期货市场的途径较小。

第二，在现货价格不变而期货价格超理性变化时，银行应给予企业一定的资金支持。

第三，国内棉企应积极参与期货市场套期保值，为企业生产经营保驾护航。

（郑州商品交易所研究发展部　郭淑华）

美国中部阿巴拉契亚煤期货交易不活跃原因初探

在动力煤期货的研究过程中，交易所对美国上市的煤炭期货——中部阿巴拉契亚煤（简称中阿煤，下同）期货交易不活跃的原因进行了研究，结论是该期货交易不活跃的重要原因是期货合约的标的物选取上存在较大问题，一是期货标的物的市场规模不断缩小，二是替代交割困难。

一、中阿煤期货交易不活跃

美国纽约商业交易所（NYMEX）是世界最大的能源期货交易所。2001 年 7 月 12 日推出中阿煤期货，2001～2004 年交易量均在 1 万手以下；2005、2006 年交易量分别突破 2 万手和 5 万手；2007 年以来随着大宗商品价格波动剧烈，中阿煤期货交易也趋于活跃，年交易量保持在 10 万手以上，2009 年交易量 139732 手，2010 年 162020 手，与该交易所原油、天然气等其他能源期货产品相比，交易不算活跃。

二、不活跃的原因分析

（一）中阿煤产量持续下降，期货标的物市场规模逐渐萎缩

据美国行业分析师研究，中阿煤产量呈持续下降态势。图 4－1 显示，中阿煤经过 20 世纪 90 年代中期大规模的开采后，1997 年达到最后一个开采高峰，产量为 2.9 亿吨，此后产量逐年下降，2008 年产量下降到 2.35 亿吨，预计到 2035 年产量将进一步降至 0.99 亿吨。

（二）中阿煤的竞争力逐渐减弱

除环境监管的限制外，中阿煤自身的竞争力逐渐减弱，主要原因是：

1. 来自其他产区煤的竞争。产自保德河盆地和北部阿巴拉契亚的煤对中阿煤形成有力的竞争。保德河盆地煤和中阿煤均是低硫煤，是火力发电厂，特别是那些未安装脱硫设备的火力发电厂的抢手货。北部阿巴拉契亚煤是高硫煤，安装了脱硫设备的火力发电厂可以使用，并且满足清洁空气条例的要求，因此也具有很强的竞争力。

美国 20 世纪 90 年代启动了二氧化硫和氧化氮减排的一期工程，促进了中阿煤的开采。2000 年后启动了二期工程，虽然也带动了中阿煤的开采，但与其他产地的煤相比，中阿煤的生产成本增加，导致其需求减少。美国主要煤炭产区产量见图 4－2。

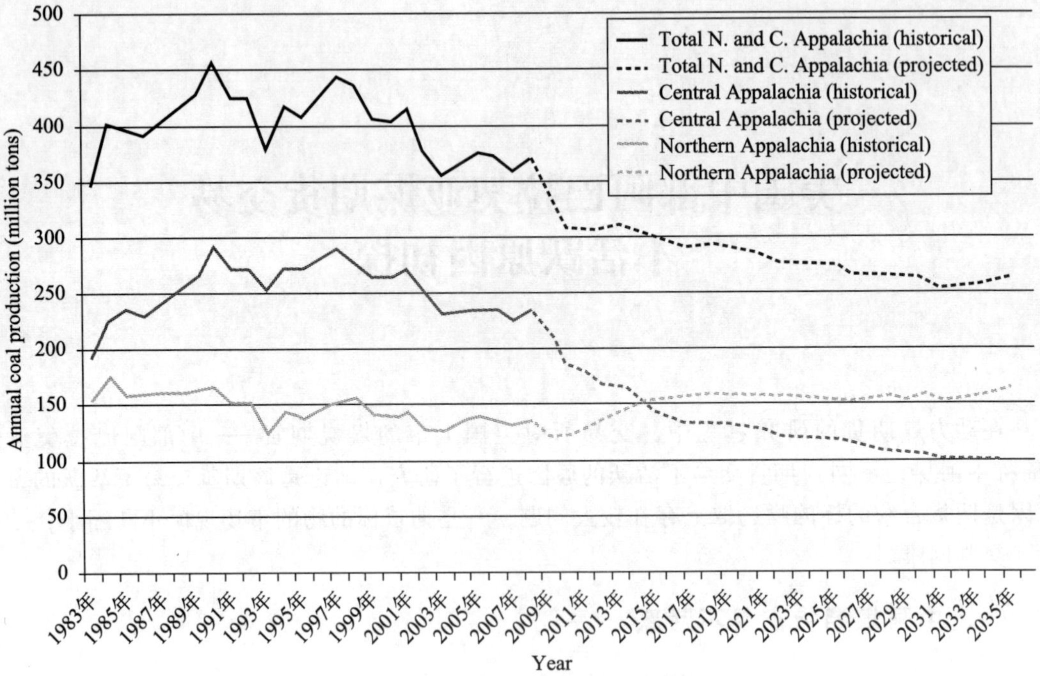

图 4－1　阿巴拉契亚煤产量

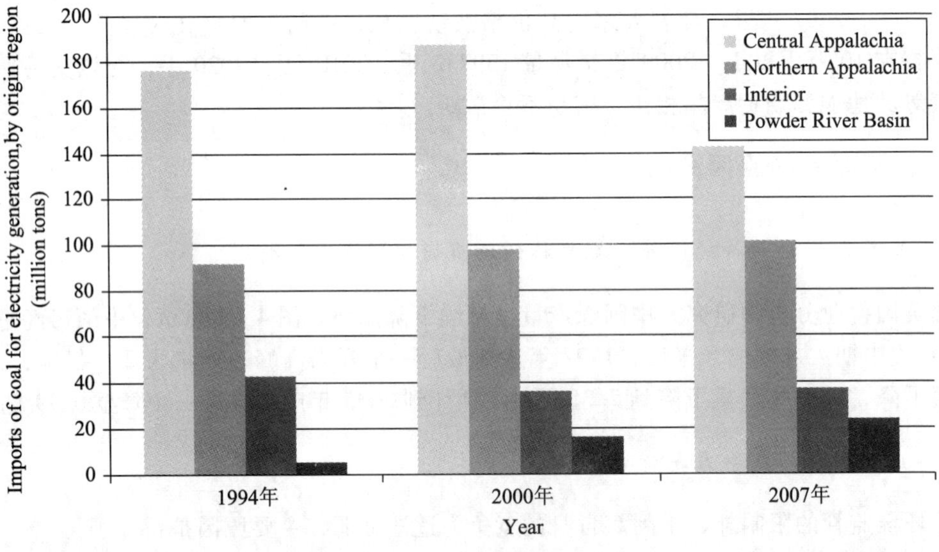

图 4－2　美国主要煤炭产区产量

2. 来自其他非煤能源的竞争。竞争还来自天然气和再生能源。新发现的天然气资源令其价格下降，使得天然气在发电方面的市场份额不断增加，煤炭的市场份额逐渐下降。再生能源虽不是主流，但其影响不断扩大，例如风力发电仅占全美发电量的 2%，但联邦政府及各州都对此大力支持。

3. 随着易于开采、低成本的煤炭资源消耗殆尽，开采成本增加。图 4－3 显示，煤炭的劳动生产率（单个矿工产煤吨数）自 2000 年开始下降，下降的同时伴随着生产成本的上升和坑口煤价的上涨，这对于中阿煤的生产也是挑战。

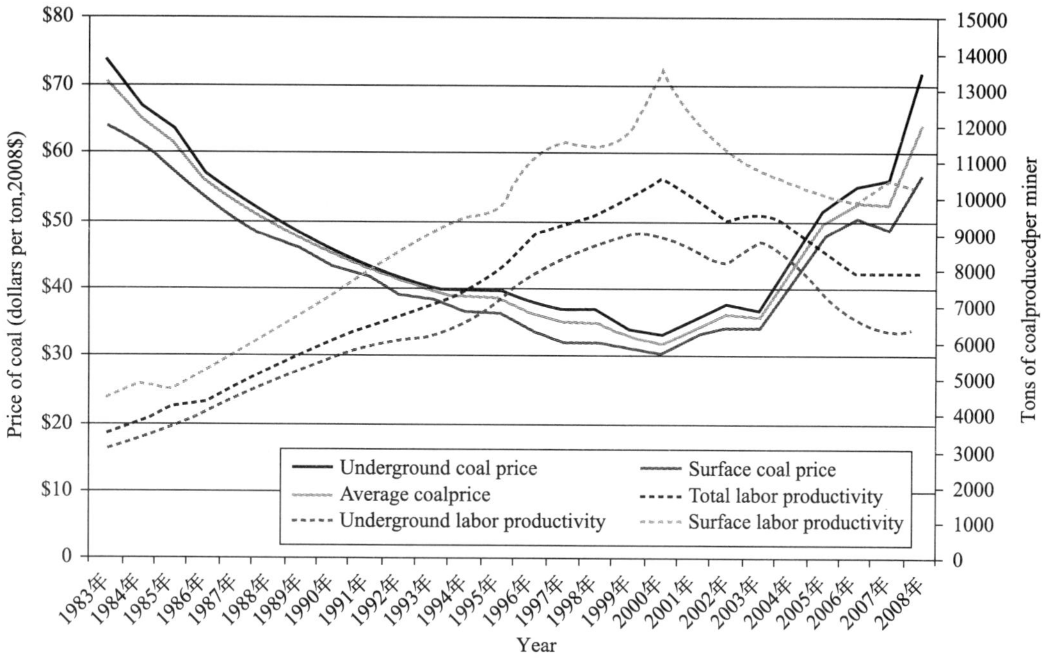

图 4－3 煤炭劳动生产率及开采成本

（三）替代品进行交割较为困难

资料显示，美国各地的煤炭质量不一、区域性较强，终端用户的需求呈现个性化，对标的物的针对性和稳定性要求较高。中阿煤的期货合约标的是中部阿巴拉契亚煤，其他产区如保德河盆地的煤运到中部的交割地点进行交割的话，45 美元/吨的煤运费就达 15 美元，交割非常不便。

综上所述，中阿煤的产量下降及竞争力的持续减弱使得期货交易标的物的市场规模不断萎缩，加之其他产区煤替代交割困难，令中阿煤的期货交易活跃度受到限制。这从一个侧面提醒我们在期货合约设计中，期货交易的标的必须具有较大的市场规模。对于已经上市的期货合约，要随着市场的变化，与时俱进，对期货合约及制度规则进行适时修改。

（郑州商品交易所研究发展部 王学勤 汪琛德）

中国期货主力合约和近月合约的套期保值效果研究

——以白糖、棉花、铜、玉米和豆一为例

在发达的期货市场，近月合约大多同时也是主力合约，企业大都利用近月合约进行套期保值；而在新兴加转轨的中国期货市场，主力合约都是远月合约，根据交易所内部资料发现，企业在利用棉花期货进行套期保值时，大多利用主力合约进行套期保值。

在中国期货市场，主力合约参与者众多，信息含量也更大，某种程度上可以认为是更有效的价格，而近交割月合约，参与者减少，交易量极度萎缩，而仅仅是距到期日较近，到底利用哪一个合约进行套期保值效果会更好，是一个值得研究的问题。

将主力合约和近月合约收盘价连接成期货价格，在易盛数据库里查到对应日期、对应交割品的现货价格，对它们之间的协整关系进行检验，发现不管是主力合约、还是近月合约，都与对应的现货价格存在协整关系，也即是长期稳定的相关关系，都具备套期保值的基础。更进一步进行套期保值效果研究，利用误差修正模型（ECM）得到下面结果（见表4－2）。

表4－2　各品种的主力合约、近月合约套期保值比率与效果

品种	合约	比率R	效果E
铜	主力合约	0.8772	0.9877
	近月合约	0.9520	0.9946
白糖	主力合约	0.5285	0.6842
	近月合约	0.5925	0.8359
豆一	主力合约	0.2900	0.3696
	近月合约	0.3855	0.6065
玉米	主力合约	0.0868	0.1001
	近月合约	0.2116	0.3415
棉花	主力合约	0.1831	0.1620
	近月合约	0.2459	0.2477

注：所用的数据是2007～2010年的周价格数据

一、主力合约和近月合约套期保值效果比较及原因思考

表4－2中套期保值比率的意义是需要套期保值的现货对应的期货比例，套期保值效果是指与不进行套期保值相比，进行期货套期保值的风险减少程度，数值越大，说明风险减少越多，套期保值效果越好。从合约角度来看上表，所有品种的近月合约套期保值效果均优于主力合约，从品种角度来看，不同品种的套期保值效果不同，以近月合约为例，在所研究的五个品种中，铜最好，高达99%，其他依次为白糖（84%）、豆一（61%）、玉米（34%）和棉花（25%），农产品期货的套期保值效果低于工业品，且远低于发达期货市场（美国等发达期货市场的套期保值效果一般都在90%以上）。在某种意义上说，目前中国商品期货交易投机（资）性大于避险性，另一方面也可能说明期货套期保值者对期货市场存在一定的错误认识，没有认识到单从套期保值角度讲，近月合约要优于主力合约这一事实，其实际做法与理论研究得到的结果有出入。考虑到国际先进期货市场近月合约和远月合约基本重合、而套期保值效果较好这一事实，可以想见，近月合约和主力合约的偏离可能会对期货市场功能的发挥造成不良影响。

导致这种状况的原因可能有以下三个方面：

1. 产业客户参与成熟度。中国期货市场是典型的新兴加转轨市场，呈现出较强的投机性的特点，一个极为重要的原因是产业客户参与度不高，或者是产业客户期货知识不足，对期货市场缺少理性判断，往往凭直观感受进行期货交易，这在未来一定时期内是阻碍期货市场功能发挥的重要障碍因素之一。

2. 不同的现货定价方式。有色金属产业企业的现货定价基本上是点价模式，亦即现货价格是以期货价为基准加上升贴水得到的，因此得到的现货价格数据和期货数据的相关性很强，套期保值效果就非常好。农产品企业的现货定价主要是大的供应商和需求商协议定价，并且由于农产品（玉米、棉花）在国计民生中的重要地位，国家还有一定的政策约束价格，因此农产品现货市场和期货价格相关性不强，基于期货和现货关系基础之上研究套期保值效果就比较差。

3. 不同品种的供求特性。农产品的供应量主要受两个因素影响：种植面积和天气状况。市场上全年的供应量一次决定，其价格受供求关系的影响相对要小，现货价格波动也相对较小，和期货的联动性也没有工业品那么强；另一方面，我国农产品产区比较多，收获时期差异和运输成本等原因，造成我国的农产品现货市场比较分散，并且价格之间相关性不强，也没有一个代表性的现货价格，这也造成期货和现货价格的较差的联动性。工业品处于不断地生产之中，供求关系随时都会发生变化，现货价格波动比较频繁，和期货的联动性也较强。

二、若干改进措施

1. 产业客户教育与引导。近年来，产业客户积极参与期货市场的程度有了很大的提高，但真正既懂期货、又懂现货的人才比较稀缺，这种状况使得市场上羊群效应比较明显，产业客户理性不足。要改善期货市场的状况，必须加大对产业客户的教育与引导。

2. 现货市场的建设。从铜期货和其他农产品期货的比较来看，我国农产品现货市场的不发达，是阻碍期货市场功能发挥的一个重要因素，中国应加大投入建设规范、高效、具有辐射力的现货市场，搭建期货市场和现货的桥梁，促使二者共同发展，为现货企业积极参与

期货交易创造条件。

3. 制度调整。企业正确参与期货交易，需要相关制度的调整和引导，我国现有的期货市场风险管理制度自1998年以来没有做过修改，如今期货市场已经发生了很大的变化，应该考虑在风险可控的前提下，对近月保证金制度进行适当调整，同时可以在持仓限制和持仓报告方面进行严格管理，同时加强信息披露，会极大促进期货市场功能的发挥。

（郑州商品交易所研究发展部　高勇）

近十年世界期货和期权市场发展趋势

2001～2010 年，世界期货交易量迅猛增长，由 42.81 亿手增长到 222.95 亿手，增长 420.7%，年均增长率为 42%。其中，金融期货交易量由 38.47 亿手增长到 193.09 亿手，10 年增长 401.8%，低于世界期货整体发展水平，在世界期货交易量中所占比例由 89.86% 下降到 86.61%；而商品期货交易量由 4.34 亿手增长到 29.85 亿手，10 年增长 587.9%，高于世界期货整体发展水平，在世界期货交易量中所占比例由 10.14% 上升到 13.39%。从近 10 年世界期货市场整体发展趋势来看，在绝对增长率和相对比例两方面，商品期货的发展都明显快于金融期货的发展。从世界期货市场 2001～2010 年交易量增长率的变化趋势来看，世界期货交易量年增长率由 2001 年高点 47% 下跌到 2004 年的最低点 9%，经过 2004 年交易增长低谷之后世界期货交易量保持增长，2007 年后世界期货交易量增长率下降，2009 年增长几乎停滞，2010 年增长率迅猛增加，达到 25.6%（见图 4－4、图 4－5）。

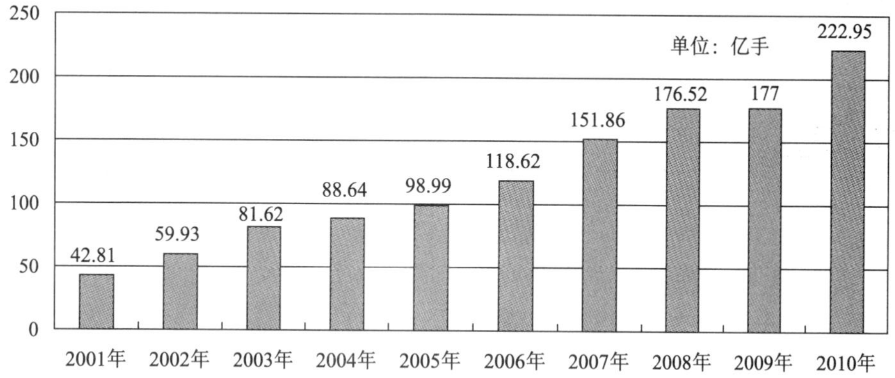

图 4－4 近 10 年世界期货交易量比较

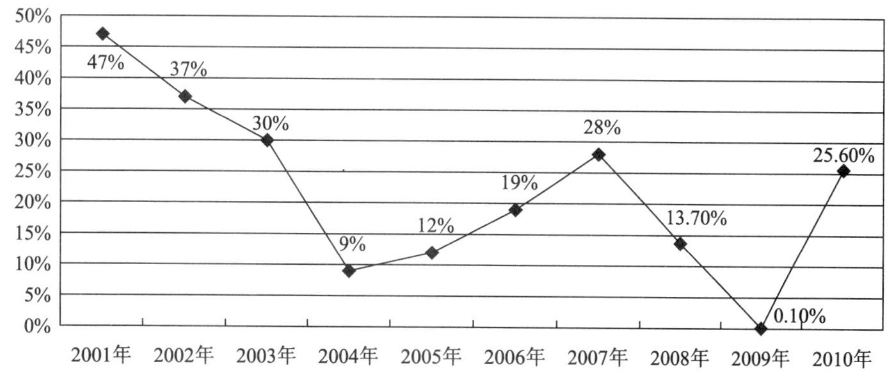

图 4－5 2001～2010 年世界期货交易量年增长率比较

从世界期货市场2001～2010年期货和期权两大类品种的发展来看（见表4－3），世界期货交易量由18亿手增长到111.82亿手，10年增长521.22%，交易量10年迅猛增长，大大高于世界期货整体发展水平，在世界期货交易量中所占比例由42%上升到50.15%，上升18个百分点，达到世界期货市场的半壁江山；而世界期权交易量由24.81亿手增长到111.12亿手，10年增长347.9%，大大低于世界期货整体发展水平，在世界期货交易量中所占比例由57.9%下降到49.84%，下降18个百分点。从近10年世界期货市场整体发展趋势来看，在绝对增长率和相对比例两方面，期货的发展都明显快于期权的发展，小型化期货合约的发展、新兴国家期货市场的快速成长和近几年金融市场的剧烈波动是这一趋势的主要原因。2001年以后进入世界期货和期权交易量排名前20位的迷你期货小合约达到5个。

表4－3　　2001～2010年期货和期权交易量　　单位：百万手

年份	期货			期权		
	交易量	增长率	所占比例	交易量	增长率	所占比例
2001年	1800.60	24.7%	42%	2481.2	37.7%	57.9%
2002年	2343.80	27.8%	37.58%	3892.6	32.1%	62.42%
2003年	2995.45	27.77%	36.81%	5142.18	30.49%	63.19%
2004年	3491.55	16.43%	39.39%	5373.16	4.45%	60.61%
2005年	4034.75	13.44%	40.45%	5939.07	10.53%	59.55%
2006年	5279.64	30.85%	44.52%	6579.62	10.79%	55.48%
2007年	6970.03	31.94%	45.90%	8216.63	24.88%	54.10%
2008年	8291.62	14.9%	47%	9361.08	12.7%	53%
2009年	8179.10	－1.7%	46.2%	9520.92	1.7%	53.8%
2010年	11182.52	36.6%	50.15%	11112.71	16.3%	49.84%

从2001～2010年世界金融期货各类别交易量来看，2001～2010年股指期货交易量由14.7亿手上升到74.13亿手，10年增长404.2%，低于世界期货整体发展水平，在世界期货交易量中所占比例由34.3%下降到33.25%，下降达1个百分点以上；利率期货交易量由12.16亿手增长到32.08亿手，10年增长163.9%，低于世界期货整体发展水平，在世界期货交易量中所占比例由28.4%下降到14.39%，下降14个百分点，所占比例大幅缩小；单只股票期货交易量由11.12亿手增长到62.85亿手，10年增长464.9%，略高于世界期货整体发展水平，在世界期货交易量中所占比例由25.99%上升到28.19%，上升达4个百分点以上；外汇期货交易量由49.2百万手上升到24.01亿手，10年增长4781.8%，大大高于世界期货整体发展水平，在世界期货交易量中所占比例由1.15%上升到10.77%，上升近10个百分点。从上可知，近10年里，股指期货和利率期货发展滞后于世界期货发展水平，单只股票期货增长与世界期货发展水平基本一致，外汇期货则呈快速发展趋势，成为带动金融期货发展的动力。

从2001～2010年世界商品期货各类别交易量来看，农产品期货交易量由1.5亿手增加到13.05亿手，10年增长734.1%，大大高于世界期货整体发展水平，在世界期货交易量中所占比例由3.66%上升到5.85%；能源期货交易量由1.66亿手增加到7.23亿手，10年增长 333.5%，低于世界期货整体发展水平，在世界期货交易量中所占比例由 3.9% 下降到 3.25%；非贵金属期货交易量由 70.2 百万手增加到 6.43 亿手，10 年增长 816.9%，大大高于世界期货整体发展水平，在世界期货交易量中所占比例由 1.64% 上升到 2.89%；贵金属期货交易量由 39.1 百万手增加到 1.75 亿手，10 年增长 347.6%，低于世界期货整体发展水平，在世界期货交易量中所占比例由 0.91% 下降到 0.78%；商品指数等其他期货交易量由 1.3 百万手增加到 1.37 亿手，10 年增长 10488.5%，极大高于世界期货整体发展水平，几乎从无到有，在世界期货交易量中所占比例由 0.03% 上升到 0.61%。从上可知，近 10 年里，农产品、非贵金属期货发展都快于世界期货发展水平，其他期货则以极高的速度在世界期货市场中从零开始发展到占有一定比例，从而显著推动了世界商品期货的快速发展，而能源和贵金属发展落后于世界期货发展水平，在世界期货市场中的地位有所降低。

（郑州商品交易所研究发展部 杨照东）

大连期货市场内外资企业交易状况研究

一、内外资企业客户参与市场总体情况

截至2009年10月9日，大连期货市场开户的客户总数852937个，企业客户数23979个，其中外资及相关客户数986个，占企业客户数比重为4.11%，占总客户数比重为0.12%；内资企业客户数22993个，分别占比95.89%和2.70%。整体看，各品种外资参与客户数低于内资企业，前者占总企业客户数比重区间为1.71%～19.06%。各品种内资企业的持仓比重要高于外资企业，且各品种均表现为卖持仓比重高于买持仓。

二、内外资企业参与各品种的市场特征

此处采用长程相关系数计算，以2008年1月1日～2009年9月30日期间的全程数据为基础计算相关系数。相关系数计算的要素包括"外资客户总买持仓量"、"外资客户总卖持仓量"、"外资客户总成交量"、"企业客户总买持仓量"、"企业客户总卖持仓量"、"企业客户总成交量"、"市场总持仓量"、"市场总成交量"和"价格指数"共9个。

（一）豆粕品种内外资企业客户都倾向于卖套保需求

外资卖持仓量、企业卖持仓量和市场总持仓量间波动具有极强一致性，形成三个要素间的紧密集。随着价格上行，外资和企业客户均倾向于提高持仓水平。在豆粕品种上，无论是内资还是外资企业客户，卖持仓更倾向于表现为卖套保。

（二）豆一品种企业客户套利兴趣更强

企业多空持仓量和市场总持仓量间波动具有极强一致性。豆一品种的内资客户与市场的密切程度要高于外资客户，内资客户参与市场的积极性也高于外资客户。

（三）豆油品种内外资企业客户卖套保意愿较强

外资卖持仓量、企业卖持仓量和市场总持仓量间波动具有极强一致性。随着价格上行，内外资客户整体倾向于提高持仓水平。

（四）棕榈油品种买、卖套保意愿均强或套利意愿较强

外资多空持仓量、企业多空持仓量和市场总持仓量间波动具有极强一致性。内外资企业

客户无论买持仓还是卖持仓均倾向于表现为套保需求。

（五）玉米品种内外资企业客户套利意愿均较强

企业买持仓量、企业卖持仓量、市场总持仓量和价格指数间波动具强一致性。玉米品种的企业客户市场特点既表现出企业客户持仓、市场持仓与价格间有很强的一致性关系，又表现出内资为主导的持仓特点。

（六）聚乙烯品种外资参与积极性明显不足

企业买和卖持仓量、市场总持仓量及其成交量间波动具有极强一致性。聚乙烯品种的外资参与积极性明显不足，聚乙烯品种的企业客户具有明显买卖套保或套利需求。

三、内外资企业参与大连期货市场的盈亏分析

2008 年 1 月初至 2009 年 9 月数据显示，内外资企业的市场表现整体较好。外资企业在棕榈油上整体亏损较大，内资企业的市场表现整体要优于外资。但从个体盈利能力来看，内资企业较外资企业要差很多。

具体到品种上来看，内资企业除豆二外其余品种均整体盈利。相比之下，外资企业除豆二外还有三个品种整体亏损。在这方面其表现较内资企业为差。不过，外资企业在豆油上的单品种盈利远高于内资企业的单品种盈利。综合看，外资企业在各品种上盈亏态势明显，内资企业主要表现为广泛的较小规模盈利。

结合月度盈亏数据进行比较分析：各品种整体上内资企业对市场盈亏的把握能力要优于外资企业，前者的明显盈利月度数与明显亏损月度数差显然要高于后者。当市场整体呈下行态势时，内外资企业整体均更容易出现盈利，而当价格上行或者震荡态势时，两者均更容易出现亏损。

在 2004 年的价格急剧下行趋势中，内资企业亏损严重，外资企业整体仍保持盈利；在 2008 ~ 2009 年间，情况明显改变，内外资企业在豆粕和豆一两个品种上均盈利明显，总体看在豆粕上仍然是内资企业盈利性要强一些，在豆一上外资企业盈利能力更强。表明随着市场的发展，内资企业的市场判断力和对期货市场的利用能力都有明显提高。

四、综合结论

综上，可得出以下结论：第一，无论是内资还是外资企业，在多数品种上都有明显的套保需求。第二，从盈利状况来看，内资企业在大连期货市场的盈利水平整体要略高于外资，但个体盈利能力则较外资企业差很多。第三，整体来看随着市场的发展，企业客户的市场把握能力和对期货市场利用能力明显提高。

针对上述结论，可知针对各品种不同情况，应采用不同的政策，以期平衡市场结构，合理发展市场。具体建议如下：

第一，针对不同套保特点，对不同品种采用不同市场宣传方式和品种开发力度，让不同需求投资者尽可能地参与期货市场，便于期货市场更充分地发挥功能。

第二，适当加强对内资企业客户培育，提升单一客户对市场的把握能力和利用水平。如

果内外资能够达到同样的市场水准，则市场的影响不仅会通过期货行情发散出去，也会通过现货市场扩散出去。

（大连商品交易所　赖宝全）

美国大豆补贴政策的启示

一、美国大豆补贴政策的主要内容

美国大豆补贴政策以定期公布的农业法案形式确立。1933 至 2008 年，美国共制定了 28 个农业法案，经历了 8 个阶段的沿革。目前美国政府为大豆生产者提供的补贴方式主要有：

（一）商品贷款项目

商品贷款项目是美国最主要、最悠久的农产品扶持政策，最早出现于 1933 年，成为美国农业补贴政策的基石。在大部分的时期，商品贷款项目的中心目标是市场价格支持。最近 20 年，逐渐转化为以收入支持为主。商品贷款项目最初的表现形式是无追索性贷款，后演变为市场贷款项目和贷款差额补贴。农民按照公布的贷款率向当地联邦政府的农村服务办公室申请贷款，由政府指定的商品信贷公司完成贷款操作。

市场贷款项目与以前的无追索性贷款项目的差异在于归还贷款的计算方法，当市场价格或生产者所在县的官方价格低于公布的商品贷款率时，允许生产者以低于公布的贷款率水平归还贷款。具体到大豆品种，当豆农还贷时，如果市场上的大豆价格低于贷款率，那么豆农无需还清全额贷款，只需按当地公布的价格还款，贷款率和农民实际偿还率（当地公布的价格）之间的差额，就是政府付给农民的市场贷款获益。

贷款差额补贴是根据 1985 年的食物安全法案的规定，向有资格获得但不愿意贷款的农民提供的差额补贴。贷款差额补贴额 =（贷款率 − 市场价格）× 有资格享受贷款的作物数量。

大豆可以享受政府价格支持贷款，这一政策对大豆发展起到了关键性的作用。特别是 1990 年的农业法案对大豆相对于玉米总面积提高起到了关键作用。本世纪初，大豆价格疲软，豆农从高贷款率中得到了不少好处。加上政府的市场贷款收益和贷款差额补贴，共同促进了大豆产业的发展。

（二）直接补贴

直接补贴由 1996 年联邦农业改革法案有关灵活性生产合同延伸而来。如果需要接受直接补贴，大豆种植者需与政府签署年度种植协议，明确自己的基础种植面积及补贴单产。基础种植面积及补贴单产得到政府认可后即可申请补贴。直接补贴 = 补贴率 × 直补面积 × 补贴单产。

（三）反周期补贴

过去三十年中，大多数情况下农民的市场价格高于贷款利率，贷款利率没有给生产者提供有效的价格支持。因此美国政府着手研究新的补贴办法，出台了2002年农业法案的反周期补贴办法，分为以价格为基础的反周期补贴和以收入为基础的平均作物收入选择补贴，给大豆生产者提供了相同的安全保障。

1. 以价格为基础的反周期补贴。反周期补贴是在有效价格低于目标价格时启动的一种生产保护性补贴。单位产品的反周期补贴由两个价格之差决定：一是目标价格，意在保护农民收入，从1973年农业法案开始实行。具体数据在最新的农业法案中公布；二是有效价格。有效价格 = 直接补贴率 + 该年度美国国内农场现货平均价格与大豆贷款率中的较高者。反周期补贴金额 = 农产品的补贴价格（目标价格 - 有效价格）×公历年补贴面积×85%×补贴单产。

2. 平均作物收入选择补贴。2008年农业法案最突出的变化是针对国际农产品价格大幅上涨，提出了平均作物收入补贴计划。补贴总收入 = 农场补贴率×农场播种面积×（农场基准单产÷州内预计单产）×83.3%。其中：农场补贴率 = 州内担保收入 - 州内实际收入（州内担保收入×25%两者中较高者）。该计划必须满足两个条件：州担保收入 > 州实际收入且农场担保收入 > 农场实际收入。

二、美国大豆补贴政策的特点

（一）补贴对象明确

补贴对象必须是大豆生产者、其他成分不列入补贴范围，这些生产者在美国农业部都有记录。

（二）补贴方法灵活

既有对收入的补贴，也有对价格的补贴；既考虑价格高位时的补贴，又考虑价格低位时的补贴。各种补贴方式的综合运用，大大增强了美国大豆产业竞争力。

（三）补贴要素设计科学

针对每个农民的种植情况建立了详细的数据库，每个指标的设定均有2年以上的平均数，体现了一定的公平性。在制定补贴时考虑了世界价格、全国价格、目标价格、州价格、县价格和农场价格之间的关系，科学地测算政府的支付力度，给予多种选择，让农民得到最大实惠。

（四）补贴总额可控

对于每种补贴，每个农民都设补贴上限，如2008年农业法案规定直补上限4万美元、反周期补贴上限6.5万美元、ACRE补贴上限分别为3.2万美元和7.3万美元。预计未来10年补贴将增加36亿美元。有时候政府设定补贴总额，反过来测算每个农民的补贴数额，使政府的总支出完全控制在预算范围内。

三、对我国大豆补贴政策的启示

通过分析美国大豆补贴政策，可以看出，我国的补贴政策是美国最早使用过但后来被取代的价格支持政策。尽管我国大豆产业与美国的国情不同，但在稳定农业经营、提高农民收入、维护粮食安全的目标方向是一致的，因此美国的补贴办法有些是可以借鉴的。从整体看，国家保护农民的政策需要逐步实现向价格补贴到收入补贴的过渡。

（大连商品交易所　王玉飞）

国际期货结算银行职能研究

在国际成熟市场，银行参与期货以及其他衍生产品业务非常活跃，主要承担以下职能：第一，银行或银行的分公司成为交易所的结算会员。第二，成为结算银行，为交易所的结算机构和结算会员提供特别的银行服务。第三，成为自营交易商，用自己的资本进行期货交易或类似衍生品交易。第四，成为场内（上市的衍生品）、场外做市商。在资金环节，银行可以对投资者提供融资，以满足投资者的需要。以美国农产品期货市场为例，农场主通过仓单质押业务或签订期货订单合同，提前获得银行的资金支持。在这个层面上，银行扩展了期货市场投资者利用期货工具指导现货经营和生产的规模，打通了期货、现货、资金三个环节的割裂状态。

一、国外期货市场的结算模式分类

按照结算机构与交易所的关系，国外期货市场结算模式主要分为以下三类。

（一）交易所的结算部门负责结算业务

结算部门是交易所内的一个职能部门，受交易所的直接管理，代表交易所履行结算职能。这种模式在国内较普遍，国外基本已经脱离了这种模式。依据会员类型，交易所会员可分为全员结算制度和分级结算制度，负责期货保证金的存管业务。

（二）以结算分公司形式处理结算业务

结算机构是交易所的分公司，世界上著名的交易所及国际性交易所偏好这个方式，包括芝加哥商业交易所（CME）集团、欧洲期货交易所（Eurex）和洲际交易所（ICE）。在该结算框架下，交易所是营利性的公司，结算机构是交易所的分公司。结算机构只能跟结算会员进行期货结算，结算会员需要给非结算会员和他们的客户进行结算。

（三）外包结算公司

在这个结算系统内结算机构既不是交易所部门，也不是交易所拥有的分公司，而是一家独立的专门提供结算服务的公司或称“结算行”。一些交易所认为外包结算功能很经济，因为交易所不用投入运营成本，可以集中精力研究产品交易、业务发展等。

二、银行在国际结算系统中的三大职能

（一）结算会员

结算会员是可以在交易所里通过中央结算机构（CCP）买卖期货合约的机构。交易所的

CCP 按他们自己的要求来批准结算会员。结算会员的角色是 CCP 和投资者/交易者（结算会员的客户）的中介。CCP 是结算会员之间的中介。许多商业银行提供结算服务，申请成为期货交易所的结算会员。

结算会员的客户包括企业、个人及各类基金等机构投资者。结算会员的客户也可以包括更多的中介，比如经销商，这些经销商有他们自己的客户。第一，如果银行可以下单也可以从事结算业务，他们因此可以控制所有的交易流程。第二，如果银行在全球各主要交易所都是结算会员，银行可以为客户提供良好的国际交易环境——交易和结算服务。第三，因为银行控制整个交易流程，除了 CCP 的费用以外，它不必付任何中介费用，因此交易的成本要低一些。代理客户的成本相应越低，越具有竞争力。

根据 2009 年 10 月 CFTC 数据，排在前 20 位的期货公司都有十亿美元以上的客户资金，占客户资金总额的 93.4%。在这 20 家当中，11 家是银行及银行分公司（55%），银行控制的客户资金为 740 亿美元。排在前 5 名的期货公司都是银行或其下属机构。

（二）结算银行

结算系统另外一个重要部分是提供结算服务的银行。结算银行就是给 CCP 和结算会员提供一些特别的结算服务和账户服务的银行。CCP 和结算会员都必须在一个或几个指定的结算银行开户以便进行资金划拨等各种业务。因为每一个结算会员的银行账户每天根据现货价值的持仓量被提取或者存入。这些业务需要银行处理。如果结算会员金额不足，结算银行也提供日内信贷服务。

由于国外结算银行提供这项服务，提高了整个期货市场整体抗风险能力，有利于交易所、期货公司扩大业务创新和拓展业务空间，形成了交易所、会员、银行三赢的局面。当然，国外这种业务模式的基础，离不开其发达的信用制度、多年信用体系建设和良好的信用环境。

（三）作为投资者及做市商

银行本身作为投资者。大多数银行都有他们自己的交易部和专业交易者。在国外，银行用他们的高风险资金在期货、衍生品和现货市场上进行投机交易。全球市场交易量比较依次为：场外衍生品、期货及衍生品、证券和债券。2009 年全球场外衍生品的名义价值为 604.6 万亿美元。商业银行、投资银行、中央银行、政府机构、保险公司、基金管理公司、对冲基金和大公司一起创造“场外市场”。

三、对我国银行结算业务的启示

在期货市场中，我国银行与国外银行所扮演的角色最主要的区别在于期货市场的参与程度。对我国的银行来说，下一步重点是要熟悉期货知识，这可以采取不同的形式，如与期货经纪商形成战略合作关系等。银行对期货市场的套期保值、投资、交易等方式了解的越多，越有利于期货市场知识在金融体系内的传播，给整个金融体系发展带来更多的价值。

（大连商品交易所 布兰登）

交易成本与期货市场功能发挥问题研究

一、大连期货市场产业客户参与套期保值交易情况

（一）市场波动适中，产业客户套期保值越积极

在2006年至2009年不同市场波动情况下，持仓比较分析显示：豆粕2008年期货价格波动最大，产业客户日均持仓量却为几年来的最低水平；豆一2008年期货价格波动最大，产业客户日均持仓量却低于2007年的水平。同样，玉米、线型低密度聚乙烯、棕榈油、豆油等品种月日均波动性和产业客户月日均持仓量散点图也表明：在波动性一定临界水平内，随着波动性增强，产业客户持仓量逐渐增加。

（二）市场流动性适当，产业客户套期保值越充分

2006年至2009年大豆和豆粕合约交易量、产业客户持仓量和交易量比较分析结果显示：大多数情况下，产业客户参与积极性随市场流动性的增加而增加，市场总成交量越大，产业客户交易量越大，持仓兴趣也同时增加；当市场价格波动趋向剧烈时，虽然市场总成交量较大，但产业客户交易量却未同步增加，持仓兴趣反而有所降低，体现了产业客户对价格波动风险的担忧。

（三）市场换手率适中，产业客户套期保值交易量越大

在2006年至2009年不同换手率下，产业客户大豆和豆粕合约交易情况比较分析结果显示：豆粕2008年日均换手率最高，产业客户日均交易量却低于2007年和2009年日均交易量水平；豆一2008年日均换手率最高，产业客户日均交易量也是几年来的最高值。

（四）投机客户参与有利于产业客户套期保值

1. 参与交易的产业客户数量与投机客户数量同方向变化。2009年1月参与大商所交易的投机客户为115735个，产业客户只有1648个；8月参与交易的投机客户增长至181652个，产业客户也增至2594个；9月参与交易的投机客户下至176379个，产业客户也减至2538个。

2. 产业客户日均交易量与投机客户日均交易量同方向变化。2009年2月投机客户日均交易量179万手，产业客户日均交易量只有19万手；8月投机客户日均交易量402万手，产业客户日均交易量也增加至46万手；9月投机客户日均交易量下降至257万手，产业客户

日均交易量也减少至31万手。

3. 产业客户日均持仓量与投机客户日均持仓量同方向变化。2009年1月投机客户日均持仓量66万手，产业客户日均交易量57万手；8月投机客户日均持仓量增至143万手，产业客户日均持仓量也增至158万手；9月投机客户日均持仓量下降至120万手，产业客户日均持仓量也减少至154万手。

二、价格走势、流动性及波动性对盈亏的影响

（一）产业客户盈亏具有明显价格走势效应，但投机客户盈亏与价格走势未显现一定规律性

对不同价格走势中产业客户和投机客户盈亏情况的统计分析表明：产业客户具有显著的价格上涨亏损、价格下跌盈利的规律，投机客户的盈亏未表现出与价格走势相关的特点。

（二）产业客户和投机客户盈亏与市场流动性未显现一定规律性

不同市场流动性下，产业客户和投机客户盈亏情况的统计分析表明：无论产业客户还是投机客户，其盈亏均未表现与市场流动性相关的特点。

（三）产业客户和投机客户盈亏与市场波动性未显现一定规律性

不同市场波动性下，产业客户和投机客户盈亏情况的统计分析表明：无论产业客户还是投机客户，其盈亏均未表现与市场波动性相关的特点。

三、国际衍生品市场手续费特征分析

（一）交易手续费总体呈下降趋势

对个人会员，芝加哥期货交易所（CBOT）农产品公开喊价交易手续费由2002年的0.50美元/手，降至2008～2009年7月期间的0.05美元/手；电子交易手续费由2003年0.15美元/手，降至2008～2009年7月期间的0.10美元/手。自2009年8月起，CME商品期货Globex交易手续费由0.50美元/手降为0.36美元/手。

（二）交易量越大，手续费优惠力度越大

自2009年10月1日起，芝加哥商业交易所（CME）根据成交量大小，对个人客户、企业客户实施交易手续费优惠：对流动性贡献最大等级的客户，交易手续费减收0.31美元/手。

（三）针对新市场战略实施特殊手续费优惠措施

自2009年1月以来，CME陆续推出“全球市场激励措施”、“新兴市场激励措施”和“亚太市场激励措施”，按季度对日均成交50手以上的客户，给予交易手续费和结算手续费优惠。

四、适度降低交易成本有利于产业客户套期保值

为活跃交易、鼓励套保，2009 年大商所根据市场情况适度减收了上述各品种交易手续费。实施手续费减收措施后，各品种流动性明显增强。以豆粕为例：自 2009 年 3 月减收手续费后，其流动性由 2009 年 2 月的 1.95 增加至 2009 年 4 月的 2.77。同时，产业客户套期保值交易明显放大，产业客户交易量由日均 49966 手增加至 83647 手。

因此，为进一步促进期货市场功能的发挥，长远地看，我们应借鉴国际市场经验，在成本方面给予产业客户一定扶持。

（大连商品交易所　肖俊喜）

美国期货市场投资者持仓结构研究

——基于 CFTC 新分类标准的分析

投资者结构是影响市场稳定运行的重要因素之一。谁在持仓、持什么方向和比例的仓位，表征着进而决定着市场功能发挥的程度，以及市场稳定运行基础的牢固度。美国商品期货交易委员会（CFTC）基于每周的 COT 报告（Commitments of Traders Reports）对外公开披露市场每周二的投资者交易结构数据，主要是达到报告标准的投资者（Reportable Trader）的分类持仓数据。CFTC 规定“报告标准”，一般将持仓超过此标准的投资者视为“大户”，要求其提交更多的数据信息。传统上，COT 报告将达到报告标准的投资者分为两大类：即商业交易者（Commercial Trader）和非商业交易者（Non - commercial Trader）。其中，商业交易者的持仓，一般被认为是套期保值性质的持仓。

2008 年金融危机后，美国 CFTC 两次优化投资者结构数据披露方式。第一次调整是 2009 年。面对商品金融化压力，人们越来越认识到，对于其中积极介入商品期货市场的 SWAP 交易商、指数交易者等典型交易者的避险交易行为，必须加以适度的区别，以便更准确和清晰地揭示市场交易结构，提高市场透明度。自 2009 年 9 月 4 日开始，CFTC 在保持以往 COT 数据披露的同时，增加了一种新的披露格式，即新分类的 COT 报告（Disaggregated Commitments of Traders Report，DCOT），将投资者分为了如下四类：第一类是生产商、贸易商等最终使用者，是一些传统意义上的套期保值者。第二类是互换交易商，属重点析出的一类交易者。他们利用商品期货市场上的避险交易为其所参与的 SWAP 交易提供套期保值。他们的对手方可能是对冲基金等投机者，也可能是传统的商业交易者。第三类是管理基金，包括在 CFTC 注册的 CTA、CPO，以及未注册但由 CFTC 认定的其他基金。他们一般代表客户利益，进行有组织的期货交易。第四类是其他达到报告标准的投资者。第二次调整是 2010 年。2010 年 7 月，CFTC 推出金融期货市场交易者（Traders in Financial Futures，TFF）报告，作为对传统 COT 报告的一种优化和补充。该报告将金融期货市场上的投资者分为四类：第一类是交易商和中介机构，第二至四类分别是资产管理机构、对冲基金以及其他达到报告标准的交易者。后三类交易者主要是一些买方机构。他们通常是卖方机构的客户，一般利用期货市场进行投资、对冲、避险、投机以及改变资产期限结构或久期等。通过 COT 报告，能够了解金融期货市场持仓结构的性质（商业/非商业），而通过 TFF 报告，能够了解金融期货市场上持仓的都是哪些机构。

基于此，本报告利用最新披露的 TFF 报告，重点分析美国期货市场尤其是股指期货市场的持仓结构（截至 2010 年 8 月 17 日，共有 152 种期货产品纳入 CFTC 的 COT 报告分析范畴，包括商品期货以及金融期货）。总体来看，美国期货市场是一个以机构和大投资者为主的市场，绝对数量并不多，其中又以保值者为主：报告交易者持仓占到全市场的近 93%，因此 COT 报告数据具有全市场代表性。商业交易者持仓占绝大部分，70% 左右，结构合理，避险功能比较显著。每个品种达到报告标准的投资者数目不同，平均为 94 个。其中，CBOT 的玉米品种申报投资者数目最多，达 832 个，申报持仓占全市场的 80% ~90%。具体来看股指期货市场：（1）从总量上看，美国股指期货市场持仓规模巨大，单是 S&P 500 指数期货持仓规模就超过 1.6 万亿元人民币，相比而言，沪深 300 指数目前 3 万手持仓价值约 300 亿元人民币，还有很大发展空间；（2）从投资者结构上看，机构化特征十分明显，估算机构持仓比例至少在 76% ~90% 左右；（3）从功能发挥情况上看，约 70% 的持仓为商业交易者持仓（大致相当于保值者持仓），市场结构比较合理，避险功能发挥比较充分；（4）从投资者类型上看，资产管理机构是主要的多仓持有者，对冲基金和交易商是主要的空仓持有者。

研究建议，一是重视市场透明度建设，逐步改进市场公开披露信息方式；二是加大对基于新产品的期货避险投资者的鼓励和培育；三是探索建立能够反映市场阶段性特征、具有公信力的衡量股指期货市场功能的指标体系。

（中国金融期货交易所　蔡向辉供稿）

5 月 6 日美国股票市场盘中剧烈波动的分析和启示

受欧元区债务危机引发市场恐慌情绪影响，2010 年 5 月 6 日美国股市盘中出现 9% 左右暴跌，主要股指创 1987 年 10 月美国“股灾”以来的最大跌幅，随后又出现急剧反弹。与此同时，各类股票指数期货亦出现高成交量、急速下跌和迅速反弹的现象。针对此次事件，美国证券交易委员会（SEC）和美国商品期货交易委员会（CFTC）展开了联合调查，初步认定美国证券市场分散化市场结构和缺乏一致性的交易规则造成了市场急速下跌过程中的流动性严重失衡，基本排除了交易员操作失误、交易系统技术故障造成价格异常波动的可能性。

短期流动性严重失衡是股市盘中暴跌的主要原因。SEC 和 CFTC 初步认定 2010 年 5 月 6 日市场盘中暴跌的直接原因是证券市场短期流动性在下跌过程中严重失衡。造成流动性失衡的因素既有美国证券市场结构方面的缺陷，也包含市场操作层面上技术的原因。一是缺乏统一协调的交易机制分割了市场流动性。目前美国证券交易不再由纽约证券交易所等传统的大型证券交易所主导，而是较为分散地分布在大型交易所和数量众多的各类电子化的交易平台上，美国证券市场的流动性极为分散并且各类交易场所的交易制度和运作规则各不相同。造成 2010 年 5 月 6 日暴跌事件的一个主要因素是连接各市场流动性的机制缺陷，这种缺陷主要体现在纽约证券交易所和纳斯达克等交易所之间的流动性连接机制。纽约证券交易所的“流动性补充机制”（Liquidity Replenishment Points）和其他交易系统“自我救助机制”（Self - Help Remedy）在市场暴跌过程中人为分割了市场的流动性，加剧了流动性的失衡。二是流动性供应者在市场大跌时退出市场。近年来，高频交易公司已成为市场最重要的流动性提供者，高频交易公司的交易量约占市场日交易量的 2/3。作为“流动性提供者”的一些华尔街大公司在股市恰恰最需要它们支持正常交易的时候撤离市场，是导致当天美国股市暴跌的重要原因之一。三是残余报价机制导致部分成交价异常。残余报价机制的存在使得在市场剧烈波动和流动性缺乏时，止损指令可能会与做市商不合理的低报价相配，从而造成接近零的成交价。这种机制直接导致了 2010 年 5 月 6 日当天某些股票和 ETF 瞬间从几十美元被打压至一美分。四是止损指令的大量应用。在 2010 年 5 月 6 日市场快速下跌过程中，大量止损指令转成市价单，在缺乏合理的正常报价单的情况下，止损指令和做市商的残余报价单成交。这类成交造成了当日大量偏离正常价格的交易，失真的成交价格传递着错误的市场信号，极大影响了投资者信心，加剧了对市场的波动。

在 2010 年 5 月 6 日盘中大跌过程中股指期货和现货指数表现出较为紧密的关系，盘中的大跌和急速回升并不是孤立地由某个局部市场引起，期货和现货（包括 ETF 市场）已被一系列复杂的市场网络紧密联系在一起，期货和现货市场相互影响和相互作用。本报告进一步对现货市场和股指期货市场高频数据进行量化分析，验证了股指期货市场和证券市场在大的波动中相互引领和相互影响的关系。从直观分析看，S&P500 指数、SPDR 和 Emini S&P500 走势相当一致。实证研究表明，2010 年 5 月 6 日中，S&P500 指数、SPDR 和 Emini S&P500 指数期货价格变动是相互影响的，没有出现 Emini S&P500 指数期货单方面影响 S&P500 或者 S&P500 指数单方面影响 Emini S&P500 指数期货的依据。从流动性方面看，Emini S&P500 指数期货在下跌过程中起到了缓冲作用。

2010 年 5 月 6 日美国市场暴跌事件和事后监管层的调查报告与改进措施为我国资本市场的发展和完善提供了经验和教训。一是集中统一的市场流动性对于市场的稳定至关重要。适度的市场竞争对于提高市场效率是有益的，但过度的市场竞争导致流动性分散，而仅通过技术手段实现各流动性中心的互联互通有很大的脆弱性，在技术日益发展的今天有巨大的系统性风险。二是延时撮合机制可以缓解流动性的失衡。在 2010 年 5 月 6 日当 CME 的 Globex 启用延时撮合功能后，股指期货市场的流动性得到了明显改善，有效缓解了巨大的卖单压力。我们可以借鉴 CME 的延时撮合机制，在市场价格瞬时波动超越指定幅度后，短暂延缓撮合以等待更多交易指令进入撮合系统。三是审慎开放止损指令。当市场剧烈波动时，广泛使用传统的止损指令在价格跌至临界点以下后，止损指令自动转化成市价指令，这种转变有可能导致瀑布效应，放大市场的波动。这次美国股市剧烈波动的启示是应当审慎对待止损指令的开放，深入研究该指令可能带来的市场系统性风险。四是对流动性提供商的重新认识。无论是证券现货市场还是期货市场，以高频交易商为代表的自营交易商等新型流动性提供商已成为市场举足轻重的参与者，占据了市场较大比例的交易量，为市场提供着必要的流动性。有必要就流动性提供商对市场作用、对其的规范与监管和流动性提供商的权利和义务等课题进行深入研究和探讨，合理定义流动性提供商的权利和义务，以促进市场的稳定和安全。五是对流动性的全面评价。2010 年 5 月 6 日市场剧烈波动的根本因素在于流动性失衡导致了整个金融市场的系统性风险。如何全面正确认识和正确评价流动性对于促进资本市场稳定意义重大。我们应关注买卖价差和市场深度、短期波动性等重要指标，建立和使用一套全面的评价指标，促进市场均衡健康发展。

（中国金融期货交易所　王琦　于延超供稿）

高频交易研究

近年来，随着交易技术的迅猛发展和交易方式由传统的人工交易模式向以电子交易为主的自动化模式或混合型模式的演变，华尔街的竞争格局亦发生了重大变化。高频交易在全球市场扮演越来越重要的角色的同时，也逐步进入我国市场。

高频交易是一系列计算机自动化交易策略的统称，其特点是标的物持有期极其短、交易极其频繁。在高频交易中，交易者应用计算机程序分析市场数据，采用算法发现瞬间的交易机会。在欧美市场上，高频交易从交易策略的角度，可以分为流动性回扣交易（Liquidity Rebate Trading）、掠夺性算法交易（Predatory Algorithm Trading）、自动做市商交易（Automated Market Maker Trading）。国内市场交易统一采用集合竞价制度，目前还没有做市商制度，因此也不存在自动做市商交易。与高频交易相联系的是程序化交易，两者既有区别又有交叉：（1）从范畴来看，程序化交易涵盖的面更广，只要是采用计算机程序辅助下达交易指令的交易方式，都可以归属于程序化交易；而高频交易只是一类高频率程序化交易的统称。（2）从持仓时间来看，程序化交易对标的物的持有时间没有具体的标准，长短不一。高频交易的一个重要特性就是持仓时间极短，其盈利模式特征是每笔交易利润非常薄，靠大量交易次数获取巨大利益。（3）从交易频度来看，当程序化交易呈现高频特性时候，程序化交易就变成了高频交易。（4）从技术系统要求来看，程序化交易和高频交易都属于以计算机模型、计算机交易指令代替手工判断、手工下单的交易模式。但高频交易对于网络延迟、计算机运算能力、交易系统性能等方面要求更高，也更难被国内交易者所掌握。

美国是高频交易的起源地。目前，高频交易在美国市场的发展现状是：（1）高频交易已经成为美国股票市场最主要的交易方式。根据 TABB Group 的研究报告，2005～2009 年美国股票市场的高频交易份额呈显著的上升趋势，高频交易所占市场份额从 2005 年的 1/5 逐步提高到 2009 年的接近 2/3，已经成为最主要的投资方式。（2）高频交易者在机构投资者中占比较小，但交易量极大。目前，美国市场大约 20000 家机构中，共同基金占 33%，对冲基金占 42%，机构自营占 23%，其余约 2% 左右为高频交易商。但是，它们的交易量占到了整个市场交易量的 70% 以上。高频交易盛行后，美国市场出现了明显的一些变化，市场中单笔交易的交易量正逐步下降，同时，市场的成交量在逐步增大，市场透明度不断增加，交易时间延迟降低到微秒级别，每笔交易盈利逐步减小。

高频交易在美国市场盛行有如下几方面的原因：（1）市场监管和市场结构的变化。随着 SEC 推出新的委托处理规则 OHR（Order Holding Rules）以及颁布《ATS 条例》，多交易中心的形成使美国市场的交易出现了分散化，特别是新的交易技术被大量的应用到该领域，加剧了市场的分割化，大量的交易从主板市场分流到其他交易中心和暗池。2005 年美国证监会颁布 NMS 法规，将市场中的多个交易中心联系起来。高频交易正是因为这一系列的市场变化迅速发展起来。（2）做市商制度。竞争促使做市商必须快速及时地处理大量交易指令，发现价差，促成交易。因此，采用高频交易是现代做市商的必然途径。（3）市场各方对高频交易的支持。交易所之间的竞争促使交易所提供更快的交易处理时间。低延迟的交易时间对高频交易商非常重要，因为它们需要用软件程序分析大量实时的市场数据。只有在低延迟、高流动性的情况下才能保证快速地套取微利以及止损。伴随着市场的高波动性，快速的交易尤为重要，否则一个小小的估计错误将会导致巨大的损失。包括交易所在内，美国市场各方都积极采用一些举措主动支持高频交易。

由于网络速度、手续费以及交易规则等方面的限制，国内高频交易还处于起步阶段，并没有成为市场的主流。与美国市场高频交易占主导地位相比，我国市场在市场规则、市场监管、交易系统等方面存在着一些不同点。当前，我国高频交易主要应用在期货市场上，已经存在着一批利用快速下单软件进行日内频繁交易的交易者，以快速日内交易和快速炒单为主。国内高频投资者根据人工的趋势判断，利用程序辅助下单。这种“半自动”高频交易模式和国外高频交易通过计算机算法判断价值、分析趋势、计算套利空间，然后进行全自动化交易的模式还存在较大距离。

高频交易对我国市场的影响有待进一步的论证。从高频交易出现以来，关于其对市场产生何种影响就一直在业界存在着争议。现阶段，无论高频交易出现与否，都不会影响到市场公平性；市场有效性方面，需要更多的数据分析才能得出合理的结论；由于国内尚无做市商制度，适度的高频交易者出现能够提高市场的流动性；通常情况下，高频交易与市场价格的波动性并无关联，由于国内市场上尚未出现类似美国“5 月 6 日事件”这样的短时急剧波动状况，极端情况下高频交易对国内市场价格波动的影响还未知。

目前国内的高频交易对交易系统没有明显的影响。然而，随着我国市场的发展和交易技术的不断创新，类似于美国式高频交易的交易手段也许会以某种形式在未来出现。因此，市场监管机构，特别是交易所应该前瞻性地对这些创新交易技术进行研究并对其合法性进行较为明确的界定，并制定切实可行的监管手段对此类交易进行合理规范。

（中国金融期货交易所　技术部）

美国期货市场流动性保护机制及其借鉴

美国期货市场存在一系列流动性保护机制，对于维护期货市场安全稳定运行起着积极的作用。在2010年5月6日“闪电崩盘”中，包括止损价格逻辑机制在内的一系列其他流动性保护机制，为股指期货市场的止跌反转和恢复正常的流动性起到了关键性作用。研究表明，这些流动性保护机制主要包括：（1）止损价格逻辑机制。芝加哥商业交易所（CME）的Globex系统设有止损价格逻辑机制，用以缓解市场价格的剧烈震荡。止损价格逻辑机制的基本原理为，如果止损指令的成交价格超出预先设定的触发点，市场就自动进入一个短暂的保护状态。止损价格逻辑被触发时产生的这个短暂停顿，可以给市场参与者提供必要的时间来调整交易策略、技术和算法模型参数，避免在单边行情下大量止损单导致“瀑布效应”，使市场重新获得平衡点，从而减少了市场价格干扰性波动发生的可能性。(2) 价格波动带机制。为确保公平、稳定和有序的市场，Globex系统通过价格波动带机制来检验所有指令的价格。价格波动带机制防止过高买价或过低卖价指令进入市场，以致引发市场过度波动。以电子迷你标普500指数期货为例，一笔买报单比前一成交价高12点或卖报单比前一成交价低12点，系统将拒绝该报单。(3) 市价指令和止损指令的保护点。CME的Globex系统自动给期货的市价指令和止损指令设置了一个保护点，在保护点值和最佳买价或卖价上计算出市价指令的限定价格，然后通过保护点值和止损指令的触发价格计算出止损指令的限定价格。一个市价指令或止损指令执行后余下未被匹配的数量就变成一个限价指令，其限价为应用保护点后的限定价格。保护点机制可以防范大量的市价指令或止损指令在指令的深度和广度不足时引起的价格大幅波动。（4）指令最大数量保护机制。Globex系统的指令最大数量保护机制禁止超过预定数量的指令进入交易系统，以防止按错键带来错误下单而导致的价格大幅波动。E-mini S&P 500股指期货指令数量最大为2000手。（5）信息流量规则。低效的信息交换能够减缓系统运行，对其他市场参与者产生负面影响并且增加了对系统容量的要求和成本。为了改善这些情况，CME采取了自动控制措施来监控过量的新指令、指令取消和指令转换的信息。通过抑制过量信息使所有在Globex上交易的参与者受益，同时也确保了Globex及时回应以及增加系统稳定性。（6）自动化交易系统注册。所有使用Globex系统的自动化交易系统（ATS）必须向CME注册。注册之后，CME就可以实时或者在交易后监测所有ATS的交易活动。从2006年起，CME就对其股指产品要求ATS注册，现在已扩展到所有产品，已有超过10000个ATS注册在簿。（7）熔断机制。熔断制度是由于价格急剧波动而触发的暂停交易措施，是动态涨跌幅、静态涨跌幅和波动断路三者相结合的一种价格稳定机制。熔断制度能够应用于股票现货市场，又能应用于衍生品市场。既可以应用于整个市场，也可应用于市场中的某些单类产品。熔断机制既可以不限制某个产品的当日最高涨跌幅度，又能起到冷静市场、限制临时波动的作用。世界交易所联合会（WFE）的调查显示，2008 年底全球有 18 家交易所在股票现货交易中实行熔断制度，9 家交易所在衍生品交易中实行熔断制度。

我国股指期货市场还处于运行初期，市场流动性不断提高和改善，交易和结算等运作也较为平稳，但我国股指期货市场的流动性与成熟市场相比，还有一定差距。从美国市场 5 月 6 日“闪电崩盘”事件中，我们可以看到流动性对市场的稳定和安全极其重要，美国期货市场一系列流动性保护机制在维护市场流动性平衡中起到关键作用。因此，我们可以根据我国股指期货市场流动性现状，充分吸取美国市场“闪电崩盘”事件的经验和教训，借鉴美国期货市场有效的流动性管理机制，探索建立我国股指期货市场的流动性保护机制。一方面，可以保护普通投资者不会因为市场流动性短期不平衡导致成交价格过于偏离合理市场价格而带来利益受损；另一方面，也防止部分投资者利用流动性短期不足操纵市场价格。目前，我国股指期货市场已经采用了部分类似美国市场的流动性保护机制，如指令最大数量保护机制、信息流量规则和 ATS 注册机制等。未来我国市场可以探索引入延时撮合、价格波动带和市价指令保护点等流动性保护机制来进一步提高市场运行质量。

（中国金融期货交易所　王琦　于延超供稿）

美国期货市场套期保值业务管理研究

本文介绍了美国期货市场套期保值业务管理的情况，重点研究什么是套期保值（美国期货市场套期保值涵义的历史演变）、如何监管套期保值（监管目标和理念的进化）、怎样实现套期保值监管（目前的监管要点）三个问题，并进而对我国市场提出了五点政策建议。

美国市场套期保值业务范围比较广泛灵活，并经历了一个在发展中不断拓展和完善的过程。传统的套期保值是一个从商品期货交易发展而来的狭义概念，主要反映了对当时商品期货交易中套期保值的认识。《1936 年商品交易法》规定，只有基于基础商品的实物买卖和交割的套期保值交易才能被认定为善意套期保值持仓，从而获得投机限仓豁免。金融期货品种的出现，改变了期货市场的格局，引发了一系列的深刻变革，包括对于套期保值的认识。1987 年 9 月美国商品期货交易委员会（CFTC）发布了金融期货套期保值条款扩展指引（52 FR 34633)，认定使用金融期货进行风险管理也可以申请和获得投机持仓限额的豁免。随着商品期货发展到金融期货，传统的套期保值方式演变为现代金融的多样化交易策略，套期保值的涵义和认可的范围也在逐步向“具有经济意义的风险管理应用”发展，这是与市场发展和投资者需求相适应的。在美国，股指期货套期保值交易，不仅仅包括简单的基于现货/现金的空/多头套保，也包括了现货替代、期货覆盖、动态平衡管理资产、指数化资产管理、阿尔法策略、结构化产品的对冲等诸多策略内容和交易方式，范围比较广泛。

美国市场套期保值管理奉行“原则监管”，旨在充分满足投资者合理的风险管理需求。美国期货市场套期保值监管目标和理念，紧紧围绕市场风险管理功能发挥的主旨。美国期货市场监管的主要目标是，促进市场发挥风险管理的功能，同时抑制市场过度投机和防范市场操纵。在设定投机持仓限额的同时，为了鼓励投资者参与市场进行套期保值，美国国会和期货监管部门设置了套期保值交易方的投机持仓的限额豁免条款，允许套期保值交易方在得到 CFTC 或期货交易所批准的情况下突破投机持仓的限额，在防范市场过度投机和操纵的同时鼓励期货市场风险管理功能的发挥。目前，美国期货市场上所认可的套期保值范围从形式上还是比较宽泛的，是否能够获得持仓豁免，主要是看其交易是否是经济意义上的风险管理应用。美国期货市场监管理念随着市场的发展，出现了从规则监管到原则监管的进化，投机持仓限额及其豁免权也从 CFTC 逐步向交易所转移。在 1982 年之前，美国期货市场的套期保值业务主要由 CFTC 监管。美国国会和 CFTC 在联邦法律的层面设立了套期保值业务的监管法律体系。从 1982 年开始，期货套期保值业务转由交易所直接监管。CFTC 有权对于期货交易所在套期保值业务的自律性质的监管进行检查和审核。如果期货交易所在监管方面未尽责或违规，则 CFTC 有权对交易所进行处罚。

目前，美国期货交易所在套期保值持仓豁免监管方面积累了很多经验，也有很多特点。

以 CME 为例，套期保值持仓额度具有以下几个方面的含义：第一，套期保值持仓额度是以期货品种的净持仓来计算的。第二，CME 的市场监查部门对套期保值持仓额度的授予不仅仅局限于期货品种，而是基于实际的经济意义。第三，该额度在未来一年之内有效，申请者可以在一年之内循环反复使用该额度。

结合我国市场情况，可以考虑借鉴美国市场经验，紧紧围绕市场风险管理需求，不断完善我国股指期货套期保值管理，科学认定业务范围，优化申请审批流程，严格套保执行管理，谨慎防范监管套利行为，促进股指期货市场功能的健康、充分发挥。一是准确把握股指期货套期保值内在含义，科学制定认定标准，恢复套期保值应有的业务范围，充分满足市场避险需求。二是兼顾风险控制和市场效率，酌情考虑投资者真实但特殊的风险管理需求，进一步优化套期保值申请管理流程。三是严格交易纪律，规范套期保值管理，增加对违规行为的事后审核、严肃查处和重点打击力度。四是注重对新情况、新特点的分析，切实防范监管套利行为发生，杜绝将套期保值用于不当之处，如应谨慎考虑限售股的套保交易需求。五是尽快放行套利业务，疏导机构业务需求，降低机构以套保之名行套利之实的企图，维护套期保值业务的规范性和严肃性。

（中国金融期货交易所　蔡向辉　王琦供稿）

2010年限售股解禁对市场及沪深300指数的影响分析

2010年2月23日，中国平安8.6亿限售股减持计划导致股价大幅低开并一度跌停，且带动大盘下跌超过60点，限售股解禁和减持对市场的影响再度引起热议。特别是股指期货推出后，限售股解禁对市场的压力如何，板块及个股权重会不会出现大的变化，进而对股指期货运行产生大的影响，这些问题我们应做到心中有数。据此，我们对限售股解禁相关问题进行了研究。

一、我国限售股的构成

我国A股市场限售股，大体分为三类。第一类是股改限售股，市场俗称“大小非”。第二类是首发限售股。公司IPO后，发起人股、战略配售股等需在一定的锁定期后才能上市流通[①]，称为首发限售股。第三类是定向增发、配股和股权激励等方式产生的限售股。后两类限售股并不是中国独有，国外成熟市场也有类似规定。

2005年股权分置改革全面推开以来，限售股解禁问题一直是市场焦点。随着股改的逐步完成，股改限售股逐渐退出历史舞台，非股改限售股成为限售股的主体，但限售股总量在全市场的占比高峰已经过去，2010年我国限售股占A股总市值的比例预计为11.8%，远远低于2006年至2008年60%以上的占比，市场将接近全流通状态（见图4-6）。

二、2010年我国限售股解禁的主要特征

第一，解禁绝对规模较大，但相对占比较低。2010年解禁股数3946万股，仅次于2009年，为历史第二高峰。因股价上涨，解禁市值为5.6万亿元[②]，创历史新高。但是，解禁规模占流通规模的比例较2009年大幅降低。2005~2010年间解禁股数和解禁市值情况见表4-4。

第二，2010年解禁高峰在年底，5月份处于全年的解禁低谷。2010年的解禁高峰发生在11月份，解禁市值约为2.2万亿元（中石油解禁市值达2万亿元），占全年解禁市值的40%。然而，因国有股大部分解禁后不减持，不会对市场造成压力，在剔除解禁股数超过50亿股的国有股[③]后，解禁高峰为12月份。4月份为全年的中等水平，5月份处于全年低谷。

---

① 发起人股等一般有3年的限售期，网下配售、战略配售一般有3个月、6个月或是1年的限售期。

② 2005~2009年的解禁市值根据解禁当日的实际结算价计算，2010年的解禁市值根据2010年2月24日结算价计算。

③ 包括中国人寿（1月）、中信银行（4月）、交通银行（5月）、中国神华（10月）、中国石油（11月）、中国中铁（12月）、中海集运（12月）、中国远洋（12月）。

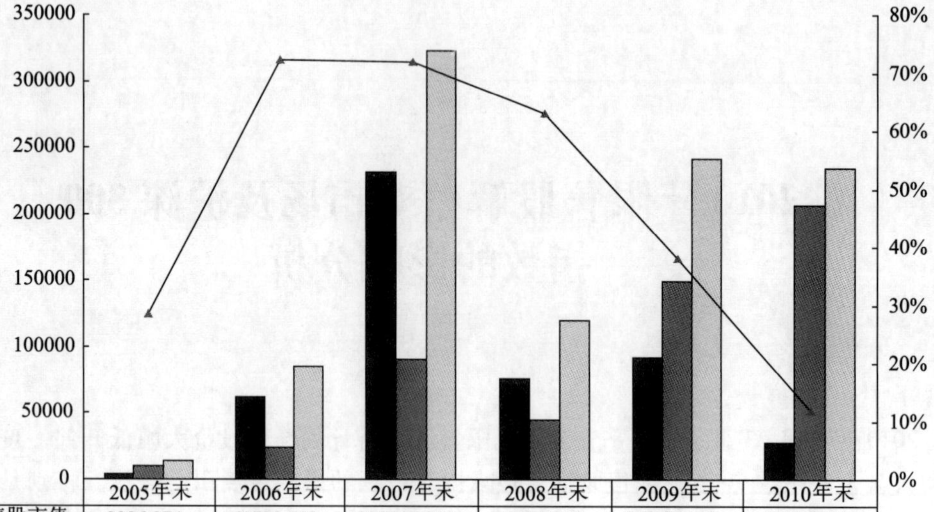

	2005年末	2006年末	2007年末	2008年末	2009年末	2010年末
限售股市值	3986.974	61733.709	231812.203	75711.713	92073.457	27690.919
A股流通市值	10045.816	23697.274	90724.429	44549.237	149636.140	206747.235
A股总市值	14032.789	85430.983	322536.632	120260.950	241709.597	234438.154
限售股占比	28.41%	72.26%	71.87%	62.96%	38.09%	11.81%

图 4－6　历年年末限售股和流通股市值比较

注：数据来源 Wind，单位亿元。2010 年末的限售股市值根据 2009 年末限售股市值减去 2010 年解禁市值估算而得，未考虑 2010 年可能新增的限售股

表 4－4　　2005～2010 年限售股解禁股数及市值

年份	解禁股数（亿股）	占流通股数比例（%）	解禁市值（亿元）	占流通股市值比例（%）
2005 年	124	5.45	576	5.73
2006 年	833	25.86	4303	18.16
2007 年	1279	27.28	22381	24.67
2008 年	1499	22.38	20106	45.13
2009 年	7074	50.77	52254	34.92
2010 年	3946	21.59	56789	27.53

注：数据来源 Wind，2005 至 2009 年的解禁市值根据解禁当日的实际结算价计算，2010 年的解禁市值根据 2010 年 2 月 24 日结算价计算。

第三，从股权结构来看，2010 年的解禁压力主要来自首发限售股。2008 年之前，股改限售股一直是主要类型。从 2009 年开始，首发限售股解禁市值首次超过股改限售股。进入 2010 年，首发限售股解禁市值占比超过 80%，是限售股解禁的主力（见图 4－7）。

第四，2010 年解禁压力小于 2009 年。2010 年虽然是解禁市值高峰，但由于 A 股流通市值较 2009 年增长更多，解禁市值占流通市值比重反而下降。与去年比，解禁市值占 A 股流通市值的比例由 35% 降为 28%，因此 2010 年的限售股解禁对市场的冲击比 2009 年小。

第五，2010 年减持意愿强的限售股占比下降，进一步降低了对市场的压力。据测算，2010 年，减持意愿弱的限售股①解禁市值占全部解禁市值的比例为 85.58%，比 2009 年略微

① 包括“大非”、首发原股东限售股，通常是国有股或控股股东持股。

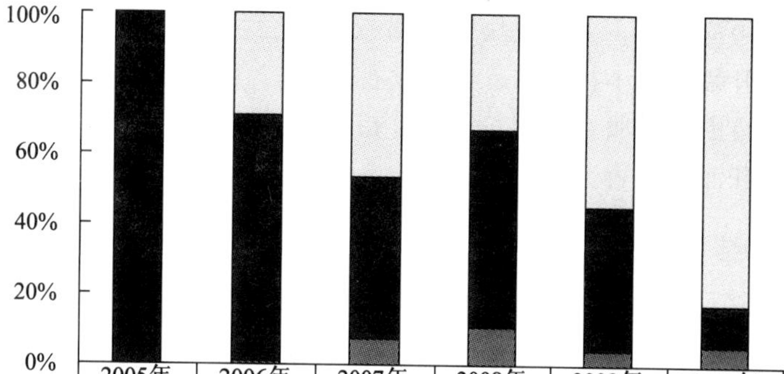

	2005年	2006年	2007年	2008年	2009年	2010年
□ 首发限售股解禁市值(亿元)	0	1184	9227	4260	27815	43946
■ 股改限售股解禁市值(亿元)	576	2869	9116	7292	20675	6339
▪ 其他类型限售股解禁市值(亿元)	0	32	1478	1391	2211	2929

图 4－7　三种类型的限售股解禁市值比较

注：数据来源 Wind。

上升 0.69 个百分点，而减持意愿强的限售股①解禁市值占全部解禁市值的比例为 8.12%②，比 2009 年大幅下降 4.02 个百分点。

三、成分股解禁对沪深 300 指数的影响分析

（一）沪深 300 成分股解禁的总体情况

2010 年 3 月至年末，沪深 300 指数成分股中共有 111 只面临解禁，解禁数量约为 2994 亿股，解禁市值约为 4 万亿元，占全部 A 股解禁市值的 71%。其中，首发限售股解禁市值达 3.25 万亿元，股改限售股和定向增发、配股限售股等解禁市值合计 6710 亿元。

分个股看，在 111 只面临解禁指数成分股中，我们根据成分股在指数中的权重（代表个股解禁对指数的影响）、非国有股解禁数量比解禁前流通股数（代表个股的解禁压力）、非国有股解禁市值比日均成交额（代表个股解禁对日内价格的冲击）三个要素进行综合排序③，4 月份，仅有两只股票解禁可能对市场影响较大，分别是潍柴动力、南山铝业。

（二）沪深 300 成分股解禁对板块及个股权重影响不大

沪深 300 成分股解禁不必然影响成分股的权重。原因一是，成分股绝大部分是国有股或控股股东持股，解禁后基本不减持，因此不会影响成分股的自由流通量④和权重。二是，中证指数公司每半年一次集中调整限售股解禁导致的成分股权重变化，调整生效时间为每年 1 月和 7 月的第一个交易日，因此限售解禁对成分股权重的影响仅在年初和年中体现。

我们根据当前股票价格，测算了解禁后各板块及成分股在 300 指数中的权重变化⑤。其

① 包括“小非”、首发机构配售股、定向增发股等。

② 除“减持意愿强”和“减持意愿弱”两类限售股外，还存在“其他类型限售股”，占比约 6% 左右。

③ 综合排序的方法是将三次分别排序的排名加总，得到新的排名。

④ 自由流通量是从流通股本中扣除国有股、控股股东持股、公司管理层持股等基本不流通的股份。

⑤ 我们假定了三个条件：一是成分股的价格相对不变；二是没有新的成分股进入或者退出指数；三是成分股没有再融资。如果考虑 IPO 和再融资的情况，相应成分股所在的行业板块权重会上升。

一，从板块构成看，主要板块的相对权重不会发生太大变化，金融和保险业板块会略有上升，但上升幅度很小；其二，从个股看，仅22只成分股因自由流通股本增加导致权重上升，其余个股自由流通股本不变，但权重相对下降。权重变化最大的3只股票依次是海通证券、招商银行和浦发银行。

四、结论

股票指数受政治、经济等多种复杂因素影响，在不考虑其他因素变化的情况下，2010年限售股解禁对市场的压力总体小于2009年。此外，由于沪深300解禁股大部分为非自由流通股，因此沪深300指数成分股的解禁压力更小，解禁对沪深300各板块及个股的权重影响不大。综上所述，2010年限售股解禁不会对股指期货运行产生大的冲击。

（期货保证金监控中心上海总部　张丹）

粮价上涨总体可控，但须警惕灾害和通胀迭加的后续影响

2010年上半年，我国粮价已经开始出现比较明显的上涨。进入7月份，受国内洪涝灾害、国际粮价飙升等因素影响，国内粮价上涨预期升温，未来粮价如何演变是社会各界普遍关注的话题。基于此，我们对国内粮价波动的主要影响因素进行分析，评估这些因素对我国粮价的影响。

一、七月份以来粮价变化情况与特点

（一）粮价涨势趋缓，但比去年同期仍有较大涨幅

7月份全国粮食批发价格指数①为178.44，环比上涨1%；8月份（截至27日）回落到176.27，比7月份下跌1.22%。

（二）7~8月各品种期货价格涨幅明显高于现货

7月份以来，强麦期货的上涨势头最强，7~8月累计上涨8.2%，玉米、早籼稻和大豆期货的涨幅也较为明显。同期现货市场玉米、小麦稳中略涨，早籼稻和大豆价格有所下降（见表4-5）。

表4-5　粮食品种期现货累计涨幅

	现货				期货			
	3等白小麦	2等黄玉米	标一早籼米	油脂业三等大豆	强麦	玉米	早籼稻	大豆
2010年7~8月累计上涨（%）	0.40	2.28	-3.54	-0.46	8.20	4.97	6.11	6.05
2010年1~8月累计上涨（%）	-0.06	12.14	2.00	-2.34	10.93	9.24	2.46	0.52

数据来源：中华粮网（月度数据），文华财经编制的品种指数价格（月度数据）

（三）从国际市场看，小麦、玉米和大豆价格大涨，大米价格稳中略有下跌

7月以来，小麦急涨急跌，最高涨幅一度达到62%，7、8两月累计上涨43.47%，涨幅最大。玉米持续上涨，累计上涨达到21%。大豆虽在8月下半月小幅回落，但累计仍有

① 郑州粮食批发市场粮食价格指数。

14%的涨幅。受全球需求不旺、库存充足的影响，泰国大米略有下跌。

二、影响下半年粮食价格波动的主要因素分析

进入汛期以来，我国洪涝灾害情况较为严重，市场普遍担心我国2010年粮食供应偏紧；同时，恰逢俄罗斯等世界主要小麦出口国因干旱大幅减产，国际粮价暴涨；再加上通货膨胀预期、资金炒作等因素的交互作用，共同导致我国此轮粮价上涨。但是我们认为，仅就2010年粮价而言，下半年国内粮价虽有上涨压力，但幅度有限。

（一）自然灾害对我国粮食供应的影响有限

2010年以来，受极端异常气候影响，农业灾害多发重发。到目前为止，2010年我国主要是水灾，旱灾尚不严重。从水灾情况看，据农业部统计，截至8月19日，2010年洪涝灾害造成1093.34万公顷农作物受灾，受灾程度近7年来最为严重。从旱灾情况看，到目前为止因旱灾受灾面积（当前河北、内蒙古等地以及上半年西南五省干旱）仅为800万公顷。从历史经验看，水灾不等于减产，旱灾才是粮食减产的最大杀手。结合当前灾情和历史经验，如果没有更严重的气象灾害发生，2010年全年粮食丰收的可能性较大。此外，我国国家粮食调控能力强，自然灾害对当年粮食供给量影响不大。

（二）下半年通胀导致粮价上涨的可能性较小

从历史经验看，影响我国粮价的最主要因素是通胀。改革开放以后，我国CPI同比超过3%的较为明显的通货膨胀共出现四次，分别是1988～1989年、1993～1995年、2004年和2007～2008年。同期，粮食生产价格同比上涨10%左右的大幅攀升也出现了四次，出现时间与通胀出现时间相吻合，都是通胀先行，粮价上涨随后（见图4－8）。

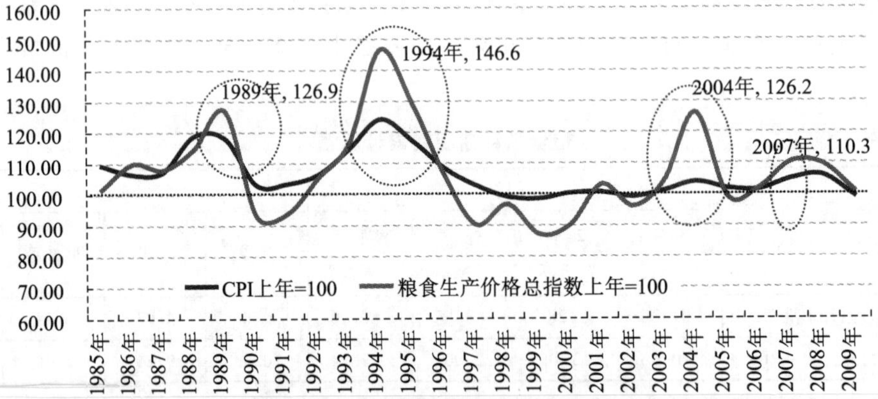

图4－8　CPI与粮食生产价格总指数波动

我们认为，2010年由于通胀而导致的粮价上涨的可能性较小。首先，尽管2010年下半年我国通胀压力犹存，但全年CPI有望控制在3%以内。2010年第二季度，我国经济已有减速迹象，经济过热导致的通胀压力有所减缓。从以往经验看，在通胀压力总体可控情况下，产生粮价上升—物价上升—粮价再次上升循环的可能性较小。

其次，2010年也不存在2007年价格大幅上涨的环境。2007年夏～2008年年中，国际

国内粮价在生物能源需求的带动下，都出现大幅度上涨。但国际原油价格近一年来大体在70美元~85美元波动，通过玉米和豆油生产生物柴油基本没有利润，生物能源需求受到抑制。

（三）国际粮价上涨对国内粮价实际影响不大

近期国际粮价大幅飙升，推升了农民或投资者对我国粮价上涨的预期。除大豆外，我国小麦、玉米和大米从国际市场进口量很少。由于进口粮食占比很低，我国粮价独立性较强。2006年10月到2008年年中，国际粮价也曾出现过大幅度上涨，但国内粮价涨幅远低于国际市场（见表4-6）。

表4-6　　2006年10月~2008年6月的粮价上涨

	国际粮价涨幅	国内粮价涨幅
小麦	71.11%	13%
玉米	140.62%	44.26%
稻谷	157.00%	21%
大豆	174.39%	111.49%

（四）需要重点防范通胀和自然灾害迭加对粮价的影响

虽然2010年粮价总体可控，但需要密切关注明年乃至更长时间的粮价变化情况。2008年以来，为应对金融危机，各主要国家超常规投放大量货币，全球流动性充裕，国际热钱在人民币升值预期下，大量涌入国内，未来通胀压力较大。由于气候异常，我国农业灾害的发生频率和严重程度有加大趋势，在历史上一次自然灾害持续数年的情形时而有之。如明年我国特别是全球气候持续异常，结合通胀预期，我国粮价可能出现持续大幅上涨的局面。

三、结论

在我国通胀压力暂时趋缓、国家粮食调控能力增强的情况下，2010年下半年我国粮价虽然上涨压力较大，但估计全年粮价涨幅大体在10%左右，仍在可承受范围内。从更长时期看，需要高度关注农业灾害和通胀预期迭加对我国粮价的不利影响。

（中国期货保证金监控中心上海总部　李迪）

美国金融及商品场外市场监管正在发生深刻变革

长期以来，美国对场外衍生品市场的监管比较宽松。但2010年7月份颁布生效的美国金融改革法案（多德－弗兰克法案），将金融与商品的场外市场主要监管权限赋予了美国期货监管委员会（CFTC），从而使美国政府对场外市场的监管理念发生了根本性转变，过去对场外市场疏于监管的状况将一去不返。

有关场外衍生品市场监管改革的规定，集中体现在美国金融改革法案第7部分《华尔街的信息透明与问责》（以下简称《OTC法案》）中。《OTC法案》分为两大部分，共63款规定，计161页，内容较多。我们对《OTC法案》的主要内容进行了梳理，并对其存在的不足做了分析。

一、金融场外衍生品市场的监管权限划分

（一）CFTC负责对大多数场外金融衍生工具的监管

此前，美国对场外衍生品的监管处于事实上的失控状态。为了改变这个状况，《OTC法案》明确将场外衍生品市场的监管权限赋予CFTC与SEC。由于本法案规定的“互换”几乎囊括了所有市场上未受到监管的场外衍生品合约，因此CFTC实际上获得了场外衍生品市场的主要监管者地位。SEC仅监管“基于证券的互换”（仅占全球市场名义持仓价值的1%左右）。

（二）其他监管机构的监管权限划分

除CFTC与SEC之外，还有一些机构也获得部分监管权：（1）美联储委员会（FRB）将协助CFTC、SEC制定基本概念定义与监管规则。（2）FRB、货币监理署（OCC）与联邦存款保险公司（FDIC）将制定联邦贷款禁令，并针对存款机构设定资本金要求。（3）金融稳定监督理事会（FSOC）将调解CFTC与SEC的监管分歧。

二、商品场外衍生品市场的监管权限赋予CFTC

法案将商品OTC合约的监管权限赋予CFTC，以下两方面权限分配引起最多关注：

（一）扩大CFTC在商品合约市场的限仓权限

一是，扩大了限仓品种范围，从农产品扩大至能源、金属市场；从场内市场扩大至所有

CFTC监管的场内、场外市场。二是，新增“加总限仓”规则，对单个（或一组）投资者在各种交易平台[①]持有的，基于同一标的合约进行总限仓。

（二）明确CFTC在电力与环境市场的监管权限

电力市场方面，法案明确，CFTC在其监管的市场上，对电力合约具有独立监管权限。同时，在联邦能源监管委员会（FERC）监管的市场上，CFTC与FERC具有联合监管权。在环境市场方面，法案要求CFTC负责环境市场监管，并制定相关监管规则。

三、强化场外衍生品市场监管的主要措施

通过分析《OTC法案》以及参考多家美国法律机构对该法案的解读[②]，此次改革可概括为以下六点。

（一）以“互换交易商”与“重要互换参与商”[③] 为主要监管对象

此架构将有效化解对手方风险，减少系统性风险。法案要求这些机构[④]结算大部分合约、在受监管的平台交易、满足信息报告、满足资本金要求等规则。

（二）推行强制性中央结算机制

《OTC法案》要求尽可能多的OTC互换交易标准化，并进行中央结算。由CFTC与SEC决定哪些合约应中央结算。一些商业终端用户可获得结算豁免权。

（三）要求在受监管平台交易

《OTC法案》要求所有中央结算的合约在受监管的交易平台交易，即交易所或互换交易平台（Swap Execution Facility，SEF）[⑤]。

（四）加强建设交易信息报告机制

该法案创建了互换数据存储机构，并计划在互换市场的集中化交易可行之后，推出实时报告系统，显著增强了互换市场的信息透明度。报告机制可归纳为以下两点：一是，中央结

① 包括交易所、互换交易平台、受CFTC批准的外国交易平台等。

② 本文参考的法律文件来自Willkie Farr & Gallagher LLP、Katten Muchin Roseman LLP、Skadden，Arps，Slate，Meagher & Flom LLP & Affiliates、Foley & Lardner LLP、Patton Boggs LLP、Sullivan & Cromwell LLP、Cadwalader，Wichersham & Taft LLP。

③ 法案定义，互换交易商是指满足以下四种情形之一的机构或个人：（1）在互换市场担任交易商；（2）在互换市场担任做市商；（3）有规律地在互换市场交易；（4）行为可被视为交易商、做市商。重要互换参与商是指满足以下三种情形之一的机构或个人：（1）在一种互换产品上持有大量头寸；（2）所持有的互换头寸存在巨大的对手方风险，可能对美国银行体系与金融稳定性造成威胁；（3）进行高杠杆投资，持有大量互换头寸，却不需要服从美联储资本金要求的金融机构。

④ 从法案规定看，互换交易商主要是指高盛、嘉吉（Cargill）等OTC做市商。重要互换参与商是指一些持有大量OTC头寸的机构客户，如能源生产商、对冲基金等。

⑤ 没有任何交易所或SEF提供交易的产品除外。SEF是指除交易所之外，任何提供OTC多边交易的平台，需要在CFTC或SEC注册。SEF承担一线监管责任，将制订实施交易规则、监控交易过程、设置头寸限制，并定期公布交易信息。目前尚没有任何一家机构被定义为SEF，监管机构仍在制订相关规则。

算合约（Cleared Swap）将实施实时公报机制（Real - time public reporting）；二是，非中央结算合约（Non Cleared Swap）需向数据存储机构报告。

（五）严格的资本金与保证金要求

《OTC 法案》对互换市场参与者设立了严格的资本金与保证金要求。该法案未设置豁免条款，无论交易合约是否实行中央结算，所有互换交易商与主要互换参与商均需满足资本金与保证金要求。具体规则将由银行监管机构、CFTC、SEC 来制定，最低保证金水平的制定方法尚没有最终确定。

（六）要求分离所有客户的初始保证金

该法案要求，在互换市场上，凡持有客户保证金的机构，必须在 CFTC 注册为期货佣金商（FCM），并且必须分离处置客户的初始保证金。

四、《OTC 法案》的缺陷与未来发展

这份法案以其全面、严格的态度获得市场的全面关注，但同时也存在一些难以尽如人意的部分。下面几项问题，将可能导致未来的市场监管存在隐患。

（一）多头监管不利于法案落实

虽然 CFTC 担任主要监管机构，但 SEC、FRB、OCC、FDIC 等都具有一定监管权限。在多方相互制衡下，可能出现规则偏离原法案要求的情况，弱化最终规则的监管力度。

（二）强制性中央结算阻力重重

OTC 法案出台后，许多市场参与者对强制性中央结算表示反对。市场反对理由主要有：一是增加了交易成本；二是增加了结算所风险；三是难以选择强制结算的合约种类。业内机构将可能通过舆论报告、游说国会及监管机构、法律诉讼等方式拖延监管规则出台。

未来一年内，OTC 市场改革细则将逐步形成。CFTC 与 SEC 正在紧锣密鼓地制定 OTC 衍生品监管规则。毋庸置疑，各类市场参与者都在密切关注此法案的进程。当各项 OTC 衍生品改革规则正式实施之后，将会对全球场外衍生品市场产生深远影响。

（期货保证金监控中心上海总部　郝莹）

从美日房地产市场的发展历程看中国未来房地产趋势

我国房价走势不仅关系经济发展和社会稳定，也与大宗商品价格息息相关。为了观察我国房地产的长期走势，我们对美国及日本的房地产发展历程也进行了专题研究。

一、美国房地产市场发展历程

1865 年南北战争结束后，美国开始进入工业化和城市化时代。140 多年来，美国名义房价上涨了 29 倍，扣除物价上涨因素，其实际房价上涨了 37.8%。按照不同的驱动因素，可将美国房地产市场发展分为三个阶段，分别是工业化与城市化推动阶段、通胀与“婴儿潮”共同推动阶段、金融过度创新的泡沫阶段（见图 4－9）。

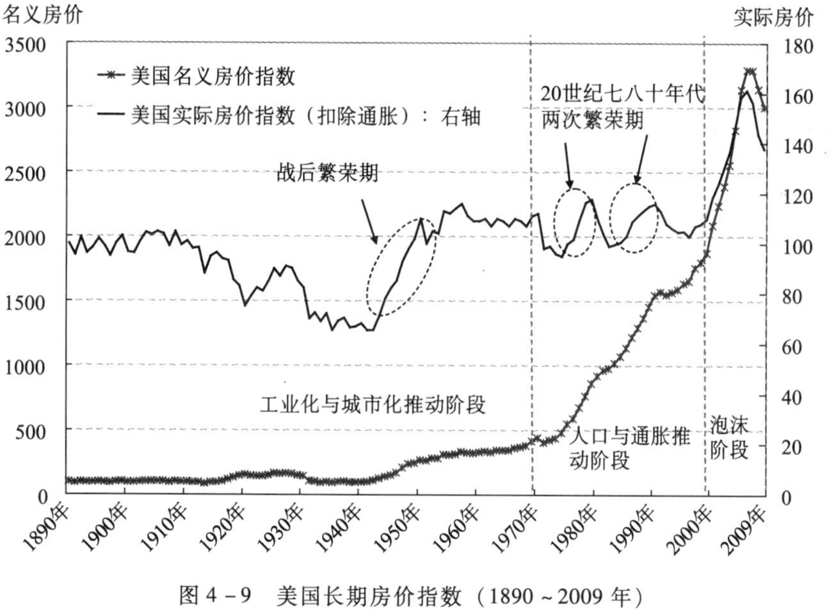

图 4－9 美国长期房价指数（1890～2009 年）

第一阶段：19 世纪 70 年代至 20 世纪 60 年代末，城市化拉动房地产市场快速发展，但房价涨幅有限。

19 世纪 70 年代美国进入了工业化时期，与工业生产相适应的城市化也应运而生，并成为这期间推动美国房地产市场较快发展的主要驱动力。但这段时间由于美元与黄金挂钩，房价总体稳定。在此期间，名义房价上升 2.9 倍，扣除通胀后的实际房价仅上涨 12%。

第二阶段：20 世纪 70 年代至 90 年代末，通货膨胀与“婴儿潮”共同影响房价，名义房价大幅偏离实际房价。

进入 20 世纪 70 年代后，美国房价的变化表现出与以往不同的新特点。首先，通胀成为影响名义房价变动的主要因素。20 世纪 70 年代以后，由于美元和黄金脱钩，再加上石油危机影响，美国通货膨胀率开始大幅攀升。受高通胀影响，美国名义房价有较大上涨。

其次，“婴儿潮”取代“城市化”，成为推动这一时期美国房地产市场发展的新动力。美国在 1946 ~ 1964 年迎来了生育高峰，被称为“婴儿潮”。20 世纪 70 年代中后期，婴儿潮人群开始渐次进入购房置业高峰，成为推动美国房地产繁荣的重要因素。进入 20 世纪 90 年代以后，婴儿潮人群开始逐批退出购房市场，美国真实房价也大幅下跌。

总体看，这一时期美国名义房价飞速攀升，上涨 3.7 倍。但实际房价变化不大，30 年只上涨了 5.9%。

第三阶段：2000 年以后，低利率与过度金融创新催生了房地产泡沫，名义与实际房价均大幅上涨。

自 2000 年开始，美国房地产市场出现了历史上前所未有的房地产泡沫。2000 年至 2006 年，美国名义房价在较高的基础上，再上涨了 57.9%，真实房价也上涨了 36.4%。2007 年次贷危机的爆发，房地产泡沫破灭，房价大幅下跌，并导致美国与全球出现严重的经济危机。

从美国房地产市场 140 多年的发展经验看，城市化导致大量人口涌入城市，婴儿潮产生的购买力以及金融因素都曾在一定时间内，成为推动房价上涨的主要动力。但由于这些因素是在不同阶段出现，而且每个阶段持续时间较长，因此美国房价走势总体平缓。

二、日本房地产发展历程

日本的城市建设与房地产市场起步于 20 世纪 20 年代，50 年代以后，日本房地产市场重新快速发展。1955 ~ 2009 年，日本名义房价上涨了 29.7 倍，实际房价上涨了 3.5 倍。战后日本房地产发展也可以分为三个阶段（见图 4 - 10）。

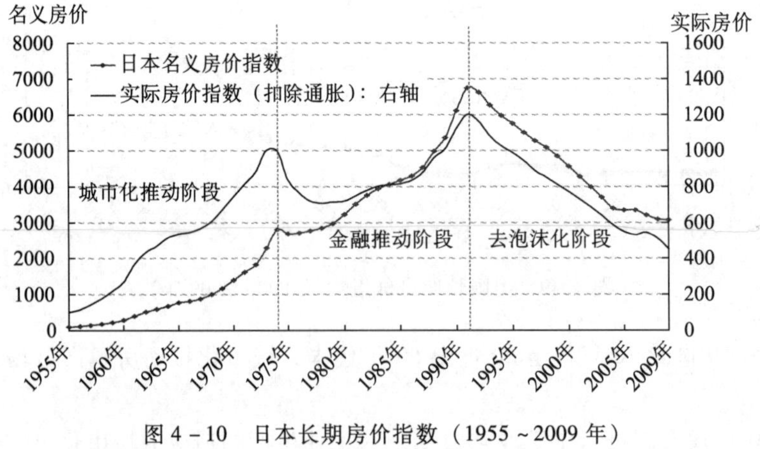

图 4 - 10　日本长期房价指数（1955 ~ 2009 年）

数据来源：日本统计局

第一阶段：20 世纪 50 年代至 70 年代初，工业化与城市化拉动房地产市场快速发展。1955～1973 年是日本工业发展的黄金时期，也是城市化发展最快的阶段，城市化率从 1950 年的 37% 上升到 20 世纪 70 年代初的 70% 以上。这一时期日本实际房价上涨了 9 倍。名义房价上涨了 21.9 倍。不过房价上涨虽多，却没有出现明显的泡沫，这是由于同期日本家庭名义收入也上涨了近 15 倍，与名义房价的上涨相匹配。

第二阶段：20 世纪 70 年代后期至 90 年代初，金融因素推动的房地产泡沫。进入 20 世纪 70 年代后期，日本经济增速放缓。1985 年广场协议后，日本政府为对冲日元升值，大量投放货币。大量流动性并不能被实体经济充分吸收，转向房地产和金融投机。

受流动性过剩和金融投机加剧等影响，日本房地产泡沫开始滋生。1974 年至 1991 年，日本名义房价上涨了 139.9%，实际房价上涨 69.7%。国土资产总额在 1990 年末达到 2389 万亿日元，相当于同期美国土地资产总额的 4 倍。进入 20 世纪 90 年代以后，日本当局逐渐意识到房产泡沫完全偏离了其“科技立国”的宗旨，便采取果断措施刺破了泡沫。

第三阶段：1991 年日本房地产泡沫破灭后，日本经济长期萧条，日本房价出现了长达 20 年的长期下跌，2009 年日本名义房价比 1991 年下跌了 54.5%，回到了 80 年代初的水平。

三、结论与启示

（一）未来 15～20 年我国房价上涨压力还很大

长期来看，美国房价涨幅比日本小很多。究其原因，一是美国城市化持续时间较长，历时 100 年左右，而日本只有 50 年左右，快速的城市化带来房屋供应紧张的压力。二是，美国人少地多，而日本则是地少人多。相比较美国与日本在城市化阶段的情况，当前推动我国房价上涨的因素更多。

首先，我国人口密度大。2009 年我国全国人口密度是 145 人/平方公里。瑷珲－腾冲线东南一侧人口密度更高达 363 人/平方公里，位居世界前列。其次，我国城市化速度更快。英国完成城市化用了 200 多年的时间，美国用了 100 多年，日本 50 年，中国预计 40 年左右。城市化进程越快，房价上涨压力越大。第三，“小婴儿潮”仍将在未来 10～15 年保持对住房的旺盛需求。2010～2025 年，“小婴儿潮”期间（指 1981～1991 年）出生的 2.53 亿人口将逐渐进入购房置业期。最后，全球流动性过剩，通胀预期强。受美联储量化宽松货币政策及美元贬值策略影响，全球各主要国家都将在相当长时间维持宽松货币政策，房屋作为理想的保值资产，仍将受到追捧。

可见，不同时期推动美国、日本房价上涨的各种因素，都在中国城市化阶段集中体现，因此现阶段中国房价上涨的压力更大。但同时也要注意到，至 2030 年左右，随着我国城市化接近尾声，“小婴儿潮”人口置业结束，且人口老龄化问题严重，届时推动房价上涨的各种因素同时出现逆转，房价有较大的回调压力。因此，政府应该加强对房价的宏观调控，防止房价的过度波动是完全必要的。

（二）当前我国处于产业转型时期，需要警惕房地产泡沫的风险

20 世纪 80 年代末的日本和 21 世纪初的美国发生严重房地产泡沫的共同原因就是，在工业化与城市化完成之后，银行的流动性与居民累积的财富无法被实体产业充分吸收，从而

以各种形式流向房地产市场，最终导致房价成为无源之水，泡沫破裂。

虽然我国房地产市场的发展仍有巨大潜力，但当前我国正值经济转型的关键时期，需高度警惕房地产泡沫的风险。2000 年以来，我国城市房价快速增长，大幅度高于居民收入增速。从国际经验看，长期内房价的增长不可能持久的高于收入增长。因此，政府应该采取有力措施，提高普通民众的收入水平，控制房价上涨的节奏和幅度。

（期货保证金监控中心上海总部　冯夏宗）

欧洲主权债务危机预示欧洲可能全面步入衰落

2010年4月份以来，希腊债务危机恶化，迅速引起了市场的普遍警觉和担心。静态地看，无论债务规模，还是在欧洲经济中的影响力，希腊的影响都非常有限。但是，回想次贷危机的发生和扩散，最初也是由抵押贷款市场几千亿美元的损失，迅速转化为全球范围内的金融危机和经济衰退。这次希腊主权债务危机会不会像次贷危机那样，引发欧洲乃至全球范围内的第二次金融危机，并导致实体经济的再次探底，是市场普遍关注的问题。

一、欧洲主权债务危机的成因与蔓延

2009年10月初，希腊政府突然宣布，预计全年政府财政赤字比例将达12.7%，是年初声明规模的4倍。市场对希腊以往债务隐瞒问题以及偿还能力感到怀疑，希腊主权债务问题开始发端。随后，希腊债务评级多次遭下调，投资者抛售希腊国债。2011年4月底，希腊财政状况恶化，不得不向欧盟请求资金援助。希腊最终被拖入债务危机的泥潭。由于投资者担心主权债务危机可能在其他国家重演，并拖累经济增长，欧洲主权债务危机导致欧元加速贬值，全球股市大幅下跌，对全球金融市场造成严重冲击。

二、欧洲主权债务危机治理难度很大

欧盟出台的救市计划暂缓了金融的动荡，但无法从源头上解决政府债务违约问题。

(一) 欧盟救市的能力和条件有限

欧盟出台的救市措施主要分为两部分。一是欧盟联合IMF达成一项总额7500亿欧元的救助机制；二是欧洲央行实施了购买国债计划。但这两个措施都具有局限性，不能从根本上解决问题。

首先，7500亿欧元救市政策只是为受困国争取解决问题的时间，延缓债务问题的爆发。但是，获得贷款的国家必须在3年内还清贷款，且将财政赤字控制在规定水平。但这个计划存在“逻辑悖论”：如果获得贷款的国家经济形势恶化，财政赤字很可能无法达标。这样，可能是最需要援助的时候，反而得不到援助。

为防止债务危机蔓延进而影响银行系统，欧洲央行于5月中旬实施了购买国债计划。但是欧洲央行的救市政策回旋空间相当有限：一是欧盟各成员国经济差异较大，流动性救济措施可能加剧通胀压力；二是欧元将继续贬值，金融机构偿还美元的成本提高，加剧金融系统的脆弱性，贸易逆差国的进口成本也将大幅提高。

（二）欧洲国家的紧缩计划可能抑制经济复苏，反过来加剧财政恶化

2010 年 5 月以来，欧洲多个国家相继出台了削减财政赤字或提高税赋的计划，显示了摆脱债务危机的决心。但是，财政支出的减少和税赋的增加都会对经济复苏有负面影响。如果经济急剧下滑，不排除财政状况进一步恶化的可能。

（三）偿还高额债务所需的新的经济增长模式难以形成

主权债务危机的发生，往往是一国经济结构不合理、自身缺乏活力和增长动力，或者错误的财政政策所致。解决这些问题，需要一个较长的时间过程。欧洲未来很长一段时间都将面临严峻的债务问题，主要是以下两个问题难以逾越：一是转变长期不合理的经济运行方式，即福利高企、生产率低下的问题；二是培育有竞争力的经济支柱。欧洲很多中小国家的目前经济支柱主要靠旅游、航运和渔业等，竞争力日减。而欧洲倡导的低碳经济受美国及新兴国家的牵制，难以成为其主导的新的经济增长点。

三、结论与启示

（一）全球经济增长的不确定性大增，面临再次衰退的可能性较大

为了化解债务危机，欧盟多国不得不采取了压缩开支和增加税收的举措，这只能使其脆弱的经济雪上加霜，经济衰退将不可避免，从而使债务负担更加凸显。再环视全球，美国同样受困于债务和就业问题，新兴国家则受困于资产泡沫和通胀预期，这些大的环境非常不利于欧洲债务危机的解决。尽管欧元区经济在全球经济的份额只有 15% 左右，但债务危机的爆发，会对投资者信心产生极大的影响，并蔓延到别的国家和地区，从而造成全球金融市场的反复动荡。因此，继次贷危机后，主权债务危机可能将发达国家经济拖入一场程度更深、时间更长的经济衰退。

（二）欧洲债务危机可能是欧洲竞争力全面衰落的开始

生老病死，是万事万物存亡的自然规律，一个国家及一个地区的兴衰也是一样的过程。欧洲债务危机反映背后的实质是，除德国等少数国家以外，多数欧洲国家经济创新与活力不足，人口增长停滞，老龄化严重，生产益少，而用之无度，生产消费模式不可持续，导致债务缠身。欧洲从英国资产阶级革命算起，至今也有 300 多年的历史了。其间，经历了勃勃生机的创业阶段，如日中天的鼎盛时期，但如今已是暮气沉沉。一叶落而知秋至，从希腊发端的主权债务危机可能是欧洲竞争力全面衰落的开端。

（期货保证金监控中心上海总部　冯夏宗）

期货市场在经济发展方式转变中的作用研究

经济发展方式的转变，不仅要求经济增长模式的转变和产业结构的升级，而且还要求经济发展的可持续、稳定的增长。当今发达国家无一例外地将金融工具作为保证经济可持续发展的推进器和有效保障，尤其是运用成熟的期货市场来对冲经济波动产生的系统性风险。我国也应进一步大力发展期货市场，有效利用期货投资工具，为国民经济和相关产业的又好又快发展保驾护航。

一、经济发展方式转变与期货市场角色定位

在我国经济发展方式转变过程中，期货市场应在两个方面发挥重要作用：一是要在"促发展"中承担重要角色，充分发挥自身独特功能，优化资源配置，降低企业成本，提高社会生产效率，通过促进三大产业的发展，推动经济增长。二是在"促转变"中发挥重要作用，为经济发展方式转变的过程中蕴含的风险提供风险管理的平台，维护经济的持续稳步发展。

二、期货市场服务经济发展的国际经验

（一）国际期货市场促进经济发展转型的历史经验

国际期货市场已经成功运行150多年，发达国家在利用期货市场促进相关产业发展与转型方面积累了丰富的经验，其中美国最为典型。凭借其发达的农产品期货市场、庞大的交易规模和成熟的交易机制，获得了全球范围内玉米、大豆、棉花等主要农产品的定价权。20世纪70年代末，美国抓住国际原油价格逐步市场化的机遇，及时上市了原油期货，建立起全球原油贸易的定价基准。在后工业经济时代，期货市场对美国经济转型升级的推动作用更加明显。

（二）国际期货市场促进经济发展转型的启示与借鉴

通过分析国际期货市场促进经济发展转型的历史经验，对我国期货市场的进一步发展提供了一些很有价值的启示和借鉴：一是期货市场在促进经济增长方面的作用并不弱于证券市场；二是期货市场促进经济发展转型作用的发挥需要良好的内外部环境；三是期货市场的发展与经济本身的发展密切相关、相辅、相成。

三、期货市场功能演进与制度变迁分析

（一）期货市场功能的制度变迁

随着市场经济的不断发展，期货市场作用于经济社会的广度和深度也在不断扩展延伸，期货市场的功能不断演进和深化。主要可分为四个阶段：一是自由市场经济的期货市场功能形成：价格发现与风险规避；二是社会市场经济的期货市场功能发展：宏观经济政策导向；三是全球化经济的期货市场功能延伸：开放条件下的市场竞争主导权；四是经济危机中的期货市场功能深化：维护经济安全及全球经济稳定。

（二）关于中国期货市场制度变迁的几点思考

从中国期货市场的制度变迁中，我们有以下几点启示：一是经济发展的客观需要是推动中国期货市场制度变迁的根本力量；二是相关研究的裹足不前是制约中国期货市场制度变迁的重要因素；三是初始选择的偏差是造成中国期货市场制度变迁路径锁定的主要原因。

四、中国经济发展与期货市场发展的内在逻辑联系

（一）当前中国经济发展的阶段分析

我国目前正处于由经济大国向经济强国转变，经济发展由“重数量”向“重质量”转变的阶段，市场经济体制亟待完善的地方很多，亟须进一步完善。

（二）中国期货市场对经济发展的促进作用

根据期货市场的基本功能，期货市场对经济发展的促进作用主要体现在：一是优化资源配置，服务微观市场主体；二是促进经济增长，协助国家进行宏观调控；三是参与争夺定价权，维护国家经济安全。

五、中国期货市场的发展对经济发展方式转变的作用

（一）实现中国经济发展方式转变须解决的核心问题

我国经济发展方式的转变有两大核心问题需要得到解决：一是经济发展方式转变中的风险如何得到有效管理；二是经济发展方式转变中的方向如何得到合理引导。

（二）中国经济发展方式转变对期货市场发展的内在要求

我国经济发展方式转变是一个长期复杂的过程，对期货市场发展的内在要求包括：一是期货市场要为转变过程中微观市场主体提供风险管理服务；二是期货市场要为转变过程中的产业升级调整提供引导帮助；三是期货市场要为转变过程中的区域经济协调发展发挥作用；四是期货市场要为转变过程中政府宏观调控实施提供支持；五是期货市场要为转变过程中的国家经济安全提供保障。

(三)期货市场服务中国经济发展方式转变作用发挥的主要制约因素

当前一些存在于期货市场内外的因素严重影响和制约了期货市场对经济发展转变的作用发挥，主要表现在：一是社会对期货“投机行为”的认识误区制约了期货市场作用的有效发挥；二是外部体制机制与政策性障碍等问题制约了期货市场作用的有效发挥；期货市场本身发展存在的问题制约了期货市场作用的有效发挥。

六、服务于经济发展方式转变的中国期货市场深化发展建议

为促进期货市场在我国经济发展方式转变中发挥更重要的作用，提出以下几点建议：一是澄清认识误区，明确期货市场战略地位；二是改革体制机制，破除期货市场发展障碍；三是加大政策扶持，拓宽期货市场发展空间；四是加快创新步伐，推动期货市场健全完善；五是加强国际合作，提升期货市场国际影响。

（中期协联合研究计划第六期课题成果　课题负责单位：南开大学　中国期货业协会提供）

期货市场与有色产业发展变革研究

有色金属产业与期货市场共同成长的宝贵经验，对于进一步推动相关实体产业利用期货市场，建立健全大宗商品价格形成机制，提高资源配置效率，调整优化产业结构，推动产业转型升级，统筹利用国内外两个市场、两种资源，加快实施“走出去”战略，防范和化解输入性国际经济风险具有非常重要而现实的意义。

一、期货市场是有色金属产业成长壮大的“催化剂”

期货市场使有色金属企业迅速建立自己的客户群体、信用体系与销售体系，并同步适应了市场化改革进程，为有色金属产业的快速、健康、稳定发展奠定了坚实的基础。期货市场使有色金属产业在市场化进程中迅速站稳了脚跟，并抓住我国市场经济体制改革和对外开放的良好机遇，充分利用和深入拓展期货市场的功能作用，实现了有色金属产业的快速发展和整体竞争力的大幅提升，逐步走向国际市场。

在“催化”有色金属产业成长壮大的同时，有色金属期货市场也得到了长足的发展。主要体现为：一是有色金属期货市场总体规模逐年扩大，全球影响力日益增强。二是有色金属期货市场价格发现和套期保值功能日臻成熟。三是有色金属期货品种各具特色，推动行业稳健发展。四是有色金属期货的合约功能和市场流动性能够为服务实体经济提供保障。

二、期货市场定价功能促进有色金属产业战略转型

期货定价对于有色金属产业的作用机制主要体现为：一是向市场转轨——期货定价机制促进有色金属产业从计划走向市场。二是与国际接轨——期货定价机制促进有色金属产业从变革走向开放。三是期货价格体系引导有色金属产业结构调整与产业升级。四是期货市场促进有色金属企业向价格为导向的经营管理模式转变。五是期货价格逐渐成为宏观调控与决策的基础依据。

三、期货市场为有色金属产业持续快速发展保驾护航

（一）期货成为有色金属企业管理价格风险的有效工具

有色金属产业发展的实践表明，在期货市场上，企业可以通过套期保值有效转移和管理价格变动的风险，从而按预期价格购进原料和出售产品。这对于增强企业经营的稳定性具有不可替代的作用，对于化解、分散有色金属产业发展过程中所聚集的价格风险，提高产业发展的稳定性起到了非常重要的作用。

（二）上市公司利用期货工具带动整体产业稳定发展

有色金属行业龙头企业大多为上市公司，管理水平相对较高，运用期货工具时间较长，运用效果对自身的增长贡献显著。由于他们在行业内所处位置特殊，对行业影响力很强。正是由于他们的示范效应，带动了有色金属整体产业有效地利用期货市场，使整体产业获得了持续稳定的发展。

四、借鉴有色成功经验提升国家期货市场发展战略

（一）有色金属产业运用期货市场的经验总结

有色金属产业运用期货市场的经验主要体现在：一是充分利用期货价格体系信号，推广运用均价模式。二是建立以法人授权体系为核心的规章制度，稳健开展套期保值业务。三是以风险管理理念为基础，形成有色金属行业多元化的风险管理文化。四是充分发挥交易所注册品牌导向作用，促进国家产业政策实施。五是实体行业协会与交易所密切合作，共同推进实体行业发展。

（二）进一步完善有色金属期货市场的措施

课题组建议通过以下措施进一步完善有色金属期货市场：一是完善有色金属期货品种结构，更好地服务于实体行业发展。二是延伸交割体系，优化全球资源配置能力。三是加强对品牌注册的无形资产评估，提高企业的品牌效应。四是试点引入 QFII，适时推出 QDII。

（三）实体产业借鉴有色金属行业经验的建议

对于有色金属行业成功运用期货市场的经验，主要可以借鉴以下几点：一是借助期货市场，帮助实体行业做大做强、走向国际化。二是充分发挥龙头企业的示范作用，带动产业整体用好期货市场。三是充分利用期货市场的无形资产效应，为企业走出去保驾护航。四是以企业运用价格体系为先导、建章立制为基础、人才建设为核心，审慎开展套保业务。五是建立“三位一体”协作平台，推动实体产业与期货市场的互动发展。

（四）加快发展我国期货市场的战略取向

我国期货市场正处在由量的扩张向质的提升的重要转变过程中，期货市场应积极承担历史责任，充分发挥自身优势，为我国经济在“十二五”以及其后更长一段时期的腾飞作出更大的贡献。课题组建议：其一，科学利用期货市场特殊地位，为国家和平崛起战略服务。其二，加快发展我国期货市场，在国际竞争中占领制高点。其三，有效运用期货市场的独特功能，为国民经济持续稳定快速发展保驾护航。其四，充分发挥期货市场的“排头兵”作用，推动我国资本市场走向国际化。其五，积极支持国家核心媒体主导信息话语权，提升“中国价格”品牌效应。

（中期协联合研究计划第六期课题成果 课题负责单位：中期协研究发展委员会、北京工商大学 中国期货业协会供稿）

期货公司的现代金融企业内涵、特征及发展定位研究

深入研究期货公司的现代金融企业内涵、特征和发展定位，有利于在期货市场由量的扩张向质的提升转变中探索其发展路径、发展模式和存在的问题，促进期货公司做优做强。

一、现代金融企业内涵和职能

金融企业是指其资产主要由金融资产组成、业务活动集中于金融资产的持有和交易、主要业务收入来源于金融资产交易的经营机构。金融企业和非金融企业相比，呈现出以下特性：其一，金融企业具有更严重的道德风险；其二，金融资产流动性、金融脆弱性与风险传染性；其三，金融企业具有很高的灵活性与创新的便利性；其四，金融企业的许多重要业务更加具有“信用敏感”性。

二、期货公司的现代金融企业属性

期货公司具有现代金融企业一般特性。这主要表现在期货公司与一般金融企业一样具有较高的道德风险、金融脆弱性和风险传染性以及创新的便利性等三个方面。

期货公司具备金融企业的一般职能。具体而言，期货公司的职能及其体现出的优势主要表现在：其一，期货交易的特定安排以及期货公司的中介职能都大幅降低期货交易成本，充分体现期货公司具有金融中介理论提到的降低交易成本的职能；其二，期货公司可以降低期货交易中的信息不对称情况；其三，期货公司可以高效率实现金融中介的分散或转移风险的职能。

期货公司与一般金融企业相比也有其特殊性，主要体现在面临独特的市场环境和独特的风险控制机制两个方面。

三、期货公司公司治理的特殊性

期货公司的公司治理由于其特殊的金融企业属性而具有特殊性。这些特殊性使得期货公司治理结构有别于一般金融企业，主要表现在以下几个方面：

一是高度重要的客户利益。这里强调的客户利益重要性指的是，如果将客户利益与公司利益相比，对于期货公司而言，务必将客户利益放在公司利益之前。这是由其资产特殊性和独特的盈利模式决定的。

二是双重代理问题。一般意义的委托代理关系是指所有者与经营者之间的关系，它普遍存在于所有现代企业。期货公司作为现代金融企业，由于其所处行业的特殊性，在公司治理

问题上存在着另一层委托代理，即公司与客户之间的委托代理关系。因而，期货公司考虑治理机制时应分清主次，在充分保障客户利润最大化的前提下，为公司股东创造最大价值保驾护航。

除此之外，期货公司还因为高杠杆下的脆弱性、创新便利性和行业自律性使得其公司治理与一般金融企业也存在差异。

四、关于我国期货公司定位与发展的对策与建议

面临广阔的发展空间和巨大的挑战，中国期货业的持续健康发展有赖于回归期货公司的金融企业定位和完善的基础制度环境，在正视期货公司治理特殊性的基础上，就中国期货公司的发展和定位提出如下对策建议：

（一）进一步明确落实期货公司的金融企业定位、完善基础环境建设

期货公司具备金融企业的一般属性，在政策制定层面明确期货公司的金融企业属性，给予其必要的支持。在风险可控条件下，逐步拓展期货公司的业务范围。同时，随着期货市场的进一步发展，还可以考虑对大型期货公司进行股份制改造后推介上市。

（二）倡导竞争性制衡，改进大股东治理

我国期货公司在股权结构和法人治理结构上都不能适应期货市场长期发展的要求。改变我国企业普遍存在的一股独大股权结构格局，倡导竞争性制衡是我国企业尤其国有控股企业公司治理改革的重要举措。在期货公司中，建立大股东竞争性制衡机制将是一条少走弯路、高效的公司治理改革之路。

（三）完善公司治理结构，构建主动型风险管理体系

改变传统的风险管理模式，逐步建立主动型风险管理体系是期货公司持续发展，健康成长的必经之路。期货公司职能的拓展、期货业务的发展、期货公司的竞争局面取决于公司治理结构的完善及与之适应的期货公司主动型风险管理体系的建立与完善。

（四）鼓励外延式并购，发挥规模经济优势

培育大型期货公司是期货业自身发展的内在要求，期货市场管理部门可以全力扶持一些信誉好、运作规范的综合类和经纪类期货公司发展壮大，成为大型期货公司，鼓励其进行外延式并购。

（五）构建多层次期货行业结构，鼓励适度创新与竞争

在构建多层次的期货行业结构中，创新是多层次的，包括期货品种创新的同时，也应包括具体期货业务流程的创新，发挥期货公司服务国民经济的职能，引导组织机构创新，引进事业部制度；促进服务手段的创新，进行投资者需求导向型管理；完善管理制度，实现服务国民经济的多层次多角度的创新。

（六）构建一体化监管系统，发挥行业自律功能

现行的“五位一体”的期货监管体系，具备相对完善的监管制度和框架，未来应侧重

于加大监管的执行力度，在减少寻租行为的同时，对分类监管下期货公司实行扶优劣汰。

（中期协联合研究计划第六期课题成果　课题负责单位：中国人民大学　中国期货业协会供稿）

股指期货市场的机构投资者风险管理机制研究

2010年4月16日，沪深300股指期货合约在中国金融期货交易所上市。4月21日，证监会“两个指引”的发布，为机构投资者参与股指期货业务提供了制度性框架。如何建设机构投资者的风险管理机制，更好地管理股指期货业务中的风险，成为摆在机构投资者面前的首要问题。

一、机构投资者参与股指期货的策略、产品和业务创新

股指期货作为一种有效的避险工具和具有杠杆机制的投资标的，将对证券公司自营、资产管理等业务产生全方位的影响，并将改变现有证券公司和基金公司的市场定位、业务主体和发展方向，为机构投资者带来全新的盈利模式。从国外的经验来看，与券商和基金类似，社保基金，保险基金，投资银行等其他机构投资者均广泛运用股指期货来规避风险和提高收益。例如，美国保险基金运用股指期货的交易策略主要有：代替指数现货获得平均收益、调整投资组合Beta值、快速建仓、调整资产配置、对冲自然灾害风险、套利等。

二、机构投资者在股指期货相关业务、产品、策略上的风险管理流程

风险衡量和风险评估指标体系。无论是策略中的，还是流程中的风险，究其由来都可以归入以下五类：市场风险、现金流风险、流动性风险、操作风险和法律政策风险。上述各类风险最终都会直接或间接的影响公司的财务状况或导致财务危机。从财务角度上看，有些风险在一定时点可以进行财务计量或评估，有些可能在财务上无法进行直接的计量评估，故本课题从广义财务风险的角度入手，将可以进行财务计量或评估的风险纳入考量，进而建立风险评估指标体系。整个体系分为三个层次，一是证监会要求的，必须具备的风险指标。二是根据中金所要求，需要具备的风险指标。三是公司层面的，反映公司整体风险情况。

风险估计。依据不同的风险来源，可以应用不同的方法予以甄别估计。比如针对市场风险，可以采取标准法、内部评级法；对操作风险，可以采用基本指标法，标准法或者高级计量法，后者通常在银行业使用比较普遍。

风险控制。按风险发生的时间，又可以分为事前、事中、事后的风险管理环节。事前风险管理侧重市场风险种类的识别和评估分析，可以通过量化模型的手段，比如情景分析，历史数据压力测试，VaR统计方法来判断可能的风险大小，并根据这个评估后的结果进行资金的预备，应急方案的设定等。事中管理侧重对风险指标的监控和合规性风险的核查，重点监视风险值较大的关键要素，敏锐及时地发现异常征兆，并准确地预报风险，在发生意外风险

的情况下应用，尽量减少风险带来的不良影响。事后管理侧重定期评估组合绩效和风险报告，应急预案等。

风险管理结果反馈。根据券商、基金在引入股指期货交易之后的业务、产品和策略变化，区别不同业务类型、产品和策略，分析可能存在的风险点。并将风险点进行分类：与股票交易相似的风险点、与股票交易不同但属于股指期货交易共有的风险点、属于不同交易策略下特有风险点。风险点的区分有助于对券商、基金现有风险管理体系的补充、调整。然后，针对上述风险点，在券商、证券公司现有风险管理流程基础上进行扩充、调整和完善。

三、机构投资者参与股指期货的风险管理策略与制度

机构投资者的风险管理理念。在参与股指期货的过程中，机构投资者不可避免地会接触各种性质和程度的风险。管理者应该对如何管理风险有着深刻而全面的认识，将风险管理理念作为企业经营管理理念的重要组成部分，建立具有风险管理意识的企业文化，并使其植根于全体员工的思想中，贯穿到股指期货交易的全过程。

不同市场情况下的交易策略选择。在没有避险工具的环境中，机构投资者面临着较大的判断失误带来的风险。当风险超过自身承受能力时，不得不放弃投资机会和可能的收益。而一旦市场陷入盘整的格局，在大盘走势不明朗的情况下，机构投资者更是只能选择减仓观望。而借助股指期货等衍生品提供的避险机制，根据市场情况选取适当的交易策略，机构投资者几乎可以在任何市场状况下获得收益。概括地说，可以将交易策略按照适用的不同市场情况分为方向性策略，相对价值策略和事件驱动型策略三大类。

机构投资者风险管理的组织架构。机构投资者应建立与自身实际相适应的、多层次的风险管理组织架构——包括董事会、管理层、各业务部门在内的多级风险管理组织架构。这一组织架构的核心，是对董事会负责的风险管理委员会。通过风险管理委员会及下属风险管理部门的工作，与业务部门积极配合，实现对公司风险的全面管理。

四、机构投资者参与股指期货的相关建议

我国股指期货市场运行尚不足一年。虽然股指期货成功实现了“高标准，稳起步，强监管，防风险，重功能，促发展”的目标，初步显现出规避风险的市场功能，但罗马不是一天建成的，股指期货市场也需要在运行中不断积累经验，完善市场机制。其中最为关键的就是要优化投资者结构，大力培育股指期货的机构投资者。同时，股指期货市场的成熟，还要涉及监管部门和金融行业整体的努力。

（中期协联合研究计划第六期课题成果　课题负责单位：北京工商大学　中国期货业协会供稿）

期货公司客户风险评估与管理系统研究

传统的客户风险管理理论与实际操作体系已经无法满足客户、期货品种日益增加及期货市场日趋复杂的现实，寻求可以量化的客户信用评估及风险管理系统，构建客户管理风险体系，有利于期货公司进行更好的客户选择和客户服务，从而推动期货公司的可持续发展。

一、期货公司客户风险及其来源

有关客户风险的期货公司客户类别，是期货公司在对客户信用分析的基础上，对其信用风险作出的一种规范性判断，是对市场参与主体履约能力及其可信度进行的一种综合分析和评定之后得出的分类。可以按照投资者的资金实力及专业程度、交易动机、持仓头寸、价格预测方法和每笔交易持仓时间对期货公司的客户进行分类。

在成熟的金融市场上，往往实行基于投资者分类分层的监管，这样可以有效地控制金融市场的风险。整齐划一的监管模式虽然对一般投资者的利益给予了较好的保护，但同时也限制了金融创新的能力和灵活性。在对期货公司客户风险的来源和分类进行分析时，可以将期货公司客户风险来源分为客户方面的风险、期货公司方面的风险和其他方面的风险。

二、海外期货公司及相关行业客户风险管理的经验

（一）海外期货公司客户风险管理

海外期货市场及相关行业发展起步较早，积累了一定的经验和先进的管理方法，从美国福四通集团和法国飞马期货的风险管理经验分析中，我们有以下几点启示：一是成立专门的风险监管委员会；二是建立自己的保证金系统和风险管理规则；三是对公司员工及客户进行培训；四是完善客户风险检测监管模型。

（二）商业银行客户风险管理

商业银行客户风险管理经验总的来讲包括利用历史数据评级、建立完善专家评级系统、借鉴模型对客户信用评级和注重企业的各种报表等几个方面。这些经验对期货公司客户风险管理的启示主要有：一是要注重客户开户的管理；二是要建立客户培训辅导制度；三是严格每日无负债结算制度；四是严格保证金的管理；五是严格风险控制制度；六是交割月的限仓管理。

三、基于 VaR 的期货公司客户市场风险管理模型

为了能够很好地识别与度量客户的风险，引入 VaR 方法来进行期货公司客户风险度量，

同时使用三种 VaR 方法来计算，分别为分位数 VaR、Garch－VaR 和极值 VaR。

通过实证分析，三种方法计算出来的 VaR 都是有效的。但是，每个模型对涨跌率的拟合程度，即对于涨跌率波动的拟合效果各不相同。相对来说，运用 GARCH 方法计算出来的 VaR 不仅能够很大程度上覆盖涨跌率的波动，而且还能对其进行很好地拟合。而另外两种方法得出的 VaR 虽然能很大程度上覆盖涨跌率的波动，但是由于自身方法的问题，对未来涨跌率波动的短期拟合效果一般，但是能很好地预测未来涨跌率的趋势方向。

四、基于客户行为的信用风险度量模型

期货公司的客户风险不仅来源于市场价格波动及市场流动性的变化，还会受客户信用风险的影响。基于客户行为的信用风险度量模型，是为了解决对于不同的客户信用风险，需要选择不同的 VaR 来作为追加保证金比率。

客户信用风险取决于很多因素，度量其大小需要建立信用评级指标体系。期货公司的信用评级体系就是指其本身对期货公司客户的资信状况进行客观的评价，评级指标体系包括评估要素、评估指标、评估方法、评估标准、评估权重和评估等级等项目。

信用风险评估方法，主要有信用模型评估方法、风险模型评估方法和数据挖掘技术。基于客户行为的信用风险度量的模型，其中包括基本模型、扩展模型和最终模型。通过数据挖掘技术，从客户的信用资信和历史交易数据两个层面对期货公司的信用风险状况进行研究分析。

五、结合信用风险评级的 VaR 动态调整模型

基于客户交易行为的信用风险度量需要基于海量数据进行挖掘分析，短期内难以投入使用。基于目前期货公司特保户信用风险管理的现有经验，建立信用评价指标体系，并将客户信用风险纳入保证金动态调整的模型中，建立综合的客户风险管理系统比较利于实现。

通过客户信用评价体系，期货公司可以综合推理对客户信用进行评级，使得客户信用评级更加客观、科学。应关注期货公司客户“事前”信用风险，可以从期货公司客户资产状况、历史信用状况以及历史运营状况三个方面来对客户信用等级进行评价，运用层次分析法（AHP）和关联分析法来实现。

期货公司根据客户信用的具体分数，对客户信用等级进行划分。对于信用度最高的一部分客户，期货公司可以适当降低其追加交易保证金比例（但必须在期货交易所规定的标准之上）；对于处于信用度中等的客户，期货公司也可以根据行情对客户追加保证金比率做适度调整；而对于信用评级较差的这部分客户，期货公司则需要在期货交易所规定的标准之上对客户追加保证金做更高的要求。

（中期协联合研究计划第六期课题成果　课题负责单位：新湖期货有限公司、上海中期经纪有限公司　中国期货业协会供稿）

第五部分

交易所概况

上海期货交易所

简　　介

上海期货交易所（简称上期所）是依照有关法规设立的，履行有关法规规定的职责，受中国证监会集中统一监督管理，并按照其章程实行自律管理的法人。上海期货交易所目前上市交易的有黄金、铜、铝、锌、螺纹钢、线材、燃料油、天然橡胶等八种期货合约。

上海期货交易所坚持以科学发展观为统领，深入贯彻国务院关于推进资本市场改革开放和稳定发展的战略决策，依循“夯实基础、深化改革、推进开放、拓展功能、加强监管、促进发展”的方针，严格依照法规政策制度组织交易，切实履行市场一线监管职责，致力于创造构建安全、有序、高效的市场机制，营造公开公平公正和诚信透明的市场环境。长期目标是：努力建设成为规范、高效、透明、综合性、国际化的衍生品交易所。未来五年的目标是：建设成为一个在亚太时区以基础金属、贵金属、能源、化工等大宗商品为主的主要期货市场，发挥期货市场发现价格、规避风险的功能，为国民经济发展服务。

上海期货交易所现有会员200多家（其中期货经纪公司会员占80%以上），在全国各地开通远程交易终端300多个。

随着行业风险控制能力的强化提高、市场交易的持续活跃和规模的稳步扩大，市场功能及其辐射影响力显著增强，铜期货价格作为世界铜市场三大定价中心权威报价之一的地位进一步巩固；天然橡胶期货价格得到国内外各方的高度关注；燃料油期货在探索能源期货发展的道路上稳健运行；锌期货上市，与铜、铝期货关联，初步形成了有色金属期货品种系列；黄金期货上市，为促进黄金市场的发展，增进商品期货市场与金融市场的联系开辟了新路径；钢材期货上市，将逐步优化钢材价格形成机制，促进钢铁工业健康有序发展，进一步提高我国钢铁工业的国际竞争力。

上海期货交易所

地址：上海市浦东新区浦电路500号

邮编：200122

网址：http：//www.shfe.com.cn

电子邮箱：info@shfe.com.cn

2010 年工作情况

2010 年是实施“十一五”规划的最后一年，也是为“十二五”规划启动奠定良好基础的关键一年。面对国际国内经济形势复杂多变、期货市场改革发展机遇与挑战并存的新形势，上海期货交易所在中国证监会的正确领导下，在有关方面的支持配合下，以科学发展观为统领，认真落实全国证券期货监管工作会议和全国期货市场监管工作座谈会精神，按照交易所五年战略规划确定的目标和策略主线，根据年初制定的年度工作计划，坚持“稳健运行和稳步发展”的基本方针，以“强化监管，深化服务，优化管理”为主线，奋力开拓，锐意进取，在推进期货市场改革发展和加强自身建设方面取得了积极成效。

一、思想认识统一，行动方向明确

切实把思想统一到中国证监会党委关于“我国期货市场正处于从量的扩张向质的提升转变的关键时期”的形势判断上来，把行动统一到中国证监会党委的决策部署上来，形成了开创新局面的基本思路。

二、市场运行平稳，守住风险底线

在国际国内经济金融形势变化复杂多样的背景下，坚持把风险防范和化解工作放在首要位置，守住不发生系统性风险的底线；坚持主动出击、强势监管，加大对违法违规交易行为的查处力度，提升风险管理系统效能，确保市场持续平稳运行。

三、基础得到巩固，创新不断深入

创新交割方式，顺利启动期货保税交割业务，进一步推动期货市场的国际化；健全规则制度，全面推进章程、规则及实施细则的修订完善，增加有利于市场功能发挥的规定，使之更加贴近市场需求；加强研究创新，“期货与衍生品研究院”筹建工作有序推进，自主研发的“上期有色金属指数”完成方案设计；技术创新保持领先，“张江中心”项目正式启用，北京异地灾备中心建成，“两地三中心”的行业领先优势初步形成；产品创新有效推进，对白银、期权、有色金属指数等新品种的研究进一步加强，铅期货上市工作也取得突破性进展。

四、深化产业服务，加快开放步伐

认真评估已上市品种市场运行质量和功能发挥情况，探索建立套期保值管理机制；按照中国证监会相关指引，分解落实各项业务运作和操作流程；深入开展“千厂万企”和“期货大讲堂”活动，不断拓展投资者教育的渠道和载体；稳步推进国际化进程，实现了第一批境外品牌注册的全流程操作；成功举办第七届年会，进一步提高了年会的地位和行业影响力。

2010 年市场运行情况

一、交易概括

2010 年，上海期货交易所上市交易的品种分别为铜、铝、锌、天然橡胶、燃料油、黄金、螺纹钢、线材 8 个品种。全年累计成交期货合约 124379.64 万手，同比增长 43.01%；成交金额 1234794.76 亿元，同比增长 67.41%，占全国市场份额的 54.40%（见表 5－1）。

表 5－1　　上海期货交易所各品种交易情况统计

品种	成交量（万手）		同比（%）	成交金额（亿元）		同比（%）
	当年累计	去年同期累计		当年累计	去年同期累计	
铜	10157.71	16243.49	－37.4	296437.55	331785.63	－10.65
铝	3452.40	4106.11	－15.92	28342.49	27942.91	1.43
锌	29317.87	6450.68	354.49	255725.62	46865.08	445.66
黄金	679.41	681.25	－0.27	18291.91	15272.82	19.77
橡胶	33482.98	17807.19	88.03	426464.81	149747.26	184.79
燃料油	2136.44	9150.79	－76.65	9886.37	32118.82	－69.22
螺纹钢	45122.48	32314.90	39.63	199517.15	133025.23	49.98
线材	30.34	218.40	－86.11	128.88	825.69	－84.39
合计	124379.64	86972.81	43.01	1234794.76	737583.45	67.41

2009 年、2010 年全国期货交易所成交金额对比见图 5－1，上海期货交易所各品种成交金额对比见图 5－2。

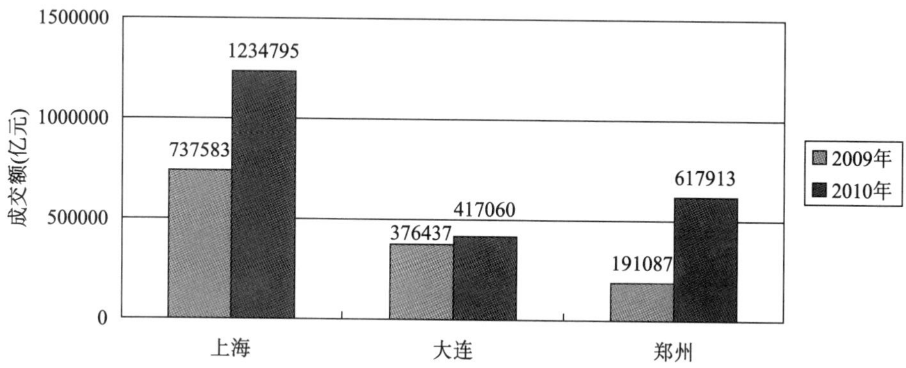

图 5－1　全国期货交易所成交金额对比图

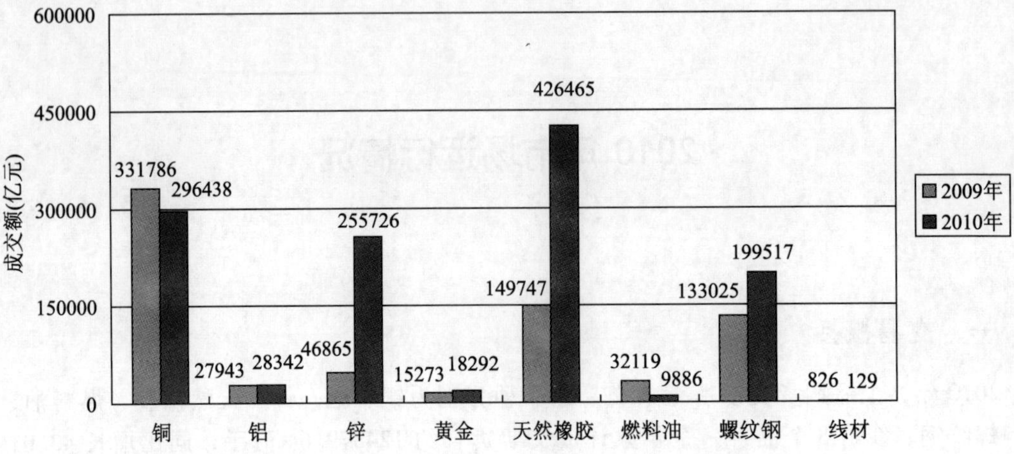

图 5－2　上海期货交易所各品种成交金额对比图

二、分品种综述

（一）铜

2010 年上期所铜期货合约共成交 10157.71 万手，成交金额 296437.55 亿元，同比分别下降 37.47% 和 10.65%。全年共交割铜 38390 手（单边），交割金额 113.40 亿元（单边），与上年相比分别上涨了 36.69% 和 81.39%，本年累计交割率达 0.07%。全年库存最高时为 189441 吨，最高持仓量 418520 手。

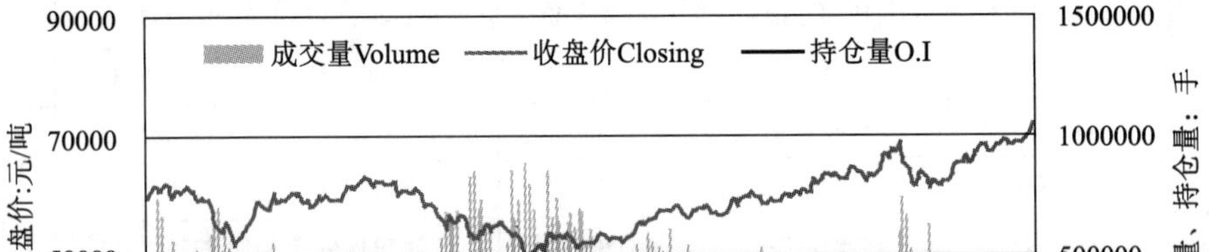

图 5－3　上海期货交易所期铜三个月收盘价、成交量、持仓量组合图

（二）铝

2010 年上期所铝期货合约共成交 3452.40 万手，同比下降 15.92%，成交金额 28342.49 亿元，同比上涨 1.43%。全年共交割铝 115220 手（单边），交割金额 90.41 亿元（单边），同比分别上涨 56.44% 和 72.56%，本年累计交割率为 0.69%。全年库存最高时为 498068 吨，最高持仓量 458326 手（见图 5－4）。

（三）锌

2010 年上期所锌期货合约共成交 29317.87 万手，成交金额 255725.62 亿元，同比分别

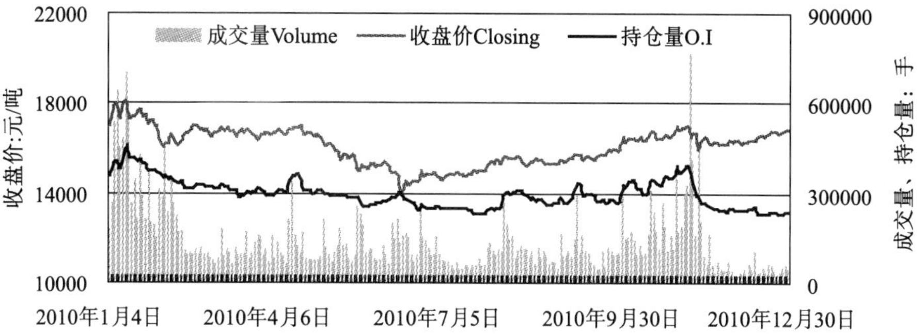

图 5－4　上海期货交易所期铝三个月收盘价、成交量、持仓量组合图

上涨 354.49% 和 445.66%。全年共交割锌 61530 手（单边），交割金额 53.77 亿元（单边），同比分别上涨 90.26% 和 120.68%，本年累计交割率为 0.06%。全年库存最高时为 310735 吨，最高持仓量 577062 手（见图 5－5）。

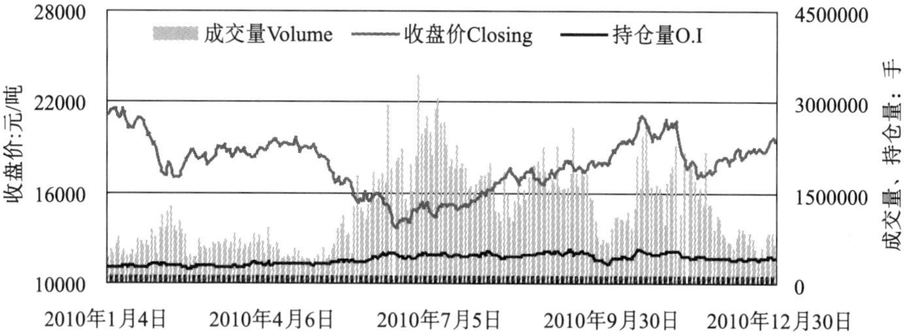

图 5－5　上海期货交易所期锌三个月收盘价、成交量、持仓量组合图

（四）黄金

2010 年上期所黄金期货合约共成交 679.41 万手，同比下降 0.27%；成交金额 18291.91 亿元，同比上涨 19.77%。全年共交割黄金 537 手（单边），交割金额 1.46 亿元（单边），同比分别下降 26.94% 和 9.76%，本年累计交割率为 0.01%。全年库存最高时为 369 千克，最高持仓量 110086 手（见图 5－6）。

图 5－6　上海期货交易所期黄金三个月收盘价、成交量、持仓量组合图

（五）天然橡胶

2010 年上期所天然橡胶期货合约共成交 33482.98 万手，成交金额 426464.81 亿元，同比分别上涨 88.03% 和 184.79%。全年共交割橡胶 25738 手（单边），交割金额 32.21 亿元（单边），同比分别上涨 72.36% 和 168.67%，本年累计交割率为 0.02%。全年库存最高时为 151832 吨，最高持仓量 451798 手（见图 5－7）。

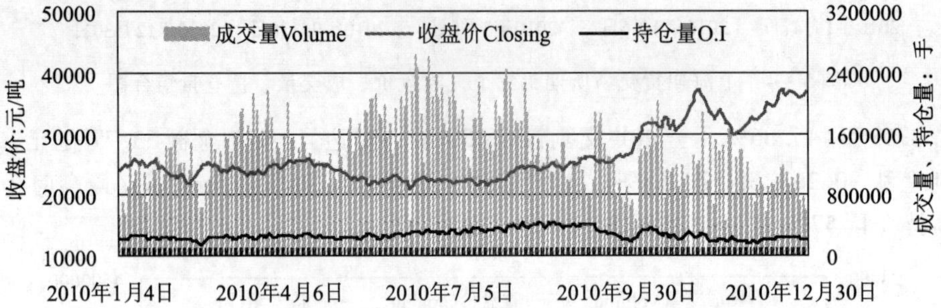

图 5－7　上海期货交易所期橡胶三个月收盘价、成交量、持仓量组合图

（六）燃料油

2010 年上期所燃料油期货合约共成交 2136.44 万手，成交金额 9886.37 亿元，同比分别下降 76.65% 和 69.22%。全年共交割燃料油 69000 手（单边），交割金额 30.28 亿元（单边），同比分别下降了 20.97% 和 2.21%。本年累计交割率为 0.51%。全年库存最高时为 615303 吨，最高持仓量 211678 手（见图 5－8）。

图 5－8　上海期货交易所期燃料油三个月收盘价、成交量、持仓量组合图

（七）螺纹钢

2010 年上期所螺纹钢期货合约共成交 45122.48 万手，成交金额 199517.15 亿元，与上年相比分别上涨 39.63% 和 49.98%。全年共交割螺纹钢 60030 手（单边），交割金额 24.89 亿元（单边），与上年相比分别上涨了 228.57% 和 275.34%。本年累计交割率为 0.03%。全年库存最高时为 192009 吨，最高持仓量 1764442 手（见图 5－9）。

图 5－9　上海期货交易所期螺纹钢三个月收盘价、成交量、持仓量组合图

（八）线材

2010 年上期所线材期货合约共成交 30.34 万手，成交金额 128.88 亿元，同比分别下降 86.11% 和 84.39%。全年共交割线材 6420 手（单边），交割金额 2.63 亿元（单边），同比分别上涨 53.96% 和 78.82%。本年累计交割率为 1.96%。全年库存最高时为 43763 吨，最高持仓量 26816 手（见图 5－10）。

图 5－10　上海期货交易所期线材三个月收盘价、成交量、持仓量组合图

郑州商品交易所

简　介

郑州商品交易所（简称郑商所）是经国务院批准成立的我国首家期货市场试点单位，按照《期货交易管理条例》和《期货交易所管理办法》履行职能，依据《郑州商品交易所章程》、《郑州商品交易所交易规则》及其实施细则和办法实行自律性管理，依照公开、公平、公正和诚实信用的原则组织期货交易，为期货合约集中竞价交易提供场所、设施及相关服务，并对期货交易进行一线监管。

郑商所实行会员制，会员大会是郑商所的权力机构，由全体会员组成；理事会是会员大会的常设机构，下设监察、交易、交割、财务、调解、会员资格审查、技术委员会等7个专门委员会。截至2010年底，郑商所共有会员215家，交割仓库121家，保证金存管银行5家。

郑商所总经理为法定代表人。根据工作需要，内设办公室、理事会办公室、研究发展部、市场部、交易部、交割部、结算部、市场监察部、新闻信息部、法律事务部、技术一部、技术二部、财务部、人力资源部、审计室、行政部等16个职能部门。截至2010年底，郑商所共有员工196人。

郑商所上市交易的商品期货合约有6大类7个合约，分别是：小麦（分为硬白小麦和优质强筋小麦）、早籼稻、棉花、菜籽油、白糖和精对苯二甲酸（PTA），初步形成了以粮、棉、油、糖大宗农产品为主，兼有工业品的综合性期货交易品种体系。各期货品种在促进相关产业经济发展的功能与作用得到了社会各界的广泛认可。

郑商所注重加强与国际期货同业的交流与合作。1995年6月加入国际期权（期货）市场协会。先后与日本关西农产品交易所、芝加哥期权交易所、洲际交易所、巴西期货交易所、芝加哥商业交易所、东京谷物交易所、印度多商品交易所、蒙特利尔交易所、尼日利亚证券与商品交易所、纽约－泛欧交易所集团等国外多家期货交易所签订了友好合作协议。目前，郑商所已与国外8家交易所和机构建立了信息交换机制，定期交换市场信息，进一步扩大了郑商所在国际上的影响力。

郑商所将始终坚持“三公”原则，科学发展，以“诚实、进取、安全、高效”为基本宗旨，以充分发挥市场功能服务实体经济为工作方向，强化市场基础性制度建设，完善风险防范机制，加强市场一线监管，保证信息技术系统安全，不断提高市场运行质量和发展质量，努力将郑商所逐步建设成为在国内和国际市场上具有重要地位和影响力的期货交易所，为进一步发挥功能、服务国民经济平稳较快发展作出新贡献。

郑州商品交易所
地址：中国郑州市未来大道69号
邮编：450008
电话：0086－(0)371－6561－0069
传真：0086－(0)371－6561－3068
网址：www.czce.com.cn
电子信箱：czce@czce.com.cn

2010年工作情况

在中国证监会正确领导下，郑商所认真贯彻全国证券期货监管工作会议精神，切实履行市场一线监管职责，坚决抑制过度交易，持续提升服务实体经济能力，确保安全组织交易，深化内部管理制度机制改革，各项工作均取得了积极成效。2010年累计成交量9.9亿手，同比增长118%；累计成交额61.7万亿元，同比增长223%。郑商所在全球53家期货交易所中排名由2009年的第14位上升到第12位。

一、加强全方位监管，坚守不发生系统性风险底线

贯彻中国证监会“确保期货市场稳定运行”的要求，切实履行一线监管职责，坚持“三公”原则，完善风险控制制度，加大对各类违法违规行为的打击力度，教育引导理性投资，不断强化风险防范观念意识，树立一线监管权威，坚守不发生系统性风险底线。

（一）完善监管工作制度

加强每日交易实时监控，及时对市场运行情况、运行特点进行研判，每周报告；遇特殊情况，专门报告。市场监控自动化系统升级项目已开发完成并正在试运行。积极参与、配合中国证监会《期货市场违规违法行为查处办法》的修订工作。为配套落实《期货交易所业务活动监管工作指引第8号》，发布实施了《郑州商品交易所异常交易行为监管工作指引（试行）》、《郑州商品交易所异常交易行为及市场异常波动监管工作准则（试行）》等工作规程。继续探索、完善“启用库、备用库、候选库”三级交割仓库管理体系，优化交割仓库布局，确保及时满足交割需求。加强对交割仓库的检查，完成了2009年度交割仓库年审工作。认真落实《交割仓库风险防范及监管工作指引》，不断提升交割监管工作的科学化、制度化、规范化水平。

（二）注重发挥监管合力

严格按照中国证监会“五位一体”期货监管工作机制的职责分工和协作要求，进一步

密切与会机关、各派出机构、保证金监控中心、期货业协会的协作配合，切实做好风险防范和化解工作。遇节假日、市场波动剧烈时，及时提示会员单位注意防范和化解风险。举办会员单位首席风险官座谈会，及时了解市场动向、提示风险情况、传递监管思路、明确监管政策，受到会员好评。提高舆论引导和舆情监控工作水平，努力掌握舆论宣传引导工作主动权，为市场监管创造有利舆论环境。

（三）加大违规行为打击力度

适应市场新发展新变化新特点，继续强化一线监管，严格风险控制，做到及时发现、及时制止、及时查处各类违法违规交易行为。2010 年，共处理违规案件 10 起，其中处罚会员 1 家，处罚客户 13 个。发出报送材料调查函 6 份，涉及 5 个会员和 9 个客户。发出风险警示函 9 份，涉及 9 个客户。发出现场调查函 6 份，涉及 7 个会员和 9 个客户。发出强行平仓通知书 16 份，涉及 16 家会员和 17 个客户。对 9 个会员单位的高管进行风险警示谈话。上述措施有力维护了郑商所的“三公”形象，树立了郑商所一线监管权威。截至目前，市场运行基本平稳，没有发生风险事件。

二、推动从“量的扩大”到“质的提升”转变，不断增强服务实体经济能力

以服务实体经济为工作中心，积极创新举措，强化服务，促进市场功能发挥，努力提升市场发展质量。

（一）创新市场培育方式，做精做细上市品种

一是积极开展“期货服务三农”系列活动，建立引导会员单位服务现货企业长效机制，充分调动政府部门、行业协会、会员单位、农合组织、龙头企业和新闻媒体等各方服务现货企业的积极性和主动性，初步构建了以郑商所为龙头，多方协作、共同参与的大服务格局。二是成功举办了首届郑州农产品期货（棉花）高峰论坛，取得了扩大市场影响、加快品种培育、促进功能发挥的积极效果。三是在传统的推介会、研讨会、座谈会、走访、调研等市场培育方式基础上，启动了集宣传、教育、研究、评估于一体的期货市场功能作用示范基地建设工程，面向全国征集典型案例 96 个，典型企业（简称“点基地”）19 个，利用期货市场发展经济的先进地区（简称“面基地”）13 个。通过示范效应，宣传推广典型企业和先进地区利用期货市场的成功经验，不断拓展期货市场服务实体经济的广度和深度。点基地和面基地建设报告已完成评审，基地建设取得了阶段性成果。四是会员服务企业明星团队和个人评比活动，会员中层管理人员、分析师、IB 业务人员、交割结算员培训活动和上市品种有奖征文活动全面展开。今年以来共举办各类宣传服务活动 130 次，走访产业链企业 309 家，组织分析师培训班 5 期。五是优化规则制度安排，贴近现货需求。按照中国证监会统一部署，适应产业发展情况，全面梳理、修订完善了交易、交割、结算、风险控制等各项业务制度规则，已报送中国证监会审批。强麦和硬麦合约改造工作积极推进，目前相关规则修改完善工作已完成，并上报中国证监会审批。截至 2010 年 9 月底，以产业链企业为主的法人客户开户数达到 3.03 万户，比 2009 年底增长近二成，持仓比例始终保持在 40% 以上。

（二）加强新品种研究，拓展服务领域和范围

一是按照中国证监会要求开展新品研发工作，目前甲醇期货立项申请已获得中国证监会

批准。二是积极做好动力煤、化肥、平板玻璃、乙二醇、液化气、菜粕以及商品指数等新品种的研发，并加大对期货期权的研究力度。

（三）深化功能发挥研究，重视成果转化运用

一是总结、完善上市品种功能发挥情况评估指标体系，科学评估各上市品种运行质量和功能发挥情况。在2009年工作的基础上运用指标体系评估PTA、菜籽油期货功能发挥情况，以进一步修订完善指标的同时，尝试评估棉花、白糖、小麦、早籼稻期货。二是继续深入开展“品种功能发挥研究课题”项目。精心选择了34个课题，进一步扩大招标对象范围，重点加强对制约期货市场功能进一步发挥的深层次、全局性问题的研究。目前已完成初稿，年底将按计划完成。三是高度重视研究成果的转化运用。在2009年“市场功能发挥课题研究”项目成果基础上，突出实用性和可操作性，组织人员编辑整理各品种的《现货企业利用期货市场手册》，针对产业链企业参与期货市场中遇到的各种疑难问题，如期货套保方式方法、税务问题、财务处理问题等等，进行了详细解答。

三、优化信息技术系统，提升技术保障水平

积极适应期货市场加快发展的要求，高度重视信息技术系统建设，全面梳理近年来交易信息技术系统建设工作，不断加大开发力度，增加技术投入，努力完善信息技术系统的功能，提升信息技术系统的效率，强化系统的安全性和稳定性，推动信息技术系统建设不断取得质的进步。

（一）全面梳理近年来交易信息技术系统建设工作

着眼于今后一个时期交易规模将持续扩大、业务发展对信息技术系统的功能和性能以及信息安全的要求将越来越高的研判，郑商所对近年来交易信息技术系统建设工作进行了全面梳理，客观评估了信息技术工作的现状，找准了存在的薄弱环节和主要问题，提出了进一步改进和加强信息技术工作的思路，形成了专题报告，并经总经理办公会议审议通过后认真组织落实。

（二）系统性能大幅提升

开发上线了“交易撮合主机双机热备”系统，提高了系统安全性。创新组合派生处理机制，进一步优化交易系统程序，形成新的交易核心系统V64.04，数据处理速度比修改前平均提高5倍以上，极大提高了系统处理效率。为会员架设了300多条交易专线，完成了会员端报盘机自动切换工作，提高了系统稳定性；对远程前置系统（GATEWAY）进行性能分析和改进，将私有流数据发送频率由500毫秒/次修改为100毫秒/次，防止交易数据堆积后瞬间大量发送，提高系统安全性。

（三）系统功能显著增强

开发了标准仓单非通用系统和统一开户系统；优化了会员服务系统，部分功能已经上线使用。技术监控系统正在进行参数设置，近期正式投入使用。完成了郑商所全部保证金存管银行接入“银期通”系统工作。新网站改版工作基本完成，将于近期进行新老网站切换。

网上办公平台一期在5月份上线，二期于9月15日正式运行，公文电子化、办公自动化水平显著提升。

（四）运维管理不断强化

修订完善《郑州商品交易所信息系统变更管理办法》、《郑州商品交易所信息系统应急预案》和《郑州商品交易所正版软件管理办法》。坚持对全部计算机定期进行安全检查。完善运维管理制度和操作流程，建立和强化流程执行的审核机制。开发新技术监控系统，扩大技术监控范围，提升故障发现、处理速度。继续完善灾备系统，保障灾备系统安全稳定运行。与设备供应商签订维护合同，实行月巡检和季巡检。举行4次测试和演练，举办会员单位技术人员培训班2次。初步拟定了《非涉密计算机保密管理暂行规定》、《非涉密移动存储介质保密管理暂行规定》等保密工作制度。2010年全年，未发生一起网络和信息安全事件。

（五）新一期技术咨询项目启动

立足于找准郑商所现有技术系统的问题与不足，认清和国内外同行先进技术系统存在的差距，把握未来技术发展趋势，与专业IT公司合作，今年启动了新一期交易系统技术咨询项目。在全面了解、深入调研、认真分析、科学借鉴基础上，第一阶段的《国际主流交易所比较报告》、《业务需求报告》和《技术需求报告》已完成，第二阶段的《通信设计及中间件比较分析报告》和《多核技术分析报告》正在审核，其他报告将于2010年底前按计划完成。

2010年市场运行情况

一、交易概况

2010年，郑商所总成交量9.9亿手，总成交金额61.7万亿元，比2009年分别增长118%和223%，继续保持良好的发展势头。市场运行质量进一步提高，各品种功能有效发挥。

2010年底，郑商所的会员数量为215家（见表5－2），会员总数与2009年底持平，分布于全国27个省、自治区、直辖市。2010年投资者数量较2009年增长30.81%，个人投资者与机构投资者均呈现增长态势（见表5－3）。

表5－2　　2010年郑商所会员结构统计表（按业务类型统计）

行业性质	数目及比例	
期货公司	173	80%
非期货公司	42	20%

表 5－3　　2010 年郑商所投资者数量增长情况表

	投资者总数增幅	个人投资者增幅	法人投资者增幅
2010 年较 2009 年增长	30.81%	30.95%	25.77%

二、分品种概述

（一）小麦

2010 年，郑商所小麦期货运行平稳，市场规模有所下降，期货价格呈现上半年稳中有升、下半年快速上涨走势。

1. 价格走势及影响因素。

（1）价格走势。2010 年，郑商所强麦和硬麦均呈现出先稳后涨走势。强麦主力合约年初的结算价格为 2278 元/吨，7 月份之前运行平稳；7 月份进入上涨通道，结算价逐渐走高，12 月 23 日结算价 2775 元/吨，创下年内最高。年末结算价为 2737 元/吨，年内最低结算价为 2245 元/吨，最大价差为 492 元/吨（见图 5－11）。

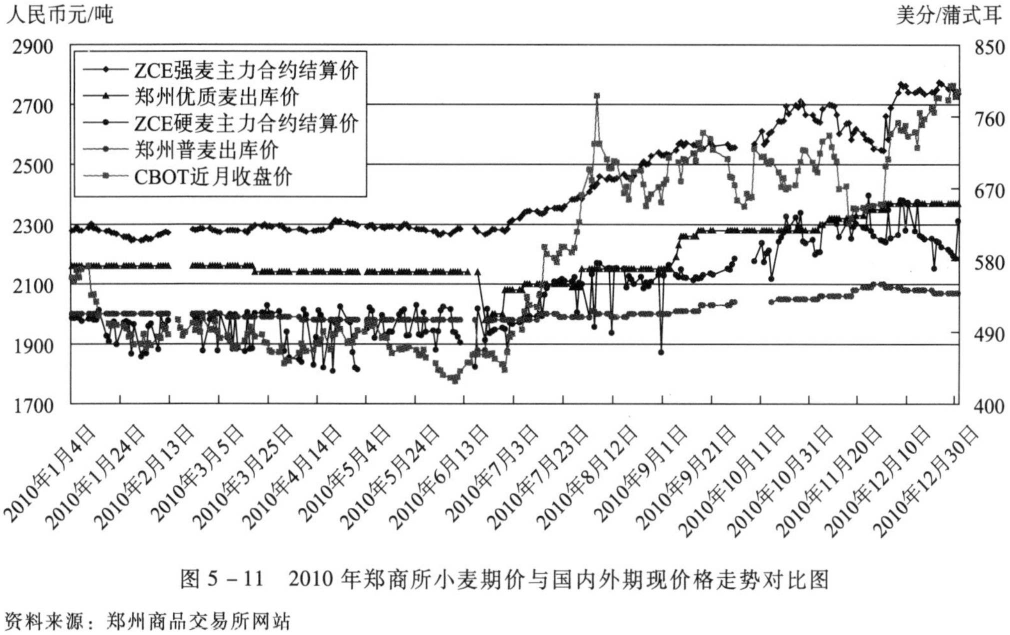

图 5－11　2010 年郑商所小麦期价与国内外期现价格走势对比图

资料来源：郑州商品交易所网站

（2）影响因素。年初我国遭遇低温天气，但国家政策性粮源库存充足，投放稳定，强麦和硬麦平稳运行；下半年因黑海地区减产导致俄罗斯、乌克兰等国发布小麦出口禁令，推动国际麦价飙升对国内麦价产生传导作用，且国内主要小麦产区遭遇旱灾影响，看涨预期增强，郑商所强麦和硬麦期价逐步走高；年末，国家发改委提高了 2011 年小麦收购价格，提振了小麦市场，抬升了麦价。

同期，美国芝加哥小麦期货（简称 CBOT 小麦）与国内小麦期货走势基本一致，对国内期货价格有一定影响。

2. 期货功能发挥情况。2010 年，小麦期货运行平稳，期现货价格走势基本一致，期货功能得到发挥。河北省证监局撰写的《河北地区小麦现货发展与期货功能发挥情况的调研报告》，对强麦期货与现货价格之间的关系进行了检验分析表明：强麦期、现货价格相关系数为 0.769，表明期货价格在一定程度上能够反映真实有效的现货价格，价格发现功能良好。

小麦企业通过期货套期保值，有效规避风险，稳定了经营。一些企业在利用期货市场过程中，不断摸索、修正、总结和发掘出多种有效方式，取得较好效果。如江苏永友粮食公司，在利用小麦期货市场过程中，形成了几种有效模式：一是利用期货市场价格发现功能，对企业经营进行中长期布局；二是利用期货市场套期保值功能，为企业经营锁定风险；三是利用期货市场保证金制度，降低企业经营成本；四是利用期货市场仓单，弥补现货采购不足；五是利用期货市场套利，取得收益；六是利用期货市场信息为企业经营服务。

（二）棉花

2010 年，棉花期货市场趋于活跃，市场参与度大幅提高，交易规模不断扩大。棉花期货价格整体大幅上涨，棉花期货连续价格年内最高达 33720 元/吨，创棉花期货上市以来新高。

1. 价格走势及影响因素。本年度棉花期现货价格呈现近年来少有的逐级上涨行情，影响价格上涨的主要因素有：一是上年度棉花隐性库存消费的影响延续至当年；二是因受气候等原因影响使全球棉花减产幅度较大；在消费增加和供给减少双重压力下，全球范围内棉花爆发性上涨；三是心理因素影响，由于棉价快速上涨引发市场恐慌性抢购，又过度夸大了供给紧缺局面。2010 年郑商所棉花期价与国内外棉花期现价格对比见图 5－12。

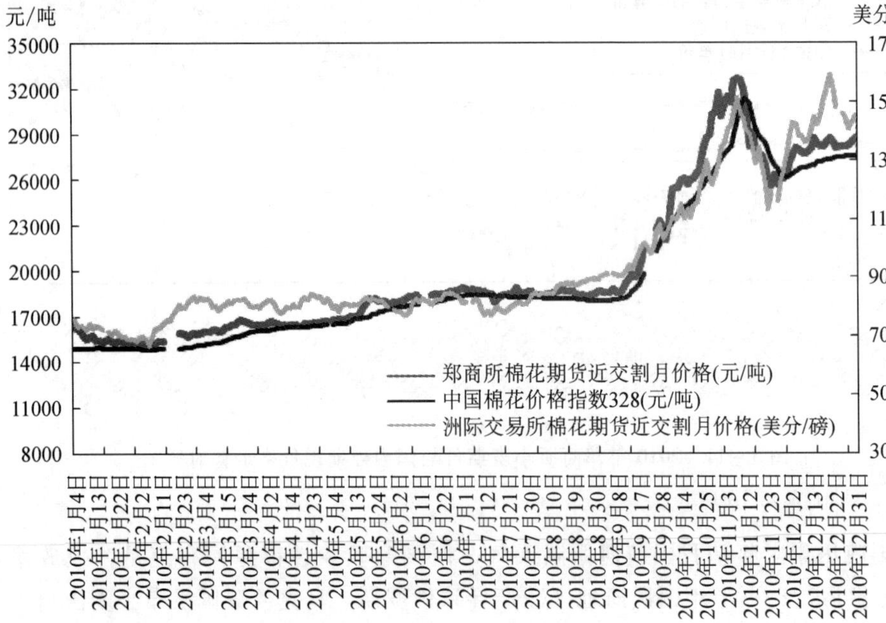

图 5－12　2010 年郑商所棉花期价与国内外棉花期现价格对比图

资料来源：郑州商品交易所网站

2. 期货功能发挥情况。2010 年，棉花期货功能发挥情况更趋成熟，参与和利用棉花期货实现稳健经营的涉棉企业越来越多。棉花期货市场在促进“三农”问题解决方面取得新进展，市场已初步形成以“银丰模式”为代表的棉花产业经营群体。更多的纺织企业开始参考棉花期货价格采购现货。总体来看，棉花期货市场的积极作用主要体现在：一是较好地促进了种植结构调整，稳定了产销关系；二是涉棉企业通过利用期货市场敢于把经营规模做大做强；三是在企业做大做强以后，能够利用规模优势反哺农业，促进农民收入增加；四是涉棉企业在参与期货套期保值中能够不断增强自身的资信水平和借贷能力，为更进一步发展壮大创造宽松的资金环境；五是在龙头企业的带动下，通过“公司＋合作社＋农户”和“订单＋期货”的形式，提高了农业组织化和产业化程度，促进了“小生产”和“大市场”的对接；六是产业链各环节的参与者利用期货市场，指导现货经营逐步成为自觉行为，并取得越来越明显的效果。

总之，棉花期货的上市为我国棉花产业的健康发展提供了有力的保障。几年来的实践表明，棉花期货的成功运行在支持棉花产业发展、维护我国棉花安全、促进大宗农产品种植结构调整、保障“订单农业”发展、增加农民收入、为中国在国际上争取棉花价格话语权等方面发挥了积极作用。

（三）白糖

2010年，白糖期货交易活跃，全年共成交期货合约30525.46万手，成交金额167955.76亿元，同比分别增长了109.03%和162.17%，是国内期货市场活跃的大宗期货品种之一。

全年白糖期货价格与现货价格走势高度相关，成为现货企业管理风险的重要工具。受国内连续第四年减产预期的影响，2010年度，白糖期货和现货价格大幅度上涨，郑商所白糖期货价格指数收盘价从年初的5628元/吨上涨至年末的7023元/吨，全年涨幅24.8%。全年多数时间出现期、现倒挂和内、外盘倒挂的现象，呈现外盘拉动内盘、现货拉动期货价格上涨的特征。

1. 价格走势及影响因素。2010年度国内、外食糖价格在供应偏紧格局下稳步上扬，不断创出30多年来的历史新高。从全年来看，郑商所白糖期货价格在第一季度震荡回调，第二季度稳步上涨，第三季度加速上涨，第四季度高位震荡。具体情况分述如下：

（1）第一阶段，从年初到5月中旬，创出历史新高后从高处回落。受国家抛售国储糖的宏观调控和外盘从高位大幅回调的影响，白糖期货价格指数高位回落，从2010年1月7日的收盘价5697元/吨开始，经过反复震荡后一路回落到2010年5月18日的4793元/吨，跌幅15.86%。

（2）第二阶段，从5月中下旬到11月上旬，稳步上涨，不断创出历史新高。在巴西、印度等食糖主产国出现大幅减产等因素影响下，国际糖价出现大幅上涨，连创历史新高，同时，由于国内出现大幅减产，食糖严重供不应求，在现货价格持续大幅上涨的拉动下，白糖期货价格一路上涨，白糖期货价格指数从6月10日4753元/吨启动，上涨到11月11日的7499元/吨，涨幅达到57.78%；

（3）第三阶段，高位震荡，11月从高位快速下跌，12月大幅反弹。在欧债危机等突发事件影响下，国际市场糖价在11月中旬创出新高后，从高位大幅跳水，受此影响，国内白糖期货和现货价格也出现快速回调，连续五个交易日跌幅16.28%。之后，随着国际市场的大幅上涨，白糖期货也出现大幅反弹，并在高位震荡。

2. 期货功能发挥情况。自白糖期货上市5年以来，交易制度日臻完善，市场规模不断扩大，整体运行平稳。涉糖企业积极利用期货市场套期保值，稳定了生产经营，保障了糖料种植安全，白糖期货市场也为现货企业探索更有效的贸易方式创造了条件。总体上看，白糖期货功能得到较好发挥。

从相关性来看，2010年度郑商所白糖期货连续价格与基准价区——广西现货市场价格走势具有很强的相关性，相关系数达到0.98，全年大部分时间期货价格对现货价格表现出贴水，少数月份如5月和7月，出现小幅升水，期货与现货的基差波动处在合理范围内，期货价格在交割月出现较好的回归。2010年郑商所白糖期价与国内外食糖期现价格走势对比见图5-13。

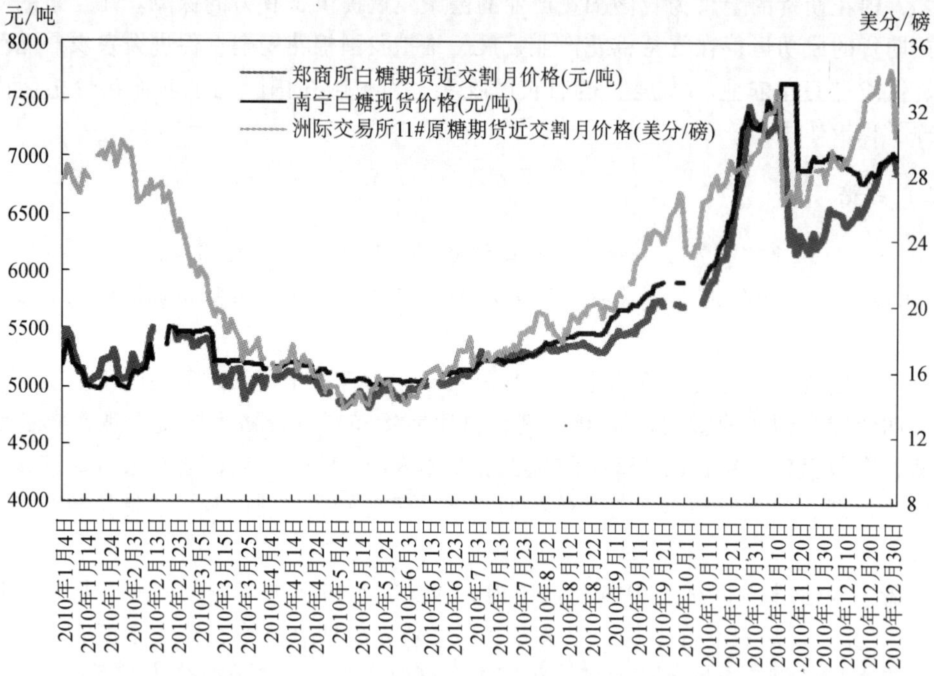

图5-13　2010年郑商所白糖期价与国内外食糖期现价格走势对比图

资料来源：郑州商品交易所网站

涉糖企业利用期货市场的力度不断加大。从企业开户来看，2006年机构法人开户数（主要是涉糖企业）为120家，2007年为211家，2008年为385家，2009年为511家，2010年底达到710家。法人客户持仓占比不断提高，成为市场发展的基础性力量。

（四）精对苯二甲酸

2010年，精对苯二甲酸（PTA）期货价格呈振荡上行态势，PTA期货价格（近交割月结算价）由7872元/吨上涨至9948元/吨，上涨了2076元/吨。全年最高价为10700元/吨，最低价为6766元/吨，最大涨幅度为3934元/吨（见图5-14）。

1. 价格走势及影响因素。2010年期货价格走势基本可以分为三个阶段：1~4月为价格上涨阶段，5~7月份为回调阶段；8~11月上旬价格再次上涨，11月中下旬价格回调；12月价格反弹。具体来看：

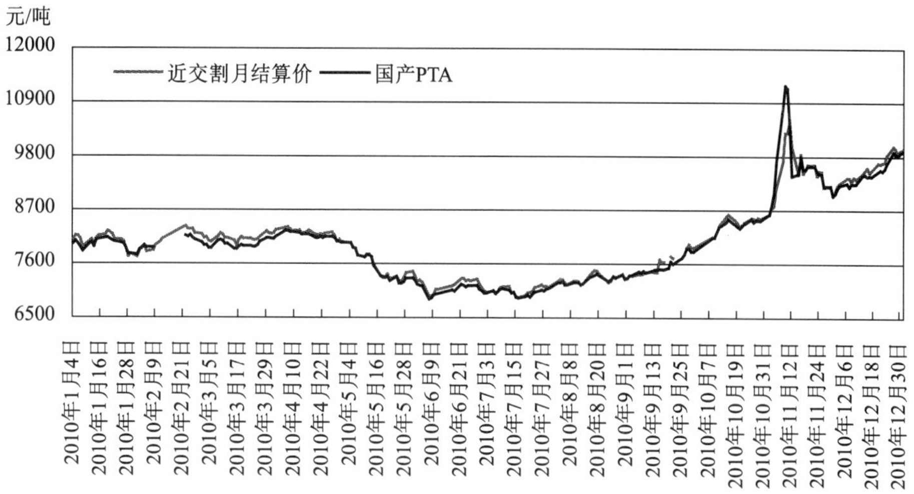

图 5－14 2010 年 PTA 期货价格和现货市场价格对比图

数据来源：郑州商品交易所和中国化纤信息网（注：国际没有 PTA 期货品种）

（1）第一阶段，1～4 月，受装置检修、下游企业补库存等因素的影响，PTA 现货价格振荡上涨，上年底期货价格为 7872 元/吨，到 4 月 30 日上涨到 8048 元/吨，上涨 176 元/吨，涨幅为 2.24%。之后，期货价格回调，到 7 月 16 日，期货价格下跌到 6914 元/吨。

（2）第二阶段，8 月至 11 月上旬，受下游装置集中开车和 PTA 工厂集中检修、通货膨胀等因素的影响，期货价格出现上涨行情。11 月 11 日，期货价格达 10534 元/吨，较前期价格低点上涨了 3620 元/吨，涨幅约 34.36%。之后，期货价格指数适度回调，到 11 月 30 日，期货价格指数下跌到 9016 元/吨。

（3）第三阶段，12 月，PTA 期货价格稳步上涨。12 月 31 日，PTA 期货价格收盘价为 9948 元/吨，较前期价格低点上涨了 932 元/吨，涨幅约 10.34%。

2. 期货功能发挥情况。2010 年，PTA 期货的成交量与 2009 年相比增加了 16.44%，市场流动性稳步提高，市场影响力逐步增强。国内外的现货企业与贸易商积极利用期货市场进行套期保值操作，规避现货经营风险，PTA 期货价格已经成为聚酯化纤原料市场的“晴雨表”。

2010 年，流入期货市场的 PTA 货源较多。PTA 当年共完成交割仓单量 95799 手，实物交割量为 47.90 万吨，实物交割金额为 376825.21 亿元。

（五）菜籽油

2010 年，郑商所菜籽油期货价格呈现出前弱后强的走势。上半年，在中国油脂油料库存庞大的背景下表现弱势，下半年随着国际市场的大幅上扬而上行；11 月在中国政府宏观调控以及 CBOT 市场基金净多持仓回落的影响下有所回调，但随后基金多头利用南美气候灾害题材重新回到市场，导致国际价格上涨。受此影响，郑菜油期货最终掉头向上。2010 年初菜籽油近月合约价格为 8260 元/吨，年末为 9854 元/吨，全年上涨 1594 元/吨，上涨幅度为 19.30%。指数价格最高为 10711 元/吨（11 月 12 日），最低为 7956 元/吨（6 月 11 日），全年涨幅为 2755 元/吨（见图 5－15）。

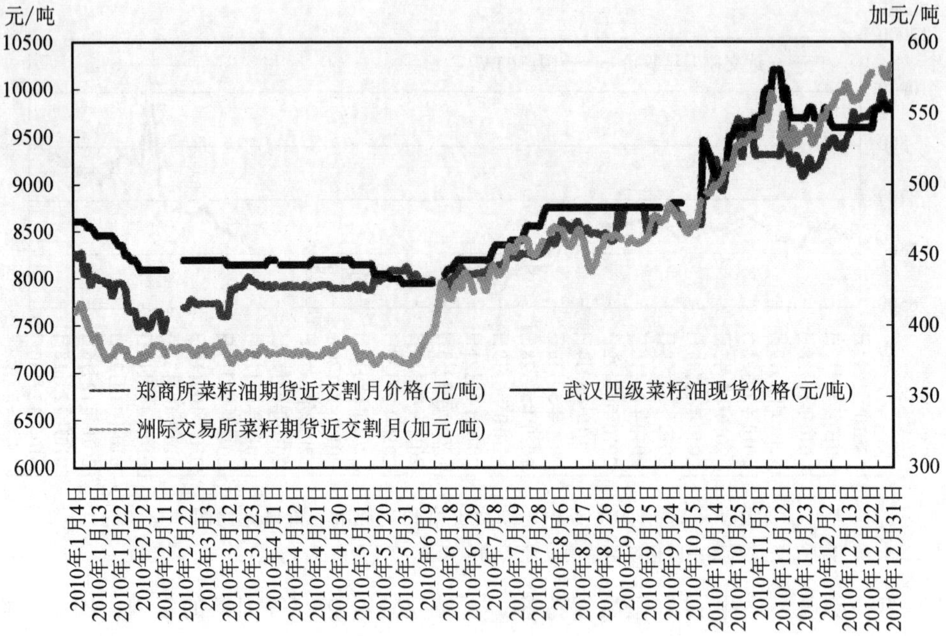

图 5－15　2010 年郑商所菜籽油期货价格与国外期货价格走势对比图

资料来源：郑州商品交易所网站

1. 价格走势及影响因素。2010 年，油脂市场呈现先抑后扬的走势，基本分五个阶段：

（1）第一阶段：1～2 月初，小幅回落阶段。1～2 月初菜籽油期货近月合约价格区间为 8300 元/吨～7400 元/吨，最高达 8260 元/吨，最低 7490 元/吨（2 月 4 日），最高与最低价差为 770 元/吨。其主要原因：一是南美丰产，美豆产量创纪录高位，国际油脂全面回落。二是国内植物油供应充足，国家不间断的向市场抛售植物油，加上采取了紧缩银根，收紧信贷等举措也使资金热情减退。

（2）第二阶段：2～4 月，筑底回升阶段。2～4 月，菜籽油期货的近月价格区间为 7500 元/吨～7900 元/吨。主要原因：一是国际原油震荡上涨至 80 美元之上，市场炒作生物燃油题材。二是天气因素推动植物油价格走高，特别是我国油菜籽主产区遭遇旱情侵袭。

（3）第三阶段：5～6 月，回吐涨幅。5～6 月，菜籽油期货的近月价格区间为 7900 元/吨～8050 元/吨，略有涨幅。其主要原因：一是完美的天气导致美豆播种速度加快，出口销售减弱油脂油料价格全面回落。二是欧债危机背景下美元指数反弹。三是我国政府管理通胀预期，上调准备金，也抑制国内油脂市场走势。

（4）第四阶段：7～11 月中旬，加速上涨。7～11 月中旬，菜籽油期货的近月价格最低为 8062 元/吨，最高达 9724 元/吨（11 月 15 日），最高与最低价差为 1662 元/吨。其主要原因：一是拉尼娜气候特征逐渐增强，对全球农作物生长的影响愈演愈烈，推动植物油市场上演牛市行情。二是美元重返下行通道，原油围绕 80 美元宽幅震荡，外部氛围也有所好转。

（5）第五阶段：11～12 月末，先抑后扬。11～12 月末，菜籽油期货的近月价格最低为 9086 元/吨，最高达 9968 元/吨（12 月 28 日），最高与最低价差为 882 元/吨。这段时间市场呈现出国际价格高出国内的走势。一是国际市场油脂基本面利多。二是美联储实施新一轮的宽松货币政策。三是美元走软，原油冲击 90 美元大关。但是国内进入政策调控密集期，调控态度坚决、力度强大，对油脂市场形成明显的压力。

2. 期货功能发挥情况。2010 年，菜籽油期货运行平稳，市场功能发挥良好。全年菜籽油期货共成交合约 952.06 万手，较上年减少 13.06%，成交金额 4278.70 亿元，较上年增长 5.31%。菜籽油期货稳步健康发展，2010 年菜籽油期货价格与国内现货价格相关系数达到 0.94，比 2009 年期现相关性 0.86 增加 9.3%，联动性增强。

2010 年郑商所举办了“期货服务三农”系列活动，与地方政府职能部门、证监局一起，选取基础较好的企业定为“点”基地，进行跟踪服务和模式培育。菜籽油“点”基地——中粮祥瑞、安徽庆发、安徽大平和湖北奥星，完善“期货市场—产业化龙头企业—农业合作社—农户”的运行模式，把服务三农与农产品期货市场培育相结合，找出农产品期货市场发展与服务国民经济相结合的有效途径。

期货价格已经成为现货市场生产、贸易的风向标。广大现货企业积极利用期货市场功能，规避现货价格风险，升级贸易方式，转变经营模式，稳定生产经营，期货服务产业的作用不断显现。

（六）早籼稻

2010 年，早籼稻期货运行平稳，市场规模取得较快发展。

1. 价格走势及影响因素。稻谷是国内第一大农产品品种，供需结构稳定，政策调控力度较大。早籼稻作为最早播种收割的稻谷品种，具有价格风向标的作用。受国家提高收储价格和天气对春季农作物种植和生长不利等因素影响，春节过后国内早籼稻市场走出一波上涨行情。4 月份，随着西南地区旱情缓解和国家临储稻谷投放量的增加，期货价格大幅下挫，成交量和持仓量也随之下降。进入 6 月份，期价维持低位振荡态势。7、8 月份，受洪灾影响早籼稻价格持续上涨，国家公布夏粮数据显示，在连续六年增产后首次出现下降，新作早籼稻收购价格高开高走，普遍高于 0.93 元/斤的最低收购价。进入 9、10 月份，市场在通胀推动下出现普涨，加之早籼稻相对其他农产品价格偏低，现货和期货稳中有涨，10 月下旬出现较大幅度上涨。11 月份随着国家控制通胀、稳定价格措施的出台，商品市场出现回落，早籼稻价格随之下降（见图 5 - 16）。

2. 期货功能发挥情况。2010 年早籼稻期货市场运行平稳，市场功能发挥良好。全年早籼稻期货共成交合约 2685.22 万手，成交金额 6331.37 亿元，较 2009 年分别增长 1276.97% 和 1457.57%。全年来看，期货价格与现货价格联动性强，期货价格走势较好地反映了供求关系、国家政策、天气等基本面因素的影响，交割月份合约期货价格向现货价格合理回归，早籼稻期货价格发现功能初步显现，对早籼稻及中晚稻的现货价格具有较好的预期和引导作用。近年来，我国稻谷价格波动较大，市场风险明显增加，稻谷生产、经营企业利用期货交易发现价格和套期保值的需求较为强烈。随着早籼稻期货市场规模的不断扩大，参与套期保值的现货企业越来越多，有效地规避了价格波动风险。早籼稻期货市场功能日益发挥，在服务稻谷产业方面的作用正逐步显现。

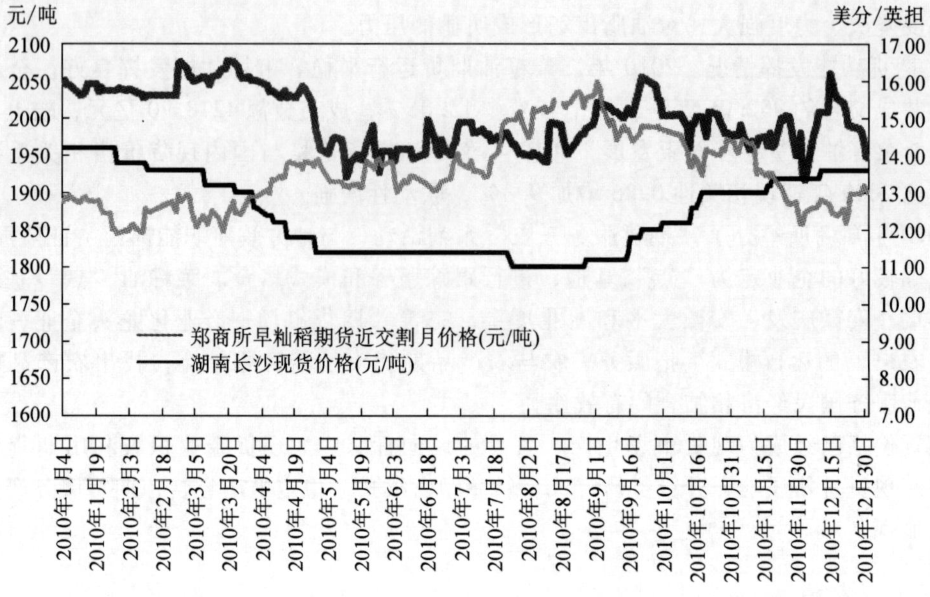

图 5－16　2010 年郑商所早籼稻期价与国内外籼稻期现价格走势对比图

资料来源：郑州商品交易所网站

大连商品交易所

简　介

大连商品交易所（简称大商所）成立于1993年2月28日，是经国务院批准的四家期货交易所之一，是实行自律性管理的法人。自成立以来，大商所认真贯彻执行国务院、证监会关于期货市场建设的各项方针政策，坚持依法治市，以市场化理念规范管理市场，强化产业和市场服务，保持了市场稳步健康发展，市场功能发挥日趋充分，有力服务了相关产业及国民经济发展。

截至2010年底，大商所上市交易的品种有玉米、黄大豆1号、黄大豆2号、豆粕、豆油、棕榈油、LLDPE和PVC共8个。2010年成交期货合约8.06亿手，成交金额41.71万亿元，根据美国期货业协会（FIA）公布的世界期货交易所期货期权交易量排名，2010年大商所在全球79家期货期权交易所中排名第13位，继续保持全球最大的油脂期货市场和塑料期货市场的地位。多年来，大连期货市场规范稳健运行，有力地保障了期货市场功能的发挥，在保护农民利益、引导农产品生产与流通、为相关产业主体提供价格参考和避险服务等方面，发挥了重要作用，为我国市场经济发展作出了积极贡献。

截至2010年底，大商所共有会员188家，其中，经纪公司会员173家、自营会员15家。投资者开户总数120.14万户，比2009年增长31.20%。其中，法人开户数3.18万户，增长26.45%；自然人开户数116.96万户，增长31.33%。全年新增客户数28.57万户，其中法人户6647户、自然人户27.90万户。大商所共有交割仓库（含厂库，按品种重复计算）135个，其中黄大豆1号交割仓库11个，黄大豆2号交割仓库9个，豆粕交割仓库4个、厂库22个，豆油交割仓库6个、厂库15个，棕榈油交割仓库12个、厂库3个，玉米交割仓库12个，LLDPE交割仓库12个，PVC交割仓库14个。保证金存管银行有五家，分别为交通银行、中国工商银行、中国建设银行、中国农业银行、中国银行。

大商所设有会员大会和理事会，其中，会员大会是交易所的权力机构，由全体会员组成。理事会是会员大会的常设机构，现有副理事长1人。理事会由14名理事组成，其中会员理事9名、非会员理事5名。理事会下设监察、交易、交割、会员资格审查、调解、财务、技术等7个专门委员会。交易所领导班子现有总经理1人、副总经理3人、纪委书记1人、总经理助理2人。交易所设有总经理办公室、理事会办公室、交易部、交割部、结算部、技术运维中心、新闻信息部、品种部、产业拓展部、会员服务部/期货学院、法律事务部、监察部、财务部、人力资源部、审计部、工会纪检办公室、行政部、战略规划办公室和系统规划办公室等19个职能部门，3个派出机构：北京发展与服务总部、上海发展与服务总部、广州发展与服务总部，2个直属单位：大连飞创信息技术有限公司、大连商品交易所行政服务有限公司。

在市场发展中，大商所一直积极寻求服务市场和产业的有效途径。在产业服务方面，2005年以来交易所以东北粮食主产区为主开展了“千村万户”市场服务工程，通过大规模培训农民市场知识、大范围送信息下乡、大力度推动“公司+农户、订单+期货”新型经营模式，引导农民树立市场意识、利用市场机制种地卖粮，探索建立农民可持续增收机制。2007年以来，交易所又面向全国油脂油料企业和化工企业推出了“千厂万企”市场服务工程，通过支持辅导会员服务试点企业，采取各类培训、走访等形式引导企业利用期货市场规避经营风险，推动期货市场与现货市场的融合。2010年，大连商品交易所以龙头企业为重点，围绕“产业链服务”，深入推进千村万户、千厂万企等一系列市场服务工程，把品种相关上中下游企业和生产经营者全部纳入服务领域，丰富深化了产业服务和市场服务的内涵。全年累计开展产业链培训128场，培训现货企业有关人员1万多人，其中为中石化等行业龙头企业举办专题培训14场。全年共组织农产品、化工品种产业链考察12次，171家会员单位的227名期货分析师参加了调研，总行程近5万公里，引导会员单位贴近产业、研究行业。

大商所还通过组织召开产业大会为期货界和产业界搭建沟通交流平台，促进期货市场与产业的融合。目前，已经与大连市政府联合举办了三届“国际玉米产业大会”，与大马交易所共同举办了四届“国际油脂油料大会”，与中国石油和化学工业协会联合举办了两届“合成树脂大会”，这些大会已经成为相关产业的品牌活动。2010年举办的三个国际性产业大会，总参会人数达到2011人，其中产业客户占比在60%以上，产业大会在业内的影响与地位逐步确立，已成为相关产业高端服务品牌。

大商所不断推进对外交流与合作。目前交易所是美国期货业协会（FIA）和英国期货与期权协会（FOA）成员。2010年，大商所分别与中国银行、山东省政府、中国炼焦行业协会签署合作协议，深化双边合作。与国外同行和涉外机构保持密切的日常交往与联系，接待64个境外来访团组共计545人次，与马来西亚衍生品交易所续签了合作举办国际油脂油料大会的协议，与德意志交易所集团签署合作谅解备忘录，与多个国外交易所开展了市场交流活动。

2007年以来，国家《东北地区振兴规划》、《辽宁沿海经济带发展规划》和《关于进一步实施东北地区等老工业基地振兴战略的若干意见》相继对大商所建设亚洲重要期货交易中心提出了要求。大连商品交易所正以建设亚洲乃至全球期货交易中心为目标，为建设成为市场功能充分发挥、在国家经济建设中作用明显、商品价格具有国际影响力的综合性的一流交易所而努力。

大连商品交易所

地址：中国大连沙河口区会展路129号

邮编：116023

电话：0411－84808888

传真：0411－84808588

网址：www. dce. com. cn

2010年工作情况

2010年，我国证券期货市场发展面临着重大机遇和严峻挑战，在党中央、国务院有关稳步发展期货市场精神指引下，在中国证监会的正确领导下，经各方共同努力，我国期货市场实现了持续健康稳步发展。一年来，大商所严格按照中国证监会各项要求，全面贯彻落实全国证券期货监管工作会议精神，紧紧围绕确保安全稳定运行、积极发挥市场功能、持续推进一流交易所建设的中心目标，以严格防范风险为前提，以大连期货大厦建成搬迁为契机，进一步改革创新管理体制机制，继续加强市场基础性建设，深入推进产业服务和市场服务，各项工作全面迈上新台阶。

一、期货交易规模保持稳定

2010年，大连商品交易所有会员188家，比2009年减少2家，其中，经纪公司会员173家、自营会员15家。投资者开户总数120.1万户，比2009年增长31.2%；其中，法人开户数3.2万户，自然人开户数117万户，分别比2009年增长26.5%、31.3%。全年新增客户数28.6万户，其中，法人户6647户、自然人户27.9万户。全年成交期货合约8.06亿手，占全国期货市场总成交量的25.7%，比2009年下降3.3%；成交金额41.71万亿元，占全国期货市场总成交金额的13.5%，比2009年增长10.8%。全年交割量73.1万吨，交割金额48.04亿元，分别比2009年增长2%、29%。日均客户保证金176.30亿元，比2009年增长59.8%。交易额、资金量、参与交易客户数量等指标均创历史新高。按照美国期货业协会（FIA）对2010年全球期货期权成交量的统计，大连商品交易所在全球79家期货期权交易所中排名第13位，豆粕和豆油合约交易量分列全球商品期货与期权交易量的第6位和第8位，继续保持全球最大的油脂期货市场和塑料期货市场的地位。

二、全力确保市场运行安全稳定，提高风险防控管理能力

2010年，大商所市场呈现出明显波动特征，上半年较为低迷，下半年有所回升，尤其是第四季度市场成交、持仓、资金迅速攀升，市场波动增加。按照证监会的统一部署，大商所全力以赴，沉着应对，确保了市场安全稳定运行。一是强化市场风险分析和风险评估工作，密切跟踪、监测、分析评估市场运行情况，完善诚信档案及大户报告管理。二是加大对市场违规行为的查处和打击力度，维护市场正常秩序。三是抓紧推进新一代风险监控和监察技术系统建设。其中，预警系统、实时监控系统已于10月中旬试运行，全部上线后将全面提高大商所风险监测能力和风险管理水平。四是及时调整交易保证金和涨跌停板标准，保证交易业务正常运行。根据市场价格波动情况，先后5次调整了各品种交易保证金和涨跌停板标准。五是加强交割管理和服务，交割业务运行平稳。2010年大商所各品种交割量共计72.2万吨。加强交割仓库监管，共年审交割仓库85家，占大商所全部137家的62%，日常

巡检仓库 103 次。六是全面加强资金结算风险控制。2010 年共执行盘中预结算 2510 次，全年未发生一起因会员保证金不足引发的强平事件，电子资金系统上线近一年运行平稳。七是确保信息系统安全稳定可靠运行，系统运行没有出现一次重大故障。

三、改革创新管理体制机制，为交易所持续发展提供强大动力

结合中央有关深入开展创先争优活动的意见和证监会要求，从体制机制改革、组织管理创新等多个角度完善交易所管理。一是建立健全领导干部工作职责和工作责任制，先后出台《进一步落实领导干部责任制的若干规定》和《高级管理人员落实岗位责任暨绩效评价办法》两项重要制度，通过岗位责任制推动各项工作落实。二是创新绩效管理体系，完善薪资福利体系。按照所领导、部门和员工三个不同的层面，将各项工作任务层层分解、逐级落实。三是 2009 年改革新设部门步入正常轨道，开始发挥重要作用。战略规划办公室完成了全所第一份业务发展规划、5 项战略研究，开展 19 项业务制度的研究和论证。系统规划办着力推进 IT 系统的架构设计、整体规划和项目管理，在信息系统建设方面发挥出重要作用。四是创新财务管理，加强内部审计。完善财务费用管理制度，建立严格的财务审批程序，成立财务委员会，对交易所重大财务支出进行审核决策，形成“事前谨慎立项、事中严格把关、事后审计监督”的工作机制。五是加强纪检监察工作。贯彻落实会纪委要求，组织开展《工作人员行为准则》执行情况检查、工作人员亲属遵守禁止买卖股票期货情况自查、党风廉政学习教育等三项活动，建立廉政行为规范，加强廉政制度建设。六是体制改革进一步推进。飞创公司稳步发展，管理制度不断完善，技术人才队伍逐渐壮大，在大商所信息系统建设和迁移等重大项目建设中发挥着重要作用，自主产品开发实现突破。行政服务公司坚持“边组建、边规范、边学习、边发挥作用”的原则，不断夯实基础，全力开展各项工作，为交易所发展作出了积极贡献。按照市场化原则设立研究中心提上议事日程，各项筹备工作进展顺利。七是加强理事会工作。召开 3 次理事会和 6 次专门委员会会议，切实履行理事会职责。成立理事会办公室，建立健全内部工作制度。积极开展调查研究工作，加强对规则和业务细则的管理。

四、期货大厦顺利平稳搬迁，基础设施建设实现新跨越

2010 年大商所将搬迁作为工作重点，通过加强领导、统筹规划、严密组织、明确分工、认真落实，实现平稳迁移。一是创新工作机制和工作方式。通过成立项目工作领导小组、层层签署责任状等多种方式，确保搬迁工作顺利完成。成立搬迁工作领导小组和大厦建设结算工作小组，扎实推进大厦搬迁、结算有关各项工作。二是圆满完成信息系统的建设、迁移、上线，并实现平稳运行。成立专门的队伍负责系统建设迁移，多次进行较大规模、全市场参与的测试验证。9 月 27 日新信息系统成功切换到期货大厦，各项业务安全稳定运行。三是加强与会员、信息商、保证金存管银行的沟通协调，推动市场有关单位顺利搬迁。

五、确立系统工作思路，构建完善的产业服务和市场服务体系

确立系统工作思路，以产业服务为重要抓手，优化整合力量、拓宽领域、深化内涵、提升质量，在市场培育、产业链拓展、期货人才队伍培养等方面逐渐形成比较完善的服务体系。一是优化整合服务力量，建设强有力的组织保障体系。建立起统一管理体制，改变产业

服务部门分散由多位领导分管的局面，优化整合内外部力量。二是以龙头企业为重点，围绕“产业链服务”，深入推进千村万户、千厂万企等一系列市场服务工程，2010年累计开展产业链培训128场，培训现货企业有关人员11600多人，其中，为中石化等行业龙头企业举办专题培训14场，参加人员共计366人。加强信息服务工作，每天定点向2200个市场客户发送期货交易信息。三是产业大会逐渐成为相关产业高端服务品牌。分别于5月、9月和11月召开玉米、塑料、油脂油料三个产业大会，总参会人数达到2011人，其中产业客户占比在60%以上。产业大会在业内的影响与地位逐步确立，品牌效应开始显现。四是通过开展仓单融资业务，为产业客户提供深度服务。五是期货学院成为专业人才培养的重要基地。举办期货分析师提高班，共培训期货分析师1024人，进一步提升期货研发人员的业务水平。面向期货公司后台业务人员，分别在北京、上海、深圳和长沙举办了4场业务培训，培训人数近700人。组织视频培训和讲座25场。六是十大期货研发团队评选产生重要影响力。组织2010年十大团队评选，帮助期货公司提升研发团队的整体水平。参评期货公司由2009年的108家增加到118家，参选团队由179支增加到212支，掀起了期货研发团队建设与培养的热潮。七是带领会员单位积极开展产业调研。全年共组织农产品、化工品种产业链考察12次，171家会员单位的227名期货分析师参加了调研，总行程近5万公里，累计撰写调研考察报告240多篇，引导会员单位贴近产业、研究行业。

六、加大品种开发力度，市场品种创新取得突破

根据中国证监会“成熟一个、上市一个”的指示精神，大商所稳步推进新品种研发，做好老品种维护。一是全力推动焦炭期货上市并取得重大进展。完成焦炭立项及预审材料，顺利通过立项和预审审批。二是做好焦煤等新品种的储备工作。完成了焦煤品种立项的材料申报，有条不紊推进焦煤合约和相关制度设计。完成大豆指数的编制和套保效果论证研究报告。三是积极做好老品种维护。针对国家棕榈油期货合约质量标准修改，推动棕榈油期货制度相关调整。推进豆粕交割仓库设置优化。

七、调整完善业务规则，制度体系建设取得新进展

按照中国证监会统一要求，进一步对各项业务与规则进行完善。一是研究推进全所层面的战略规划、业务规划和系统规划。结合所内各项业务及交易所未来发展，初步制定交易所业务规划，为新一代技术系统建设做好准备。二是完善业务规则修改程序，重新制定规则制定工作办法。进一步理顺规则制定修改程序，促进规则制定修改的规范化和科学化。三是制定修改和完善多项规则。按证监会要求，拟定并上报交易所章程和交易规则修改方案。按照证监会部署，制定并发布了《大连商品交易所异常交易管理办法（试行）》和相关监管标准与处理程序。根据业务需要，制定了交割仓库的准入退出、日常考核、等级评定等六项制度，基本建立了较为完备的仓库管理制度体系。对场内席位管理规定、三板强减、仓单分散等相关规则进行研究和修改。

八、持续推进一流信息系统建设，确保行业领先地位

在建成期货大厦信息系统的基础上，大商所通过机制创新形成了科学合理的组织架构和完善的分工合作机制，持续推进系统开发建设。一是全面加强期货大厦信息系统建设。系统

电力、通讯、机房等基础设施实现了质的飞跃。系统主机、存储、网络、安全管理等硬件设备实现了全面升级，为适应交易所的快速发展提供强有力的技术保障。二是构建信息系统建设的“三驾马车”。大商所系统规划办负责 IT 系统的规划、架构，IT 项目管理及协调推进工作。大商所技术运维中心负责全所技术系统的运营、维护和管理。飞创公司主要负责项目开发。三是加快 6 期系统优化和升级步伐，启动新一代系统规划。在对大商所 6 期系统架构进行描述和全面评估，理清 3 大技术瓶颈、7 项重大任务基础上，逐条逐项予以解决。四是初步理清了 7 期系统架构的总体思路。五是启动“两地三中心”灾备系统建设。同城灾备一期（期货大厦 - 会展中心）12 月实现上线。六是加快相关技术项目开发和创新。2010 年共完成包括新监察系统一期等在内的 39 个项目的技术开发和创新。

九、加强舆论引导和沟通合作，提升交易所影响力

新闻、信息、网站等工作取得新成效，全面加强国内外交流与合作。一是主动加强新闻宣传和舆论引导。二是加快新闻中心建设。中央电视台和新华社进驻期货大厦，两媒体每天定时播报期货市场行情信息，并拟在期货大厦分设演播室。三是优化中英文网站建设。新版网站受到各方好评。全年网站信息日均更新量 76 篇，使网站成为大商所重要的信息发布服务平台、会员业务服务平台和市场形象展示平台。五是加强国内外交流合作。刊发 30 多期简报和动态，反映、宣传大商所重点工作情况。编辑高质量的研究报告，刊发 18 期《研究文稿》。先后与中国银行、山东省政府签署战略合作协议，深化双边合作。组织出访 10 起 35 人次，接待 60 个境外来访团组共计 482 人次，与大马交易所续签了合作举办国际油脂油料大会的协议，与德意志交易所集团签署合作谅解备忘录，与多个国外交易所进行交流。妥善安排 10 名香港实习生来大商所进行为期 42 天实习。六是积极配合证监会做好资本市场二十周年纪念相关各项工作。

总的来看，2010 年大商所在确保市场规范安全平稳运行的同时，苦练内功、蓄积力量，深入推进管理体制改革、基础性业务制度完善、技术创新等，在一流交易所建设方面取得了重要成果。我们在人才素质、人才结构、管理水平、技术条件、市场服务体系建设等方面都取得了大的突破。焦炭上市后，大商所已基本形成农产品、油脂、化工、能源四个系列的品种体系。环渤海、长三角和珠三角三大经济圈市场占交易所份额的 70% 以上。大商所的产业覆盖面和全国影响力不断扩大，基本实现从农产品、区域性市场向综合性、全国性市场的转变。

2010 年市场运行情况

一、交易概况

2010 年大商所交易情况见表 5 - 4。

表 5-4 2010 年大商所交易情况统计

品种名称	成交量（手）	去年同期（手）	同比	成交额（亿元）	去年同期（亿元）	同比	年末持仓（手）	去年同期（手）	同比
玉米	71999146	33488176	115.00%	15366.83	5684.90	170.31%	512292	289334	77.06%
豆一	74787200	85014152	-12.03%	30852.02	31121.85	-0.87%	458940	339308	35.26%
豆二	29418	64096	-54.10%	12.36	23.32	-47.03%	170	190	-10.53%
豆粕	251163776	310808058	-19.19%	77303.25	89116.36	-13.26%	1027396	1569904	-34.56%
豆油	182812476	189673762	-3.62%	155530.42	137825.82	12.85%	513764	717876	-28.43%
棕榈油	83599626	88852996	-5.91%	62562.07	55282.34	13.17%	174446	378262	-53.88%
聚乙烯	124976612	89505958	39.63%	68710.98	44236.61	55.33%	196870	93480	110.60%
聚氯乙烯	16967248	36157324	-53.07%	6721.12	13145.83	-48.87%	95920	180620	-46.89%
总计	806335502	833564522	-3.27%	417059.02	376437.00	10.79%	2979798	3568974	-16.51%

二、分品种综述

（一）大豆

2010 年，大豆期货价格总体呈现上涨趋势，而全年主要行情集中在第四季度，行情围绕着通胀预期和政府调控因素出现巨幅波动，成交也非常活跃。纵观全年走势，行情大致可以分为四个阶段：上半年为第一阶段，由于欧债危机、南美恢复性增产、美国种植面积增加等利空因素的影响，大豆价格始终在低谷徘徊，但这一阶段受到国储托市保护价的支持，大连大豆下档支撑明显强于外盘。7 月至 11 月初为第二阶段，这一阶段随着市场对通胀预期的升温，加上南美大豆由于补库需求并未对出口市场造成太大冲击，美国大豆出口稳定增长，在宏观和基本面的配合下，场外资金大举介入商品市场，大豆价格亦突破底部震荡区域大幅上涨。11 月上旬至 11 月底为第三阶段，在市场疯狂的上涨后，随着中国政府调控措施的密集出台，行情迅速出现转折，这一阶段商品全线大幅跳水，行情杀伤力极大，大豆亦难以幸免。12 月份为第四阶段，在市场快速暴跌消化了由调控引发的系统性风险后，大豆行情重新回归基本面因素，拉尼娜气候引发的阿根廷大豆播种缓慢令市场对于新季南美大豆产量产生忧虑，大豆价格重新回升。从 2010 年整体走势看，大连大豆无论上涨还是下跌都显得相对滞重。大豆指数价格年初开盘价为 4091 元/吨，年末收盘 4488 元/吨，年内盘中最高点 4768 元/吨（11 月 10 日），年内盘中最低价为 3737 元/吨（2 月 4 日）。2010 年大连大豆期货走势见图 5-17。

（二）玉米

2010 年，大连玉米跨入“2”时代。由于 2009 年度国内玉米产量被高估，在需求增长的背景下，玉米市场供需缺口显现，尽管国储进行了大规模的拍卖，并陆续出台了限制竞价主体等措施，但玉米价格仍然如脱缰野马大幅上涨，而国际市场由于预期中国将转变为玉米净进口国，美盘玉米价格也稳步走高。纵观 2010 年大连玉米价格走势，大致可分为五个阶段：年初至 5 月中旬为第一阶段，由于上年度玉米产量下滑，加上国储占据了绝对的库存份额，市场流通量缩减，玉米价格逐步走高，并逼近 2000 元/吨大关。5 月中旬至 6 月底为第

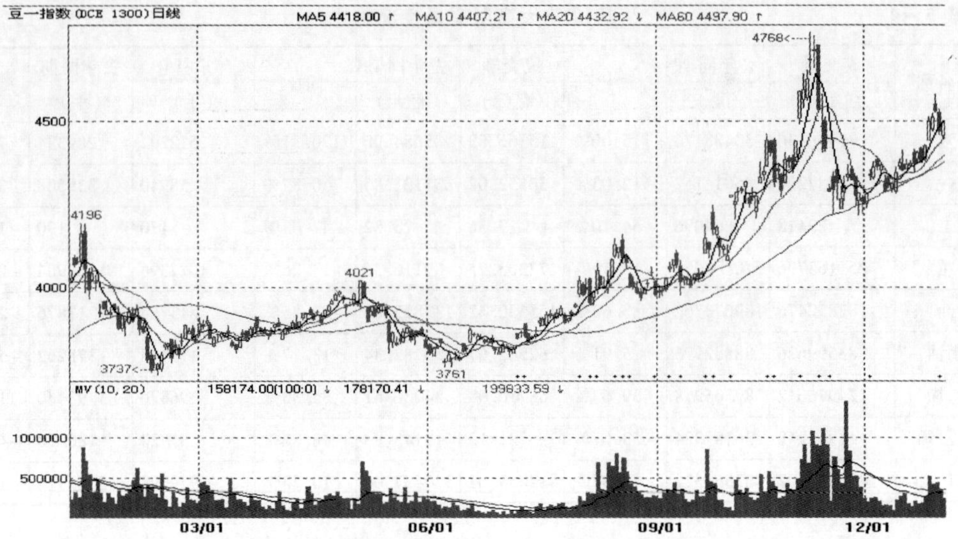

图 5－17　2010 年大连大豆指数日 K 线图

二阶段，在欧债危机影响下，商品市场全线下挫，玉米价格也受到拖累走弱，国储陆续出台限制拍卖竞价主体的规定也进一步打压了玉米价格。7 月至 11 月初为第三阶段，在市场对于通胀预期明显升温的背景下，国内玉米供需缺口被进一步炒作，中国将成为玉米净进口国的预期也推动玉米价格不断上涨，大连玉米突破 2000 元/吨大关宣告进入“2”时代。11 月上旬至 11 月底为第四阶段，在中国政府宏观调控措施密集出台的压力下，商品价格全线暴跌，玉米价格也未能幸免，出现大幅回落。12 月份为第五阶段，在系统性风险消化后，玉米价格逐步回稳，收购价格的抬高支持玉米价格再度上扬。整体看，2010 年大连玉米行情出现质的飞跃。玉米指数价格年初开盘价为 1848 元/吨，年终收盘为 2289 元/吨，年内最高 2336 元/吨（11 月 16 日），年内最低 1832 元/吨（2 月 2 日）。2010 年大连玉米期货走势见图 5－18。

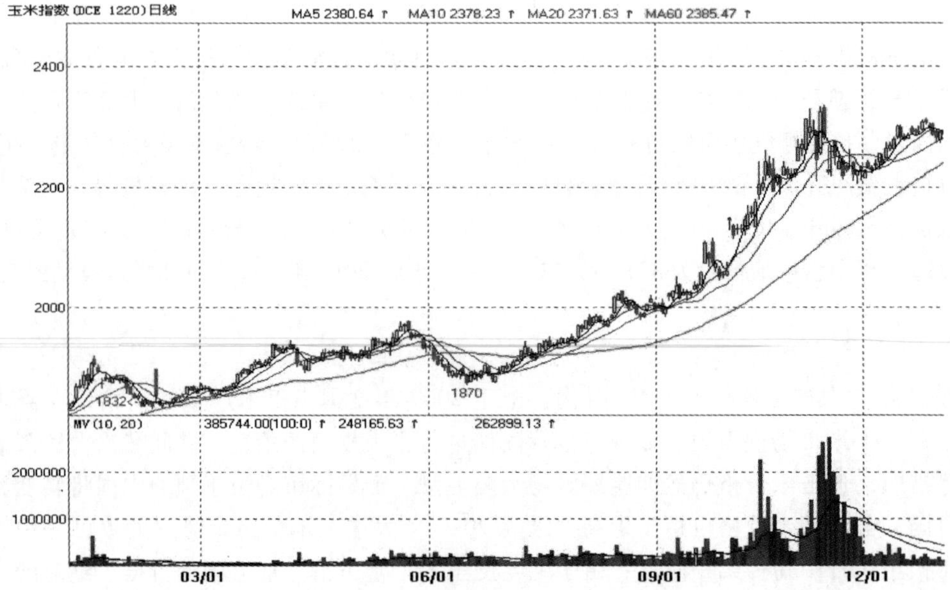

图 5－18　2010 年大连玉米指数日 K 线图

（三）豆粕

2010年豆粕期货价格大幅上涨，全年走势基本追随大豆走势影响。纵观2010年走势，行情大致可以分为四个阶段：上半年为第一阶段，豆粕价格维持底部震荡，南美大豆恢复性增产及欧债危机对市场构成较大压力。7～11月初为第二阶段，由于国内通胀预期强烈，资金大举涌入商品市场，豆粕价格水涨船高，升幅较大。而这一阶段中国大豆需求刚性增长的题材也被市场充分挖掘。11月上旬至11月底为第三阶段，中国政府着手对物价进行严厉调控，商品市场整体出现系统性下跌行情，豆粕价格也快速回落。12月份为第四阶段，随着阿根廷大豆播种缓慢引发市场对于南美大豆产量忧虑，美盘大豆及相关制品价格再度回升，大连豆粕也逐步摆脱系统性风险影响重新上扬。2010年豆粕指数价格年初开盘价为3074元/吨，年末收盘3433元/吨，年内最高价3564元/吨（11月10日），年内最低价为2705元/吨（2月2日）。2010年大连豆粕期货走势见图5－19。

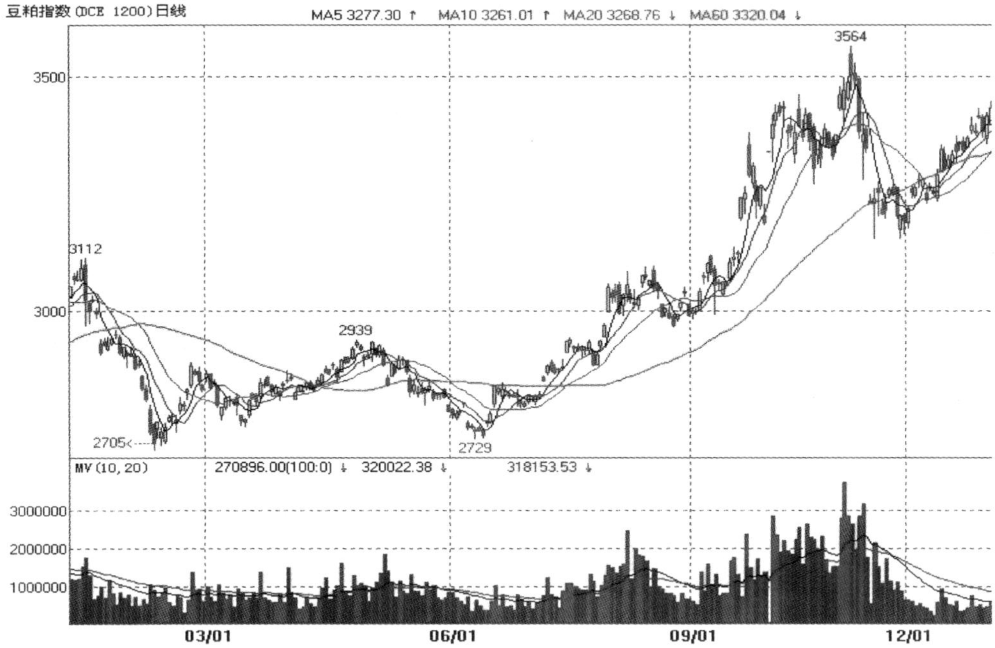

图5－19 2010年大连豆粕指数日K线图

（四）豆油和棕榈油

2010年油脂价格大幅上涨，由于国内油脂需求旺盛，豆油和棕榈油成为农产品市场中的明星品种。与其他农产品一样，2010年豆油和棕榈油期货走势大致也分为四个阶段：上半年为第一阶段，在南美大豆出现恢复性增产的情况下，加上欧债危机影响，油脂价格基本维持在低位震荡。7月至11月初为第二阶段，在通胀预期大幅升温背景下，商品价格整体出现大幅上涨，而油脂受到通胀与中国需求因素的叠加效应，更是受到投机资金的青睐，成交极度活跃。豆油价格再度达到10000元/吨的水平。11月上旬至11月底为第三阶段，商品市场的疯狂上涨遭到政府的严厉调控，行情出现巨变，油脂价格短期内亦出现快速跳水，市场风险急剧放大。12 月份为第四阶段，随着系统性风险因素的消化，油脂价格在基本面支持下重新回升，并再度创出年内新高。从 2010 年整体走势看，大连豆油和棕油走势都有着非常抢眼的表现。豆油指数价格年初开盘价 8012 元/吨、年末收盘价 10477 元/吨、年内盘中最高价 10616 元/吨（12 月 28 日）、年内盘中最低价 7172 元/吨（2 月 1 日）；棕榈油指数价格年初开盘价 7281 元/吨、年末收盘价 9791 元/吨、年内盘中最高价 9882 元/吨（12 月 28 日）、年内盘中最低价 6160 元/吨（7 月 6 日）。2010 年大连豆油期货走势见图 5－20。

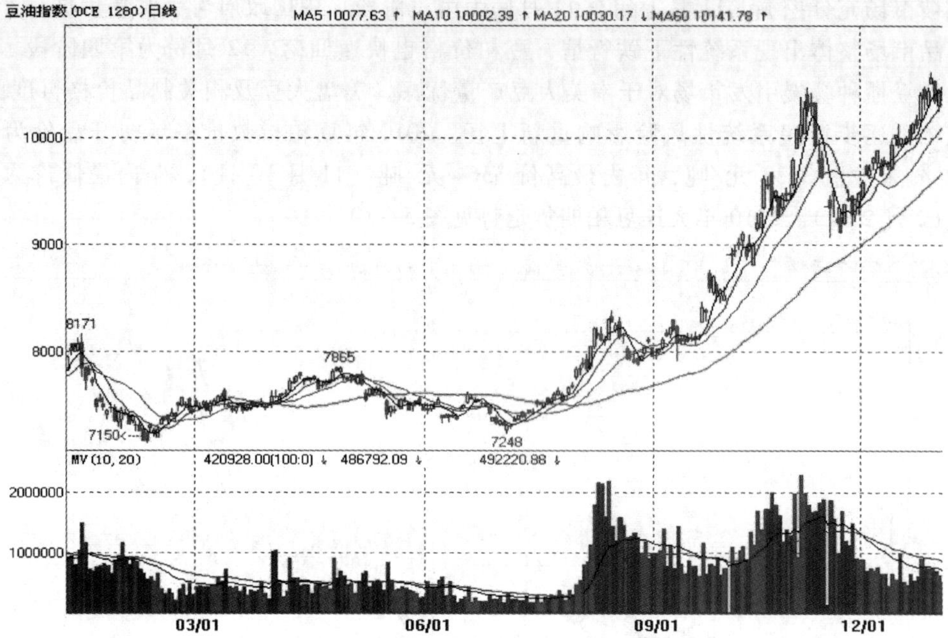

图 5－20　2010 年大连豆油指数日 K 线图

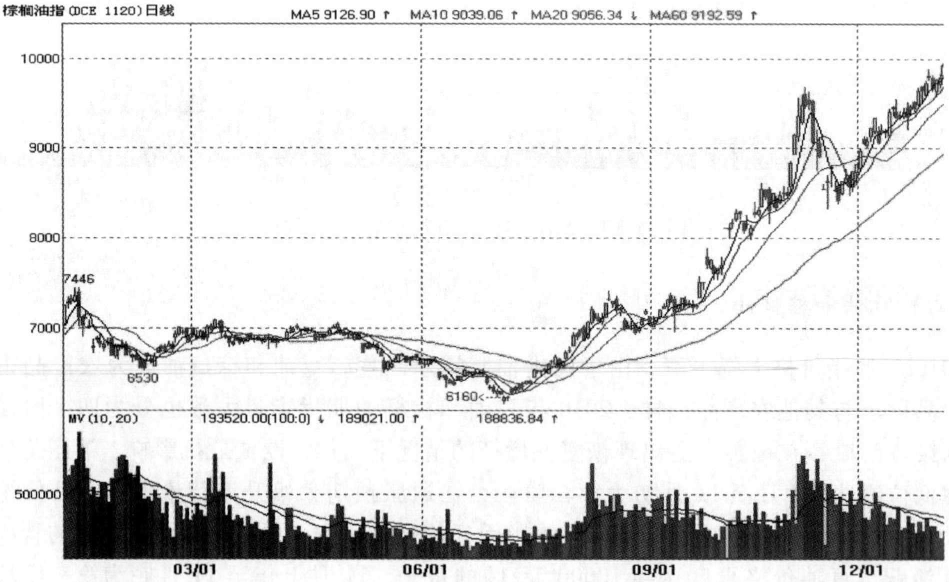

图 5－21　2010 年大连棕榈油指数日 K 线图

（五）线型低密度聚乙烯

2010 年，线型低密度聚乙烯（LLDPE）期货价格先抑后扬，与上年相比重心有所抬高，成交也逐步活跃，越来越受到市场关注。纵观 2010 年 LLDPE 走势，大致可分为四个阶段：年初至 7 月中旬为第一阶段，LLDPE 价格以持续下探走势为主。特别是第二季度后，由于欧债危机引发原油价格下跌，使 LLDPE 价格跌破 10000 元/吨后继续下行。7 月下旬至 11 月初为第二阶段，在国内通胀预期升温背景下，LLDPE 价格也大幅上涨，成交逐步活跃，市场参与热情明显提升，价格一度逼近 14000 元/吨关口。这一阶段现货价格也不断走高，下游需求旺盛。11 月初至 11 月底为第三阶段，中国政府对物价的严厉调控成为这一阶段主题，所有商品价格都出现快速下跌，LLDPE 也同样受到系统性下跌影响大幅下挫。这一阶段期货价格最大跌幅接近 3000 元/吨。12 月份为第四阶段，随着市场恐慌性下跌阴影的散去，LLDPE 价格受到原油价格上涨影响逐步回升。但这一阶段期货价格涨幅明显快于现货，远期合约出现一定幅度的升水，为后期调整埋下伏笔。整体看，2010 年是 LLDPE 期货行情逐步走向活跃的重要一年。线型低密度聚乙烯指数价格年初开盘价为 12557 元/吨，年终收盘价为 12157 元/吨，最高 13807 元/吨（11 月 10 日），最低 9103 元/吨（7 月 19 日）。2010 年大连塑料指数走势见图 5－22。

图 5－22 2010 年大连塑料指数日 K 线图

（六）聚氯乙烯

2010 年聚氯乙烯期货走出抑—扬—抑的行情表现，虽然年内波动幅度明显加大，但最终仍然回归年初起点价格水平。纵观 2010 年 PVC 价格走势，大致可以分为三个阶段：年初至 7 月中旬为第一阶段，PVC 价格持续下探，特别是欧债危机引发原油价格大跌更是加剧了 PVC 的跌势，这一阶段 PVC 价格一度跌破 7000 元/吨大关。7 月下旬至 11 月上旬为第二阶段，国内通胀炒作也带动 PVC 价格大幅上涨，特别是电石成本的提高更是推动 PVC 期货价格达到了上市以来的最高。11 月中旬至年底为第三阶段，政策面调控引发的商品系统性下跌风险也打压 PVC 价格快速跳水，由于国内 PVC 产能过剩，因此在恐慌性下跌阴影散去后，PVC 价格并没有和其他商品一样回升，而是继续弱势下探。整体看，2010 年 PVC 价格区间较上年有了一定的抬高，特别是最终仍然守住了 8000 元/吨的水平。聚氯乙烯指数年初开盘价为 7733 元/吨，年终收盘价为 8255 元/吨，最高 9535 元/吨（11 月 10 日），最低 6807 元/吨（7 月 19 日）。2010 年大连 PVC 指数走势见图 5 - 23。

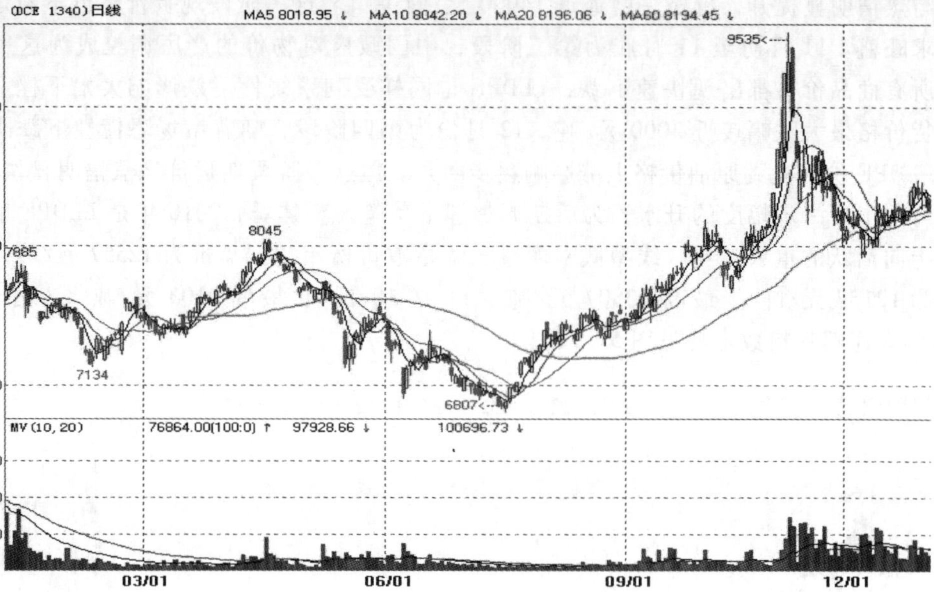

图 5 - 23　2010 年大连 PVC 指数日 K 线图

中国金融期货交易所

简 介

一、单位性质及历史沿革

中国金融期货交易所（简称中金所）是经国务院同意，中国证监会批准设立的，中国境内唯一一家从事金融期货、期权交易的公司制交易所。中金所由上海期货交易所、郑州商品交易所、大连商品交易所、上海证券交易所和深圳证券交易所共同发起，于2006年9月8日在上海正式挂牌成立。成立中金所，发展金融期货，对于我国深化金融市场改革，完善金融市场体系，发挥金融市场功能，具有重要的战略意义。

中金所的主要职能是：组织安排金融期货等金融衍生品上市交易、结算和交割，制订业务管理规则，实施自律管理，发布市场交易信息，提供技术、场所、设施服务，以及中国证监会许可的其他职能。在充分借鉴了国际市场的先进经验，并结合中国的市场实际的基础上，中金所按照“高标准、稳起步”的原则，从金融期货合约设计、参与模式、交易方式、结算制度、风控制度等方面，努力建设一个健康规范的中国金融衍生品市场，为市场参与者提供透明的定价和公平的交易条件，保护交易当事人的合法权益和社会公共利益，保障金融期货等金融衍生品交易的正常进行，维护金融市场正常秩序。

中金所采取全电子化交易方式，以高效安全的技术系统为强大后盾，在借鉴国内外交易所先进技术成果和设计理念的基础上，建立了一个结构合理、功能完善、运行稳定的金融期货信息系统（FFIS），全面支持市场交易、分层结算、市场管理、风险管理、统一开户、电子出入金、跨市场监管、投资者教育等各方面业务的高效运行和有效管理。

二、上市品种及功能发挥

历经4年扎实筹备，股指期货于2010年4月8日在上海成功启动。4月16日，沪深300股指期货在中金所正式挂牌交易。截至2010年12月31日，沪深300股指期货共完成174个交易日。按照单边计算（下同），总成交4587万手，总成交金额41万亿元，日均成交26万手，日均成交金额2360亿元，日均持仓量2.8万手；累计参与会员131家，参与客户5.6万户。2010年，共实现8个合约的顺利交割，交割率较低，交割平稳顺利。

为促进市场功能发挥，中金所积极配合监管部门及相关部委，做好机构投资者参与股指期货政策的制定，并积极促进和引导机构投资者合理有效利用股指期货进行风险管理。2010

年4月21日，中国证监会正式颁布《证券公司参与股指期货交易指引》和《证券投资基金参与股指期货交易指引》。截至2010年底，中金所已为41个客户开立了套期保值交易编码，并批准了套期保值额度，其中，证券公司自营套保29个，一般法人8个，自然人4个，累计批准套期保值额度7.6万手。以中信证券、国泰君安、海通证券、广发证券、中金公司等多家证券公司为代表的客户套期保值交易平稳、有序，保值避险效果初步显现。

三、会员、交割仓库、结算银行情况

中金所实行会员分层，引入结算会员制度，会员分为结算会员和非结算会员，结算会员按照业务范围分为交易结算会员、全面结算会员和特别结算会员，结算会员实行联合担保制度。实行结算会员制度，形成多层次的风险控制体系，强化了交易所整体抗风险能力。截至2010年底，中金所累计发展会员数139家，其中，全面结算会员15家，交易结算会员61家，交易会员63家。

四、组织结构

中金所采取股份公司制，股东大会是中金所的权力机构。中金所设董事会，对股东大会负责，并行使股东大会授予的权力。董事会设执行委员会，作为董事会日常决策、管理、执行机构。董事会下设交易、结算、薪酬、风险控制、监察调解等专门委员会。中金所设有市场部、交易部、结算部、监查部、技术部、信息部、研发部、财务部、人力资源部、总经理办公室、行政部等11个部门（见图5－24）。截至2010年底，中金所共有员工194人，是一支高学历的年轻队伍，平均年龄33.1岁，其中博士占20%，硕士占52%，本科占28%。

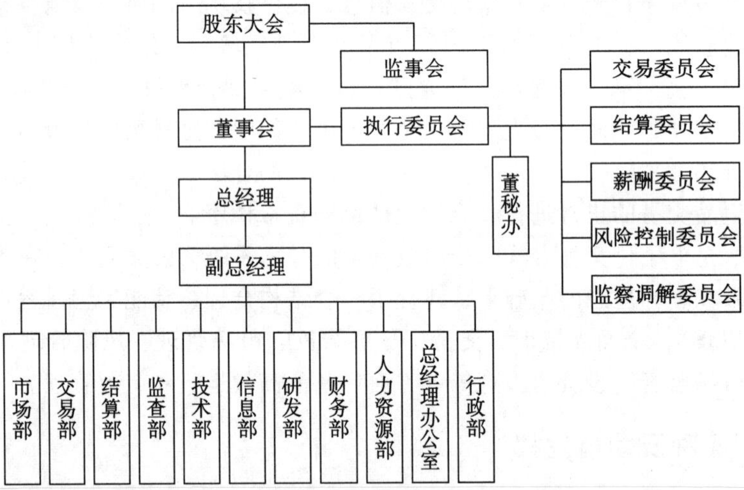

图5－24　中国金融期货交易所组织结构

五、国际合作情况

中金所积极加强与海外监管部门、市场机构和交易所的交流与学习，2010年共接待境外来访93批390人次。主要包括国际金融组织、外国政府代表、境外大型交易所、国际著名金融机构等。通过国际交流，加强了合作与联系，促进了对全球金融衍生品市场发展现状和监管动态的了解，也推进了与境外监管机构和市场机构之间的正式项目合作。2010 年，中金所承办了中国证监会和上海市政府多个重大国际性会议。如 2010 年 3 月，在上海举办的“APEC 国家新产品监管专题培训会”；2010 年 6 月，承办 2010 年陆家嘴论坛“浦江夜话：期货与衍生品市场的发展”专场等。

六、发展规划情况

沪深 300 股指期货的上市只是中国金融期货市场建设与发展的第一步。今后，中金所将以科学发展观为指导，遵循“充分准备、平稳推出、隔离风险、强化监管、逐步发展”的原则，根据我国社会经济发展的需要，在尊重市场发展规律的基础上，逐步研究开发和推出其他金融期货产品，积极建设一个结构合理、功能完善、安全高效、具有国际竞争力的金融期货市场，打造国际一流的金融期货交易所！

中国金融期货交易所
地址：上海浦东新区世纪大道 1600 号陆家嘴商务广场 6 楼
邮编：200122
电话：021 - 5016 - 0666
传真：021 - 5016 - 0606
网址：www. cffex. com. cn

2010 年工作情况

2010 年是股指期货元年，也是中金所扎实工作、不懈努力、顺利实现股指期货平稳起步和安全运行的开局之年。在中国证监会的正确领导下，在有关方面大力支持和积极配合下，一年来，中金所全面贯彻落实王岐山副总理的重要指示精神，以全国证券期货监管工作会议和全国期货监管工作座谈会精神为指导，切实按照会党委确定的“以平稳推出和安全运行为首要目标，严格控制风险，引导投资者有序参与，不追求交易量和活跃程度，逐步发挥市场功能”的上市指导思想和“高标准、稳起步、强监管、防风险、重功能、促发展”的十八字方针，牢牢守住不发生系统性风险的底线，扎实做好股指期货上市运行的各项工作。一年来，市场总体运行平稳，市场监管严格，市场秩序比较理性规范，市场功能初步发挥，基本实现了股指期货平稳上市和安全运行的预期目标，交易所自身建设不断加强，科学与规范化管理不断完善，各项事业健康有序发展。

一、实现股指期货成功启动和顺利上市，市场运行平稳有序

在中国证监会的正确领导和统一部署下，历经 4 年扎实筹备，股指期货于 2010 年 4 月 8 日成功启动，4 月 16 日顺利上市。王岐山副总理专门为股指期货的启动发来贺词，中共中央政治局委员、上海市委书记俞正声，中国证监会尚福林主席共同启动股指期货。中国证监

会桂敏杰副主席、姚刚副主席、姜洋主席助理亲临上市仪式现场，桂敏杰副主席为股指期货鸣锣开市。

沪深300股指期货上市以来，市场总体运行平稳，交投较为活跃，期现货价格关联性良好，基差较为稳定，客户参与有序，风险控制得当，合约交割顺利，交易所与会员端系统运行正常，市场监管严格，市场秩序比较理性规范，初步实现了平稳上市和安全运行的预期目标。截至2010年底，共174个交易日，累计开户6万余户，按照单边计算（下同），总成交4587万手，总成交金额41万亿元，日均成交26万手，日均成交金额2360亿元，日均持仓量2.8万手，市场总体平稳有序。

全年市场运行呈现以下特征：

一是开户数平稳均衡增长。股指期货上市以来，开户数由最初的1万户增加至年底的6万多户，每日新开户数稳定在200户左右。参与者以商品期货市场老客户和股票市场经验比较丰富的交易者为主。

二是市场交易比较活跃，流动性较好。截至2010年底，市场累计总成交4587万手，总成交金额41万亿元。主力合约的成交量占市场总成交量的85%以上，持仓量占市场总持仓量的75%以上，符合国际成熟市场特点。

三是持仓量稳步增长。股指期货持仓量总体呈稳步增长之势。随着客户参与数的逐步增长以及机构投资者的入市，市场持仓量稳步上升。从持仓结构来看，主力合约持仓量占同期全市场持仓的绝大部分。

四是价格运行理性，期现货基差合理，没有出现价格“爆炒”现象。产品上市以来，股指期货与沪深300指数保持了高度的相关性，期现货价格拟合度较好，绝大部分时间基差率保持在2%以内，随着交割日临近，基差逐渐缩小。各主力合约与沪深300指数日收盘价相关系数分别达到99%以上，与海外成熟市场一致。

五是合约交割平稳、顺利，交割量较小，没有出现“到期日效应”。截至2010年底，完成了8个合约的交割，各合约交割较为平稳、顺利，交割率较低。合约临近到期，主力合约与非主力合约切换顺利，期现价格充分收敛，期现价格未出现异常波动，未出现“爆炒”到期合约、操纵最后交割结算价等“到期日效应”现象。

二、严控市场风险，牢牢守住不发生系统风险的底线

股指期货上市以来，中金所实行严格的风险控制措施，严防结算风险，市场资金占用率基本维持在60%以内，市场资金量较为充裕，能够防范期现货市场大幅波动风险，至今未发生一起结算会员资金不足的风险事件。一是设置较高的保证金标准。沪深300指数期货近月合约保证金标准为15%，远月合约保证金标准为18%，远高于国际市场6%～9%的保证金水平。二是加强盘中实时资金监控，引导会员及时化解潜在的资金风险，严格盘中风险监控及预警指标。三是每日进行盘后资金压力测试工作，评估结算会员的结算风险，提前做好风险防范工作。四是加强代理结算管理。目前代理结算业务的运行已经比较成熟和稳定，业务服务正朝着精细化、多元化的方向发展。

三、精细运维，强化管理，确保技术运行安全

技术安全是确保交易所安全运行的关键和基础环节。对此，交易所高度重视，扎实落

实，认真做好技术工作，确保“交易不断、数据不乱”。一是完善运维制度，平稳度过开业特殊保障期。设置一线值班、二线值班和值班经理三类岗位人员相互配合、相互监督的组合值班方式。增派特别保障的交易岗、网络岗及运维组长，形成应急响应小组。建立了对外接口文件专人责任制。二是应急能力不断提高，突发事件处置得当，保障了业务的正常运作。完善和改进结算、保证金报送等非实时业务系统的应急处理流程，以及跨市场应急处理流程。三是结合 ISO20000 和 ITIL 的先进理念对上线管理和容量管理进行专项优化和完善，进一步完善运维管理体系。

四、严格市场一线监管，完善跨市场监管协作，强监管态势初步形成

作为一个新交易所，中金所从一开始就注重强化市场一线监管，牢牢树立强势监管理念，完善监管制度，细化监管标准，前移监管关口，密切监控市场运行，坚决抑制市场过热交易，从严打击市场异常交易行为，持续深入做好投资者适当性制度一线督导检查，不断深化跨市场监管协作机制，扎实做好市场一线监管工作，努力从一开始就建设一个健康规范的股指期货市场。

一是树立强势监管理念，完善制度，细化标准。在中国证监会的指导与部署下，借鉴沪深证券交易所经验，结合股指期货上市以来的监管实践，制定并实施了《异常交易行为监控指引》及相关配套制度，将自成交、频繁报撤等9种情形列为异常交易行为纳入交易所日常监管范围。

二是密切研判市场形势，及时采取针对措施，抑制市场过热倾向。针对股指期货上市不久，市场呈现交易量快速上升、出现过热倾向及舆论高度关注的现象，中金所深入分析市场形势，坚决采取措施予以纠正，及时提示异常交易和市场过热的问题，要求会员单位加强客户管理，引导投资者理性参与。严肃查处各类异常交易行为、违规行为。积极与地方证监局沟通，共同努力抑制市场过热倾向。

三是加强系统风险的实时监测监控，及早防范风险隐患和违规苗头。认真做好股指期货实时监控工作，重点关注价格异常波动，审慎排查异常交易行为，切实防范市场操纵等违规行为。严密监控市场变化，持续关注客户交易行为，对客户交易数据排查分析，深入分析市场异动，及时发现市场风险隐患和违规动向。强化信息监管，对引起盘中异动的信息及时排查，及时上报证监会，积极防范信息型操纵。

四是警示会员，教育客户，及时制止和查处异常交易行为。针对市场出现的涉嫌违规行为，中金所及时采取处理措施，通报处理情况。对于多次出现异常交易行为的客户，采取相应监管措施，起到良好的警示和教育效果。

五是落实跨市场监管机制，严格防范跨市场风险。在证监会的统一部署下，中金所与沪深交易所、中证登、期货保证金监控中心积极进行跨市场监管协作，不断充实信息交换的内容，探索构建防范跨市场风险的防线。经过半年多的跨市场监管协作实践，五方之间的协作机制不断得到磨合和完善。

六是标准不降，程序不减，持续推进适当性制度督导检查。股指期货上市前，中金所及时发布适当性制度报备审核指南、现场检查指引和工作底稿，认真开展适当性制度审核和督导检查，派出检查组对全国所有期货公司进行现场检查，开业前完成了对所有会员单位的现场检查。股指期货上市以后，紧紧围绕“标准不降、程序不减、拓宽渠道、平稳有序”的

指导思想，采取“突出重点、以点带面”的检查策略和检查方法，集中力量检查重点公司、重点客户和重点问题。通过持续推进适当性制度的督导检查工作，严把股指期货的准入关，在引导投资者理性参与，保护投资者特别是中小投资者合法权益方面发挥了积极作用。

五、积极引导机构投资者有序参与，促进市场功能发挥

中金所始终注重引导机构投资者参与股指期货市场，促进市场功能发挥。一方面，积极协助推动机构投资者有序入市，全面落实完善内部配套措施，提供参与便利。证券公司和基金公司各类业务参与政策已颁布实施。证券公司自营和资产管理业务都已申请开户，基金公司专户也已开通交易编码，同时为公募基金参与做前期准备。另一方面，深入研究套保业务管理的国际经验和做法，在充分调研论证基础上，按照引导市场功能发挥的要求，提出了进一步完善套保业务管理、调整套保审批的方案，确保套保审批的科学、合理、有据，提高套保吸引力。截至2010年底，中金所已为41个客户开立了套期保值交易编码并批准了套期保值额度。尽管套期保值成交量占全市场成交量的比例较低，但套保持仓占市场的比例较高，一般近30%。以中信证券、国泰君安、海通证券、广发证券、中金公司等多家证券公司为代表的客户套期保值交易平稳、有序，保值避险效果初步显现。

六、积极开展新品种研究与开发，不断提高信息服务能力

随着沪深300指数期货的上市，中金所研究与信息建设工作全面展开，为交易所提供了较为坚实的研究及信息服务。在研究工作方面，深入研究股指期货功能作用，积极开展新品种研发准备；完善研究基础平台建设，博士后工作站以及金融实验室的建设工作已经启动；与其他机构开展形式多样的联合课题研究；通过金融期货与期权征文大赛和丛书等形式，以及金融创新小组和中国金融期货研究中心等平台，积极建立起与社会各界研究力量的联系；不断丰富各类研究和信息服务产品；积极开展国际交流与合作。在信息建设方面，不断加强与中证指数公司、行情商、信息商的合作，不断优化交易所网站建设，不断提升信息服务水平，加强业务数据管理，实现信息数据安全。

七、不断加强新闻宣传工作，大规模开展投资者教育活动和套期保值培训班

根据全年工作特点和市场形势，不断调整工作方式，有针对性地开展投资者教育和舆论宣传工作，探索建立完善长效工作机制。

一是针对舆论关注的重点问题，发动媒体和业界力量进行舆论宣传和投资者教育。定期与媒体及相关单位交流讨论市场与舆论动向，积极宣传股指期货市场功能和市场运行理念，就市场和媒体关心的热点问题进行交流座谈，客观宣传，解疑释惑。

二是持续开展股指期货套期保值研修班，传播套保知识，弘扬套期保值文化。举办“股指期货套期保值研修班”22期，培训证券、基金、私募、期货等各类机构人员2700余人次。目前，中金所正与各地证监局密切配合，将研修班推向全国各个主要辖区。根据市场机构需求，为股指期货市场主要参与者或潜在参与者提供定向培训服务。积极配合证监会做好资本市场二十周年成就展布展工作。

三是充分发挥中介机构主体作用，指导和支持会员单位大规模开展投资者教育与培训活动。为进一步整合市场力量，发挥市场中介机构在投资者教育中的主体作用，中金所积极鼓

励市场中介机构大规模开展投资者教育培训活动，帮助广大投资者提高风险防范意识，了解股指期货产品特征和风险特性。目前，由中金所指导和支持、期货公司举办的培训活动平均每周将近 8 ~ 10 场。目前，全国 45 个主要城市的主要会员公司已经成功举办 54 场各种形式的投资者教育和培训活动，培训人数达到 17000 多人。

四是修订和丰富各类投资者教育产品，不断充实产品库，充分发挥网络媒体的传播作用。一方面，针对市场热点问题，制作专题投资者教育手册。另一方面，不断丰富和修订《股指期货知识系列丛书》。与此同时，不断丰富中金所网站栏目，帮助网站建立股指期货投资者教育专区，注重网络媒体的传播力量。

2011 年是制定并实施“十二五”规划的第一年，也是我国期货市场由量的扩张到质的提升的关键时期，中金所将在中国证监会的领导下，团结一致、扎实工作，牢牢守住不发生系统性风险的底线，按照“高标准、稳起步”的要求，继续巩固和夯实市场稳定健康发展的基础，坚持严格监管常态化，实现保障股指期货安全平稳运行的成熟做法机制化，不追求交易量和市场活跃程度，引导投资者有序参与，逐步发挥市场功能，推进交易所各项事业全面发展，为更高层次服务经济发展作出应有贡献！

期货交易所统计数据总汇[①]

表 5 - 5　　2010 年全国期货交易所市场概况

交易所 Exchanges	期货品种 Trading Items	会员总数 No. Of Members	总成交额 Total Trading Turnover	总成交量 Total Trading Volume	总交割额 Delivery Amount	总交割量 Delivery Volume
上海期货交易所	8	209	12347947646. 42	1243796430	3490548. 32	376865
郑州商品交易所	7	215	6179984642. 93	991809968	772105. 03	172350
大连商品交易所	8	188	4170590178. 09	806335502	480437. 54	103721
中国金融期货交易所	1	139	8213975345. 92	91746590	695993. 82	7925
合计	24	—	30912497813. 36	3133688490	5439084. 70	660861

数据来源：上海期货交易所、郑州商品交易所、大连商品交易所、中国金融期货交易所

① 1. 无特别说明，成交量、持仓量和交割量单位为手，库存单位为吨，成交额和交割单位为万元，价格单位：元/吨。2. 成交量、成交金额和持仓量为双边计算，交割量、交割金额和库存为单边计算。3. 交割量和交割金额中包括期转现。上海期货交易所、郑州商品交易所、大连商品交易所的总交割额、总交割量为实物交割；中国金融期货交易所的总交割额、总交割量为现金交割。

表 5－6　**2010 年全国期货交易所会员情况**

交易所 Exchanges	会员总数 No. Of Members	经纪公司会员 Broker Members	非经纪公司会员 Nonbroker Members
上海期货交易所	209	164	45
郑州商品交易所	215	173	42
大连商品交易所	188	173	15
中国金融期货交易所	139	139	0

数据来源：上海期货交易所、郑州商品交易所、大连商品交易所、中国金融期货交易所

表 5－7　**2010 年全国期货交易所交易品种一览表**

交易所（Exchanges）	简称（Abbreviation）	品种（Formal Items）
上海期货交易所	上期所（SHFE）	铜、铝、锌、黄金、天然橡胶、燃料油、螺纹钢、线材
郑州商品交易所	郑商所（ZCE）	强麦、硬麦、棉花、菜籽油、白糖、精对苯二甲酸、早籼稻
大连商品交易所	大商所（DCE）	黄大豆一号、黄大豆二号、豆粕、玉米、大豆原油、棕榈油、聚乙烯、聚氯乙烯
中国金融期货交易所	中金所（CFFEX）	沪深 300 股指期货

数据来源：上海期货交易所、郑州商品交易所、大连商品交易所、中国金融期货交易所

表 5－8　**2010 年农产品期货交易分布概况**

品种 Items	成交金额 Turnover	比重（%） % of Total	成交量 Trading Volume	比重（%） % of Total
天然橡胶	4264648108.19	31.96	334829824	17.92
一号棉花	2059521901.59	15.44	173910620	9.31
白砂糖	3359619146.02	25.18	610606262	32.68
早籼稻	126634512.66	0.95	53708172	2.87
强麦	29953390.65	0.22	11609284	0.62
硬麦	152459.18	0.00	70190	0.00
菜籽油	85633419.09	0.64	19055830	1.02
黄大豆 1 号	308520132.19	2.31	74787200	4.00
黄大豆 2 号	123518.04	0.00	29418	0.00
玉米	153668282.91	1.15	71999146	3.85
豆粕	773032485.55	5.79	251163776	13.44
豆油	1555304164.86	11.66	182812476	9.79
棕榈油	625620693.52	4.69	83599626	4.47
合计	13342432214.44	100.00	1868181824	100.00

数据来源：上海期货交易所、郑州商品交易所、大连商品交易所

表 5－9 **2010 年金属期货交易分布概况**

品种 Items	成交金额 Turnover	比重（%） % of Total	成交量 Trading Volume	比重（%） % of Total
铜	2964375452.06	37.13	101577136	11.44
铝	283424856.57	3.55	34523990	3.89
锌	2557256188.06	32.03	293178746	33.03
黄金	182919131.51	2.29	6794088	0.77
螺纹钢	1995171502.88	24.99	451224834	50.84
线材	1288750.07	0.02	303404	0.03
总计	7984435881.14	100.00	887602198	100.00

数据来源：上海期货交易所

表 5－10 **2010 年化工期货交易分布概况**

品种 Items	成交金额 Turnover	比重（%） % of Total	成交量 Trading Volume	比重（%） % of Total
精对苯二甲酸	518469813.74	40.73	122849610	46.39
聚乙烯	687109733.84	53.98	124976612	47.20
聚氯乙烯	67211167.19	5.28	16967248	6.41
总计	1272790714.77	100.00	264793470	100.00

数据来源：郑州商品交易所、大连商品交易所

表 5－11 **2010 年能源期货交易分布概况**

品种 Items	成交金额 Turnover	比重（%） % of Total	成交量 Trading Volume	比重（%） % of Total
燃料油	98863657.09	100.00	21364408	100.00
总计	98863657.09	100.00	21364408	100.00

数据来源：上海期货交易所

表 5－12 **2010 年金融期货交易分布概况**

品种 Items	成交金额 Turnover	比重（%） % of Total	成交量 Trading Volume	比重（%） % of Total
沪深 300 股指期货	8213975345.92	100.00	91746590	100.00
总计	8213975345.92	100.00	91746590	100.00

数据来源：中国金融期货交易所

表 5－13 **2010 年农产品期货合约汇总**

品种	天然橡胶	优质强筋小麦	硬白小麦	一号棉花	菜籽油	白砂糖	早籼稻	黄大豆 1 号	豆粕	玉米	黄大豆 2 号	大豆原油	棕榈油
交易单位	5 吨/手	10 吨/手	10 吨/手	5 吨/手	5 吨/手	10 吨/手	10 吨/手	10 吨/手	10 吨/手	10 吨/手	10 吨/手	10 吨/手	10 吨/手
报价单位	元（人民币）/吨	元（人民币）/吨	元（人民币）/吨	元（人民币）/吨	元（人民币）/吨	元（人民币）/吨	元（人民币）/吨	元（人民币）/吨	元（人民币）/吨	元（人民币）/吨	元（人民币）/吨	元（人民币）/吨	元（人民币）/吨
最小变动价位	5 元/吨	1 元/吨	1 元/吨	5 元/吨	2 元/吨	1 元/吨	1 元/吨	1 元/吨	1 元/吨	1 元/吨	1 元/吨	2 元/吨	2 元/吨

续表

品种	天然橡胶	优质强筋小麦	硬白小麦	一号棉花	菜籽油	白砂糖	早籼稻	黄大豆1号	豆粕	玉米	黄大豆2号	大豆原油	棕榈油
每日价格最大波动限制	不超过上一交易日结算价3%	不超过上一交易日结算价3%	不超过上一交易日结算价3%	不超过上一交易日结算价4%	不超过上一交易日结算价4%	不超过上一个交易日结算价4%	不超过上一交易日结算价3%	不超过上一交易日结算价的4%	不超过上一交易日结算价的4%	不超过上一交易日结算价的4%	不超过上一交易日结算价的4%	不超过上一交易日结算价的4%	不超过上一交易日结算价的4%
合约交割月份	1、3、4、5、6、7、8、9、10、11月	1、3、5、7、9、11月	1、3、5、7、9、11月	1、3、5、7、9、11月	1、3、5、7、9、11月	1、3、5、7、9、11月	1、3、5、7、9、11月	1、3、5、7、9、11月	1、3、5、7、8、9、11、12月	1、3、5、7、9、11月	1、3、5、7、9、11月	1、3、5、7、8、9、11、12月	1、2、3、4、5、6、7、8、9、10、11、12月
交易时间	每周一至周五（法定节假日除外）上午9：00~11：30下午1：30~3：00	每周一至周五（法定节假日除外）上午9：00~11：30下午1：30~3：00	每周一至周五（法定节假日除外）上午9：00~11：30下午1：30~3：00	每周一至周五（法定节假日除外）上午9：00~11：30下午1：30~3：00	每周一至周五（法定节假日除外）上午9：00~11：30下午1：30~3：00	每周一至周五（法定节假日除外）上午9：00~11：30下午1：30~3：00	每周一至周五（法定节假日除外）上午9：00~11：30下午1：30~3：00	每周一至周五（法定节假日除外）上午9：00~11：30下午1：30~3：00	每周一至周五（法定节假日除外）上午9：00~11：30下午1：30~3：00	每周一至周五（法定节假日除外）上午9：00~11：30下午1：30~3：00	每周一至周五（法定节假日除外）上午9：00~11：30下午1：30~3：00	每周一至周五（法定节假日除外）上午9：00~11：30下午1：30~3：00	每周一至周五（法定节假日除外）上午9：00~11：30下午1：30~3：00
最后交易日	合约交割月份的15日（遇法定假日顺延）	合约交割月份的倒数第7个交易日	合约交割月份的倒数第7个交易日	合约交割月份的第10个交易日	合约交割月份第10个交易日	合约交割月份的第10个交易日	合约交割月份的倒数第7个交易日	合约月份第10个交易日	合约月份第10个交易日	合约月份第10个交易日	合约月份第10个交易日	合约月份第10个交易日	合约月份第10个交易日
交割日期	合约交割月份的16日至20日（遇法定假日顺延）	合约交割月份的第1个交易日至最后交易日	合约交割月份的第1个交易日至最后交易日	合约交割月份的第12个交易日	合约交割月份第12个交易日	合约交割月份的第12个交易日	合约交割月份的第1个交易日至倒数第5个交易日	最后交易日后7日（遇法定节假日顺延）	最后交易日后第4个交易日	最后交易日后第2个交易日	最后交易日后第3个交易日	最后交易日后第3个交易日	最后交易日后第2个交易日
交割等级	标准品：1. 国产天然橡胶（SCRWF），质量符合国标GB/T8081－2008。2. 进口3号烟胶片（RSS3），质量符合《天然橡胶等级的品质与包装国际标准（绿皮书）》（1979年版）	基准交割品：符合郑州商品交易所期货交易用优质强筋小麦标准（Q/ZSJ 001－2003）二等优质强筋小麦，替代品及升贴水见《郑州商品交易所期货交割细则》	基准交割品：三等硬白小麦符合GB 1351－2009《小麦》	基准交割品：328B级国产锯齿细绒白棉（符合GB1103－2007）替代品及其升贴水，详见交易所交割细则	基准交割品：符合《郑州商品交易所期货交易用菜籽油》（Q/ZSJ 003－2007）四级质量指标及《郑州商品交易所菜籽油交割细则》规定的菜籽油。替代品及升贴水：见《郑州商品交易所菜籽油交割细则》	标准品：一级白糖（符合GB317－2006）；替代品及升贴水：见《郑州商品交易所期货交割细则》	基准交割品：符合《中华人民共和国国家标准稻谷》（GB1350－1999）三等及以上等级质量指标及《郑州商品交易所期货交割细则》规定的早籼稻。替代品及升贴水见《郑州商品交易所期货交割细则》	大连商品交易所黄大豆1号交割质量标准（FA/DCE D001－2009）	大连商品交易所豆粕交割质量标准	大连商品交易所玉米交割质量标准（FC/DCE D001－2009）	大连商品交易所黄大豆2号交割质量标准（FB/DCE D001－2009）	符合《大连商品交易所豆油交割质量标准》	符合《大连商品交易所棕榈油交割质量标准》

续表

品种	天然橡胶	优质强筋小麦	硬白小麦	一号棉花	菜籽油	白砂糖	早籼稻	黄大豆1号	豆粕	玉米	黄大豆2号	大豆原油	棕榈油
交割地点	交易所指定交割仓库	交易所指定交割仓库	交易所指定交割仓库	交易所指定交割仓库	交易所指定交割仓库	交易所指定交割仓库	交易所指定交割仓库	交易所指定交割仓库	交易所指定交割仓库	交易所指定交割仓库	交易所指定交割仓库	交易所指定交割仓库	交易所指定交割仓库
保证金	合约价值的5%	合约价值的5%	合约价值的5%	合约价值的5%	合约价值的5%	合约价值的6%	合约价值的5%	合约价值的5%	合约价值的5%	合约价值的5%	合约价值的5%	合约价值的5%	合约价值的5%
交易手续费	不高于成交金额的万分之一点五（含风险准备金）	2元/手（含风险准备金）	2元/手（含风险准备金）	8元/手（含风险准备金）	4元/手（含风险准备金）	4元/手（含风险准备金）	2元/手（含风险准备金）	不超过4元/手（含风险准备金）	不超过3元/手（含风险准备金）	不超过3元/手（含风险准备金）	不超过4元/手（含风险准备金）	不超过6元/手（含风险准备金）	不超过6元/手（含风险准备金）
交割方式	实物交割	实物交割	实物交割	实物交割	实物交割	实物交割	实物交割	实物交割	实物交割	实物交割	实物交割	实物交割	实物交割
交易代码	RU	WS	WT	CF	RO	SR	ER	A	M	C	B	Y	P
上市交易所	上海期货交易所	郑州商品交易所	郑州商品交易所	郑州商品交易所	郑州商品交易所	郑州商品交易所	郑州商品交易所	大连商品交易所	大连商品交易所	大连商品交易所	大连商品交易所	大连商品交易所	大连商品交易所

数据来源：上海期货交易所、郑州商品交易所、大连商品交易所

附表1　　　　黄大豆1号品质技术要求

交割等级		纯粮率最低指标（%）	种皮	杂质（%）	水分（%）
标准品	三等黄大豆	91.0	黄色混有异色粒限度为5.0%	1.0	13.0
替代品	一等黄大豆	96.0			
	二等黄大豆	93.5			
	四等黄大豆	88.5			

注：1. 黄大豆：种皮为黄色，脐色为黄褐、淡褐、深褐、黑色或其他颜色，粒形一般为圆形、椭圆形或扁圆形；
2. 转基因大豆不得以标准品或替代品交割；
3. 标准品交割价＝交割结算价；
4. 替代品交割价＝交割结算价＋替代品升贴水＋质量差异升扣价；
5. 质量检验标准及方法按照GB5490—5539—85《粮食、油料及植物油脂检验》执行；
6. 卫生标准和动植物检疫项目按国家有关规定执行；
7. 水分、杂质允许范围见附表2；
8. 包装物具体要求详见大商所交割的有关规定；
9. 入库指标：粗脂肪酸价≤3.5、蛋白质溶解比率≥75；出库指标：粗脂肪酸价≤5、蛋白质溶解比率≥60。

附表 2　　黄大豆 1 号质量差异升扣价

	项目	质量标准%	允许范围%	质量差异%（高+；低-）	升扣价（元/吨）	备注
质量差异升扣价	水分	13	11，1，3 合约月份<15.0	-1	20	1. 升水升至水份含量 12.0% 2. 低于或高于标准不足 1.0% 不计算升扣价
			5，7，9 合约月份≤13.5	1	-55	
	杂质	1	<2.0	-0.5	10	低于或高于标准不足 0.5% 不计算升扣价
				0.5	-30	

注：质量差异升扣价 = 水份升扣价 + 杂质升扣价

表 5-14　　2010 年金属期货合约汇总

品种	阴极铜	铝	锌	黄金	螺纹钢	线材
交易单位	5 吨/手	5 吨/手	5 吨/手	1000 克/手	10 吨/手	10 吨/手
报价单位	元（人民币）/吨	元（人民币）/吨	元（人民币）/吨	元（人民币）/克	元（人民币）/吨	元（人民币）/吨
最小变动价位	10 元/吨	10 元/吨	5 元/吨	0.01 元/克	1 元/吨	1 元/吨
每日价格最大波动限制	不超过上一交易日结算价 ±3%	不超过上一交易日结算价 ±3%	不超过上一交易日结算价 ±4%	不超过上一交易日结算价 ±5%	不超过上一交易日结算价 ±5%	不超过上一交易日结算价 ±5%
合约交割月份	1～12 月	1～12 月	1～12 月	1～12 月	1～12 月	1～12 月
交易时间	每周一至周五（法定节假日除外）上午 9：00～11：30，下午 1：30～3：00	每周一至周五（法定节假日除外）上午 9：00～11：30　下午 1：30～3：00	每周一至周五（法定节假日除外）上午 9：00～11：30　下午 1：30～3：00	每周一至周五（法定节假日除外）上午 9：00～11：30　下午 1：30～3：00	每周一至周五（法定节假日除外）上午 9：00～11：30　下午 1：30～3：00	每周一至周五（法定节假日除外）上午 9：00～11：30　下午 1：30～3：00
最后交易日	最后交易日后连续 5 个工作日	最后交易日后连续 5 个工作日	最后交易日后连续 5 个工作日	最后交易日后连续 5 个工作日	合约交割月份的 15 日（遇法定假日顺延）	合约交割月份的 15 日（遇法定假日顺延）
交割日期	合约交割月份的 16 日至 20 日（遇法定假日顺延）	合约交割月份的 16 日至 20 日（遇法定假日顺延）	最后交易日后连续 5 个工作日	最后交易日后连续 5 个工作日	最后交易日后连续 5 个工作日	最后交易日后连续 5 个工作日
交割品级	标准品：标准阴极铜，符合国标 GB/T467-1997 标准阴极铜规定，其中主成分铜加银含量不小于 99.95%。替代品：高纯阴极铜，符合国标 GB/T467-1997 高纯阴极铜规定；或符合 BS EN 1978：1998 高纯阴极铜规定	标准品：铝锭，符合国标 GB/T1196-2008 AL99.70 规定，其中铝含量不低于 99.70%。替代品：1. 铝锭，符合国标 GB/T1196-2008 AL99.85，AL99.90 规定。2. 铝锭，符合 P1020A 标准	标准品：锌锭，符合国标 GB/T470-2008 ZN99.995 规定，其中锌含量不小于 99.995%。替代品：锌锭，符合 BS EN 1179：2003 Z1 规定，其中锌含量不小于 99.995%	金含量不小于 99.95% 的国产金锭及经交易所认可的伦敦金银市场协会（LBMA）认定的合格供货商或精炼厂生产的标准金锭	标准品：符合国标 GB1499.2-2007《钢筋混凝土用钢第 2 部分：热轧带肋钢筋》HRB400 或 HRBF400 牌号的 φ16mm、φ18mm、φ20mm、φ22mm、φ25mm 螺纹钢	标准品：符合国标 GB1499.1-2008《钢筋混凝土用钢第 1 部分：热轧光圆钢筋》HPB235 牌号的 φ8mm 线材

续表

品种	阴极铜	铝	锌	黄金	螺纹钢	线材
交割地点	交易所指定交割仓库	交易所指定交割仓库	交易所指定交割仓库	交易所指定交割金库	交易所指定交割仓库	交易所指定交割仓库
最低交易保证金	合约价值的5%	合约价值的5%	合约价值的5%	合约价值的7%	合约价值的7%	合约价值的7%
交易手续费	不高于成交金额的万分之二（含风险准备金）	不高于成交金额的万分之二（含风险准备金）	不高于成交金额的万分之二（含风险准备金）	不高于成交金额的万分之二（含风险准备金）	不高于成交金额的万分之二（含风险准备金）	不高于成交金额的万分之二（含风险准备金）
最小交割单位	无	无	25吨		300吨	300吨
交割方式	实物交割	实物交割	实物交割	实物交割	实物交割	实物交割
交易代码	CU	AL	ZN	AU	RB	WR
上市交易所	上海期货交易所	上海期货交易所	上海期货交易所	上海期货交易所	上海期货交易所	上海期货交易所

数据来源：上海期货交易所

表5-15　　2010年化工期货合约汇总

品种	精对苯二甲酸（PTA）	线型低密度聚乙烯	聚氯乙烯
交易单位	5吨/手	5吨/手	5吨/手
报价单位	元（人民币）/吨	元（人民币）/吨	元（人民币）/吨
最小变动价位	2元/吨	5元/吨	5元/吨
每日价格最大波动限制	不超过上一个交易日结算价±4%	上一交易日结算价的4%	上一交易日结算价的4%
合约交割月份	1、2、3、4、5、6、7、8、9、10、11、12月	1、2、3、4、5、6、7、8、9、10、11、12	1、2、3、4、5、6、7、8、9、10、11、12
交易时间	每周一至周五（法定节假日除外）上午9：00～11：30下午1：30～3：00	每周一至周五（法定节假日除外）上午9：00～11：30下午1：30～3：00	每周一至周五（法定节假日除外）上午9：00～11：30下午1：30～3：00
最后交易日	交割月第10个交易日	合约月份第10个交易日	合约月份第10个交易日
交割日期	交割月第12个交易日	最后交易日后第2个交易日	最后交易日后第2个交易日
交割品级	符合工业用精对苯二甲酸SH/T 1612.1-2005质量标准的优等品PTA，详见《郑州商品交易所精对苯二甲酸交割细则》	大连商品交易所线型低密度聚乙烯交割质量标准	质量标准符合《悬浮法通用型聚氯乙烯树脂（GB/T 5761-2006）》规定的SG5型一等品和优等品
交割地点	交易所指定仓库	交易所指定仓库	交易所指定仓库
最低交易保证金	合约价值的6%	合约价值的5%	合约价值的5%
交易手续费	不高于4元/手（含风险准备金）	不超过8元/手（含风险准备金）	不超过6元/手（含风险准备金）
交割方式	实物交割	实物交割	实物交割
交易代码	TA	L	V
上市交易所	郑州商品交易所	大连商品交易所	大连商品交易所

数据来源：郑州商品交易所、大连商品交易所

表 5－16　　2010 年能源期货合约汇总

品种	燃料油
交易单位	10 吨/手
报价单位	元（人民币）/吨
最小变动价位	1 元/吨
每日价格最大波动限制	上一交易日结算价 ±5%
合约交割月份	1～12 月（春节月份除外）
交易时间	每周一至周五（法定节假日除外）上午 9：00～11：30 下午 1：30～3：00
最后交易日	合约交割月份前一月份的最后一个交易日
交割日期	最后交易日后连续五个工作日
交割品级	180CST 燃料油（具体质量规定见附件）或质量优于该标准的其他燃料油。
交割地点	交易所指定交割地点
最低交易保证金	合约价值的 8%
交易手续费	不高于成交金额的万分之二（含风险准备金）
交割方式	实物交割
交易代码	FU
上市交易所	上海期货交易所

数据来源：上海期货交易所

表 5－17　　2010 年金融期货合约汇总

品种	沪深 300 股指期货
合约标的	沪深 300 指数
合约乘数	每点 300 元
报价单位	指数点
最小变动价位	0.2 点
合约月份	当月、下月及随后两个季月
交易时间	上午：9：15～11：30，下午：13：00～15：15
最后交易日交易时间	上午：9：15～11：30，下午：13：00～15：00
每日价格最大波动限制	上一个交易日结算价的 ±10%
最低交易保证金	合约价值的 12%
最后交易日	合约到期月份的第 3 个周五，遇国家法定假日顺延
交割日期	同最后交易日
交割方式	现金交割
交易代码	IF
上市交易所	中国金融期货交易所

数据来源：中国金融期货交易所

表 5－18　　2010 年农产品期货交易情况

品种	交易所	合约	年开盘价	年最高价	最高价日	年最低价	最低价日	成交金额	交易日数	日均成交金额
天然橡胶	SHFE	ru1001	23850	25230	20100111	23425	20100107	59486.22	10	5948.62
		ru1003	23910	25550	20100111	21550	20100209	4638952.09	46	100846.78
		ru1004	24355	25900	20100112	21435	20100208	394882.10	68	5807.09
		ru1005	24595	26170	20100111	21650	20100209	429453871.55	89	4825324.40
		ru1006	24500	26080	20100414	21645	20100209	1016225.74	109	9323.17
		ru1007	24950	26190	20100111	21500	20100517	1206132.08	129	9349.86
		ru1008	24680	26230	20100112	20895	20100607	894441.66	150	5962.94
		ru1009	24710	27100	20100909	20490	20100608	1361208180.33	173	7868255.38
		ru1010	24430	30950	20101015	20035	20100608	1491869.92	186	8020.81
		ru1011	25160	36775	20101111	19530	20100608	611147262.92	208	2938207.99
		ru1101	24950	37525	20101111	19815	20100608	555527016.32	232	2394513.00
		ru1103	22900	38320	20101111	19955	20100608	409497934.60	196	2089275.18
		ru1104	25450	38915	20101111	20000	20100609	228601.39	169	1352.67
		ru1105	21940	38920	20101111	20055	20100608	876656098.94	153	5729778.42
		ru1106	21800	38645	20101111	21400	20100630	243978.44	133	1834.42
		ru1107	22930	38305	20101111	22600	20100716	2142369.28	111	19300.62
		ru1108	25770	37880	20101111	24625	20100916	120092.47	91	1319.70
		ru1109	24830	38090	20101111	24800	20100916	8659128.49	68	127340.12
		ru1110	29130	37275	20101110	28625	20101020	55811.42	54	1033.54
		ru1111	32880	36930	20101224	29500	20101129	5772.28	29	199.04
一号棉花	ZCE	CF001	16100	16370	20100104	15300	20100115	45802.42	10	4580.24
		CF003	16305	16785	20100107	15050	20100128	359970.99	45	7999.36
		CF005	16600	17420	20100517	15120	20100202	23400785.26	89	262930.17
		CF007	16745	19200	20100621	15340	20100202	1784279.41	128	13939.68
		CF009	17290	19500	20100914	15705	20100202	172590137.42	172	1003431.03
		CF011	16400	33000	20101109	15440	20100202	5906414.18	207	28533.40
		CF101	16000	34250	20101109	15455	20100202	212093204.05	232	914194.85
		CF103	16120	33870	20101110	16120	20100315	4739806.19	197	24059.93
		CF105	17480	33720	20101110	16275	20100607	832301920.26	153	5439881.83
		CF107	16800	33680	20101110	16520	20100715	6444184.54	114	56527.93
		CF109	19785	33600	20101110	19640	20100916	790465196.48	70	11292359.95
		CF111	26455	26780	20101116	22100	20101126	9390200.42	35	268291.44
白砂糖	ZCE	SR001	5350	5590	20100107	4950	20100114	66269.85	10	6626.99
		SR003	5353	5616	20100106	4991	20100114	242434.59	45	5387.44
		SR005	5548	5728	20100106	4786	20100505	12302378.55	89	138228.97
		SR007	5665	5823	20100222	4773	20100518	1419594.46	128	11090.58
		SR009	5803	5993	20100105	4820	20100518	628879487.28	172	3656276.09
		SR011	5598	7518	20101028	4815	20100517	2433564.41	207	11756.35
		SR101	5295	7300	20101109	4586	20100518	1398903327.90	242	5780592.26
		SR103	5278	7241	20101109	4620	20100518	1606118.10	242	6636.85
		SR105	5320	7363	20101109	4660	20100518	739353784.86	242	3055180.93

续表

品种	交易所	合约	年开盘价	年最高价	最高价日	年最低价	最低价日	成交金额	交易日数	日均成交金额
白砂糖	ZCE	SR107	5242	7398	20101109	4699	20100518	1302774.86	232	5615.41
		SR109	5358	7521	20101109	4760	20100518	569038602.37	197	2888520.82
		SR111	4820	7395	20101110	4797	20100607	364274.82	153	2380.88
		SR201	4899	7198	20101110	4891	20100715	3377594.57	114	29628.02
		SR203	5395	7180	20101110	5291	20100930	224399.49	70	3205.71
		SR205	6280	6911	20101229	5870	20101117	104539.91	35	2986.85
早籼稻	ZCE	ER001	2000	2065	20100112	1943	20100111	2259.70	14	161.41
		ER003	2075	2075	20100104	1901	20100310	29585.88	52	568.96
		ER005	2131	2135	20100107	1860	20100504	1501265.16	93	16142.64
		ER007	2139	2152	20100107	1828	20100630	462920.31	134	3454.63
		ER009	2199	2221	20100107	1991	20100917	8523829.93	175	48707.60
		ER011	2203	2408	20101116	2000	20101011	53797.71	213	252.57
		ER101	2208	2445	20101116	2063	20100607	11498461.99	228	50431.85
		ER103	2258	2490	20101116	2071	20100607	115849.99	190	609.74
		ER105	2151	2558	20101116	2083	20100708	97328372.38	149	653210.55
		ER107	2181	2549	20101026	2124	20100929	497828.04	108	4609.52
		ER109	2246	2685	20101116	2216	20100927	6616765.17	67	98757.69
		ER111	2698	2698	20101123	2441	20101130	3576.40	29	123.32
强麦	ZCE	WS001	2140	2145	20100106	2130	20100113	3531.36	14	252.24
		WS003	2164	2309	20100301	2122	20100226	636.53	52	12.24
		WS005	2195	2371	20100421	2189	20100104	191538.51	93	2059.55
		WS007	2200	2298	20100421	2140	20100611	74626.77	134	556.92
		WS009	2275	2440	20100809	2242	20100128	1801502.07	175	10294.30
		WS011	2263	2546	20101026	2235	20100204	21306.49	213	100.03
		WS101	2278	2654	20101027	2250	20100205	5379475.46	242	22229.24
		WS103	2292	2733	20101105	2253	20100108	44384.39	242	183.41
		WS105	2313	2755	20101027	2272	20100128	18052961.30	242	74599.01
		WS107	2300	2699	20101027	2231	20100208	62941.12	228	276.06
		WS109	2345	2839	20101110	2328	20100607	4112874.53	190	21646.71
		WS111	2358	2814	20101027	2307	20100617	16445.61	149	110.37
		WS201	2414	2886	20101026	2413	20100723	181741.93	108	1682.80
		WS203	2640	2893	20101223	2622	20100930	3307.82	67	49.37
		WS205	2946	2946	20101123	2763	20101129	6116.77	29	210.92
硬麦	ZCE	WT001	1885	1890	20100108	1880	20100118	120.35	14	8.60
		WT003	1955	1965	20100303	1817	20100226	1004.62	52	19.32
		WT005	1966	1972	20100108	1768	20100420	7078.21	93	76.11
		WT007	1977	2007	20100112	1771	20100622	2706.29	134	20.20
		WT009	1989	2070	20100212	1811	20100825	11563.76	175	66.08
		WT011	2013	2240	20101022	1980	20100129	14269.24	213	66.99
		WT101	1990	2233	20101025	1950	20100129	15108.93	228	66.27
		WT103	2063	2342	20101025	1981	20100510	42233.15	190	222.28

续表

品种	交易所	合约	年开盘价	年最高价	最高价日	年最低价	最低价日	成交金额	交易日数	日均成交金额
硬麦	ZCE	WT105	2039	2380	20101025	2007	20100608	43039.78	149	288.86
		WT107	2083	2415	20101116	2083	20100723	4739.64	108	43.89
		WT109	2155	2454	20101207	2155	20100928	8914.83	67	133.06
		WT111	2388	2416	20101124	2331	20101130	1680.38	29	57.94
菜籽油	ZCE	RO001	7822	8318	20100104	7822	20100104	11094.06	10	1109.41
		RO003	8280	8532	20100106	7312	20100204	2513.12	45	55.85
		RO005	8458	8580	20100107	7538	20100422	432817.12	89	4863.11
		RO007	8504	8830	20100106	7700	20100618	11620.00	128	90.78
		RO009	8586	8796	20100107	7792	20100201	20266504.44	172	117828.51
		RO011	8658	9980	20101026	7600	20100201	40592.44	207	196.10
		RO101	8500	10364	20101110	7900	20100202	23746443.02	232	102355.36
		RO103	8250	10600	20101110	8128	20100607	14979.25	197	76.04
		RO105	8106	10744	20101110	8106	20100518	34836905.69	153	227692.19
		RO107	8300	10880	20101110	8300	20100715	18925.48	114	166.01
		RO109	8560	11096	20101110	8560	20100915	6247455.19	70	89249.36
		RO111	10410	11056	20101229	9688	20101123	3569.30	35	101.98
黄大豆 1 号	DCE	a1001	4107	4108	20100104	4107	20100104	41.08	10	4.11
		a1003	4080	4200	20100107	3740	20100222	3313.38	45	73.63
		a1005	4177	4244	20100107	3747	20100430	584209.33	89	6564.15
		a1007	4202	4285	20100106	3580	20100706	39156.23	128	305.91
		a1009	4080	4194	20100106	3679	20100609	71502090.39	172	415709.83
		a1011	3970	4185	20101109	3678	20100211	102605.59	207	495.68
		a1101	4000	4343	20101111	3670	20100202	45794972.08	242	189235.42
		a1103	3989	4592	20101112	3670	20100202	56296.29	242	232.63
		a1105	4027	4645	20101110	3670	20100202	88484716.46	242	365639.32
		a1107	3879	4790	20101110	3660	20100202	59175.74	232	255.07
		a1109	3800	4835	20101110	3765	20100315	95512290.17	197	484833.96
		a1111	3932	4869	20101110	3835	20100706	71343.20	153	466.30
		a1201	3930	4892	20101110	3911	20100715	6272304.37	114	55020.21
		a1203	4355	4906	20101111	4226	20101122	16421.69	70	234.60
		a1205	4671	4822	20101115	4303	20101118	21196.18	35	605.61
黄大豆 2 号	DCE	b1001						0.00	10	0.00
		b1003	4156	4305	20100107	4035	20100208	595.72	45	13.24
		b1005	4183	4450	20100426	4009	20100212	3400.06	89	38.20
		b1007	4270	4330	20100106	3695	20100521	4585.58	128	35.82
		b1009	4085	4250	20100106	3712	20100517	25485.15	172	148.17
		b1011	4147	4560	20101029	3705	20100208	2791.20	207	13.48
		b1101		4964	20101109	3692	20100202	31391.28	232	135.31
		b1103	3982	4670	20101223	3787	20100607	1474.96	197	7.49
		b1105	3980	4925	20101110	3810	20100611	28044.96	153	183.30
		b1107		4876	20101111	4090	20100825	2892.13	114	25.37
		b1109	4263	5059	20101110	4200	20100917	22658.33	70	323.69
		b1111		4578	20101201	4402	20101201	198.66	35	5.68

续表

品种	交易所	合约	年开盘价	年最高价	最高价日	年最低价	最低价日	成交金额	交易日数	日均成交金额
玉米	DCE	c1001	1791	1817	20100105	1730	20100104	1549.27	10	154.93
		c1003	1809	1840	20100127	1666	20100209	1162.05	45	25.82
		c1005	1809	2000	20100504	1796	20100128	633477.08	89	7117.72
		c1007	1829	2113	20100702	1817	20100202	49766.25	128	388.80
		c1009	1878	2141	20100901	1841	20100202	20263111.86	172	117808.79
		c1011	1883	2100	20101105	1840	20100205	58237.92	207	281.34
		c1101	1938	2163	20101025	1816	20100202	23749097.85	232	102366.80
		c1103	1863	2234	20101115	1848	20100618	59352.88	197	301.28
		c1105	1940	2288	20101110	1870	20100618	55296567.39	153	361415.47
		c1107	1930	2400	20101110	1930	20100715	98517.65	114	864.19
		c1109	2090	2440	20101110	2090	20100915	53403811.96	70	762911.60
		c1111	2307	2420	20101116	2250	20101123	53630.74	35	1532.31
豆粕	DCE	m1001	3360	3450	20100105	3200	20100115	11622.58	10	1162.26
		m1003	3332	3398	20100107	2886	20100209	7334.45	45	162.99
		m1005	3121	3182	20100107	2772	20100202	12213343.01	89	137228.57
		m1007	3025	3082	20100107	2585	20100608	430969.05	128	3366.95
		m1008	3087	3108	20100107	2647	20100609	51848.47	150	345.66
		m1009	3050	3350	20100908	2683	20100202	144677737.81	172	841149.64
		m1011	3039	3600	20101013	2703	20100202	400251.23	207	1933.58
		m1012	3140	3709	20101110	2716	20100202	42508.80	229	185.63
		m1101	2890	3518	20101013	2703	20100202	164369657.46	232	708489.90
		m1103	2711	3515	20101110	2711	20100315	98930.01	197	502.18
		m1105	2831	3515	20101110	2758	20100609	232015347.76	153	1516440.18
		m1107	2845	3483	20101110	2845	20100715	237872.44	114	2086.60
		m1108	2831	3572	20101110	2831	20100816	36023.20	92	391.56
		m1109	3091	3588	20101110	3050	20100915	218406879.16	70	3120098.27
		m1111	3338	3450	20101115	3119	20101129	29279.74	35	836.56
		m1112	3438	3438	20101215	3278	20101215	2880.39	13	221.57
大豆原油	DCE	y1001	7750	8010	20100107	7240	20100108	8526.35	10	852.63
		y1003	7722	7828	20100107	6774	20100204	17098.52	45	379.97
		y1005	7858	8018	20100107	7008	20100202	3864658.77	89	43423.13
		y1007	8096	8096	20100104	6830	20100611	202585.62	128	1582.70
		y1008	8002	8146	20100107	6980	20100707	73820.82	150	492.14
		y1009	8030	8184	20100107	7062	20100706	312421879.11	172	1816406.27
		y1011	8054	9502	20101112	7112	20100630	389580.86	207	1882.03
		y1012	8066	10274	20101112	7228	20100202	218717.90	229	955.10
		y1101	7580	10302	20101222	7270	20100706	228256832.82	232	983865.66
		y1103	7898	10268	20101231	7268	20100706	136057.65	197	690.65
		y1105	7620	10416	20101228	7270	20100706	498872600.03	153	3260605.23
		y1107	7618	10474	20101228	7600	20100723	68806.61	114	603.57
		y1108	8484	10886	20101228	7902	20100824	56080.66	92	609.57
		y1109	8206	10662	20101228	8180	20100916	510664347.60	70	7295204.97
		y1111	9830	10926	20101231	9002	20101123	51987.71	35	1485.36
		y1112	9964	10678	20101223	9904	20101221	583.83	13	44.91

续表

品种	交易所	合约	年开盘价	年最高价	最高价日	年最低价	最低价日	成交金额	交易日数	日均成交金额
棕榈油	DCE	p1001	6264	6870	20100106	6264	20100104	7455.93	10	745.59
		p1002	6810	6950	20100104	6234	20100128	2869.32	30	95.64
		p1003	7016	7094	20100105	6120	20100225	3886.80	45	86.37
		p1004	7210	7238	20100107	6160	20100212	3861.84	68	56.79
		p1005	7106	7274	20100107	6396	20100202	1016316.88	89	11419.29
		p1006	7302	7366	20100105	6210	20100607	27345.73	109	250.88
		p1007	7204	7488	20100107	6200	20100629	11877.82	128	92.80
		p1008	7332	7556	20100107	6180	20100716	34889.93	150	232.60
		p1009	7300	7466	20100106	6208	20100706	220668226.44	172	1282954.80
		p1010	7408	7890	20100927	6208	20100706	62622.04	191	327.86
		p1011	7336	8780	20101028	6202	20100706	96385.64	207	465.63
		p1012	7548	9498	20101110	6254	20100706	42787.88	229	186.85
		p1101	7108	10000	20101231	6152	20100706	138894880.84	232	598684.83
		p1102		9770	20101227	6208	20100707	7966.79	212	37.58
		p1103	7040	9888	20101228	6300	20100706	41376.56	197	210.03
		p1104	6928	9984	20101231	6412	20100705	12068.20	174	69.36
		p1105	6642	9840	20101228	6312	20100706	105559315.14	153	689930.16
		p1106	6600	9898	20101231	6306	20100707	34608.32	133	260.21
		p1107	6466	10078	20101110	6466	20100715	39913.69	114	350.12
		p1108	7200	9950	20101229	7156	20100909	25647.97	92	278.78
		p1109	7514	9890	20101228	7358	20100916	159008074.07	70	2271543.92
		p1110	8774	9920	20101228	8430	20101028	7851.39	51	153.95
		p1111	8860	9860	20101228	8522	20101126	10464.30	35	298.98
		p1112						0.00	13	0.00

数据来源：上海期货交易所、郑州商品交易所、大连商品交易所

表 5－19　　2010 年金属期货交易情况

品种	交易所	合约	年开盘价	年最高价	最高价日	年最低价	最低价日	成交金额	交易日数	日均成交金额
铜	SHFE	cu1001	59400	63000	20100107	59300	20100113	664586.60	10	66458.66
		cu1002	60130	63250	20100107	51610	20100209	2457879.91	27	91032.59
		cu1003	59990	64180	20100107	51530	20100205	7707198.75	46	167547.80
		cu1004	60150	63450	20100107	51420	20100205	122762431.00	68	1805329.87
		cu1005	60480	63530	20100107	51360	20100205	271707093.31	89	3052888.69
		cu1006	60300	63620	20100107	49300	20100608	254324273.99	109	2333250.22
		cu1007	60200	63790	20100412	49070	20100608	246204255.57	129	1908560.12
		cu1008	60250	63980	20100412	48900	20100608	298070753.64	151	1973978.50
		cu1009	60250	64070	20100412	48800	20100608	332759137.93	173	1923463.23
		cu1010	60450	64170	20100412	48830	20100608	296284704.46	187	1584410.18
		cu1011	60570	68970	20101109	48900	20100608	241987333.31	207	1169020.93
		cu1012	60200	69480	20101112	49000	20100608	233441561.40	230	1014963.31
		cu1101	60890	71000	20101231	49030	20100608	135484934.30	232	583986.79

续表

品种	交易所	合约	年开盘价	年最高价	最高价日	年最低价	最低价日	成交金额	交易日数	日均成交金额
铜	SHFE	cu1102	58800	71550	20101231	49020	20100609	201853136.82	212	952137.44
		cu1103	58710	71970	20101231	49300	20100608	274737626.34	196	1401722.58
		cu1104	63300	72770	20101231	49200	20100608	39155635.18	174	225032.39
		cu1105	53310	72850	20101231	49050	20100608	3557269.41	153	23250.13
		cu1106	52090	72840	20101231	51300	20100701	479490.17	133	3605.19
		cu1107	52870	72660	20101229	52300	20100719	194889.22	112	1740.08
		cu1108	57550	72610	20101231	56500	20100825	192001.75	91	2109.91
		cu1109	59820	72820	20101231	59660	20100930	214980.04	67	3208.66
		cu1110	63990	72560	20101231	61060	20101118	65119.62	53	1228.67
		cu1111	64500	72680	20101231	61270	20101117	55868.01	34	1643.18
		cu1112	68550	72660	20101231	68260	20101217	13291.33	10	1329.13
铝	SHFE	al1001	16620	18010	20100107	16510	20100104	271784.63	10	27178.46
		al1002	17020	18260	20100107	15675	20100201	742350.36	27	27494.46
		al1003	17165	18470	20100107	15790	20100201	2353150.24	46	51155.44
		al1004	17440	18685	20100107	15800	20100415	35825796.70	68	526849.95
		al1005	17570	18790	20100107	14580	20100514	41094991.92	89	461741.48
		al1006	17505	18745	20100107	13750	20100608	25475333.40	109	233718.66
		al1007	17490	18780	20100107	13520	20100608	23792932.59	129	184441.34
		al1008	17520	18695	20100107	13800	20100608	17742762.65	151	117501.74
		al1009	17515	18730	20100107	14020	20100608	19121390.89	173	110528.27
		al1010	17705	18820	20100107	14170	20100608	12907862.28	187	69026.00
		al1011	17665	18980	20100107	14115	20100608	16518432.76	206	80186.57
		al1012	18045	18960	20100107	14425	20100608	18498518.46	228	81133.85
		al1101	18000	18270	20100119	14455	20100607	22550745.16	222	101579.93
		al1102	17450	18950	20100222	14480	20100607	31834235.81	193	164944.23
		al1103	17550	17900	20100414	14470	20100607	11720135.43	188	62341.15
		al1104	17480	17615	20101110	14490	20100607	1674580.65	157	10666.12
		al1105	15845	17880	20101105	14590	20100607	893350.20	153	5838.89
		al1106	15435	17800	20101110	15005	20100706	230968.70	115	2008.42
		al1107	15375	17945	20101108	15370	20100721	86036.91	83	1036.59
		al1108	16180	18050	20101111	15930	20100823	31260.68	71	440.29
		al1109	16600	18295	20101108	16305	20100921	44500.16	66	674.24
		al1110	17470	18065	20101111	16850	20101117	6647.40	41	162.13
		al1111	17585	17740	20101227	16745	20101117	5601.46	22	254.61
		al1112	17600	17880	20101229	17600	20101217	1487.18	11	135.20
锌	SHFE	zn1001	21095	21990	20100107	19900	20100115	68442.28	10	6844.23
		zn1002	21185	22200	20100107	16515	20100205	327205.83	27	12118.73
		zn1003	21210	22450	20100107	16625	20100205	2358395.60	46	51269.47
		zn1004	21405	22600	20100107	16775	20100205	58674908.21	68	862866.30
		zn1005	21535	22780	20100107	15665	20100517	153516823.87	89	1724908.13
		zn1006	21725	22850	20100107	12655	20100608	142862308.27	109	1310663.38

续表

品种	交易所	合约	年开盘价	年最高价	最高价日	年最低价	最低价日	成交金额	交易日数	日均成交金额
锌	SHFE	zn1007	21995	22990	20100107	13000	20100608	116094073.23	129	899954.06
		zn1008	21845	23100	20100107	13200	20100608	136489897.53	151	903906.61
		zn1009	22200	23190	20100107	13480	20100608	275298409.95	173	1591320.29
		zn1010	22360	23150	20100107	13605	20100608	319957953.03	187	1711005.10
		zn1011	22105	23255	20100107	13295	20100610	196396879.96	208	944215.77
		zn1012	22520	23145	20100107	13850	20100608	293684113.93	230	1276887.45
		zn1101	21950	22690	20100119	13965	20100608	252001967.00	232	1086215.37
		zn1102	19230	21785	20101026	14115	20100608	288478126.50	202	1428109.54
		zn1103	19900	21930	20101026	13855	20100608	296871537.84	194	1530265.66
		zn1104	20960	22000	20101026	14440	20100608	19857859.42	172	115452.67
		zn1105	16695	22130	20101026	14240	20100608	3513588.21	152	23115.71
		zn1106	15630	22150	20101026	15165	20100630	350851.36	132	2657.96
		zn1107	16180	22520	20101026	15550	20100716	153868.68	113	1361.67
		zn1108	18195	22435	20101026	17110	20100825	102329.79	90	1137.00
		zn1109	18345	22420	20101111	17720	20100930	122044.50	68	1794.77
		zn1110	20250	22605	20101026	18000	20101126	54911.67	55	998.39
		zn1111	19300	20785	20101214	18100	20101126	19489.54	33	590.59
		zn1112	19820	20600	20101231	19670	20101229	201.94	4	50.48
黄金	SHFE	au1001	241.00	241.00	20100104	241.00	20100104	0.00		0.00
		au1002	244.22	256.00	20100120	240.00	20100129	11065.37	18	614.74
		au1003	240.76	258.00	20100111	231.60	20100209	15082.06	31	486.52
		au1004	245.92	258.60	20100111	232.11	20100329	9224.18	30	307.47
		au1005	243.54	270.00	20100504	234.18	20100205	88893.50	74	1201.26
		au1006	245.38	271.37	20100517	234.88	20100205	45399122.34	106	428293.61
		au1007	246.50	283.90	20100629	235.33	20100205	50151.92	106	473.13
		au1008	247.94	277.17	20100621	237.07	20100205	36991.76	104	355.69
		au1009	254.24	276.49	20100621	234.50	20100205	101940.95	151	675.11
		au1010	247.30	290.00	20100930	225.00	20100212	114790.93	162	708.59
		au1011	248.10	297.79	20101015	236.04	20100205	65569.12	141	465.03
		au1012	246.82	306.19	20101109	235.25	20100205	91952126.69	224	410500.57
		au1101	248.94	307.88	20101109	243.40	20100326	137528.51	177	777.00
		au1102	248.00	310.95	20101109	241.61	20100325	138652.56	191	725.93
		au1103	244.60	310.59	20101109	244.60	20100329	101746.67	150	678.31
		au1104	251.03	311.99	20101109	251.03	20100422	44362.05	130	341.25
		au1105	260.90	311.99	20101109	256.30	20100705	69331.28	99	700.32
		au1106	276.80	314.00	20101109	255.60	20100728	44541393.76	133	334897.70
		au1107	263.96	317.93	20101202	257.88	20100720	18033.35	47	383.69
		au1108	268.87	312.00	20101109	268.87	20100831	1119.41	13	86.11
		au1109	279.40	317.67	20101108	277.10	20100920	10413.76	37	281.45
		au1110	290.70	322.45	20101216	284.97	20101026	9753.07	34	286.86
		au1111	298.20	305.00	20101202	297.00	20101126	419.64	5	83.93
		au1112	304.58	311.70	20101230	302.00	20101227	1418.61	7	202.66

续表

品种	交易所	合约	年开盘价	年最高价	最高价日	年最低价	最低价日	成交金额	交易日数	日均成交金额
螺纹钢	SHFE	rb1001	3899	4055	20100107	3775	20100105	82475.48	10	8247.55
		rb1002	4028	4148	20100107	3681	20100202	650647.03	27	24098.04
		rb1003	4163	4285	20100107	3827	20100205	1595704.75	46	34689.23
		rb1004	4317	4489	20100106	3935	20100205	1096254.46	68	16121.39
		rb1005	4523	4650	20100107	3901	20100517	203227099.14	89	2283450.55
		rb1006	4582	4696	20100107	3920	20100610	2846101.28	109	26111.02
		rb1007	4648	4724	20100107	3710	20100713	474391.16	129	3677.45
		rb1008	4658	4739	20100107	3751	20100716	576883.26	151	3820.42
		rb1009	4697	4806	20100414	3805	20100719	1406384.21	171	8224.47
		rb1010	4710	4898	20100413	3886	20100715	834442553.71	187	4462259.65
		rb1011	4718	4961	20100402	3918	20100716	2187384.60	206	10618.37
		rb1012	4734	4975	20101130	3923	20100709	1438960.25	227	6339.03
		rb1101	4750	5130	20101231	4042	20100715	534070752.23	232	2302029.10
		rb1102	4641	4998	20100317	4072	20100702	1202943.49	212	5674.26
		rb1103	4830	4988	20100413	4099	20100719	700711.25	196	3575.06
		rb1104	4919	4950	20100416	4146	20100715	505067.82	174	2902.69
		rb1105	4432	4906	20101109	4102	20100719	406747908.97	153	2658483.07
		rb1106	4348	4884	20101109	4230	20100705	111103.17	133	835.36
		rb1107	4287	5019	20101229	4282	20100716	254947.97	113	2256.18
		rb1108	4548	4944	20101109	4318	20100930	94024.61	85	1106.17
		rb1109	4580	5014	20101109	4370	20100929	123776.53	69	1793.86
		rb1110	4597	5000	20101109	4550	20101020	1314958.14	55	23908.33
		rb1111	4849	5077	20101213	4643	20101213	20449.84	24	852.08
		rb1112	4910	4910	20101222	4870	20101222	19.56	1	19.56
线材	SHFE	wr1001	3800	4120	20100107	3800	20100104	4700.82	8	587.60
		wr1002	3915	4068	20100111	3630	20100129	17061.91	23	741.82
		wr1003	4016	4118	20100105	3521	20100212	33034.30	44	750.78
		wr1004	4124	4495	20100414	3751	20100205	66642.33	66	1009.73
		wr1005	4322	4528	20100414	3863	20100205	546553.78	89	6141.05
		wr1006	4460	4638	20100415	3906	20100518	39160.12	102	383.92
		wr1007	4420	4597	20100104	3960	20100518	19688.90	105	187.51
		wr1008	4455	4627	20100413	3900	20100719	17703.70	126	140.51
		wr1009	4483	4691	20100412	3970	20100713	36908.73	142	259.92
		wr1010	4480	4744	20100414	3866	20100930	426129.25	184	2315.92
		wr1011	4519	4738	20100420	3988	20100607	19858.41	158	125.69
		wr1012	4506	4896	20101122	3952	20100713	7005.34	134	52.28
		wr1101	4685	4856	20101228	4000	20100702	22947.55	153	149.98
		wr1102	4585	4881	20101122	4048	20100607	5620.22	73	76.99
		wr1103	4402	4978	20101214	4088	20100702	5563.79	96	57.96
		wr1104	4890	4890	20100416	4170	20100610	2257.85	49	46.08
		wr1105	4330	4870	20101110	4161	20100630	9412.72	90	104.59

续表

品种	交易所	合约	年开盘价	年最高价	最高价日	年最低价	最低价日	成交金额	交易日数	日均成交金额
线材	SHFE	wr1106	4297	4832	20101109	4116	20100701	1217.87	19	64.10
		wr1107	4593	4848	20101228	4366	20100803	1664.40	28	59.44
		wr1108	4490	4901	20100910	4480	20100921	4494.52	24	187.27
		wr1109	4740	4918	20101109	4370	20100928	480.96	15	32.06
		wr1110	4868	4890	20101110	4432	20101028	356.52	12	29.71
		wr1111	4514	4998	20101116	4510	20101224	246.85	6	41.14
		wr1112	5089	5089	20101222	4707	20101222	39.21	2	19.61

数据来源：上海期货交易所

表 5－20　　2010 年化工期货交易情况

品种	交易所	合约	年开盘价	年最高价	最高价日	年最低价	最低价日	成交金额	交易日数	日均成交金额
PTA	ZCE	TA001	7924	8436	20100115	7892	20100107	39037.13	10	3903.71
		TA002	8080	8366	20100107	7672	20100128	953470.45	30	31782.35
		TA003	8234	8486	20100107	7726	20100128	31364315.49	45	696984.79
		TA004	8300	8558	20100107	7808	20100201	279510.32	68	4110.45
		TA005	8380	8668	20100120	7282	20100517	67440561.36	89	757759.12
		TA006	8522	8708	20100120	6914	20100608	171273.76	109	1571.32
		TA007	8570	8704	20100120	6766	20100708	155210.49	128	1212.58
		TA008	8508	8754	20100222	6842	20100708	143395.08	150	955.97
		TA009	8440	8802	20100222	6920	20100719	113330229.99	172	658896.69
		TA010	8588	8818	20100407	7000	20100719	686643.15	191	3594.99
		TA011	8548	10700	20101111	7078	20100715	317938.01	207	1535.93
		TA012	8580	10966	20101111	7134	20100715	736237.54	229	3215.01
		TA101	8666	11450	20101111	7200	20100719	153297993.83	232	660767.21
		TA102	8552	11568	20101111	7348	20100609	71985.74	212	339.56
		TA103	8700	11482	20101111	7364	20100715	102807.09	197	521.86
		TA104	8804	11694	20101111	7392	20100716	76391.27	174	439.03
		TA105	7894	11750	20101111	7432	20100715	148210889.09	153	968698.62
		TA106	7800	11830	20101111	7434	20100715	17328.66	133	130.29
		TA107	7502	11994	20101111	7410	20100715	21215.53	114	186.10
		TA108	7912	11414	20101111	7790	20100816	12369.64	92	134.45
		TA109	8414	12000	20101111	8330	20100917	1006063.59	70	14372.34
		TA110	9876	11900	20101111	9114	20101026	28558.16	51	559.96
		TA111	10030	10700	20101231	9548	20101130	5970.69	35	170.59
		TA112	10272	11000	20101230	10098	20101220	417.67	13	32.13
聚乙烯	DCE	l1001	11915	11920	20100106	11295	20100113	8849.81	10	884.98
		l1002	11930	12005	20100105	10975	20100129	4121.91	30	137.40
		l1003	12215	12655	20100106	10510	20100304	11401.78	45	253.37
		l1004	12575	12645	20100105	10740	20100316	11890.73	68	174.86
		l1005	12600	12840	20100107	9750	20100517	79616063.74	89	894562.51
		l1006	12680	12795	20100107	9095	20100608	129424.55	109	1187.38

续表

品种	交易所	合约	年开盘价	年最高价	最高价日	年最低价	最低价日	成交金额	交易日数	日均成交金额
聚乙烯	DCE	l1007	12700	12800	20100107	8630	20100609	145050.51	128	1133.21
		l1008	12660	12730	20100106	9000	20100621	24883.86	150	165.89
		l1009	12795	12940	20100107	9060	20100719	188924076.87	172	1098395.80
		l1010	12650	12820	20100111	9235	20100716	77238.64	191	404.39
		l1011	12800	13100	20100107	9250	20100719	224244.58	207	1083.31
		l1012	12670	13150	20100112	9400	20100716	183714.57	229	802.25
		l1101	12120	13300	20101110	9465	20100719	241885917.76	232	1042611.71
		l1102		13580	20101110	9625	20100715	16782.16	212	79.16
		l1103	11415	13495	20101110	9780	20100719	178523.39	197	906.21
		l1104	12395	14150	20101110	9850	20100701	34097.49	174	195.96
		l1105	11125	14280	20101110	9800	20100716	175306170.03	153	1145791.96
		l1106	10105	14215	20101110	9835	20100702	34878.83	133	262.25
		l1107	10130	14400	20101110	10130	20100723	16688.79	114	146.39
		l1108	10550	14075	20101110	10550	20100816	5667.44	92	61.60
		l1109	10960	14740	20101110	10960	20100915	262891.65	70	3755.59
		l1110	12630	14740	20101110	11945	20101207	2924.65	51	57.35
		l1111	12735	13050	20101224	11910	20101130	4047.15	35	115.63
		l1112	13350	13385	20101223	12810	20101224	182.99	13	14.08
聚氯乙烯	DCE	v1001	7400	7560	20100105	7160	20100113	84523.09	10	8452.31
		v1002	7500	7665	20100105	6830	20100201	57934.01	30	1931.13
		v1003	7720	7815	20100105	6645	20100212	3185116.14	45	70780.36
		v1004	7895	8200	20100107	7205	20100202	35880.55	68	527.66
		v1005	8040	8315	20100105	6950	20100517	9710738.58	89	109109.42
		v1006	8130	8300	20100106	6900	20100518	40957.64	109	375.76
		v1007	8145	8365	20100106	6700	20100714	33075.23	128	258.40
		v1008	8110	8380	20100106	6725	20100715	9636.82	150	64.25
		v1009	8190	8420	20100105	6790	20100719	16617672.33	172	96614.37
		v1010	8275	8310	20100106	6870	20100607	6056.00	191	31.71
		v1011	8120	8500	20101110	6790	20100719	15858.81	207	76.61
		v1012	8180	9300	20101110	6900	20100715	20405.15	229	89.11
		v1101	8260	9280	20101110	7005	20100719	13676819.17	232	58951.81
		v1102	8690	8690	20100222	7180	20100715	2091.25	212	9.86
		v1103	7980	9550	20101110	7195	20100713	11392.10	197	57.83
		v1104	8145	8835	20101115	7145	20100716	3575.27	174	20.55
		v1105	7565	9720	20101110	7215	20100719	23642357.62	153	154525.21
		v1106	7730	9745	20101111	7320	20100716	4500.03	133	33.83
		v1107	7390	9330	20101111	7325	20100721	997.63	114	8.75
		v1108	7700	9880	20101110	7670	20100901	7359.61	92	80.00
		v1109	8050	9870	20101110	7925	20100920	40372.28	70	576.75
		v1110	8550	9650	20101110	8425	20101223	202.89	51	3.98
		v1111	8910	9045	20101229	8150	20101130	3441.35	35	98.32
		v1112	8965	8970	20101215	8430	20101220	203.68	13	15.67

数据来源：郑州商品交易所、大连商品交易所

表 5－21　　2010 年能源期货交易情况

品种	交易所	合约	年开盘价	年最高价	最高价日	年最低价	最低价日	成交金额	交易日数	日均成交金额
燃料油	SHFE	fu1003	4351	4588	20100107	4204	20100205	803459.05	33	24347.24
		fu1004	4455	4694	20100107	4249	20100209	76667.11	50	1533.34
		fu1005	4535	4861	20100401	4302	20100209	32194276.99	79	407522.49
		fu1006	4591	4978	20100430	4250	20100527	5542690.31	95	58344.11
		fu1007	4726	4928	20100107	4108	20100629	2087376.58	118	17689.63
		fu1008	4715	4999	20100107	3990	20100726	65898.82	121	544.62
		fu1009	4784	5009	20100107	4171	20100607	9924289.16	161	61641.55
		fu1010	4790	5018	20100107	4152	20100909	3526586.52	179	19701.60
		fu1011	4824	5048	20100107	4198	20100909	6034670.84	193	31267.72
		fu1012	4835	5085	20100107	4271	20100607	3332075.55	216	15426.28
		fu1101	5099	5099	20100106	4295	20100607	10490282.87	215	48792.01
		fu1103	4920	5157	20101109	4366	20100607	23529151.74	194	121284.29
		fu1104	4509	5200	20101109	4420	20100607	27391.76	133	205.95
		fu1105	4944	5339	20101109	4433	20100607	1167899.03	156	7486.53
		fu1106	4733	5368	20101108	4473	20100607	13528.34	109	124.11
		fu1107	4270	5466	20101111	4270	20100702	5435.26	92	59.08
		fu1108	4694	5523	20101110	4694	20100802	16035.40	82	195.55
		fu1109	4726	5543	20101109	4726	20100901	20551.99	70	293.60
		fu1110	4882	5536	20101109	4882	20101008	3436.55	43	79.92
		fu1111	5270	5627	20101111	5040	20101126	1539.00	35	43.97
		fu1112	5321	5398	20101224	5221	20101208	414.21	12	34.52

数据来源：上海期货交易所

表 5－22　　2010 年金融期货交易情况

品种	交易所	合约	年开盘价	年最高价	最高价日	年最低价	最低价日	成交金额	交易日数	日均成交金额
沪深 300 股指期货	CFFEX	IF1005	3450	3488	20100416	2661	20100521	605513594.23	25	24220543.77
		IF1006	3470	3517.6	20100416	2677	20100521	1032976955.40	42	24594689.41
		IF1007	2840	2962.8	20100528	2478.8	20100702	919106713.63	37	24840721.99
		IF1008	2744.6	2997.8	20100819	2496.6	20100702	1367213220.67	45	30382516.01
		IF1009	3600	3647.8	20100416	2514.4	20100702	1033925713.72	107	9662857.14
		IF1010	2925.2	3323	20101015	2846.8	20100916	430145678.52	32	13442052.45
		IF1011	2895.8	3630	20101105	2857	20100920	1131014759.24	37	30567966.47
		IF1012	3618.8	3725	20101105	2568.4	20100702	1138823399.32	164	6944045.12
		IF1101	3262.4	3339	20101214	3050.2	20101230	516151885.31	30	17205062.84
		IF1102	3315	3342.6	20101222	3091.2	20101230	4168928.96	10	416892.90
		IF1103	2670.2	3808.2	20101108	2668	20100719	30635807.63	112	273534.00
		IF1106	3524	3870.8	20101108	3190	20101123	4298689.28	55	78157.99

数据来源：中国金融期货交易所

表 5－23　　　　2010 年农产品期货合约月末结算价

合约品种	交易所	合约	1月	2月	3月	4月	5月	6月	7月	8月	9月	10月	11月	12月
天胶	SHFE	ru1001	24420											
		ru1003	22670	24515	23180									
		ru1004	22985	24655	24745	25760								
		ru1005	23195	24850	24770	24255	22795							
		ru1006	23210	24795	24740	24220	23860	24785						
		ru1007	23275	24880	24520	23880	23615	23650	23335					
		ru1008	23460	24945	24630	23390	23040	22870	23830	24650				
		ru1009	23575	25100	24740	23295	22885	22135	23685	25170	25705			
		ru1010	23585	24760	24645	23150	22710	21630	23595	25100	26655	30695		
		ru1011	23235	24845	24355	23125	22490	21395	23290	25075	26470	30220	32450	
		ru1101	23990	25645	24875	23480	22785	21605	23750	25515	26480	30685	30065	35770
		ru1103			24885	23575	22915	21885	24005	25850	26750	30815	30120	36160
		ru1104				23675	22980	21945	24070	25830	26785	30895	30095	36435
		ru1105					23155	21860	24135	25970	26800	31060	30365	36760
		ru1106						21890	24115	25940	26535	30500	29945	36470
		ru1107							24185	25985	26475	30575	29835	36465
		ru1108								25965	26390	30115	29665	36235
		ru1109									26220	30355	29785	36680
		ru1110										30140	29855	36230
		ru1111											29500	35895
强麦	ZCE	WS001	2130											
		WS003	2179	2241	2193									
		WS005	2202	2228	2253	2223	2241							
		WS007	2197	2218	2235	2230	2166	2179	2179					
		WS009	2248	2285	2286	2295	2276	2285	2323	2399	2388			
		WS011	2261	2282	2293	2308	2278	2280	2340	2408	2411	2491	2448	
		WS101	2258	2292	2295	2315	2294	2305	2386	2466	2483	2574	2449	2414
		WS103	2282	2296	2305	2321	2299	2299	2379	2483	2512	2623	2475	2458
		WS105	2284	2312	2311	2335	2322	2325	2424	2530	2557	2666	2546	2542
		WS107	2286	2307	2306	2322	2317	2293	2381	2446	2475	2624	2529	2555
		WS109			2347	2360	2352	2356	2433	2570	2614	2736	2642	2737
		WS111					2351	2321	2428	2569	2595	2725	2678	2778
		WS201							2450	2587	2626	2785	2709	2817
		WS203									2653	2805	2748	2862
		WS205											2773	2895
硬麦	ZCE	WT001	1880											
		WT003	1848	1823	1852									
		WT005	1865	1877	1876	1814	1825							
		WT007	1943	1952	1944	1873	1880	1876	1960					
		WT009	1966	1991	1999	1959	1945	1955	2003	1872	1924			
		WT011	1999	1995	2014	2007	2011	2025	2100	2125	2134	1998	2019	

续表

合约品种	交易所	合约	1月	2月	3月	4月	5月	6月	7月	8月	9月	10月	11月	12月
硬麦	ZCE	WT101	1977	2002	2009	2015	2019	2038	2100	2130	2150	2138	2143	1991
		WT103			2010	2025	2019	2046	2099	2143	2184	2237	2206	2090
		WT105					2021	2050	2109	2157	2185	2274	2244	2187
		WT107							2121	2154	2205	2278	2315	2263
		WT109									2209	2308	2336	2312
		WT111											2340	2343
一号棉花	ZCE	CF001	15335											
		CF003	15125	15815	16035									
		CF005	15270	16070	16450	16725	17205							
		CF007	15510	16290	16610	16925	17805	18795	18475					
		CF009	15900	16740	16910	17250	17680	18300	18620	18625	19500			
		CF011	15620	16300	16390	16895	16785	17135	16720	17560	22025	30400	30240	
		CF101	15630	16185	16310	16885	16575	16800	16425	17480	21210	27825	26025	28660
		CF103			16440	16995	16685	16975	16640	17680	21170	27540	25185	28190
		CF105					16835	17200	16765	17885	21320	27220	24905	28125
		CF107							16885	18055	21340	27200	24950	28200
		CF109									21340	27260	24960	28215
		CF111											22830	26285
菜籽油	ZCE	RO001	7978											
		RO003	7652	7730	7608									
		RO005	7870	7922	7932	7906	7884							
		RO007	7884	8052	8044	8102	8084	8050	8050					
		RO009	7940	8060	8184	8158	8000	8058	8280	8388	8750			
		RO011	7984	8152	8234	8188	8058	8082	8354	8528	8570	9648	9312	
		RO101	8070	8212	8316	8326	8122	8142	8384	8570	8668	9294	9198	9854
		RO103			8290	8400	8238	8236	8420	8650	8840	9440	9374	10070
		RO105					8224	8190	8412	8678	8872	9590	9530	10350
		RO107							8662	8828	9124	9750	9774	10602
		RO109									8994	9854	9878	10830
		RO111											9962	10962
白砂糖	ZCE	SR001	5030											
		SR003	5057	5437	5045									
		SR005	5142	5523	5080	4945	4820							
		SR007	5241	5627	5152	4999	4895	5128	5213					
		SR009	5395	5759	5256	5098	4927	5132	5323	5441	5594			
		SR011	5292	5634	5220	5096	4878	5028	5342	5561	5703	7350	7181	
		SR101	4982	5422	5097	4938	4678	4806	5175	5412	5557	6622	6358	6875
		SR103	4967	5358	5098	4938	4697	4827	5177	5421	5563	6523	6281	6823
		SR105	5035	5385	5173	4965	4751	4881	5227	5494	5645	6580	6316	6884
		SR107	5044	5369	5198	4991	4779	4908	5238	5508	5657	6551	6308	6942
		SR109			5268	5054	4857	4982	5299	5584	5729	6606	6413	7040

续表

合约品种	交易所	合约	1月	2月	3月	4月	5月	6月	7月	8月	9月	10月	11月	12月
白砂糖	ZCE	SR111					4834	4922	5224	5518	5608	6493	6286	6886
		SR201							5135	5296	5384	6174	6051	6604
		SR203									5364	6155	5992	6555
		SR205											6057	6613
早籼稻	ZCE	ER001	1988											
		ER003	1989	1981	2008									
		ER005	2049	2043	2010	1909	1915							
		ER007	2078	2076	2050	1969	1933	1835	1873					
		ER009	2147	2158	2148	2110	2030	2016	2040	2040	1991			
		ER011	2171	2179	2181	2144	2063	2047	2093	2082	2029	2191	2333	
		ER101	2185	2196	2191	2165	2085	2074	2140	2136	2080	2260	2211	2241
		ER103			2199	2178	2099	2083	2151	2153	2109	2308	2258	2306
		ER105					2130	2106	2182	2207	2160	2354	2302	2347
		ER107							2181	2193	2134	2336	2319	2370
		ER109									2234	2443	2421	2534
		ER111											2454	2575
黄大豆1号	DCE	a1001	4107											
		a1003	4011	3853	3853									
		a1005	4033	4074	4031	3848	3825							
		a1007	4031	4040	4017	3871	3777	3701	3671					
		a1009	3868	3833	3902	3881	3747	3726	3803	3740	3763			
		a1011	3850	3790	3870	3913	3822	3786	3836	3804	3888	3945	4095	
		a1101	3792	3766	3837	3965	3844	3821	3905	3879	3975	4043	3955	4040
		a1103	3785	3768	3835	4002	3839	3822	3925	3931	4052	4182	4041	4117
		a1105	3790	3770	3837	4049	3852	3817	3975	4004	4116	4224	4143	4362
		a1107	3785	3759	3844	4066	3939	3821	3973	4016	4116	4311	4212	4449
		a1109			3862	4098	3906	3828	3964	4022	4158	4371	4296	4531
		a1111					3923	3841	3970	4028	4169	4401	4276	4521
		a1201							3997	4044	4166	4447	4248	4502
		a1203									4283	4502	4288	4537
		a1205											4369	4619
黄大豆2号	DCE	b1001	4316											
		b1003	4147	4186	4186									
		b1005	4212	4043	4210	4330	4330							
		b1007	4164	4059	4165	4043	4006	3985	4224					
		b1009	3924	3920	3965	4032	3956	3891	4040	4093	4093			
		b1011	3905	3899	3935	3997	3916	3877	4077	4128	4300	4502	4502	
		b1101	4018	3853	3907	4052	3909	3885	4054	4138	4293	4489	4373	4621
		b1103			3923	4094	3940	3919	4017	4125	4290	4290	4477	4630
		b1105					3950	3905	4040	4120	4277	4481	4396	4660
		b1107							3931	4125	4172	4560	4521	4669
		b1109									4332	4522	4447	4698
		b1111											4778	4516

续表

合约品种	交易所	合约	1月	2月	3月	4月	5月	6月	7月	8月	9月	10月	11月	12月
玉米	DCE	c1001	1789											
		c1003	1795	1739	1768									
		c1005	1808	1823	1910	1910	1951							
		c1007	1830	1845	1922	1917	1946	1882	2089					
		c1009	1850	1870	1931	1919	1941	1916	1977	2020	2012			
		c1011	1856	1860	1916	1902	1923	1881	1938	1980	1975	2038	2099	
		c1101	1832	1857	1898	1895	1912	1853	1927	1967	1993	2106	2089	2009
		c1103			1916	1903	1920	1877	1936	1985	2018	2125	2116	2067
		c1105					1939	1884	1963	2019	2061	2193	2154	2181
		c1107							1968	2027	2114	2243	2224	2260
		c1109									2136	2294	2271	2330
		c1111											2285	2369
豆粕	DCE	m1001	3376											
		m1003	3051	2932	2920									
		m1005	2911	2930	2988	3007	3025							
		m1007	2826	2824	2887	2960	2740	2733	2678					
		m1008	2845	2861	2906	2962	2748	2819	3059	3059				
		m1009	2803	2816	2851	2902	2777	2789	3043	3122	3130			
		m1011	2823	2837	2855	2922	2805	2790	3004	3097	3465	3376	3376	
		m1012	2829	2852	2871	2945	2816	2823	3027	3130	3415	3380	3117	3117
		m1101	2785	2806	2824	2911	2802	2812	3002	3104	3342	3327	3228	3351
		m1103			2838	2934	2826	2818	2990	3046	3314	3342	3202	3332
		m1105					2806	2787	2949	2982	3238	3314	3187	3388
		m1107							2964	2971	3186	3282	3149	3354
		m1108								2996	3210	3357	3207	3447
		m1109									3242	3367	3189	3439
		m1111											3170	3392
		m1112												3401
棕榈油	DCE	p1001	6840											
		p1002	6332	6332										
		p1003	6442	6542	6920									
		p1004	6592	6698	6850	6532								
		p1005	6558	6782	6892	6840	6730							
		p1006	6676	6864	6872	6804	6400	6210						
		p1007	6652	6884	6902	6854	6580	6250	6250					
		p1008	6758	6960	7032	6948	6680	6308	6678	6678				
		p1009	6714	6890	6880	6928	6676	6376	6752	7084	7300			
		p1010	6702	6960	7006	6950	6724	6356	6838	7140	7484	7484		
		p1011	6614	6952	6934	6936	6642	6384	6716	6954	7472	8120	8120	
		p1012	6770	6800	6934	6948	6686	6438	6840	7104	7570	8550	8650	8650
		p1101	6586	6770	6786	6924	6604	6330	6758	6990	7504	8240	8866	9968

续表

合约品种	交易所	合约	1月	2月	3月	4月	5月	6月	7月	8月	9月	10月	11月	12月
棕榈油	DCE	p1102		6830	6854	6940	6612	6498	6852	7222	7778	8468	8502	9702
		p1103			6874	7008	6722	6450	6946	7180	7694	8440	8900	9850
		p1104				7126	6748	6662	6704	7214	7790	8448	8662	9892
		p1105					6778	6494	6882	7186	7672	8368	8640	9782
		p1106						6642	6860	7220	7738	8536	8904	9776
		p1107							6998	7214	7654	8540	8660	9790
		p1108								7392	7754	8540	8788	9730
		p1109									7774	8544	8738	9766
		p1110										8540	8772	9822
		p1111											8580	9802
		p1112												9342
大豆原油	DCE	y1001	7680											
		y1003	7116	7112	7246									
		y1005	7186	7330	7376	7402	7250							
		y1007	7206	7340	7472	7482	7170	7106	7002					
		y1008	7346	7460	7556	7556	7372	7280	7290	7290				
		y1009	7328	7460	7604	7608	7344	7218	7460	7662	7578			
		y1011	7398	7526	7646	7708	7436	7234	7574	7762	8244	8942	9250	
		y1012	7390	7606	7698	7822	7530	7380	7588	7842	8214	8838	8574	8574
		y1101	7438	7578	7704	7840	7530	7408	7706	7944	8424	9044	9128	10074
		y1103			7664	7912	7594	7442	7722	7998	8536	9168	9070	10112
		y1105					7624	7422	7708	8012	8556	9226	9230	10190
		y1107							7680	8070	8636	9384	9274	10360
		y1108								8076	8632	9442	9436	10438
		y1109									8600	9454	9438	10476
		y1111											9414	10618
		y1112												10502

数据来源：上海期货交易所、郑州商品交易所、大连商品交易所

表 5－24　　2010 年金属期货合约月末结算价

合约品种	交易所	合约	1月	2月	3月	4月	5月	6月	7月	8月	9月	10月	11月	12月
铜	SHFE	cu1001	60360											
		cu1002	56240	52870										
		cu1003	56200	57800	57890									
		cu1004	56060	58080	60890	61490								
		cu1005	56170	58150	61210	58400	54070							
		cu1006	56190	58240	61640	58590	55470	52530						
		cu1007	56100	58250	61970	58650	55470	52160	53620					
		cu1008	56300	58360	62000	58710	55440	51980	56190	57230				
		cu1009	56190	58340	62020	58800	55470	51780	56240	58680	59130			
		cu1010	56120	58320	62070	58780	55450	51560	56180	58660	59920	62970		

续表

合约品种	交易所	合约	1月	2月	3月	4月	5月	6月	7月	8月	9月	10月	11月	12月
铜	SHFE	cu1011	55650	58450	62260	58960	55540	51520	56180	58610	60070	62750	64920	
		cu1012	55960	58310	62080	59050	55440	51520	56130	58600	59700	62740	62060	67210
		cu1101	55470	58320	62160	59420	55560	51540	56110	58560	60050	62810	62260	70440
		cu1102		58240	62220	59170	55640	51580	56060	58540	59970	62910	62270	70760
		cu1103			62300	59260	55840	51680	56100	58540	59930	63010	62290	71070
		cu1104				59570	55790	51690	56100	58560	59970	62980	62300	71840
		cu1105					55710	51690	56090	58520	60100	63070	62510	72000
		cu1106						51750	56170	58610	60120	62970	62500	72050
		cu1107							56110	58480	60170	62980	62460	72280
		cu1108								58530	60220	63180	62410	72250
		cu1109									60120	63140	62500	72190
		cu1110										62980	62570	72270
		cu1111											62890	72140
		cu1112												72350
铝	SHFE	al1001	17205											
		al1002	15900	15905										
		al1003	15990	16400	16240									
		al1004	16070	16595	16220	16385								
		al1005	16185	16765	16415	15880	14845							
		al1006	16240	16910	16590	16015	14985	14350						
		al1007	16280	17015	16730	16170	15155	14490	14625					
		al1008	16350	17105	16855	16310	15305	14590	15165	15200				
		al1009	16390	17200	17000	16420	15450	14670	15255	15220	15220			
		al1010	16475	17280	17055	16520	15580	14760	15370	15315	15590	16035		
		al1011	16540	17390	17130	16630	15695	14865	15470	15395	15720	16135	16255	
		al1012	16555	17390	17165	16740	15780	14960	15545	15505	15840	16295	15860	16035
		al1101	16640	17475	17315	16790	15820	15005	15620	15615	15965	16460	16010	16430
		al1102		17750	17400	16890	15860	15055	15680	15680	16060	16650	16165	16620
		al1103			17545	17080	15925	15005	15695	15790	16165	16785	16335	16790
		al1104				17155	15940	15185	15735	15860	16285	16890	16510	16965
		al1105					15915	15140	15730	15905	16350	17005	16650	17075
		al1106						15125	15745	16020	16615	17065	16830	17145
		al1107							15775	16175	16680	17135	17020	17225
		al1108								16160	16700	17250	17180	17395
		al1109									17275	17335	17320	17460
		al1110										17435	17340	17650
		al1111											17410	17610
		al1112												17795
锌	SHFE	zn1001	20030											
		zn1002	17610	16840										
		zn1003	17740	17950	17970									

续表

合约品种	交易所	合约	1月	2月	3月	4月	5月	6月	7月	8月	9月	10月	11月	12月
锌	SHFE	zn1004	17845	18140	18475	18820								
		zn1005	17990	18300	18650	17940	15735							
		zn1006	18210	18455	18880	18075	15650	14300						
		zn1007	18270	18615	19060	18325	15830	14405	14940					
		zn1008	18435	18750	19160	18485	15960	14485	15950	16700				
		zn1009	18420	18815	19295	18595	16125	14535	16055	16895	17205			
		zn1010	18430	18955	19355	18850	16250	14575	16180	17040	17310	18885		
		zn1011	18465	19100	19400	18845	16425	14635	16300	17170	17420	19255	18355	
		zn1012	18580	19055	19475	18960	16510	14710	16420	17295	17605	19435	16885	18220
		zn1101	18840	19220	19570	19105	16615	14835	16500	17405	17785	19630	17035	19070
		zn1102		19315	19625	19075	16700	14965	16560	17505	17875	19815	17210	19260
		zn1103			19625	19220	16815	15035	16605	17615	17935	19995	17390	19475
		zn1104				19460	16800	15265	16675	17680	18130	20060	17555	19685
		zn1105					17120	15285	16695	17710	18135	20165	17710	19855
		zn1106						15310	16790	17770	18230	20295	17805	19995
		zn1107							16870	17835	18315	20470	18000	20040
		zn1108								17830	18425	20435	18155	20120
		zn1109									18370	20425	18190	20210
		zn1110										20510	18195	20305
		zn1111											18920	20275
		zn1112												20455
黄金	SHFE	au1001	241.36											
		au1002	240.00	240.00										
		au1003	239.17	240.31	242.00									
		au1004	240.50	245.90	236.73	236.73								
		au1005	239.86	245.87	244.99	255.41	270.00							
		au1006	239.99	245.95	245.24	256.66	265.91	249.76						
		au1007	240.95	245.79	245.79	256.72	265.32	271.68	271.68					
		au1008	240.60	245.62	246.10	256.98	264.51	272.35	260.87	259.00				
		au1009	241.32	247.30	245.55	257.69	266.12	271.62	257.57	267.05	274.70			
		au1010	240.92	245.96	245.63	257.65	265.51	271.47	257.06	269.84	289.00	288.00		
		au1011	241.57	247.59	247.02	256.87	266.41	271.91	256.72	269.61	285.94	287.05	287.05	
		au1012	241.62	246.83	245.02	258.49	266.72	272.09	255.77	270.52	283.18	287.80	292.42	297.50
		au1101	244.84	248.64	243.56	258.69	267.20	272.45	257.07	269.95	282.62	289.10	290.50	297.00
		au1102		248.00	245.20	258.87	266.22	271.83	256.74	271.38	283.41	289.79	293.66	305.45
		au1103			247.78	259.63	267.00	272.97	256.55	269.52	282.92	287.41	293.23	305.55
		au1104				259.15	267.00	271.96	256.56	269.86	281.90	289.04	294.13	304.41
		au1105					265.60	272.68	259.00	270.39	281.98	289.68	294.91	307.00
		au1106						272.70	256.93	270.94	283.20	289.80	296.15	307.61
		au1107							259.35	267.91	281.39	286.05	293.60	306.96
		au1108								268.87	280.37	278.68	302.08	312.47

续表

合约品种	交易所	合约	1月	2月	3月	4月	5月	6月	7月	8月	9月	10月	11月	12月
黄金	SHFE	au1109									281.24	286.19	296.13	307.77
		au1110										290.35	296.24	309.60
		au1111											293.86	298.16
		au1112												309.87
螺纹钢	SHFE	rb1001	3969											
		rb1002	3884	3820										
		rb1003	4021	3891	4002									
		rb1004	4146	4049	4328	4419								
		rb1005	4298	4196	4420	4274	3941							
		rb1006	4360	4274	4468	4363	4026	3996						
		rb1007	4408	4336	4533	4421	4053	3826	3748					
		rb1008	4462	4391	4603	4468	4092	3899	3956	4108				
		rb1009	4521	4478	4683	4531	4150	3933	3970	4177	4413			
		rb1010	4601	4600	4760	4609	4237	3971	4046	4191	4168	4317		
		rb1011	4638	4630	4774	4628	4242	3986	4079	4192	4171	4334	4641	
		rb1012	4672	4658	4792	4649	4264	4010	4139	4237	4184	4311	4734	4852
		rb1101	4695	4674	4825	4705	4350	4082	4254	4324	4229	4315	4610	4901
		rb1102		4707	4844	4736	4369	4110	4266	4337	4241	4322	4607	4863
		rb1103			4876	4768	4420	4139	4290	4352	4266	4356	4593	4821
		rb1104				4794	4483	4184	4314	4392	4280	4419	4597	4804
		rb1105					4548	4269	4407	4484	4339	4495	4632	4803
		rb1106						4294	4443	4490	4374	4508	4639	4795
		rb1107							4456	4518	4362	4523	4659	4786
		rb1108								4545	4396	4557	4672	4803
		rb1109									4427	4580	4703	4823
		rb1110										4642	4749	4877
		rb1111											4748	4870
		rb1112												4880
线材	SHFE	wr1001	3910											
		wr1002	3689	3728										
		wr1003	3846	3801	3926									
		wr1004	3950	3880	4206	4455								
		wr1005	4097	4014	4273	4246	4053							
		wr1006	4185	4096	4346	4295	4069	4095						
		wr1007	4249	4146	4390	4361	4122	3989	3989					
		wr1008	4277	4196	4430	4371	4134	4034	4066	4068				
		wr1009	4300	4275	4490	4424	4130	3985	4113	4308	4308			
		wr1010	4393	4389	4570	4477	4152	3997	4178	4398	4161	4180		
		wr1011	4419	4405	4597	4513	4164	4023	4209	4406	4355	4462	4600	
		wr1012	4518	4442	4659	4547	4216	4006	4253	4436	4330	4494	4670	4670
		wr1101	4500	4477	4668	4555	4286	4078	4255	4436	4313	4426	4602	4700

续表

合约品种	交易所	合约	1月	2月	3月	4月	5月	6月	7月	8月	9月	10月	11月	12月
线材	SHFE	wr1102		4477	4659	4582	4298	4162	4272	4429	4359	4444	4666	4732
		wr1103			4672	4635	4353	4164	4296	4440	4359	4451	4692	4726
		wr1104				4615	4357	4212	4338	4430	4439	4495	4631	4790
		wr1105					4390	4195	4398	4487	4415	4586	4649	4690
		wr1106						4253	4336	4490	4364	4495	4696	4687
		wr1107							4288	4490	4440	4586	4725	4848
		wr1108								4490	4480	4558	4584	4626
		wr1109									4502	4601	4773	4675
		wr1110										4515	4760	4689
		wr1111											4716	4758
		wr1112												4927

数据来源：上海期货交易所

表 5-25　　2010 年化工期货合约月末结算价

合约品种	交易所	合约	1月	2月	3月	4月	5月	6月	7月	8月	9月	10月	11月	12月
PTA	ZCE	TA001	8162											
		TA002	7790	8102										
		TA003	7856	8220	8122									
		TA004	7936	8302	8214	8240								
		TA005	8008	8398	8304	8048	7350							
		TA006	8058	8468	8354	8154	7446	7150						
		TA007	8176	8520	8446	8208	7494	7108	7018					
		TA008	8200	8634	8506	8302	7552	7194	7152	7194				
		TA009	8266	8632	8602	8390	7618	7256	7210	7286	7426			
		TA010	8366	8668	8642	8422	7696	7320	7374	7506	7932	8408		
		TA011	8352	8680	8700	8468	7680	7392	7452	7584	8004	8530	10006	
		TA012	8322	8694	8694	8580	7786	7452	7522	7662	8080	8596	9016	9514
		TA101	8302	8704	8754	8678	7894	7530	7600	7742	8168	8686	9104	9948
		TA102		8746	8764	8710	7902	7634	7652	7808	8248	8778	9104	10000
		TA103			8788	8748	8000	7636	7760	7900	8342	8912	9128	10122
		TA104				8766	8038	7686	7816	7976	8448	8992	9138	10254
		TA105					8086	7736	7890	8058	8432	9052	9192	10322
		TA106						7838	7872	8122	8356	9066	9170	10394
		TA107							7888	8132	8532	9116	9288	10480
		TA108								8252	8524	9134	9492	10522
		TA109									8588	9218	9436	10576
		TA110										9358	9480	10608
		TA111											9576	10650
		TA112												10668
聚乙烯	DCE	l1001	11765											
		l1002	11150	11395										

续表

合约品种	交易所	合约	1 月	2 月	3 月	4 月	5 月	6 月	7 月	8 月	9 月	10 月	11 月	12 月
聚乙烯	DCE	l1003	11340	11345	11030									
		l1004	11305	11850	11010	11250								
		l1005	11430	11875	11090	10910	10440							
		l1006	11490	11910	11055	11080	10050	9400						
		l1007	11550	11935	11245	11220	10120	9340	8935					
		l1008	11590	12110	11505	11305	10335	9320	9725	9725				
		l1009	11735	12125	11425	11405	10440	9435	9820	9895	10085			
		l1010	11670	12150	11520	11415	10600	9545	9920	9950	10405	11040		
		l1011	11850	12300	11535	11560	10700	9655	10030	10085	10500	11060	11920	
		l1012	12340	12085	11520	11480	10775	9715	10170	10205	10640	11390	10195	10605
		l1101	11785	12210	11705	11695	10865	9800	10295	10345	10785	11590	10400	11145
		l1102		12050	11850	11975	10670	10165	10275	10685	10770	11760	10455	11385
		l1103			12050	11875	11000	10300	10445	10520	10955	11755	10620	11480
		l1104				11840	11030	10185	10550	10620	11085	12065	11100	12290
		l1105					11045	10160	10625	10755	11175	12255	11300	12440
		l1106						10000	10665	10715	10995	12290	11300	12430
		l1107							10330	10330	10845	12230	11575	12545
		l1108								11000	11020	12435	12080	12700
		l1109									11495	12535	11730	13005
		l1110										12515	11985	13105
		l1111											11920	12990
		l1112												12845
聚氯乙烯	DCE	v1001	7310											
		v1002	6965	6970										
		v1003	7035	7220	7160									
		v1004	7250	7500	7500	7405								
		v1005	7365	7585	7440	7350	7195							
		v1006	7480	7720	7570	7455	7205	7075						
		v1007	7475	7695	7680	7550	7300	6955	6775					
		v1008	7600	7835	7745	7760	7185	7135	7050	7095				
		v1009	7715	7880	7815	7740	7475	7030	7180	7245	7460			
		v1010	7780	7935	7875	7795	7585	7115	7320	7250	7865	8050		
		v1011	7870	8005	7885	7855	7565	7115	7255	7290	8020	7860	8240	
		v1012	8050	8085	7920	7870	7650	7145	7170	7410	7810	7885	8470	7965
		v1101	8105	7985	8015	7955	7765	7270	7390	7440	7905	7975	8100	7820
		v1102		8030	7910	8110	7875	7450	7300	7560	8035	7925	8065	8120
		v1103			8000	8015	7830	7370	7395	7525	7895	8030	7945	8110
		v1104				8015	8020	7590	7580	7585	7890	8305	8140	8380
		v1105					7970	7650	7585	7640	8030	8310	8080	8435
		v1106						7700	7485	7735	7860	8305	8350	8515
		v1107							7590	7850	7910	8480	8310	8480

续表

合约品种	交易所	合约	1月	2月	3月	4月	5月	6月	7月	8月	9月	10月	11月	12月
聚氯乙烯	DCE	v1108								7700	7900	8345	8180	8580
		v1109									8065	8450	8250	8715
		v1110										8550	9650	8785
		v1111											8150	8800
		v1112												8890

数据来源：郑州商品交易所、大连商品交易所

表 5-26　　2010 年能源期货合约月末结算价

合约品种	交易所	合约	1月	2月	3月	4月	5月	6月	7月	8月	9月	10月	11月	12月
燃料油	SHFE	fu1003	4409	4438										
		fu1004	4472	4444	4570									
		fu1005	4520	4500	4630	4715								
		fu1006	4571	4550	4654	4753	4325							
		fu1007	4619	4608	4693	4764	4382	4193						
		fu1008	4672	4677	4722	4770	4441	4239	4243					
		fu1009	4667	4698	4753	4777	4448	4320	4335	4267				
		fu1010	4705	4738	4767	4797	4498	4350	4417	4302	4300			
		fu1011	4756	4784	4828	4817	4535	4380	4459	4367	4372	4434		
		fu1012	4797	4826	4866	4844	4565	4422	4486	4405	4450	4535	4505	
		fu1101	4782	4881	4910	4862	4594	4447	4538	4462	4518	4637	4606	4595
		fu1103			4955	4893	4661	4502	4600	4555	4615	4779	4781	4737
		fu1104				4907	4638	4529	4629	4605	4661	4846	4838	4825
		fu1105					4692	4581	4650	4656	4722	4925	4918	4913
		fu1106						4587	4668	4712	4747	4963	4985	4996
		fu1107							4694	4777	4800	5041	5048	5066
		fu1108								4816	4837	5101	5074	5114
		fu1109									4837	5122	5102	5155
		fu1110										5167	5090	5199
		fu1111											5210	5263
		fu1112												5306

数据来源：上海期货交易所

表 5-27　　2010 年金融期货合约月末结算价

1月	2月	3月	4月	5月	6月	7月	8月	9月	10月	11月	12月
			3089.8								
			3131.0	2811.8							
				2828.8	2573.2						
					2588.6	2869.6					
			3234.0	2871.0	2608.4	2883.6	2912.4				
							2923.4	2938.0			
								2949.8	3435.0		

续表

1月	2月	3月	4月	5月	6月	7月	8月	9月	10月	11月	12月
			3315.8	2913.8	2660.0	2923.6	2952.8	2957.8	3476.6	3145.8	
										3174.0	3150.8
											3187.0
						2959.6	2983.4	3000.0	3527.4	3209.6	3227.0
									3579.2	3284.8	3300.6

表 5-28　　2010 年农产品期货合约成交量

合约品种	交易所	合约	1月	2月	3月	4月	5月	6月	7月	8月	9月	10月	11月	12月
天胶	SHFE	ru1001	4900											
		ru1003	320248	54672	10118									
		ru1004	9506	2384	18312	2390								
		ru1005	19622220	14107788	1634496	61396	5968							
		ru1006	4664	10560	28914	24260	11308	3812						
		ru1007	24130	10172	12696	17936	20420	12860	2136					
		ru1008	508	1744	5298	4794	20868	31096	12196	1776				
		ru1009	1044670	2624314	35327320	28156482	32703410	15946436	335050	28704	2954			
		ru1010	542	2024	7668	5900	8828	11890	42436	38202	8356	1000		
		ru1011	6758	6508	25646	198078	1377572	20968408	30669186	2644974	185556	43280	3204	
		ru1101	1030	1954	4700	13838	45938	745422	9078170	26804968	7845970	384112	68886	11858
		ru1103			392	2514	6664	12626	68192	1351542	13262182	13469138	462768	149888
		ru1104				108	212	538	738	1570	1138	3244	4572	2978
		ru1105					132	2750	16958	72892	179830	6511850	23838054	21187448
		ru1106						382	896	1982	1172	3848	4836	3004
		ru1107							982	7312	5562	30086	73960	17412
		ru1108								224	1410	2676	2634	990
		ru1109									108	17606	177960	311380
		ru1110										340	2394	662
		ru1111											104	236
强麦	ZCE	WS001	1656											
		WS003	206	76	10									
		WS005	33710	11152	15084	24418	1370							
		WS007	1776	1384	2940	8974	17312	1208	0					
		WS009	179726	57310	107342	207356	118028	71714	26704	17080	1360			
		WS011	180	328	316	212	506	460	496	4342	562	1408	120	
		WS101	7496	3536	5576	23820	25370	61532	401936	1378708	125302	133766	27724	14990
		WS103	202	112	532	1230	282	760	3100	2324	616	4762	2446	1596
		WS105	2194	1020	2470	5664	3964	5040	90354	592802	624298	3827230	1435278	266004
		WS107	22	132	424	378	320	556	3606	2992	1090	5832	5910	3770
		WS109			378	2092	2288	2230	10072	25374	39304	151120	427286	846570
		WS111					42	110	218	2298	876	1008	1096	622

续表

合约品种	交易所	合约	1月	2月	3月	4月	5月	6月	7月	8月	9月	10月	11月	12月
强麦	ZCE	WS201							782	7380	17744	14786	15610	10774
		WS203									268	464	222	244
		WS205											248	1884
硬麦	ZCE	WT001	64											
		WT003	370	152	10									
		WT005	494	200	2422	602	34							
		WT007	160	130	160	474	224	268	8					
		WT009	662	542	478	708	826	736	840	1096	12			
		WT011	140	84	190	210	358	396	924	2438	604	1486	6	
		WT101	28	24	240	224	240	226	252	2732	518	1556	726	350
		WT103			242	332	358	182	76	698	772	9342	5980	988
		WT105					104	252	210	1102	612	3992	9886	2856
		WT107							42	264	182	472	750	374
		WT109									12	444	1724	1612
		WT111											238	468
棉花	ZCE	CF001	5764											
		CF003	23582	16156	6050									
		CF005	2246760	290368	265380	72936	15636							
		CF007	25614	10596	29984	33770	65636	36500	5060					
		CF009	4765468	2236280	5399944	1609254	3053520	1794164	1209172	94502	2498			
		CF011	56746	34800	110090	67364	91132	94230	101048	59312	64154	10476	478	
		CF101	8550	14382	403038	1281872	4310402	4732464	4127304	2582576	3680380	1937782	392234	28470
		CF103			21548	40526	55388	44550	23930	24108	46950	81950	81204	21018
		CF105					19666	113260	374244	1021438	15869060	21645954	25439712	2009016
		CF107							3910	13006	113232	186700	171974	22448
		CF109									94966	2614140	23850158	31653486
		CF111											143160	606040
菜籽油	ZCE	RO001	2714											
		RO003	118	532	6									
		RO005	57588	9134	23334	8810	8406							
		RO007	1298	72	324	150	614	376	0					
		RO009	1244228	441860	2073338	804608	191716	110508	47882	34966	1620			
		RO011	1822	954	1528	1322	692	1008	712	1466	218	110	2	
		RO101	566	3464	46860	261990	535732	803198	683432	2648328	297026	168286	80514	34322
		RO103			0	62	592	42	64	174	28	594	1184	430
		RO105					504	3138	41900	592270	684234	2476496	2569422	850578
		RO107							140	644	752	1118	708	612
		RO109									392	20720	323974	846638
		RO111											38	628
白糖	ZCE	SR001	12460											
		SR003	18430	9708	17710									

续表

合约品种	交易所	合约	1月	2月	3月	4月	5月	6月	7月	8月	9月	10月	11月	12月
白糖	ZCE	SR005	1203426	461698	454184	176162	23264							
		SR007	33456	23234	63304	65024	59852	26546	4558					
		SR009	42137812	28799854	25029458	11301284	4674552	1649698	863378	147268	20082			
		SR011	59092	36352	49252	30810	30026	18804	87892	66836	39796	26578	3238	
		SR101	17185810	12364430	55274554	56773656	49587314	34411290	29464008	16994662	3405806	1471392	557440	79800
		SR103	39834	11624	33384	25998	18890	10620	10760	20934	30520	44474	26454	15390
		SR105	867162	810976	2800662	2903280	5139996	2977482	3683294	28761824	33420906	39055090	7089636	797028
		SR107	4068	15862	42000	17246	8064	6144	6638	15782	15792	23534	46326	23766
		SR109			112990	329692	515340	385418	493128	1427908	3620022	9359252	41791498	27797462
		SR111					530	3432	2824	5484	21922	7400	14118	6196
		SR201							6320	24314	35840	97720	225586	153494
		SR203									366	4384	17776	13110
		SR205											3068	12988
早籼稻	ZCE	ER001	1124											
		ER003	6496	6406	1976									
		ER005	282320	182552	173426	87302	6824							
		ER007	1196	2000	15542	117182	81278	16680	560					
		ER009	258754	216514	839048	1073074	814214	493000	283304	64448	1164			
		ER011	1302	364	1076	1428	2512	2400	3950	5766	1600	3876	1042	
		ER101	1676	13096	51522	83826	162058	321146	1405062	2289468	510162	413722	82946	5866
		ER103			648	2944	6614	3596	5338	7420	4862	12094	6872	1872
		ER105					1442	18434	78592	462264	910876	12676444	24715638	1577730
		ER107							1710	7416	34294	106696	58034	5296
		ER109									6264	369826	1728300	502998
		ER111											592	816
玉米	DCE	c1001	866											
		c1003	424	222	4									
		c1005	242990	35738	50350	16328	88							
		c1007	19716	188	1816	1544	2506	874	10					
		c1009	2883602	759568	1204404	2058826	2371276	1040368	211212	51198	2900			
		c1011	1814	570	4002	1552	3506	3920	4052	4634	2090	3894	24	
		c1101	13946	18450	39990	165040	1375918	2472892	3885546	3156102	604854	293482	219380	41366
		c1103			158	996	1152	2042	1876	1142	908	9652	6804	3906
		c1105					20432	135612	298646	1970274	4747712	10759670	7320112	405696
		c1107							4422	3882	9710	6260	10252	10842
		c1109									124004	1133944	17246614	4465636
		c1111											2112	20636
黄大豆 1 号	DCE	a1001	10											
		a1003	698	116	0									
		a1005	53496	27562	26122	36900	386							
		a1007	2424	1044	1598	2730	1100	778	184					

续表

合约品种	交易所	合约	1月	2月	3月	4月	5月	6月	7月	8月	9月	10月	11月	12月
黄大豆1号	DCE	a1009	7629876	4012810	5224274	1158282	201250	70428	34814	23198	476			
		a1011	1150	1166	8504	2478	6512	1484	1114	1212	1830	1154	36	
		a1101	92956	173194	533394	2704858	4898448	1863218	947196	305572	96376	67524	49266	13872
		a1103	300	3110	2022	1792	1710	1384	422	504	708	636	1076	774
		a1105	19314	46156	59758	748742	1007590	343026	1373028	8652290	5473440	2687808	1119632	105902
		a1107	752	2494	2212	622	216	806	106	854	2858	676	2374	654
		a1109			2712	16248	21256	29364	86368	387176	640354	2449906	13389300	4379726
		a1111					70	1654	8826	458	846	1474	2100	1932
		a1201							478	5710	7160	14306	254130	1128418
		a1203									8	2166	1110	392
		a1205											2122	2612
黄大豆2号	DCE	b1001	0											
		b1003	114	28	0									
		b1005	132	190	208	282	0							
		b1007	36	40	86	216	478	294	2					
		b1009	1276	1356	1596	828	958	250	98	106	0			
		b1011	50	48	34	48	42	102	64	150	122	28	0	
		b1101	0	600	122	790	1948	420	778	540	1112	1008	182	170
		b1103			68	78	14	34	26	54	36	0	32	20
		b1105					120	100	222	2656	1132	1080	1032	166
		b1107							0	200	286	52	94	40
		b1109									46	742	3068	1044
		b1111											0	44
豆粕	DCE	m1001	3442											
		m1003	1522	618	186									
		m1005	2379160	1117572	429324	149666	7950							
		m1007	35170	52682	21980	12548	13894	14648	36					
		m1008	1904	3744	1136	1174	1986	6850	1728	0				
		m1009	15246388	10125932	15255842	6221118	2154518	1070278	619884	70756	628			
		m1011	22678	45324	20446	10666	14384	8260	7906	7192	1454	568	8	
		m1012	2594	876	940	1234	2020	702	1402	988	2300	350	670	0
		m1101	104196	363274	2534352	11516422	17956168	9761394	8250614	5178258	877178	164390	106694	12566
		m1103			1244	3386	5882	4670	2352	2798	3634	2432	1212	4890
		m1105					53272	422198	9994584	22654248	21056704	14367968	5343324	378198
		m1107							1198	12690	27892	14662	12170	6156
		m1108								620	2638	2068	4598	944
		m1109									1226498	17840574	34188032	11507518
		m1111											1638	7292
		m1112												860
大豆原油	DCE	y1001	1110											
		y1003	1948	240	104									

续表

合约品种	交易所	合约	1月	2月	3月	4月	5月	6月	7月	8月	9月	10月	11月	12月
大豆原油	DCE	y1005	365046	82094	41840	27320	4							
		y1007	3316	4922	16938	664	264	1372	28					
		y1008	626	1792	4444	1208	986	96	746	0				
		y1009	17569618	6603582	10877796	5387704	521926	237670	100282	46334	680			
		y1011	4198	5124	20472	4726	3178	3278	4052	3312	1602	1230	14	
		y1012	718	1016	14428	426	594	2512	1978	3130	2112	274	1140	0
		y1101	12108	53912	417442	5667772	8785650	6175182	4720538	3086036	527042	137218	69748	16646
		y1103			104	444	766	2986	1470	2398	3344	1164	2340	1282
		y1105					8854	81206	1132308	25575542	16588290	12611234	2873230	264744
		y1107							604	486	1674	844	1784	2166
		y1108								170	344	844	2364	2056
		y1109									31394	7468490	28987404	15503354
		y1111											824	4404
		y1112												56
棕榈油	DCE	p1001	1090											
		p1002	426	0										
		p1003	426	150	6									
		p1004	338	196	38	12								
		p1005	106572	16372	11602	11190	2024							
		p1006	1492	780	1152	122	406	56						
		p1007	226	816	72	38	34	610	0					
		p1008	2560	274	852	602	442	44	272	0				
		p1009	13456576	5998730	9090630	2955946	294106	79518	36188	23868	92			
		p1010	3332	720	978	1270	866	396	972	446	146	0		
		p1011	530	736	542	1266	1346	1800	1860	4090	1064	748	0	
		p1012	852	110	98	142	1090	884	1810	702	148	156	240	0
		p1101	5470	44086	192814	2357050	4074170	2870988	3702472	6364990	613092	149032	37120	6702
		p1102		0	64	68	102	108	92	278	94	38	152	74
		p1103			368	928	1716	270	270	1082	534	162	104	338
		p1104				12	50	298	18	240	456	150	220	140
		p1105					1828	3888	67054	2565202	5834190	3997384	1030536	119792
		p1106						582	64	1176	1852	510	128	268
		p1107							36	626	418	284	838	2336
		p1108								420	232	228	186	1846
		p1109									4376	431170	9780160	7197308
		p1110										16	482	360
		p1111											572	580
		p1112												0

数据来源：上海期货交易所、郑州商品交易所、大连商品交易所

表 5－29　　2010 年金属期货合约月成交量

合约品种	交易所	合约	1 月	2 月	3 月	4 月	5 月	6 月	7 月	8 月	9 月	10 月	11 月	12 月
铜	SHFE	cu1001	21890											
		cu1002	65904	17676										
		cu1003	177758	55140	26780									
		cu1004	3794292	126470	103070	24370								
		cu1005	4543898	4510872	312696	88240	33130							
		cu1006	153802	1940936	6147352	238728	94536	31936						
		cu1007	15972	80998	2415992	5075090	345796	99382	30182					
		cu1008	7378	14560	66908	1943736	8086548	412898	91618	31162				
		cu1009	5194	7850	22762	69770	2960532	9005624	373296	87820	25460			
		cu1010	5112	5522	7540	11784	86838	2565132	8043298	330632	76936	18796		
		cu1011	3518	2050	5108	4712	19952	74818	2429986	5670714	176286	92140	30006	
		cu1012	11736	12230	12318	9704	22656	27930	103126	3313988	3986222	286432	122554	27140
		cu1101	1004	2746	3814	2032	3358	6024	20874	97416	1080136	2821118	238008	75644
		cu1102		352	2160	1612	1944	1658	2974	10460	27532	1423402	4600992	120632
		cu1103			1422	1788	2416	3382	5418	4490	5858	39094	3612748	4697820
		cu1104				666	4662	2572	1736	1696	2440	3436	54132	1056670
		cu1105					724	2524	1950	2158	2538	6978	31750	59282
		cu1106						1152	1186	1032	772	1476	4666	4906
		cu1107							598	766	704	670	2022	1466
		cu1108								378	710	710	3028	1140
		cu1109									110	1184	2506	2726
		cu1110										302	1184	504
		cu1111											684	1014
		cu1112												378
铝	SHFE	al1001	31650											
		al1002	70152	17730										
		al1003	199572	48376	27040									
		al1004	3804162	129180	80390	40176								
		al1005	2585290	1940628	193480	92392	30100							
		al1006	273986	485580	1824788	306930	109688	42834						
		al1007	96608	63014	299464	1910816	365808	106500	30636					
		al1008	22094	6686	26944	242298	1597348	288492	80660	25650				
		al1009	14452	4562	7858	49806	272876	1842518	259680	79606	28760			
		al1010	6228	2410	2878	13774	42470	286230	1004474	244816	79308	17590		
		al1011	5302	1312	1596	4724	14154	39730	238036	1536480	168178	81638	27700	
		al1012	4008	722	1180	2050	7426	11328	28252	570532	1243688	278690	163574	27620
		al1101	218	426	1052	1354	1766	4260	6936	52384	447422	1754192	415906	61184
		al1102		110	398	588	1672	1438	1256	4496	27670	487916	3178516	96158
		al1103			152	692	5752	3486	2514	3388	8886	61078	619056	702746
		al1104				164	1048	1710	950	1260	2144	12314	49012	130788
		al1105					2572	5344	8340	5370	3608	12098	39636	29774

续表

合约品种	交易所	合约	1月	2月	3月	4月	5月	6月	7月	8月	9月	10月	11月	12月
铝	SHFE	al1106						144	310	552	396	2070	10330	13272
		al1107							96	740	140	202	1812	7064
		al1108								52	184	302	1206	1882
		al1109									114	1214	2214	1568
		al1110										166	166	426
		al1111											320	322
		al1112												168
锌	SHFE	zn1001	6600											
		zn1002	26746	6188										
		zn1003	199448	16258	13370									
		zn1004	5402470	124442	43864	13200								
		zn1005	6601378	9224606	571324	53654	11480							
		zn1006	223080	2832012	11789288	406880	61504	20392						
		zn1007	12626	40492	2920084	8438544	697096	89778	13968					
		zn1008	5116	5322	29036	1665476	13984244	815482	74722	13190				
		zn1009	5536	5846	12476	45372	6840982	28410528	1269130	67596	9996			
		zn1010	4102	3166	4154	6816	81892	9289776	32191048	486990	42294	11830		
		zn1011	1354	1416	904	2528	8820	150596	11067582	12142092	246630	63616	10560	
		zn1012	2514	2106	2290	2582	7478	25054	135590	21253748	11836204	321004	83972	13270
		zn1101	288	2484	2278	2522	3582	17832	70970	806794	16393524	9494744	467514	41538
		zn1102		18	200	784	636	2040	3224	32284	126180	12358724	15814158	191708
		zn1103			1410	1312	862	3684	8788	9738	18650	308326	16676890	15184884
		zn1104				184	844	1520	2648	2098	4340	11532	118920	1917332
		zn1105					392	1384	4270	7492	8568	42550	152782	145482
		zn1106						486	2072	5272	2434	4832	12806	8888
		zn1107							792	2488	1218	4174	4258	3204
		zn1108								262	738	4700	2888	1788
		zn1109									106	2300	6362	3432
		zn1110										1218	3478	746
		zn1111											1732	344
		zn1112												20
黄金	SHFE	au1001												
		au1002	442											
		au1003	468	142										
		au1004	282	70	20									
		au1005	2216	704	434	228	6							
		au1006	854862	328252	473916	159122	13714	174						
		au1007	416	78	226	532	520	190						
		au1008	152	24	100	92	614	258	170	6				
		au1009	464	178	516	484	952	1022	194	104	12			
		au1010	328	136	202	572	940	630	782	540	254			

续表

合约品种	交易所	合约	1月	2月	3月	4月	5月	6月	7月	8月	9月	10月	11月	12月
黄金	SHFE	au1011	110	48	72	242	446	592	230	416	286	32		
		au1012	992	1202	18332	321946	916916	650766	561214	374856	306556	269712	12888	132
		au1101	20	4	22	182	420	462	452	1150	322	656	1030	232
		au1102		2	144	252	886	796	444	252	320	994	668	258
		au1103			8	122	146	212	430	248	160	196	464	1566
		au1104				22	304	590	60	64	60	172	164	166
		au1105					44	32	110	104	66	352	1038	620
		au1106						432	990	1980	12552	195700	784712	494122
		au1107							16	24	8	254	268	48
		au1108								2	8		18	10
		au1109									16	46	180	106
		au1110										14	146	162
		au1111											12	2
		au1112												46
螺纹钢	SHFE	rb1001	20702											
		rb1002	147226	15318										
		rb1003	279846	79736	30812									
		rb1004	134622	47716	64014	13984								
		rb1005	26415816	15020034	4659418	695330	28042							
		rb1006	96376	66916	208800	197442	67566	8160						
		rb1007	15064	7854	22804	21220	25076	12786	4860					
		rb1008	7394	8952	9440	10702	51396	18708	20432	10440				
		rb1009	25000	17192	46456	38198	90544	57238	22262	24936	3420			
		rb1010	2206838	3622452	38047756	32827634	59330712	35477712	15703900	1150922	186008	6514		
		rb1011	52478	25448	65702	32462	54986	42426	78426	76916	53696	14402	2460	
		rb1012	24334	20202	26230	9528	28768	17922	58000	45100	49506	23794	24682	962
		rb1101	5050	18714	87768	258384	610528	1331282	31326352	46635526	38042008	4607632	782778	85744
		rb1102		1342	31592	24144	20070	20150	45268	31118	30730	22610	40422	3002
		rb1103			17834	16674	8926	13594	18376	23246	19344	9388	21566	6414
		rb1104				7046	10312	9248	19326	22866	12758	15008	13384	3608
		rb1105					7306	19920	83334	302686	2332650	29547680	43173938	12762306
		rb1106						562	1990	7068	1542	4754	5276	3292
		rb1107							930	28298	12282	5778	5224	3588
		rb1108								15880	1506	1354	1636	378
		rb1109									160	3788	14524	7760
		rb1110										4942	102026	166000
		rb1111											22	4190
		rb1112												4
线材	SHFE	wr1001	1200											
		wr1002	4074	300										
		wr1003	3750	3396	1324									

续表

合约品种	交易所	合约	1月	2月	3月	4月	5月	6月	7月	8月	9月	10月	11月	12月
线材	SHFE	wr1004	3646	1980	8330	2220								
		wr1005	32808	16104	39994	33118	6840							
		wr1006	644	1114	2450	2188	2156	720						
		wr1007	618	444	686	1094	1094	692						
		wr1008	116	564	536	466	1554	704	222	20				
		wr1009	632	434	764	640	3662	1706	810	110				
		wr1010	3400	1606	6614	15698	34012	20180	10316	4604	2718	196		
		wr1011	114	366	816	374	1094	672	362	432	154	112	60	
		wr1012	142	98	170	318	94	72	118	262	106	96	96	
		wr1101	6	2	138	312	258	70	1266	1034	1460	242	404	36
		wr1102			38	448	26	14	14	14	50	40	542	28
		wr1103			30	522	160	104	92	66	42	38	124	42
		wr1104				282	86	4	18	20	14	38	18	8
		wr1105					82	60	50	102	80	204	1174	280
		wr1106							44	66	104	22	26	8
		wr1107								48	202	28	70	16
		wr1108									458	446	36	12
		wr1109									48	10	20	26
		wr1110										32	40	4
		wr1111											24	28
		wr1112												8

数据来源：上海期货交易所

表 5－30　　2010 年化工期货合约月成交量

合约品种	交易所	合约	1月	2月	3月	4月	5月	6月	7月	8月	9月	10月	11月	12月
PTA	ZCE	TA001	9630											
		TA002	224716	7958										
		TA003	7477826	79084	13980									
		TA004	13028	9096	31862	14072								
		TA005	4888202	5480554	5800204	199734	26284							
		TA006	972	2186	4084	8346	23926	5008						
		TA007	2730	3250	1854	1668	4674	14182	13096					
		TA008	1954	3204	1624	2314	4770	3442	15042	5854				
		TA009	38452	44322	2523626	4941286	8559912	6266644	6735210	254814	31852			
		TA010	312	240	246	3780	3264	1804	13106	70216	59254	25268		
		TA011	1128	352	5174	2776	1808	588	3762	17146	19394	14226	11596	
		TA012	1446	796	2776	5630	14672	9170	18714	22092	19910	44258	34710	1664
		TA101	128	1820	6732	64978	312888	476510	2814074	15756458	11081518	6914970	780516	48220
		TA102		180	2624	3048	366	868	100	1216	1104	948	5026	776
		TA103			8442	762	1082	540	1832	1172	1760	1644	5208	908
		TA104				4468	676	480	1154	2322	1038	1020	5200	724

续表

合约品种	交易所	合约	1月	2月	3月	4月	5月	6月	7月	8月	9月	10月	11月	12月
PTA	ZCE	TA105					20	1464	936	16510	53726	1255290	16253668	12508426
		TA106						184	50	548	160	306	1862	586
		TA107							44	1722	1208	628	1062	178
		TA108								1130	738	224	434	292
		TA109									976	5164	115592	76504
		TA110										160	3326	1946
		TA111											190	970
		TA112												80
聚乙烯	DCE	l1001	1504											
		l1002	702	2										
		l1003	1584	202	158									
		l1004	1530	220	236	2								
		l1005	5632770	2774718	5164040	61922	6662							
		l1006	3992	12662	3840	634	548	22						
		l1007	3288	13794	1862	2534	2154	1146	4					
		l1008	1660	14	134	332	384	1372	714	12				
		l1009	4370	3600	1393204	4052716	5356056	10273372	16524628	261562	8208			
		l1010	144	28	2960	616	1044	1372	4946	1002	1020	1686		
		l1011	170	1976	562	1486	1312	1884	5480	7758	8888	8652	3914	
		l1012	302	84	94	4	1292	830	1276	1628	6530	9100	11178	1044
		l1101	838	1186	1304	430	2464	20482	1811060	15594452	13695742	8750848	4645780	73560
		l1102		0	40	122	80	24	62	482	176	956	878	114
		l1103			24	36	296	18	1250	254	1332	688	15414	10684
		l1104				8	458	432	514	74	394	674	1908	1458
		l1105					308	66	146	10322	20056	354728	13919186	14317500
		l1106						968	248	186	606	1376	1290	1330
		l1107							4	0	80	292	1256	1016
		l1108								280	352	18	156	172
		l1109									14	630	14492	26074
		l1110										118	74	270
		l1111											12	630
		l1112												28
聚氯乙烯	DCE	v1001	23124											
		v1002	11334	4772										
		v1003	800774	28396	9326									
		v1004	6596	1526	672	612								
		v1005	1266682	521416	683810	49534	7038							
		v1006	1904	6836	464	452	208	852						
		v1007	352	6308	256	1064	248	250	54					
		v1008	330	454	80	86	1026	308	216	90				
		v1009	5922	3692	139258	1193678	1362324	1177258	530644	35278	1194			

续表

合约品种	交易所	合约	1月	2月	3月	4月	5月	6月	7月	8月	9月	10月	11月	12月
聚氯乙烯	DCE	v1010	198	196	64	54	154	192	580	62	68	46		
		v1011	614	252	252	152	214	158	316	600	874	508	182	
		v1012	48	88	314	532	386	750	1786	512	410	402	188	14
		v1101	22	196	240	1244	2818	5762	54778	665024	1202742	887566	622074	32568
		v1102		14	118	10	24	12	8	62	56	28	152	40
		v1103			30	780	178	262	42	62	312	276	562	318
		v1104				214	32	12	72	16	162	20	56	304
		v1105					66	52	552	2320	11600	58516	2555374	2948568
		v1106						12	14	32	4	68	636	314
		v1107							44	10	18	56	92	18
		v1108								40	48	166	924	508
		v1109									60	250	4674	4182
		v1110										2	16	28
		v1111											236	570
		v1112												46

数据来源：郑州商品交易所、大连商品交易所

表 5－31　　2010 年能源期货合约月成交量

合约品种	交易所	合约	1月	2月	3月	4月	5月	6月	7月	8月	9月	10月	11月	12月
燃料油	SHFE	fu1003	178138	2736										
		fu1004	13248	1504	2220									
		fu1005	5010392	1512662	512220	12694								
		fu1006	16656	19276	720014	426022	6554							
		fu1007	1768	1044	3996	85438	346250	10594						
		fu1008	668	260	292	1582	8526	2624	520					
		fu1009	4988	3666	6212	15582	772204	1051194	401154	16088				
		fu1010	736	436	1784	1374	3178	14082	242540	524756	8262			
		fu1011	1118	616	558	712	2040	2570	6986	694506	647396	10842		
		fu1012	814	342	464	324	660	746	886	24494	450368	258098	4978	
		fu1101	44	102	732	290	758	2778	2980	12366	62636	1472088	669242	6026
		fu1103			232	160	680	460	610	1744	1540	47318	3522642	1232748
		fu1104				104	334	116	58	298	206	282	2410	1800
		fu1105					614	756	310	512	2010	4628	88232	135904
		fu1106						136	178	586	174	132	636	904
		fu1107							176	138	100	94	402	186
		fu1108								284	790	1616	412	104
		fu1109									330	148	2810	640
		fu1110										160	440	60
		fu1111											158	134
		fu1112												78

数据来源：上海期货交易所

表 5－32　　　　2010 年金融期货合约月成交量

合约品种	交易所	合约	1 月	2 月	3 月	4 月	5 月	6 月	7 月	8 月	9 月	10 月	11 月	12 月
沪深 300 股指期货	CFFEX	IF1005				2692946	3984538							
		IF1006				118292	6758728	5415602						
		IF1007					98354	5231256	6201248					
		IF1008						109482	8568108	7564000				
		IF1009				21388	40902	32594	177602	6182826	5308758			
		IF1010								63912	3158184	1592922		
		IF1011									44120	6952934	3900802	
		IF1012				26550	93294	100156	116746	99232	77400	359098	7202124	3682502
		IF1101											80274	5293882
		IF1102												43116
		IF1103							10140	21556	11704	34482	93554	139344
		IF1106										5852	16820	19266

数据来源：中国金融期货交易所

表 5－33　　　　2010 年农产品期货持仓情况

品种 Items	交易所 Exchange	合约 Contracts	最高持仓量	最高持仓日期	最后持仓	最后持仓日期	年末持仓
天胶	SHFE	ru1001	15580	20100104	15272	20100115	
		ru1003	58526	20100104	9394	20100315	
		ru1004	2094	20100323	864	20100415	
		ru1005	206094	20100113	4572	20100517	
		ru1006	3874	20100505	2864	20100617	
		ru1007	6208	20100111	3718	20100715	
		ru1008	5062	20100714	3546	20100816	
		ru1009	268370	20100325	3672	20100915	
		ru1010	4556	20100803	1978	20101015	
		ru1011	247984	20100712	4366	20101115	
		ru1101	312202	20100819	3988	20101231	3988
		ru1103	303336	20101018	13082	20101231	13082
		ru1104	542	20101203	402	20101231	402
		ru1105	242518	20101104	165546	20101231	165546
		ru1106	1300	20101206	1262	20101231	1262
		ru1107	8904	20101117	4710	20101231	4710
		ru1108	916	20101220	896	20101231	896
		ru1109	24452	20101231	24452	20101231	24452
		ru1110	292	20101125	172	20101231	172
		ru1111	48	20101227	40	20101231	40

续表

品种 Items	交易所 Exchange	合约 Contracts	最高持仓量	最高持仓日期	最后持仓	最后持仓日期	年末持仓
强麦	ZCE	WS001	3652	20100106	2442	20100120	0
		WS003	200	20100114	134	20100322	0
		WS005	26734	20100104	7856	20100520	0
		WS007	7448	20100513	170	20100721	0
		WS009	48318	20100421	1612	20100916	0
		WS011	1314	20101019	1202	20101119	0
		WS101	133376	20100806	11632	20101231	11632
		WS103	2788	20101018	1474	20101231	1474
		WS105	140380	20101018	36232	20101231	36232
		WS107	2246	20101012	1758	20101231	1758
		WS109	56528	20101207	42472	20101231	42472
		WS111	508	20100907	462	20101231	462
		WS201	6500	20101111	5966	20101231	5966
		WS203	102	20100104	102	20101231	102
		WS205	512	20100901	512	20101231	512
硬麦	ZCE	WT001	126	20100104	64	20100120	0
		WT003	206	20100105	30	20100226	0
		WT005	1236	20100304	100	20100520	0
		WT007	102	20100104	64	20100721	0
		WT009	452	20100702	208	20100916	0
		WT011	596	20100901	200	20101029	0
		WT101	684	20100825	254	20101231	254
		WT103	1038	20101110	672	20101231	672
		WT105	2536	20101122	1936	20101231	1936
		WT107	222	20101231	222	20101231	222
		WT109	812	20101228	788	20101231	788
		WT111	296	20100531	296	20101231	296
一号棉花	ZCE	CF001	10748	20100104	9428	20100114	0
		CF003	9614	20100104	9426	20100311	0
		CF005	265668	20100104	12146	20100514	0
		CF007	18842	20100507	3524	20100713	0
		CF009	266276	20100319	608	20100913	0
		CF011	41292	20100706	224	20101111	0
		CF101	223144	20100712	1626	20101231	1626
		CF103	12362	20100430	1756	20101231	1756

续表

品种 Items	交易所 Exchange	合约 Contracts	最高持仓量	最高持仓日期	最后持仓	最后持仓日期	年末持仓
一号棉花	ZCE	CF105	425886	20101012	53844	20101231	53844
		CF107	12244	20101012	1648	20101231	1648
		CF109	264252	20101223	223612	20101231	223612
		CF111	48666	20101231	48666	20101231	48666
菜籽油	ZCE	RO001	6674	20100104	1976	20100114	0
		RO003	48	20100114	40	20100129	0
		RO005	22964	20100104	3294	20100514	0
		RO007	1060	20100106	20	20100630	0
		RO009	125408	20100323	17738	20100913	0
		RO011	1018	20100118	2	20101029	0
		RO101	166936	20100809	29348	20101231	29348
		RO103	622	20101027	100	20101231	100
		RO105	177142	20101025	93160	20101231	93160
		RO107	574	20100809	122	20101231	122
		RO109	77482	20101227	61230	20101231	61230
		RO111	262	20101214	10	20101231	10
白糖	ZCE	SR001	16626	20100104	12428	20100114	0
		SR003	19466	20100104	10034	20100311	0
		SR005	189526	20100104	13174	20100514	0
		SR007	30244	20100412	10800	20100713	0
		SR009	883190	20100104	7352	20100913	0
		SR011	13366	20100906	1948	20101111	0
		SR101	881166	20100426	7500	20101231	7500
		SR103	8954	20100429	6824	20101231	6824
		SR105	769020	20100901	78524	20101231	78524
		SR107	14174	20100323	10928	20101231	10928
		SR109	651206	20101104	450754	20101231	450754
		SR111	2716	20100916	1318	20101231	1318
		SR201	19320	20101110	18996	20101231	18996
		SR203	3520	20101214	1202	20101231	1202
		SR205	4604	20101228	3932	20101231	3932
早籼稻	ZCE	ER001	4114	20100118	4014	20100120	0
		ER003	5256	20100125	3382	20100322	0
		ER005	86080	20100105	6248	20100520	0
		ER007	25388	20100426	1274	20100721	0

续表

品种 Items	交易所 Exchange	合约 Contracts	最高持仓量	最高持仓日期	最后持仓	最后持仓日期	年末持仓
早籼稻	ZCE	ER009	158592	20100420	1486	20100916	0
		ER011	1832	20101025	1498	20101119	0
		ER101	197882	20100809	3470	20101231	3470
		ER103	4118	20100721	292	20101231	292
		ER105	365462	20101026	73368	20101231	73368
		ER107	14430	20101015	6424	20101231	6424
		ER109	65566	20101118	48124	20101231	48124
		ER111	248	20101224	248	20101231	248
玉米	DCE	c1001	458	20100104	2290	20100108	0
		c1003	94	20100106	2	20100302	0
		c1005	99970	20100104	40	20100512	0
		c1007	318	20100414	16	20100701	0
		c1009	305364	20100111	1998	20100913	0
		c1011	778	20101011	240	20101111	0
		c1101	265874	20100726	4326	20101231	4326
		c1103	1816	20101109	812	20101231	812
		c1105	612974	20101021	133996	20101231	133996
		c1107	5118	20101229	2140	20101231	2140
		c1109	435002	20101115	363316	20101231	363316
		c1111	7702	20101231	7702	20101231	7702
黄大豆 1 号	DCE	a1001	26	20100104	234	20100114	0
		a1003	134	20100104	24	20100301	0
		a1005	46476	20100106	2376	20100514	0
		a1007	1446	20100107	78	20100713	0
		a1009	352830	20100106	508	20100913	0
		a1011	1430	20100510	2	20101110	0
		a1101	236426	20100505	21756	20101231	21756
		a1103	1904	20100322	648	20101231	216
		a1105	390032	20100817	16586	20101231	16586
		a1107	1762	20100205	744	20101231	744
		a1109	365542	20101111	207086	20101231	207086
		a1111	1590	20100727	480	20101231	240
		a1201	211736	20101231	211736	20101231	211736
		a1203	556	20101116	232	20101231	116
		a1205	696	20101208	460	20101231	460

续表

品种 Items	交易所 Exchange	合约 Contracts	最高持仓量	最高持仓日期	最后持仓	最后持仓日期	年末持仓
黄大豆2号	DCE	b1001	0	20100104	2	20091230	0
		b1003	18	20100107	6	20100225	0
		b1005	72	20100201	16	20100429	0
		b1007	248	20100525	2	20100630	0
		b1009	294	20100518	64	20100830	0
		b1011	24	20100831	16	20101028	0
		b1101	316	20100526	0	20101231	0
		b1103	12	20100825	60	20101231	12
		b1105	132	20100809	22	20101231	22
		b1107	36	20101111	18	20101231	18
		b1109	176	20101125	112	20101231	112
		b1111	8	20101201	24	20101231	6
豆粕	DCE	m1001	2130	20100104	960	20100114	0
		m1003	312	20100120	184	20100311	0
		m1005	521338	20100104	7906	20100514	0
		m1007	9152	20100125	600	20100713	0
		m1008	1854	20100609	42	20100729	0
		m1009	1105410	20100129	2320	20100913	0
		m1011	2582	20100531	318	20101111	0
		m1012	980	20100531	2	20101129	0
		m1101	931198	20100505	3276	20101231	3276
		m1103	3682	20100602	406	20101231	406
		m1105	1603356	20101012	131466	20101231	131466
		m1107	4420	20100915	3038	20101231	3038
		m1108	778	20100910	296	20101231	296
		m1109	1586796	20101111	886202	20101231	886202
		m1111	2220	20101231	2220	20101231	2220
		m1112	492	20101231	492	20101231	492
大豆原油	DCE	y1001	4888	20100104	12594	20100114	0
		y1003	726	20100104	300	20100311	0
		y1005	59476	20100104	4	20100514	0
		y1007	2314	20100125	116	20100713	0
		y1008	2126	20100319	54	20100730	0
		y1009	755720	20100125	2350	20100913	0
		y1011	2718	20100727	148	20101111	0

续表

品种 Items	交易所 Exchange	合约 Contracts	最高持仓量	最高持仓日期	最后持仓	最后持仓日期	年末持仓
大豆原油	DCE	y1012	2920	20100826	4	20101130	0
		y1101	446486	20100505	5512	20101231	5512
		y1103	2772	20100901	130	20101231	130
		y1105	708210	20101019	80504	20101231	80504
		y1107	1546	20101123	2172	20101231	724
		y1108	1374	20101129	192	20101231	192
		y1109	791852	20101109	426546	20101231	426546
		y1111	1734	20101215	616	20101231	154
		y1112	4	20101223	8	20101231	2
棕榈油	DCE	p1001	4680	20100104	3650	20100114	0
		p1002	326	20100104	6	20100128	0
		p1003	170	20100105	26	20100311	0
		p1004	226	20100118	4	20100414	0
		p1005	22472	20100104	2378	20100514	0
		p1006	546	20100115	76	20100611	0
		p1007	592	20100311	6	20100629	0
		p1008	514	20100115	4	20100728	0
		p1009	397838	20100309	3982	20100913	0
		p1010	1022	20100120	36	20100929	0
		p1011	1312	20100810	4	20101028	0
		p1012	1670	20100601	4	20101126	0
		p1101	291704	20100806	866	20101231	866
		p1102	54	20101119	176	20101231	22
		p1103	1170	20100507	164	20101231	164
		p1104	340	20100913	68	20101231	34
		p1105	161658	20101014	20558	20101231	20558
		p1106	640	20100813	36	20101231	36
		p1107	1364	20101227	60	20101231	30
		p1108	814	20101209	16	20101231	8
		p1109	217504	20101207	152554	20101231	152554
		p1110	80	20101108	14	20101231	14
		p1111	432	20101129	160	20101231	160
		p1112	0	20101215	0	20101231	0

数据来源：上海期货交易所、郑州商品交易所、大连商品交易所

表 5－34　　**2010 年金属期货持仓情况**

品种	交易所	合约	最高持仓量	最高持仓日期	最后持仓	最后持仓日期	年末持仓
铜	SHFE	cu1001	12000	20100105	4010	20100115	
		cu1002	23228	20100104	3510	20100209	
		cu1003	55850	20100104	6440	20100315	
		cu1004	172100	20100106	9240	20100415	
		cu1005	234376	20100129	9710	20100517	
		cu1006	219192	20100304	5850	20100617	
		cu1007	233006	20100406	7140	20100715	
		cu1008	212040	20100507	4370	20100816	
		cu1009	220308	20100609	4410	20100915	
		cu1010	215290	20100720	6240	20101015	
		cu1011	210008	20100805	7700	20101115	
		cu1012	199934	20100901	8160	20101215	
		cu1101	181566	20101014	14600	20101231	14600
		cu1102	209806	20101111	28740	20101231	28740
		cu1103	226200	20101213	128702	20101231	128702
		cu1104	177826	20101231	177826	20101231	177826
		cu1105	17372	20101231	17372	20101231	17372
		cu1106	2330	20101231	2330	20101231	2330
		cu1107	1002	20101231	1002	20101231	1002
		cu1108	1284	20101231	1284	20101231	1284
		cu1109	576	20101231	576	20101231	576
		cu1110	258	20101231	258	20101231	258
		cu1111	256	20101223	248	20101231	248
		cu1112	186	20101231	186	20101231	186
铝	SHFE	al1001	23050	20100104	14680	20100115	
		al1002	36674	20100104	16660	20100209	
		al1003	72788	20100104	18670	20100315	
		al1004	175814	20100112	25980	20100415	
		al1005	117644	20100201	21500	20100517	
		al1006	131332	20100325	24130	20100617	
		al1007	161118	20100416	15210	20100715	
		al1008	91602	20100524	10900	20100816	
		al1009	99966	20100621	18730	20100915	
		al1010	96638	20100726	20270	20101015	
		al1011	110234	20100810	25410	20101115	
		al1012	142104	20100907	18300	20101215	

续表

品种	交易所	合约	最高持仓量	最高持仓日期	最后持仓	最后持仓日期	年末持仓
铝	SHFE	al1101	151268	20101015	23110	20101231	23110
		al1102	164140	20101111	41228	20101231	41228
		al1103	97998	20101224	91900	20101231	91900
		al1104	49552	20101231	49552	20101231	49552
		al1105	16570	20101230	16474	20101231	16474
		al1106	8370	20101231	8370	20101231	8370
		al1107	3654	20101231	3654	20101231	3654
		al1108	1366	20101231	1366	20101231	1366
		al1109	928	20101230	926	20101231	926
		al1110	260	20101223	260	20101231	260
		al1111	360	20101230	360	20101231	360
		al1112	90	20101231	90	20101231	90
锌	SHFE	zn1001	8050	20100106	7480	20100115	
		zn1002	13526	20100104	4880	20100209	
		zn1003	42678	20100104	10440	20100315	
		zn1004	168020	20100105	13180	20100415	
		zn1005	216286	20100126	10450	20100517	
		zn1006	188732	20100324	8460	20100617	
		zn1007	223552	20100408	9950	20100715	
		zn1008	227176	20100511	8730	20100816	
		zn1009	348134	20100604	7800	20100915	
		zn1010	326512	20100706	12680	20101015	
		zn1011	343958	20100728	15310	20101115	
		zn1012	382172	20100826	12140	20101215	
		zn1101	322302	20100916	12800	20101231	12800
		zn1102	390646	20101025	24676	20101231	24676
		zn1103	304368	20101207	123976	20101231	123976
		zn1104	208326	20101231	208326	20101231	208326
		zn1105	23428	20101230	21076	20101231	21076
		zn1106	3006	20101123	2438	20101231	2438
		zn1107	2768	20101231	2768	20101231	2768
		zn1108	2996	20101202	2866	20101231	2866
		zn1109	1938	20101116	1750	20101231	1750
		zn1110	1636	20101231	1636	20101231	1636
		zn1111	488	20101117	102	20101231	102
		zn1112	8	20101231	8	20101231	8

续表

品种	交易所	合约	最高持仓量	最高持仓日期	最后持仓	最后持仓日期	年末持仓
黄金	SHFE	au1001	12	20100104	12	20100115	
		au1002	82	20100111	12	20100209	
		au1003	102	20100105	24	20100315	
		au1004	58	20100104	0	20100415	
		au1005	286	20100104	0	20100517	
		au1006	109054	20100106	702	20100617	
		au1007	104	20100315	6	20100715	
		au1008	74	20100525	0	20100816	
		au1009	170	20100526	18	20100915	
		au1010	252	20100825	24	20101015	
		au1011	206	20100603	0	20101115	
		au1012	66788	20100621	276	20101215	
		au1101	330	20100827	60	20101231	60
		au1102	410	20101112	288	20101231	288
		au1103	220	20101216	148	20101231	148
		au1104	112	20100607	100	20101231	100
		au1105	132	20101124	92	20101231	92
		au1106	85724	20101111	77990	20101231	77990
		au1107	76	20101026	56	20101231	56
		au1108	4	20101201	4	20101231	4
		au1109	26	20101231	26	20101231	26
		au1110	72	20101216	46	20101231	46
		au1111	10	20101125	8	20101231	8
		au1112	20	20101230	18	20101231	18
螺纹钢	SHFE	rb1001	19500	20100104	8400	20100115	
		rb1002	90174	20100104	11520	20100209	
		rb1003	139076	20100106	16140	20100315	
		rb1004	53150	20100104	6120	20100415	
		rb1005	1027884	20100106	26400	20100517	
		rb1006	52834	20100317	3780	20100617	
		rb1007	9642	20100311	4260	20100715	
		rb1008	17036	20100601	9660	20100816	
		rb1009	26686	20100601	7020	20100915	
		rb1010	1434070	20100416	9300	20101015	
		rb1011	26088	20100416	8520	20101115	
		rb1012	36540	20100823	8940	20101215	

续表

品种	交易所	合约	最高持仓量	最高持仓日期	最后持仓	最后持仓日期	年末持仓
螺纹钢	SHFE	rb1101	1366418	20100816	6244	20101231	6244
		rb1102	21526	20100811	1266	20101231	1266
		rb1103	13034	20100906	3784	20101231	3784
		rb1104	13050	20100908	6658	20101231	6658
		rb1105	1216284	20101104	568186	20101231	568186
		rb1106	1552	20101122	1280	20101231	1280
		rb1107	7208	20100907	5056	20101231	5056
		rb1108	622	20100906	352	20101231	352
		rb1109	2064	20101222	1976	20101231	1976
		rb1110	58614	20101231	58614	20101231	58614
		rb1111	870	20101228	544	20101231	544
		rb1112	0	20101130	0	20101231	0
线材	SHFE	wr1001	720	20100104	660	20100115	
		wr1002	1944	20100104	600	20100209	
		wr1003	2610	20100104	1680	20100315	
		wr1004	2650	20100319	2640	20100415	
		wr1005	11676	20100128	6720	20100517	
		wr1006	970	20100317	540	20100617	
		wr1007	972	20100115	0	20100715	
		wr1008	984	20100106	0	20100816	
		wr1009	2834	20100104	0	20100915	
		wr1010	6618	20100507	0	20101015	
		wr1011	1206	20100506	0	20101115	
		wr1012	102	20100820	0	20101215	
		wr1101	124	20100920	0	20101231	0
		wr1102	30	20100427	2	20101231	2
		wr1103	54	20100505	6	20101231	6
		wr1104	16	20101012	4	20101231	4
		wr1105	76	20101122	36	20101231	36
		wr1106	6	20101029	2	20101231	2
		wr1107	16	20100914	2	20101231	2
		wr1108	312	20100910	16	20101231	16
		wr1109	4	20101201	4	20101231	4
		wr1110	6	20101104	6	20101231	6
		wr1111	4	20101206	0	20101231	0
		wr1112	0	20101130	0	20101231	0

数据来源：上海期货交易所

表 5－35　　2010 年化工期货合约持仓情况

品种 Items	交易所 Exchange	合约 Contracts	最高持仓量	最高持仓日期	最后持仓	最后持仓日期	年末持仓
PTA	ZCE	TA001	13456	20100105	13164	20100114	0
		TA002	48376	20100104	6450	20100211	0
		TA003	168978	20100106	17662	20100311	0
		TA004	10050	20100329	7714	20100414	0
		TA005	181500	20100308	42836	20100514	0
		TA006	8708	20100526	8328	20100611	0
		TA007	14708	20100713	14708	20100713	0
		TA008	6306	20100812	6306	20100812	0
		TA009	285552	20100525	22756	20100913	0
		TA010	32886	20100908	15332	20101020	0
		TA011	8032	20101104	6370	20101111	0
		TA012	15092	20101025	4744	20101213	0
		TA101	378966	20100819	26216	20101231	26216
		TA102	2354	20100415	230	20101231	230
		TA103	3280	20100909	264	20101231	264
		TA104	2626	20100715	212	20101231	212
		TA105	291346	20101227	216522	20101231	216522
		TA106	330	20101104	70	20101231	70
		TA107	1190	20100819	82	20101231	82
		TA108	430	20100623	12	20101231	12
		TA109	11678	20101231	11678	20101231	11678
		TA110	1710	20101209	418	20101231	418
		TA111	502	20101228	378	20101231	378
		TA112	26	20100201	26	20101231	26
聚乙烯	DCE	l1001	4540	20100104	4396	20100114	0
		l1002	532	20100104	254	20100211	0
		l1003	626	20100105	354	20100311	0
		l1004	114	20100104	20	20100414	0
		l1005	129098	20100316	8952	20100514	0
		l1006	1988	20100121	148	20100611	0
		l1007	2570	20100122	638	20100713	0
		l1008	888	20100121	852	20100812	0
		l1009	212914	20100716	29118	20100913	0
		l1010	1466	20101013	1030	20101020	0
		l1011	4332	20101103	3898	20101111	0

续表

品种 Items	交易所 Exchange	合约 Contracts	最高持仓量	最高持仓日期	最后持仓	最后持仓日期	年末持仓
聚乙烯	DCE	l1012	4888	20101105	3480	20101213	0
		l1101	295420	20100908	28856	20101231	28856
		l1102	106	20101126	80	20101231	80
		l1103	7732	20101231	7732	20101231	7732
		l1104	808	20101230	258	20101231	258
		l1105	209682	20101223	156484	20101231	156484
		l1106	1012	20100909	316	20101231	158
		l1107	1122	20101110	96	20101231	16
		l1108	270	20100909	8	20101231	4
		l1109	4104	20101224	3264	20101231	3264
		l1110	22	20101105	18	20101231	6
		l1111	204	20101210	10	20101231	10
		l1112	14	20101223	2	20101231	2
聚氯乙烯	DCE	v1001	26250	20100114	26250	20100114	0
		v1002	9376	20100104	7410	20100211	0
		v1003	109464	20100104	22534	20100311	0
		v1004	2822	20100118	1272	20100414	0
		v1005	58854	20100311	8800	20100514	0
		v1006	1008	20100121	1712	20100611	0
		v1007	286	20100415	104	20100713	0
		v1008	516	20100525	148	20100812	0
		v1009	111876	20100415	2300	20100913	0
		v1010	82	20100721	36	20101020	0
		v1011	346	20100908	204	20101111	0
		v1012	860	20100624	1160	20101213	0
		v1101	71680	20100916	21108	20101231	21108
		v1102	24	20101115	6	20101231	6
		v1103	248	20100813	224	20101231	56
		v1104	22	20101207	0	20101231	0
		v1105	86430	20101227	74054	20101231	74054
		v1106	296	20101129	34	20101231	34
		v1107	22	20101111	8	20101231	8
		v1108	202	20101123	552	20101231	138
		v1109	540	20101227	496	20101231	496
		v1110	8	20101216	6	20101231	6
		v1111	104	20101126	4	20101231	4
		v1112	22	20101220	50	20101231	10

数据来源：郑州商品交易所、大连商品交易所

表 5－36　　2010 年能源期货持仓情况

品种	交易所	合约	最高持仓量	最高持仓日期	最后持仓	最后持仓日期	年末持仓
燃料油	SHFE	fu1003	36334	20100104	21640	20100226	
		fu1004	3318	20100105	1720	20100331	
		fu1005	173120	20100106	20820	20100430	
		fu1006	68168	20100329	4460	20100531	
		fu1007	32896	20100514	5180	20100630	
		fu1008	1106	20100517	340	20100730	
		fu1009	75872	20100604	28640	20100831	
		fu1010	58456	20100809	12780	20100930	
		fu1011	75944	20100901	8080	20101029	
		fu1012	42184	20100928	15880	20101130	
		fu1101	110092	20101025	15320	20101231	15320
		fu1103	142800	20101111	59222	20101231	59222
		fu1104	348	20101125	252	20101231	252
		fu1105	28092	20101231	28092	20101231	28092
		fu1106	396	20101231	396	20101231	396
		fu1107	156	20101228	126	20101231	126
		fu1108	196	20101111	128	20101231	128
		fu1109	654	20101230	648	20101231	648
		fu1110	204	20101104	104	20101231	104
		fu1111	48	20101230	48	20101231	48
		fu1112	36	20101222	36	20101231	36

数据来源：上海期货交易所

表 5－37　　2010 年金融期货持仓情况

品种	交易所	合约	最高持仓量	最高持仓日期	最后持仓	最后持仓日期	年末持仓
沪深 300 股指期货	CFFEX	IF1005	20300	20100506	1280	20100521	0
		IF1006	37424	20100603	2788	20100618	0
		IF1007	48238	20100702	2490	20100716	0
		IF1008	52094	20100728	1092	20100820	0
		IF1009	56062	20100819	1852	20100917	0
		IF1010	46914	20100920	1420	20101015	0
		IF1011	61052	20101025	2226	20101119	0
		IF1012	58370	20101118	2702	20101217	0
		IF1101	54270	20101228			43100
		IF1102	2280	20101230			2142
		IF1103	11124	20101230			10990
		IF1106	3378	20101231			3378

数据来源：中国金融期货交易所

表 5－38 **2010 年农产品期货合约月末持仓量**

合约品种	交易所	合约	1 月	2 月	3 月	4 月	5 月	6 月	7 月	8 月	9 月	10 月	11 月	12 月
天胶	SHFE	ru1001	15272											
		ru1003	16076	11136	9394									
		ru1004	328	364	1524	864								
		ru1005	172460	123620	17466	6970	4572							
		ru1006	394	500	1352	3408	2872	2864						
		ru1007	4712	4116	4270	4918	4130	3802	3718					
		ru1008	100	154	934	1966	3104	4652	3572	3546				
		ru1009	38594	102002	229620	194116	238628	64528	13214	4132	3672			
		ru1010	72	644	468	306	494	594	3536	2222	1810	1978		
		ru1011	2458	3104	3726	12896	36374	219404	163210	44560	10132	5100	4366	
		ru1101	196	606	658	2228	5464	36140	222600	247646	30158	10034	4884	3988
		ru1103			136	688	846	4092	6500	82188	124578	46762	13094	13082
		ru1104				4	30	54	126	204	232	240	448	402
		ru1105					50	666	2294	9330	14762	163336	140580	165546
		ru1106						54	96	484	612	910	1152	1262
		ru1107							540	3380	3972	5984	7780	4710
		ru1108								38	236	800	814	896
		ru1109									38	2692	14682	24452
		ru1110										86	278	172
		ru1111											10	40
强麦	ZCE	WS001	2442											
		WS003	166	136	134									
		WS005	20726	18686	16476	8148	7856							
		WS007	2568	2390	3096	6290	1798	1570	170					
		WS009	26992	27486	30910	34216	31900	20970	13326	1582	1612			
		WS011	106	82	84	80	90	74	122	1106	1234	1262	1202	
		WS101	5034	5136	5874	11976	11802	15014	72710	79136	47308	28254	13960	11632
		WS103	26	24	32	140	290	788	1940	2362	2360	802	1296	1474
		WS105	1464	1522	1752	3096	3544	5086	34852	94626	87726	94784	54608	36232
		WS107	18	40	110	236	234	372	1712	1796	1688	1600	1376	1758
		WS109			138	690	752	1058	6394	12090	14578	17636	30878	42472
		WS111					8	34	46	326	356	410	418	462
		WS201							128	1342	4422	5172	4674	5966
		WS203									4	64	74	102
		WS205											70	512
硬麦	ZCE	WT001	64											
		WT003	52	30	30									
		WT005	234	232	262	108	100							
		WT007	80	20	32	70	78	72	64					
		WT009	72	40	128	308	350	414	350	322	208			
		WT011	28	28	146	146	338	368	400	594	344	200	200	

续表

合约品种	交易所	合约	1月	2月	3月	4月	5月	6月	7月	8月	9月	10月	11月	12月
硬麦	ZCE	WT101	2	6	92	104	110	122	144	652	592	392	342	254
		WT103			50	98	124	174	176	220	252	842	646	672
		WT105					4	140	198	294	374	556	2466	1936
		WT107							2	16	82	52	150	222
		WT109									2	90	356	788
		WT111											158	296
一号棉花	ZCE	CF001	9428											
		CF003	7618	8114	9426									
		CF005	106090	66892	38788	17494	12146							
		CF007	5056	5770	7418	16090	14306	5112	3524					
		CF009	128528	159560	195904	135036	148706	118828	60744	2692	608			
		CF011	18898	20976	30296	30294	31972	37164	37420	17674	3390	424	224	
		CF101	5306	9784	59832	139780	176250	194938	198482	147298	91014	46934	10250	1626
		CF103			4684	12362	10054	6796	5218	3620	4392	6058	3620	1756
		CF105					3864	19424	62790	117266	340024	360954	147886	53844
		CF107							2580	4330	8352	7588	3340	1648
		CF109									12436	138084	246558	223612
		CF111											14802	48666
菜籽油	ZCE	RO001	1976											
		RO003	40	40	40									
		RO005	14540	12374	13416	10740	3294							
		RO007	526	516	564	612	54	20	20					
		RO009	65022	60456	100064	69912	50096	33470	25306	20124	17738			
		RO011	554	282	672	854	534	142	82	38	22	2	2	
		RO101	322	1922	10630	46028	61776	80116	90196	88048	51218	30510	24332	29348
		RO103				14	532	524	514	512	510	614	106	100
		RO105					296	1402	6832	39468	54298	149504	114572	93160
		RO107							82	508	38	98	118	122
		RO109									110	4668	30504	61230
		RO111											8	10
白糖	ZCE	SR001	12428											
		SR003	14480	13028	10034									
		SR005	131336	94276	57658	23426	13174							
		SR007	23370	22908	21196	28256	22862	12826	10800					
		SR009	562542	651828	403990	343588	255186	218814	82646	14990	7352			
		SR011	5934	5622	4780	5060	6314	6198	7844	13242	9648	3814	1948	
		SR101	249704	356556	559336	767808	642468	608252	635546	322592	147550	126202	37640	7500
		SR103	5148	5900	5762	8898	6944	6554	5994	7080	7350	8358	6762	6824
		SR105	65972	151686	146326	214754	220802	216986	278890	725288	486986	557862	105340	78524
		SR107	1826	6932	13542	11192	10074	9182	10780	12404	11840	11978	12908	10928
		SR109			25642	63552	51796	69024	151070	258030	252964	559258	420252	450754

续表

合约品种	交易所	合约	1月	2月	3月	4月	5月	6月	7月	8月	9月	10月	11月	12月
白糖	ZCE	SR111					98	1002	1112	1354	1248	2476	1238	1318
		SR201							2638	7408	8694	15574	9576	18996
		SR203									10	412	2108	1202
		SR205											1370	3932
早籼稻	ZCE	ER001	4014											
		ER003	5044	3130	3382									
		ER005	60660	53404	42492	6694	6248							
		ER007	900	1086	5272	23368	10490	1422	1274					
		ER009	42684	66338	110394	143438	101466	73420	33260	1704	1486			
		ER011	274	316	482	288	260	424	1016	554	824	1518	1498	
		ER101	940	9774	26844	32150	35376	71180	155426	161070	86250	12896	5890	3470
		ER103			148	1156	3082	3914	3936	3630	2652	966	386	292
		ER105					814	9736	36286	69844	111754	243584	158900	73368
		ER107							296	2986	10062	9894	6330	6424
		ER109									3210	31134	41980	48124
		ER111											174	248
玉米	DCE	c1001	0											
		c1003	46	18	0									
		c1005	46234	35938	10330	940	0							
		c1007	104	88	138	280	254	8	0					
		c1009	200514	165506	216612	237054	293626	147952	36302	6000	0			
		c1011	142	134	146	164	352	540	422	276	62	264	0	
		c1101	4076	7038	6098	35336	143412	193662	230396	168402	92638	80172	28816	4326
		c1103			40	96	158	210	160	156	144	1420	860	812
		c1105					9340	24812	56882	225834	326470	467466	176708	133996
		c1107							4134	2438	1348	1596	2584	2140
		c1109									43060	173632	283574	363316
		c1111											454	7702
黄大豆1号	DCE	a1001	0											
		a1003	20	12	0									
		a1005	38348	36236	34092	21280	0							
		a1007	1226	1218	1272	298	302	114	0					
		a1009	264630	252534	205352	98974	46548	30312	12288	4118	0			
		a1011	252	120	306	122	292	154	142	164	522	294	0	
		a1101	21532	48858	83756	150710	208090	171230	84454	41602	36666	30382	24708	21756
		a1103	54	692	1264	104	1088	66	116	170	226	148	140	216
		a1105	6142	9286	15166	91258	90016	91290	167022	267774	198250	134894	39674	16586
		a1107	38	1458	132	88	56	534	524	712	1070	1066	786	744
		a1109			916	2760	3586	11214	33146	84916	132470	271858	249054	207086
		a1111					42	1554	1152	1008	326	1360	296	240
		a1201							178	554	2402	6612	88442	211736
		a1203									4	398	140	116
		a1205											574	460

续表

合约品种	交易所	合约	1月	2月	3月	4月	5月	6月	7月	8月	9月	10月	11月	12月
黄大豆2号	DCE	b1001	0											
		b1003	12	0	0									
		b1005	64	34	22	0	0							
		b1007	22	12	12	146	178	2	0					
		b1009	128	40	214	172	176	76	62	0	0			
		b1011	2	6	10	12	6	10	18	24	12	0	0	
		b1101	0	34	18	60	224	192	246	190	88	96	74	0
		b1103			4	8	6	8	2	10	2	2	2	12
		b1105					8	8	72	88	20	70	52	22
		b1107							0	18	12	14	14	18
		b1109									6	26	154	112
		b1111											0	6
豆粕	DCE	m1001	0											
		m1003	250	184	0									
		m1005	382624	247592	132142	10168	0							
		m1007	8926	8770	8618	7060	9038	600	0					
		m1008	264	384	432	550	870	518	0	0				
		m1009	1105410	983676	934048	724608	535846	331306	45914	2546	0			
		m1011	1312	1534	1772	2200	2582	1754	338	178	358	318	0	
		m1012	354	238	386	310	980	750	500	258	284	296	0	0
		m1101	35820	84436	275246	744346	821630	664454	350396	176134	82680	52032	11122	3276
		m1103			264	628	3410	2172	1238	2038	364	174	222	406
		m1105					28192	157722	1062180	1203252	1423274	765922	229892	131466
		m1107							306	4012	3498	3558	3472	3038
		m1108								304	64	264	382	296
		m1109									277550	1240288	1060256	886202
		m1111											552	2220
		m1112												492
大豆原油	DCE	y1001	0											
		y1003	208	120	0									
		y1005	37504	32386	19738	8412	0							
		y1007	2194	1516	1498	1206	1144	96	0					
		y1008	104	1236	1884	1470	648	620	54	0				
		y1009	731446	575794	513790	232858	135466	78422	27272	13064	0			
		y1011	1620	1082	1976	2278	2334	2104	2244	1730	1040	382	0	
		y1012	638	430	1154	1160	1104	2100	1882	1882	1152	1000	2	0
		y1101	5626	18310	78120	399616	333288	355738	314412	149620	88016	49738	13168	5512
		y1103			0	296	578	1448	2426	2232	1548	1344	1172	130
		y1105					4628	30452	178220	541148	602824	358600	99322	80504
		y1107							0	50	850	1244	944	724
		y1108								62	36	458	1240	192

续表

合约品种	交易所	合约	1月	2月	3月	4月	5月	6月	7月	8月	9月	10月	11月	12月
大豆原油	DCE	y1109									12016	521048	483482	426546
		y1111											616	154
		y1112												2
棕榈油	DCE	p1001	0											
		p1002	0	0										
		p1003	100	26	0									
		p1004	202	26	8	0								
		p1005	9306	6902	4352	2910	0							
		p1006	304	284	300	254	76	0						
		p1007	26	582	580	576	574	0	0					
		p1008	130	104	422	404	260	246	0	0				
		p1009	304518	321734	251396	120142	51476	27404	12834	3982	0			
		p1010	476	542	778	532	236	210	174	102	0	0		
		p1011	132	294	262	360	558	532	700	752	594	0	0	
		p1012	804	904	922	930	1112	1422	270	344	266	158	0	0
		p1101	1826	7544	25452	169298	194780	226396	236766	161432	68396	24654	4048	866
		p1102		0	0	4	18	12	14	38	26	22	54	22
		p1103			8	684	282	236	158	300	294	264	256	164
		p1104				2	2	286	286	292	282	282	134	34
		p1105					256	1018	13172	99332	100746	111704	40640	20558
		p1106						2	6	536	242	262	236	36
		p1107							8	514	810	630	1120	30
		p1108								4	152	12	10	8
		p1109									1166	58300	166504	152554
		p1110										0	34	14
		p1111											302	160
		p1112												0

数据来源：上海期货交易所、郑州商品交易所、大连商品交易所

表 5－39　　2010 年金属期货合约月末持仓量

合约品种	交易所	合约	1月	2月	3月	4月	5月	6月	7月	8月	9月	10月	11月	12月
铜	SHFE	cu1001	4010											
		cu1002	8636	3510										
		cu1003	22344	11820	6440									
		cu1004	60246	35144	15510	9240								
		cu1005	234376	114098	39066	20970	9710							
		cu1006	37394	189812	89216	33696	18096	5850						
		cu1007	7346	28012	205386	104178	44164	18052	7140					
		cu1008	3946	6676	18356	158026	113670	39528	17112	4370				
		cu1009	2120	2632	6692	12738	166738	99034	37312	13600	4410			
		cu1010	2518	2532	3660	5836	14722	164104	112522	41428	13026	6240		

续表

合约品种	交易所	合约	1月	2月	3月	4月	5月	6月	7月	8月	9月	10月	11月	12月
铜	SHFE	cu1011	1316	1260	2532	3228	4932	18746	185814	85568	39586	15636	7700	
		cu1012	5430	5396	5404	6016	5980	9246	29670	179598	108764	48412	18240	8160
		cu1101	598	1376	768	774	1178	2222	4470	18168	117988	90006	31296	14600
		cu1102		192	618	690	752	906	1396	1972	4734	139936	55690	28740
		cu1103			548	818	1088	1404	1492	1844	2098	11196	161214	128702
		cu1104				256	1054	858	766	884	1092	1696	12074	177826
		cu1105					310	644	902	1034	1150	2306	6546	17372
		cu1106						298	402	598	692	920	1454	2330
		cu1107							170	364	414	482	862	1002
		cu1108								120	270	322	1122	1284
		cu1109									50	318	428	576
		cu1110										64	238	258
		cu1111											158	248
		cu1112												186
铝	SHFE	al1001	14680											
		al1002	21810	16660										
		al1003	35468	28390	18670									
		al1004	83234	58882	31416	25980								
		al1005	108346	96512	54192	30420	21500							
		al1006	49034	83214	113966	56496	36494	24130						
		al1007	33168	37408	67458	118176	61210	27506	15210					
		al1008	9146	9690	13210	54056	89018	55880	22440	10900				
		al1009	5040	5152	6278	17978	54478	85256	51704	26660	18730			
		al1010	2582	2864	2960	6936	16672	49736	92092	48460	25550	20270		
		al1011	1428	1394	1918	2950	6846	15568	58018	79994	40666	30040	25410	
		al1012	1078	1058	1484	1750	3840	4886	14862	83170	103232	61152	26130	18300
		al1101	50	102	214	308	912	1476	2818	14676	73008	119376	43246	23110
		al1102		24	188	218	922	1108	1428	2462	8734	85828	77608	41228
		al1103			74	230	3528	3596	3804	4052	5880	18734	64868	91900
		al1104				110	514	568	736	1058	1794	5204	14082	49552
		al1105					1524	3682	6530	6802	6980	8562	11818	16474
		al1106						70	126	216	336	1000	3034	8370
		al1107							46	288	298	350	1118	3654
		al1108								20	44	130	868	1366
		al1109									56	282	446	926
		al1110										62	74	260
		al1111											126	360
		al1112												90
锌	SHFE	zn1001	7480											
		zn1002	6458	4880										
		zn1003	12366	8940	10440									

续表

合约品种	交易所	合约	1 月	2 月	3 月	4 月	5 月	6 月	7 月	8 月	9 月	10 月	11 月	12 月
锌	SHFE	zn1004	37702	17758	10260	13180								
		zn1005	188626	89516	27126	13080	10450							
		zn1006	44672	162710	90538	29926	14512	8460						
		zn1007	4560	10080	161776	137210	35210	15488	9950					
		zn1008	1968	2320	6418	122742	109422	31974	8680	8730				
		zn1009	1002	1228	2000	8970	273244	127282	22396	9146	7800			
		zn1010	1896	2046	2338	2618	13614	268822	88098	20096	8740	12680		
		zn1011	478	620	638	1030	2012	21456	317938	57404	16850	15480	15310	
		zn1012	1030	1366	1488	1882	3486	7052	25332	368590	52004	23948	15290	12140
		zn1101	112	1316	1634	1704	2014	3410	8500	49870	220130	54416	18370	12800
		zn1102		14	62	500	524	848	1114	3686	13322	328274	72428	24676
		zn1103			1010	1412	1462	1734	3212	3470	4114	28760	274678	123976
		zn1104				42	170	442	1176	1094	1262	3096	13864	208326
		zn1105					174	430	1192	2412	2538	5240	12382	21076
		zn1106						206	618	2422	2448	2310	2422	2438
		zn1107							314	610	512	1628	2532	2768
		zn1108								78	216	2594	2984	2866
		zn1109									44	1234	1838	1750
		zn1110										776	1496	1636
		zn1111											170	102
		zn1112												8
黄金	SHFE	au1001	12											
		au1002	12	12										
		au1003	80	24	24									
		au1004	38	10										
		au1005	144	82	112	6								
		au1006	64946	61264	48962	5938	864	702						
		au1007	68	58	92	62	48	6	6					
		au1008	30	28	38	34	64	72	6					
		au1009	78	70	68	66	128	76	76	18	18			
		au1010	182	138	152	92	156	86	114	150	24	24		
		au1011	50	28	40	22	44	44	46	184	10			
		au1012	348	560	7808	51784	51022	53912	55000	50998	51560	6086	360	276
		au1101	2	2	10	42	58	72	202	94	68	148	170	60
		au1102		2	22	26	92	104	112	130	124	386	338	288
		au1103			2	38	28	88	196	124	92	88	110	148
		au1104				4	58	90	86	84	90	102	80	100
		au1105					6	16	10	18	40	90	116	92
		au1106						70	270	722	4518	55772	63820	77990
		au1107							2	6	8	40	48	56
		au1108								2			2	4

续表

合约品种	交易所	合约	1月	2月	3月	4月	5月	6月	7月	8月	9月	10月	11月	12月
黄金	SHFE	au1109									4	8	16	26
		au1110											52	46
		au1111											10	8
		au1112												18
螺纹钢	SHFE	rb1001	8400											
		rb1002	21378	11520										
		rb1003	61922	27932	16140									
		rb1004	40802	31958	9424	6120								
		rb1005	870164	727690	156942	27022	26400							
		rb1006	36662	41422	43322	26966	7440	3780						
		rb1007	7570	8058	8358	8186	7058	4500	4260					
		rb1008	3764	4740	5630	6166	17000	11070	8160	9660				
		rb1009	10704	10940	12024	15714	26228	16698	13974	7620	7020			
		rb1010	154466	376660	1114870	1170234	1216832	841566	322074	86854	9274	9300		
		rb1011	15734	19696	25748	24494	24128	20712	24562	21034	10660	8700	8520	
		rb1012	5628	12080	19702	19134	20532	20722	34174	35296	25632	16186	8822	8940
		rb1101	1920	8508	35522	42416	57082	171030	1203746	1113860	751058	219652	52764	6244
		rb1102		870	12940	10610	10624	8212	21410	20656	18166	19070	1496	1266
		rb1103			7084	7782	6984	5262	10264	11722	11250	11914	5442	3784
		rb1104				3520	3940	3448	10402	11744	11750	10324	8300	6658
		rb1105					2834	6988	40598	71792	298638	941652	635964	568186
		rb1106						158	572	590	902	1192	1396	1280
		rb1107							394	6038	6404	6240	5786	5056
		rb1108								498	368	452	356	352
		rb1109									36	1198	1260	1976
		rb1110										1990	23438	58614
		rb1111											8	544
线材	SHFE	wr1001	660											
		wr1002	660	600										
		wr1003	2040	1624	1680									
		wr1004	2448	2562	2520	2640								
		wr1005	11624	11584	8308	7680	6720							
		wr1006	902	768	802	368	360	540						
		wr1007	904	754	766	604	348							
		wr1008	976	876	904	932	438	152	20					
		wr1009	2806	2804	2812	2774	998	528	56					
		wr1010	3346	3102	3550	6096	4740	3780	2598	1548	196			
		wr1011	968	802	1044	1202	670	332	156	112	106	60		
		wr1012	46	42	64	66	84	88	62	74	50	8		
		wr1101	4	4	10	40	56	62	98	72	90	88	8	
		wr1102			4	14	6	6	12	14	20	24	16	2

续表

合约品种	交易所	合约	1月	2月	3月	4月	5月	6月	7月	8月	9月	10月	11月	12月
线材	SHFE	wr1103			14	16	32	28	44	38	32	32	14	6
		wr1104				6	4	4	6	6	12	10	2	4
		wr1105					8	10	10	32	32	56	56	36
		wr1106									2	6	2	2
		wr1107								4	6	2	2	2
		wr1108									292	16	16	16
		wr1109											2	4
		wr1110										2	6	6

数据来源：上海期货交易所

表 5－40　　　　2010 年化工期货合约月末持仓量

合约品种	交易所	合约	1月	2月	3月	4月	5月	6月	7月	8月	9月	10月	11月	12月
PTA	ZCE	TA001	13164											
		TA002	8828	6450										
		TA003	36866	17874	17662									
		TA004	1806	3962	9182	7714								
		TA005	127582	162438	88124	43732	42836							
		TA006	3062	1644	2450	3748	8392	8328						
		TA007	2394	424	460	872	1742	10848	14708					
		TA008	924	500	992	1400	1370	1300	5768	6306				
		TA009	4018	11626	152854	189754	231780	164054	104582	41072	22756			
		TA010	66	66	74	324	1594	1526	9224	28898	22344	15332		
		TA011	98	86	86	928	860	806	2054	4162	5478	4654	6370	
		TA012	1160	846	1100	3548	5226	3208	6672	4940	6088	10448	6580	4744
		TA101	14	1210	2628	20900	33066	55682	169210	270522	221504	154136	37024	26216
		TA102		48	2326	2068	1758	926	952	402	576	686	48	230
		TA103			1368	1502	1786	1982	3032	3270	2226	2130	202	264
		TA104				1534	1678	1870	2596	2254	2218	2040	344	212
		TA105					12	1158	1332	6950	6254	110730	165096	216522
		TA106						60	14	60	66	72	68	70
		TA107							8	1132	324	428	108	82
		TA108								14	56	168	8	12
		TA109									696	2732	3608	11678
		TA110										40	1246	418
		TA111											96	378
		TA112												26
聚乙烯	DCE	l1001	0											
		l1002	254	0										
		l1003	390	360	0									
		l1004	38	34	20	0								
		l1005	70530	53354	29334	9766	0							

续表

合约品种	交易所	合约	1月	2月	3月	4月	5月	6月	7月	8月	9月	10月	11月	12月
聚乙烯	DCE	l1006	266	264	510	224	156	0						
		l1007	1812	884	866	852	1216	638	0					
		l1008	176	178	218	204	214	684	852	0				
		l1009	402	724	95742	93700	99022	151308	94176	26754	0			
		l1010	6	8	424	848	846	892	326	184	732	0		
		l1011	54	922	1074	1354	1226	1262	2120	2038	2530	3972	0	
		l1012	0	0	0	2	964	260	1346	1388	3354	4546	3480	0
		l1101	810	1938	826	864	1114	5574	113166	192746	168448	189312	32762	28856
		l1102		0	6	2	10	8	12	6	10	40	102	80
		l1103			0	4	4	4	324	292	416	672	3172	7732
		l1104				2	392	22	36	16	14	480	712	258
		l1105					2	10	26	1104	3636	32388	101274	156484
		l1106						810	966	1002	550	794	700	158
		l1107							0	0	0	156	978	16
		l1108								268	8	12	2	4
		l1109									4	90	986	3264
		l1110										10	6	6
		l1111											4	10
		l1112												2
聚氯乙烯	DCE	v1001	0											
		v1002	5130	0										
		v1003	28440	22082	0									
		v1004	662	326	258	0								
		v1005	49402	46816	24162	8078	0							
		v1006	138	178	286	206	126	0						
		v1007	124	150	172	238	166	104	0					
		v1008	62	84	78	88	84	144	142	0				
		v1009	2870	2444	31436	83300	68528	51218	19114	2320	0			
		v1010	32	60	56	54	52	64	64	36	36	0		
		v1011	110	96	112	146	114	126	200	186	124	116	0	
		v1012	6	52	142	262	228	860	226	302	260	260	232	0
		v1101	2	38	62	160	724	2146	11876	41210	57902	48538	27486	21108
		v1102		2	4	2	2	0	0	4	4	6	10	6
		v1103			16	140	38	218	238	232	62	76	56	56
		v1104				0	0	4	6	4	2	2	2	0
		v1105					24	22	156	378	1020	10178	43646	74054
		v1106						6	4	2	2	2	4	34
		v1107							4	2	10	10	8	8
		v1108								40	0	128	102	138
		v1109									0	64	278	496
		v1110										2	6	6
		v1111											4	4
		v1112												10

数据来源：郑州商品交易所、大连商品交易所

表 5 - 41 **2010 年能源期货合约月末持仓量**

合约品种	交易所	合约	1 月	2 月	3 月	4 月	5 月	6 月	7 月	8 月	9 月	10 月	11 月	12 月
燃料油	SHFE	fu1003	22136	21640										
		fu1004	1172	820	1720									
		fu1005	142798	84746	25174	20820								
		fu1006	2524	5310	62846	8194	4460							
		fu1007	482	644	1002	21896	7034	5180						
		fu1008	108	94	102	310	752	400	340					
		fu1009	1644	1570	1954	5130	70406	56106	35488	28640				
		fu1010	308	276	514	534	638	1248	39090	18482	12780			
		fu1011	568	578	480	412	876	1334	2908	68532	8282	8080		
		fu1012	182	172	232	206	210	348	240	11562	33494	15598	15880	
		fu1101	24	56	122	156	206	400	540	2966	12914	90764	16126	15320
		fu1103			124	144	188	274	274	726	372	11708	71202	59222
		fu1104				38	46	40	42	94	54	128	296	252
		fu1105					128	256	198	162	218	950	5390	28092
		fu1106						16	28	62	52	80	118	396
		fu1107							76	76	78	94	128	126
		fu1108								128	86	180	150	128
		fu1109									54	74	540	648
		fu1110										88	94	104
		fu1111											26	48
		fu1112												36

数据来源：上海期货交易所

表 5 - 42 **2010 年金融期货合约月末持仓量**

合约品种	交易所	合约	1 月	2 月	3 月	4 月	5 月	6 月	7 月	8 月	9 月	10 月	11 月	12 月
沪深 300 股指期货	CFFEX	IF1005				16594	0							
		IF1006				3672	37324	0						
		IF1007					3630	43744	0					
		IF1008					0	6094	44856	0				
		IF1009				624	1516	2324	9342	52636	0			
		IF1010								5148	34778	0		
		IF1011									5404	52794	0	
		IF1012				946	2714	5408	6324	6388	8546	17064	40406	0
		IF1101											3738	43100
		IF1102												2142
		IF1103							1180	1500	1636	4392	7304	10990
		IF1106										1108	2018	3378

数据来源：中国金融期货交易所

表 5－43　　2010 年农产品期货实物交割情况

品种	交易所	合约	交割量	合约成交量	最高持仓量	最高持仓日期	交割金额	合约成交金额	结算价	交割率（%）		
										Ⅰ	Ⅱ	Ⅲ
橡胶	SHFE	ru1001	7636	49579252	165908	20091029	93235.56	455211126.29	24420	0.03	9.21	0.04
		ru1003	4957	27814722	225046	20091118	57362.73	303414648.83	23180	0.04	4.41	0.04
		ru1004	787	44908	2094	20100323	9941.89	525593.97	25760	3.50	75.17	3.78
		ru1005	2286	39763016	206094	20100113	26054.69	479867618.19	22795	0.01	2.22	0.01
		ru1006	1432	90890	3874	20100505	17746.06	1090412.42	24785	3.15	73.93	3.25
		ru1007	1859	142836	6208	20100111	21689.88	1665937.96	23335	2.60	59.89	2.60
		ru1008	1773	80280	5062	20100714	21852.23	914553.18	24650	4.42	70.05	4.78
		ru1009	1836	116216846	268370	20100325	23597.19	1361743321.16	25705	0.00	1.37	0.00
		ru1010	989	128294	4556	20100803	15178.68	1507163.48	30695	1.54	43.42	2.01
		ru1011	2183	56135308	247984	20100712	35419.18	611215671.74	32450	0.01	1.76	0.01
强麦	ZCE	WS001	1221	1541152	76730	20090703	2604.39	3313996.08	2130	0.16	3.18	0.16
		WS003	66	13826	1990	20090414	147.51	29709.15	2193	0.95	6.63	0.99
		WS005	3478	1646256	65776	20090901	7776.81	3580498.46	2241	0.42	10.58	0.43
		WS007	785	68254	7448	20100513	1703.34	150063.83	2179	2.30	21.08	2.27
		WS009	886	1168608	48318	20100421	2128.17	2662677.74	2388	0.15	3.67	0.16
		WS011	601	11072	1314	20101019	1492.28	26096.18	2448	10.86	91.48	11.44
硬麦	ZCE	WT001	32	10804	1530	20090615	60.35	20902.27	1880	0.59	4.18	0.58
		WT003	14	3454	208	20091225	26.81	6690.03	1852	0.81	13.46	0.80
		WT005	50	6674	1236	20100304	91.20	12813.97	1825	1.50	8.09	1.42
		WT007	36	2852	164	20091021	70.47	5515.87	1960	2.52	43.90	2.56
		WT009	161	7426	452	20100702	316.49	14598.29	1924	4.34	71.24	4.34
		WT011	100	7054	596	20100901	201.90	14709.09	2019	2.84	33.56	2.75
一号棉花	ZCE	CF001	4672	1970362	60178	20091020	36780.32	13733336.70	15335	0.47	15.53	0.54
		CF003	4920	116314	9614	20100104	39358.72	885315.06	16035	8.46	102.35	8.89
		CF005	6188	14587204	284988	20091228	52329.44	116335304.29	17205	0.08	4.34	0.09
		CF007	1736	258026	18842	20100507	16205.80	2189026.42	18475	1.35	18.43	1.48
		CF009	300	20857082	266276	20100319	2813.25	178336089.85	19500	0.00	0.23	0.00
		CF011	112	730080	41292	20100706	1765.40	6230043.41	30240	0.03	0.54	0.06
菜籽油	ZCE	RO001	2910	3463612	89514	20090713	11793.13	13282693.15	7978	0.17	6.50	0.18
		RO003	20	8798	1736	20090922	76.94	33912.67	7608	0.45	2.30	0.45
		RO005	1647	2378404	70600	20091113	6507.30	9580776.40	7884	0.14	4.67	0.14
		RO007	10	5048	1060	20100106	40.25	20242.68	8050	0.40	1.89	0.40
		RO009	9299	5753642	125408	20100323	40356.31	23647625.49	8750	0.32	14.83	0.34
		RO011	0	10020	1018	20100118	0	41385.00	9312	0.00	0.00	0.00
白糖	ZCE	SR001	5890	31851016	383664	20090619	30896.57	132682099.77	5030	0.04	3.07	0.05
		SR003	6824	434322	23414	20090909	36380.50	1934241.44	5045	3.14	58.29	3.76
		SR005	6712	104240442	657670	20091103	32788.18	486544998.71	4820	0.01	2.04	0.01
		SR007	5570	504318	30244	20100412	29125.98	2483173.21	5213	2.21	36.83	2.35
		SR009	3658	174017264	883190	20100104	20137.29	941923589.39	5594	0.00	0.83	0.00
		SR011	774	531904	13366	20100906	5622.34	2852422.31	7181	0.29	11.58	0.39

续表

品种	交易所	合约	交割量	合约成交量	最高持仓量	最高持仓日期	交割金额	合约成交金额	结算价	交割率（%）		
										Ⅰ	Ⅱ	Ⅲ
早籼稻	ZCE	ER001	2012	1464590	68138	20090831	4011.93	3038394.80	1988	0.27	5.91	0.26
		ER003	1691	89764	6696	20091209	3336.34	182438.19	2008	3.77	50.51	3.66
		ER005	2033	2163426	96972	20091215	3866.77	4515167.34	1915	0.19	4.19	0.17
		ER007	657	240722	25388	20100426	1253.85	476180.80	1873	0.55	5.18	0.53
		ER009	743	4202042	158592	20100420	1521.66	8870030.54	1991	0.04	0.94	0.03
		ER011	743	26320	1832	20101025	1691.81	56000.44	2333	5.65	81.11	6.04
玉米	DCE	c1001	236	4829322	262908	20090710	422.02	7922529.87	1788	0.01	0.18	0.01
		c1003	7	17338	1826	20090713	12.44	29481.34	1777	0.08	0.77	0.08
		c1005	470	15525098	403034	20090828	900.79	26992744.85	1917	0.01	0.23	0.01
		c1009	3565	12372690	305364	20100111	7156.02	23580977.14	2007	0.06	2.33	0.06
		c1011	120	31320	778	20101011	251.88	60576.05	2099	0.77	30.85	0.83
黄大豆1号	DCE	a1001	26	17075240	280152	20090525	106.78	61092231.50	4107	0.00	0.02	0.00
		a1003	6	10762	262	20081124	23.12	38726.93	3853	0.11	4.58	0.12
		a1005	208	17767194	281678	20090922	818.76	65172406.09	3936	0.00	0.15	0.00
		a1005	10606	17767580	281678	20090922	40530.56	65172406.09	3821	0.12	7.53	0.12
		a1007	111	19828	1462	20091209	405.38	77356.13	3652	1.12	15.18	1.05
		a1009	2137	40998094	455246	20091130	8042.33	160925516.59	3763	0.01	0.94	0.01
		a1011	142	34066	1430	20100510	573.52	130523.29	4039	0.83	19.86	0.88
豆粕	DCE	m1001	450	62414330	627662	20090720	1519.20	180502029.92	3376	0.00	0.14	0.00
		m1003	92	58164	528	20090831	268.64	168999.55	2920	0.32	34.85	0.32
		m1005	3952	106562078	1138622	20090831	11954.80	306543389.62	3025	0.01	0.69	0.01
		m1007	300	360850	11638	20090914	803.40	1030885.44	2678	0.17	5.16	0.16
		m1009	1100	105874872	1113916	20091208	3443.00	307409306.21	3130	0.00	0.20	0.00
		m1011	155	154482	2582	20100531	523.28	446989.51	3376	0.20	12.01	0.23
豆油	DCE	y1001	3169	37956360	420886	20090710	24434.27	279664863.65	7710	0.02	1.51	0.02
		y1003	60	17354	1136	20091216	433.82	130499.92	7230	0.69	10.56	0.66
		y1005	4205	50653884	499442	20090909	30486.25	370605367.86	7250	0.02	1.68	0.02
		y1007	48	48220	2314	20100125	336.10	355071.84	7002	0.20	4.15	0.19
		y1008	27	14306	2126	20100319	196.83	107857.26	7290	0.38	2.54	0.36
		y1009	6324	81068244	755720	20100125	48275.07	621095389.93	7634	0.02	1.67	0.02
		y1011	191	54738	2718	20100727	1725.80	417548.51	9036	0.70	14.05	0.83
		y1012	1	28374	2920	20100826	8.57	219085.61	8574	0.01	0.07	0.01
棕榈油	DCE	p1001	1825	22689656	296042	20090728	12483.00	134912004.15	6840	0.02	1.23	0.02
		p1003	13	5866	346	20090918	89.96	36942.99	6920	0.44	7.51	0.49
		p1004	2	5722	326	20090918	13.06	35822.14	6532	0.07	1.23	0.07
		p1005	1189	28364652	254966	20090811	8001.97	177565943.47	6730	0.01	0.93	0.01
		p1006	38	11336	546	20100115	235.98	74888.54	6210	0.67	13.92	0.63
		p1009	1991	44141502	397838	20100309	14534.30	304951203.42	7300	0.01	1.00	0.01

数据来源：上海期货交易所、郑州商品交易所、大连商品交易所

注：交割量、交割额（不含期转现）单边统计，其他数据双边统计。

表 5－44　　2010 年金属期货实物交割情况

品种	交易所	合约	交割量	合约成交量	最高持仓量	最高持仓日期	交割金额	合约成交金额	结算价	交割率（%）		
										Ⅰ	Ⅱ	Ⅲ
铜	SHFE	cu1001	2005	9959658	217242	20091026	60510.90	247291944.66	60360	0.04	1.85	0.05
		cu1002	1755	4923554	194682	20091116	46393.43	129309618.75	52870	0.07	1.80	0.07
		cu1003	3220	6812100	189160	20091208	93202.90	187941532.97	57890	0.09	3.40	0.10
		cu1004	4620	6013222	172100	20100106	142041.90	178992245.88	61490	0.15	5.37	0.16
		cu1005	4855	9736284	234376	20100129	131254.93	278473960.56	54070	0.10	4.14	0.09
		cu1006	2925	8653984	219192	20100304	76825.13	255545414.91	52530	0.07	2.67	0.06
		cu1007	3570	8088912	233006	20100406	95711.70	246860901.62	53620	0.09	3.06	0.08
		cu1008	2185	10667982	212040	20100507	62523.78	298420725.38	57230	0.04	2.06	0.04
		cu1009	2205	12567028	220308	20100609	65190.83	332994151.91	59130	0.04	2.00	0.04
		cu1010	3120	11159676	215290	20100720	98233.20	296507993.75	62970	0.06	2.90	0.07
		cu1011	3850	8512664	210008	20100805	124971.00	242082073.32	64920	0.09	3.67	0.10
		cu1012	4080	7937098	199934	20100901	137108.40	233472256.83	67210	0.10	4.08	0.12
铝	SHFE	al1001	7340	1967078	119678	20091028	63142.35	14937750.76	17205	0.75	12.27	0.85
		al1002	8330	1507442	129290	20091123	66244.33	11764963.15	15905	1.11	12.89	1.13
		al1003	9335	2723926	143776	20091214	75800.20	22234306.75	16240	0.69	12.99	0.68
		al1004	12990	4922832	175814	20100112	106420.58	43123573.72	16385	0.53	14.78	0.49
		al1005	10750	5028444	117644	20100201	79791.88	42620288.01	14845	0.43	18.28	0.37
		al1006	12065	3133074	131332	20100325	86566.38	26208415.17	14350	0.77	18.37	0.66
		al1007	7605	2925408	161118	20100416	55611.56	24221846.00	14625	0.52	9.44	0.46
		al1008	5450	2301006	91602	20100524	41420.00	17831162.30	15200	0.47	11.90	0.46
		al1009	9365	2567644	99966	20100621	71267.65	19181632.05	15220	0.73	18.74	0.74
		al1010	10135	1703372	96638	20100726	81257.36	12933485.56	16035	1.19	20.98	1.26
		al1011	12705	2120984	110234	20100810	103259.89	16536449.75	16255	1.20	23.05	1.25
		al1012	9150	2339198	142104	20100907	73360.13	18499650.83	16035	0.78	12.88	0.79
锌	SHFE	zn1001	3840	5950778	185138	20091026	38506.85	49334045.39	20030	0.13	4.15	0.16
		zn1002	2970	4522996	165170	20091118	25155.10	40127691.65	16840	0.13	3.60	0.13
		zn1003	5220	6927796	152132	20091211	46901.70	65288087.09	17970	0.15	6.86	0.14
		zn1004	6590	7775240	168020	20100105	62011.90	81006891.67	18820	0.17	7.84	0.15
		zn1005	5225	16635960	216286	20100126	41107.69	155230644.98	15735	0.06	4.83	0.05
		zn1006	4300	15357560	188732	20100324	30771.60	143081522.58	14300	0.06	4.56	0.04
		zn1007	4975	12222604	223552	20100408	37163.25	116184200.94	14940	0.08	4.45	0.06
		zn1008	4445	16597934	227176	20100511	37105.93	136539683.11	16700	0.05	3.91	0.05
		zn1009	3900	36672448	348134	20100604	33549.75	275347013.48	17205	0.02	2.24	0.02
		zn1010	6340	42127446	326512	20100706	59865.45	320010770.62	18885	0.03	3.88	0.04
		zn1011	7655	23697204	343958	20100728	70253.76	196408267.53	18355	0.06	4.45	0.07
		zn1012	6070	33686572	382172	20100826	55297.70	293692283.02	18220	0.04	3.18	0.04
黄金	SHFE	au1001	6	10450	716	20091112	146.02	242477.29	241.36	0.11	1.68	0.12
		au1002	6	3530	170	20091202	145.90	86010.72	240.00	0.34	7.06	0.34
		au1003	12	4566	136	20091223	291.59	113731.22	240.31	0.53	17.65	0.51
		au1006	351	4643920	109054	20100106	9247.45	115248372.79	249.76	0.02	0.64	0.02

续表

品种	交易所	合约	交割量	合约成交量	最高持仓量	最高持仓日期	交割金额	合约成交金额	结算价	交割率（%）		
										Ⅰ	Ⅱ	Ⅲ
黄金	SHFE	au1007	3	3616	138	20091224	81.91	89745.85	271.68	0.17	4.35	0.18
		au1009	9	5176	170	20100526	242.59	133246.88	273.64	0.35	10.59	0.36
		au1010	12	5270	252	20100825	339.50	136868.68	289.00	0.46	9.52	0.50
		au1012	138	3435762	66788	20100621	4098.88	91958254.33	297.50	0.01	0.41	0.01
螺纹钢	SHFE	rb1001	4200	74874542	1074998	20091021	16669.80	288239416.90	3969	0.01	0.78	0.01
		rb1002	5760	46831886	925730	20091110	22003.20	190397826.62	3820	0.02	1.24	0.02
		rb1003	8070	6356510	189126	20091113	32296.14	26458555.17	4002	0.25	8.53	0.24
		rb1004	3060	563622	53150	20100104	13522.14	2384609.62	4419	1.09	11.51	1.13
		rb1005	13200	107231480	1028662	20091228	52021.20	468917164.04	3941	0.02	2.57	0.02
		rb1006	1890	839192	52834	20100317	7552.44	3715391.64	3996	0.45	7.15	0.41
		rb1007	2130	167154	9642	20100311	7983.24	733593.42	3748	2.55	44.18	2.18
		rb1008	4830	167216	17036	20100601	19841.64	710893.80	4108	5.78	56.70	5.58
		rb1009	3510	400888	26686	20100601	15489.63	1748557.77	4413	1.75	26.31	1.77
		rb1010	4650	189301690	1434070	20100416	20074.05	837893185.23	4317	0.00	0.65	0.00
		rb1011	4260	593302	26088	20100416	19770.66	2631642.02	4641	1.44	32.66	1.50
		rb1012	4470	338272	36540	20100823	21688.44	1482741.80	4852	2.64	24.47	2.93
线材	SHFE	wr1001	330	174374	12182	20091026	1290.30	653261.08	3910	0.38	5.42	0.40
		wr1002	300	100802	8494	20091123	1118.40	390389.37	3728	0.60	7.06	0.57
		wr1003	840	31804	2736	20091228	3297.84	125656.72	3926	5.28	61.40	5.25
		wr1004	1320	21970	2650	20100319	5880.60	90316.98	4455	12.02	99.62	13.02
		wr1005	3360	162668	11676	20100128	13618.08	688450.95	4053	4.13	57.55	3.96
		wr1006	270	14982	970	20100317	1105.65	63008.23	4125	3.60	55.67	3.51

数据来源：上海期货交易所

注：交割量、交割额（不含期转现）单边统计，其他数据双边统计。

表 5－45　　　　2010 年化工期货合约实物交割情况

品种	交易所	合约	交割量	合约成交量	最高持仓量	最高持仓日期	交割金额	合约成交金额	结算价	交割率（%）		
										Ⅰ	Ⅱ	Ⅲ
PTA	ZCE	TA001	6641	19363738	228676	20091111	26848.10	74195057.78	8162	0.07	5.81	0.07
		TA002	4420	14989826	157098	20091217	17511.50	59307192.01	8102	0.06	5.63	0.06
		TA003	10853	10208822	168978	20100106	44240.93	41961691.25	8122	0.21	12.85	0.21
		TA004	4519	87148	10050	20100329	18691.25	351076.49	8240	10.37	89.93	10.65
		TA005	22988	16460352	181500	20100308	89401.06	67702661.20	7350	0.28	25.33	0.26
		TA006	4352	55278	8708	20100526	15506.18	212129.04	7150	15.75	99.95	14.62
		TA007	7821	50486	14708	20100713	27586.60	190992.67	7018	30.98	106.35	28.89
		TA008	3300	42690	6306	20100812	11932.22	161144.14	7194	15.46	104.66	14.81
		TA009	16166	29402784	285552	20100525	59673.24	113356957.04	7426	0.11	11.32	0.11
		TA010	7780	183728	32886	20100908	32821.14	711953.07	8408	8.47	47.31	9.22
		TA011	3804	84104	8032	20101104	17925.32	343216.06	10006	9.05	94.72	10.45
		TA012	3155	177676	15092	20101025	14687.68	743873.61	9514	3.55	41.81	3.95

续表

品种	交易所	合约	交割量	合约成交量	最高持仓量	最高持仓日期	交割金额	合约成交金额	结算价	交割率（%）		
										Ⅰ	Ⅱ	Ⅲ
聚乙烯	DCE	l1001	2191	8608684	97034	20091120	12888.56	47185317.05	11765	0.05	4.52	0.05
		l1002	127	262802	3014	20090909	723.58	1467910.33	11395	0.10	8.43	0.10
		l1003	177	62338	902	20091125	976.16	326935.71	11030	0.57	39.25	0.60
		l1004	10	19036	2088	20090513	56.25	99182.02	11250	0.11	0.96	0.11
		l1005	3688	22050016	129098	20100316	19251.36	129361857.13	10440	0.03	5.71	0.03
		l1006	74	27118	1988	20100121	347.80	159753.84	9400	0.55	7.44	0.44
		l1007	318	27610	2570	20100122	1420.67	161323.84	8935	2.30	24.75	1.76
		l1008	420	5632	888	20100121	2042.25	30554.05	9725	14.91	94.59	13.37
		l1009	14358	37884970	212914	20100716	72400.22	188967547.29	10085	0.08	13.49	0.08
		l1010	513	15082	1466	20101013	2831.76	78785.97	11040	6.80	69.99	7.19
		l1011	1949	42344	4332	20101103	11616.04	225802.31	11920	9.21	89.98	10.29
		l1012	1744	33506	4888	20101105	9247.56	184611.79	10605	10.41	71.36	10.02
		l1101	480	44598146	295420	20100908	2592.00	241885917.76	10800	0.00	0.32	0.00
聚氯乙烯	DCE	v1001	13296	6821818	130378	20091118	48596.88	23793934.12	7310	0.39	20.40	0.41
		v1002	3780	2101402	19178	20091123	13173.30	7430864.05	6970	0.36	39.42	0.35
		v1003	11215	9365184	162900	20091214	40149.70	35165479.81	7160	0.24	13.77	0.23
		v1004	330	879146	10174	20091207	1221.83	3315383.55	7405	0.08	6.49	0.07
		v1005	5045	3201422	58854	20100311	18149.39	12298318.37	7195	0.32	17.14	0.30
		v1006	428	38634	2418	20090624	1514.05	144950.81	7075	2.22	35.40	2.09
		v1007	52	36894	1166	20090924	176.15	138790.99	6775	0.28	8.92	0.25
		v1008	74	35020	702	20091111	262.52	127707.54	7095	0.42	21.08	0.41
		v1009	1138	4489478	111876	20100415	4244.74	16767578.87	7460	0.05	2.03	0.05
		v1010	18	2976	82	20100721	72.45	11367.85	8050	1.21	43.90	1.27
		v1011	102	6274	346	20100908	420.24	24112.75	8240	3.25	58.96	3.49
		v1012	116	5436	860	20100624	461.97	20429.40	7965	4.27	26.98	4.52

数据来源：郑州商品交易所、大连商品交易所

注：交割量、交割额（不含期转现）单边统计，其他数据双边统计。

表 5－46　　2010 年能源期货实物交割情况

品种	交易所	合约	交割量	合约成交量	最高持仓量	最高持仓日期	交割金额	合约成交金额	结算价	交割率（%）		
										Ⅰ	Ⅱ	Ⅲ
燃料油	SHFE	fu1001	9230	4039214	107760	20091027	38304.50	16496634.90	4167	0.46	17.13	0.46
		fu1003	10820	8334122	191538	20091209	47315.86	35951924.29	4438	0.26	11.30	0.26
		fu1004	860	57294	3398	20091209	3922.46	251412.36	4570	3.00	50.62	3.12
		fu1005	10410	8037618	173120	20100106	49103.97	36634518.86	4715	0.26	12.03	0.27
		fu1006	2230	1202726	68168	20100329	9704.96	5605919.43	4325	0.37	6.54	0.35
		fu1007	2590	452552	32896	20100514	11087.79	2102632.41	4193	1.14	15.75	1.05
		fu1008	170	16554	1106	20100517	714.85	75347.60	4243	2.05	30.74	1.90
		fu1009	14320	2273570	75872	20100604	61504.40	9935697.74	4267	1.26	37.75	1.24
		fu1010	6390	798922	58456	20100809	27445.05	3534822.98	4280	1.60	21.86	1.55
		fu1011	4040	1370040	75944	20100901	18111.32	6047528.41	4434	0.59	10.64	0.60
		fu1012	7940	742442	42184	20100928	35626.78	3333365.70	4505	2.14	37.64	2.14

数据来源：上海期货交易所

注：交割量、交割额（不含期转现）单边统计，其他数据双边统计。

表 5－47 2010 年金融期货交割情况

品种	交易所	合约	交割量	合约成交量	最高持仓量	最高持仓日期	交割金额	合约成交金额	结算价	交割率（%）		
										Ⅰ	Ⅱ	Ⅲ
沪深 300 股指期货	CFFEX	IF1005	640	6677484	20300	20100506	52789.63	605513594.23	2749.5	0.02	6.31	0.02
		IF1006	1394	12292622	37424	20100603	113645.85	1032976955.40	2717.5	0.02	7.45	0.02
		IF1007	1245	11530858	48238	20100702	96952.76	919106713.63	2595.8	0.02	5.16	0.02
		IF1008	546	16241590	52094	20100728	47694.47	1367213220.67	2911.8	0.01	2.10	0.01
		IF1009	926	11764070	56062	20100819	79634.98	1033925713.72	2866.6	0.02	3.30	0.02
		IF1010	710	4815018	46914	20100920	70517.70	430145678.52	3310.7	0.03	3.03	0.03
		IF1011	1113	10897856	61052	20101025	104201.17	1131014759.24	3120.7	0.02	3.65	0.02
		IF1012	1351	11757102	58370	20101118	130557.26	1138823399.32	3221.3	0.02	4.63	0.02

数据来源：中国金融期货交易所

注：交割量、交割额（不含期转现）单边统计，其他数据双边统计。

交割率 1 = 交割量/合约成交量；交割率 2 = 交割量/最高持仓量；交割率 3 = 交割金额/合约成交金额。

表 5－48 2010 年农产品期货交割仓库明细

品种	交易所	交割仓库	库容	地址	电话
天胶	SHFE	海南新思科电子商务有限公司	16000	海南省海口市长流金盘永桂开发区永桂路 9 号	0898－66700097
		海南省海口港集团（货运公司）	18000	海南省海口市秀英码头海港大厦 3 楼	0898－68652597
		山东储备物资管理局八三二处	22000	山东省青岛市城阳区京城路 80 号	0532－87756153
		山东省奥润特贸易有限公司	18000	山东省青岛市李沧区长顺路 15 号	0532－84816601
		上海长桥物流有限公司	20000	上海市老沪闵路 1070 号	021－64106734
		上海晶通化轻发展有限公司	16000	上海市南大路 478 号	021－62843206
		中储发展股份有限公司	20000	天津市北辰区天穆村顺义道	022－86563406
		云南天然橡胶储运中心	15000	云南省昆明市东郊凉亭	0871－3914605
		中储发展股份有限公司	35000	上海市南大路 137 号	021－52843316
硬白小麦	ZCE	南京铁心桥国家粮食储备库	不限	南京市雨花台区铁心桥镇吾尚村	025－52891674 13605152082
		中央储备粮西安大明宫直属库		西安市北二环东段井上村	029－86717588 13571800588
		中央储备粮徐州直属库		江苏省徐州市铜山新区	0516－83530510 13805207361
		河南濮阳国家粮食储备库		河南省濮阳市石化路东段	0393－8111921 13903933600
		河北藁城国家粮食储备有限责任公司		藁城市永安路新桥西 169 号	0311－88198155 13731185811
		邢台国家粮食储备分库有限责任公司		邢台市守敬南路 119 号	0319－2024128 13932972669
		德州天马粮油食品集团有限公司		德州经济开发区湘江路 1 号	0534－2561179 13639483168
		江苏省扬子江现代粮食物流中心		江苏省靖江市经济开发区新港园区	0523－84206589 13382588868
		中国华粮物流集团南通粮油接运有限责任公司		南通市任港路 62 号	0513－83508460 13951411759
		中谷江阴工贸储运有限公司		江阴市经济开发区定山路 2 号	0510－86408269 13961613775
		济宁市兖州粮库		兖州市酒仙桥北路 3 号	0537－3418727 15964732618
		河南新乡铁西国家粮食储备库		新乡市卫滨区立东路 3 号	0373－2617024 13849362060
		河南安阳安林国家粮食储备库		安阳市柏庄镇青春村	0372－8798529 15037255816
		河北柏乡国家粮食储备库		河南省柏乡县镇内（柏镇路南侧）	0319－7702677 13831933076
优质强筋小麦	ZCE	山东济宁市第一粮库	不限	山东省济宁市车站西路 67 号	0537－2250416 13345198339
		陕西西瑞粮食储备库有限公司		西安西站 108 专线	029－84416564 13991944341

续表

品种	交易所	交割仓库	库容	地址	电话
优质强筋小麦	ZCE	河南新乡新华国家粮食储备库	不限	新乡市解放路425号	0373－2117199 13598681960
		河北藁城永安国家粮食储备库		河北藁城永安路18号	0311－88199970 13582026905
		河北省粮食局直属机械化粮油储备库		河北省元氏县城北	0311－84626134 1391129002
		河北邢台国家粮食储备库有限公司		邢台市中兴西大街36号	0319－2166003 13503289866
		衡水和平国储粮有限责任公司		衡水市和平东路道岔街4号	0318－2057008 13603189586
		荷泽市粮油中转储备库		菏泽市人民南路43号	0530－5967760 13853050340
		徐州国家粮食储备库		徐州市下淀路174号	0516－83643222 13705213101
		河南濮阳皇甫国家粮食储备库		河南濮阳市高新区黄河路西段	0393－8998052 13083899999
		河南郑州兴隆国家粮食储备库		郑州市南阳路北段粮仓路1号	0371－63752525 13838149938
早籼稻	ZCE	湖南金霞粮食产业有限公司	不限	湖南省长沙市开福区芙蓉中路一段160号	0731－84471311 13607487349
		湖南金健粮油实业发展有限责任公司		湖南省常德市德山开发区崇德路	0736－7308680 13873659639
		湖南永州下河国家粮食储备库		湖南省永州市冷水滩区零陵路411号	0746－8466615 13874607385
		中国华粮物流集团城陵矶港口库		湖南岳阳城陵矶桂花园路1号	0730－8571866 13975090668
		湖南益阳粒粒晶粮食购销公司		湖南省益阳市赫山区兰溪镇	0737－3279800 15898409228
		湖南赤山国家粮食储备库		湖南省沅江市南嘴镇沅南路8号	0737－2286511 13907373286
		湖南粮食中心批发市场		湖南省长沙市新河路470号	0731－84497522 13907316619
		江西省温圳粮库		江西省进贤县温圳镇城北大道169号	0791－5540486 13807001492
		九江市粮油总公司储备仓库		江西省九江市滨江路577号五丰大厦9楼	0792－8138902 13979289831
		江西樟树国家粮食储备库		江西樟树市药都北大道15号	0795－7348126 13970568889
		江西中储粮吉安直属库		江西省吉安市青原区学苑路19号	0796－8188130 13807969801
		江西中储粮万年直属库		江西万年县城六零南大道82号	0793－3841888 15807933601
		武汉市大花岭粮食储备库		湖北省武汉市江夏区大桥街环岭路18号	027－81946536 13098868698
		浙江嘉善银粮国家粮食储备库		浙江省嘉善县开源路298号	0573－84161295 13506835071
		广东华南粮食交易中心有限公司		广州市天河区体育东路116－118号财富广场6楼	020－38811797 13760696786
		万福生科（湖南）农业开发股份有限公司		湖南省桃源县陬市镇桂花路1号	13707428989
		广西宾阳黎塘国家粮食储备库		广西宾阳县黎塘镇永安东路228号	13978683020
		中央储备粮南昌直属库		江西省南昌市庐山中大道911号支路	13907008101
		江西省粮油集团新干购销有限公司		江西省新干县城南工业园	13170877700
白砂糖	ZCE	广西中糖物流有限公司	不限	广西北海市深水港旁	13977925955 0779－3905169 13877930305
		广西南宁国家粮食储备库		广西南宁市新阳路292号	0771－3158892 13607716286 13978683020
		广西柳州国家粮食储备库		广西柳州市柳太路11－1号	0772－3735278 18907722217 0772－3735236 18907723599
		广西荣桂贸易公司		手续：广西南宁市竹溪大道中段43号荣桂商厦B座六楼	0771－5757651 13978149898
				提货：钦州市钦州港经济开发区勒沟作业区	0777－3888538 13877726676
		广西储备物资管理局九三一处		广西南宁市五一西路15－2号	0771－4985887 13907712293 0771－4981936 13807715579

续表

品种	交易所	交割仓库	库容	地址	电话
白砂糖	ZCE	广西鼎华商业股份有限公司		南宁市五一西路48号	13347500833 0771－4862156 13978668986
		广西柳州桂糖有限责任公司		柳州市航生路9号	0772－3213992 13977219332 13768896068
		昆明国家粮食储备有限公司		云南省昆明市东郊小石坝黄龙山	0871－7330035 13888171852
		云南广大铁路物资储运有限公司		云南祥云火车站、大理东火车站	0878－3399195 13987072245 13987872909
		湛江糖库储运有限公司		湛江市霞山区南山村	0759－3306501 13802828047 13828243008
		佛山市华商物流有限公司		广东省佛山市南海区小塘工业大道（小塘段）45号	0757－86666836 13790003900 0757－86667500 13790003929 15011699452
		上海东方通海物流有限公司		上海市凉闵行区吴泾镇通海路315号	021－64501854 13386161203
		天津中糖华丰物流有限公司		天津市西青区中北镇东姜井村南	022－27515479 13702162792 022－27513708 13920103115
		浙商糖酒集团有限公司		杭州市拱康路158号	0571－88041202 13515716716
		营口港务集团有限公司		辽宁省营口市鲅鱼圈新港大路1号	0417－6268751 13841790121 13504170439
		中国糖酒集团成都有限公司		德阳市旌阳区经济集中发展区	0838－2801297 13508010267 13880691371
		中糖世纪股份有限公司湖北分公司		武汉市解放大道1127号富商大厦六楼	027－83603206 13907105562 027－83603469 13907157793
		佛山市顺德区中糖储备糖库		佛山市顺德区大良沙头	0757－22321735 13928882261 15899568082
		东莞市制糖厂有限公司		东莞市中堂镇	0769－88881332 13602390162 13712175056
		日照凌非华商仓储有限公司		日照市西安路南首	0633－3601359 13906339731 13306338709
		青岛中糖海湾物流有限公司		青岛高新区新产业团地（青岛市城阳区红岛街道北）	0532－66965882 15964557680
		中国储备棉管理总公司天津直属库		天津市东丽区华明镇北坨村北	022－84828798 13820689315
		中国华粮物流集团青山港口库		湖北省武汉市青山区建设一路四号	027－86537379 13907130162 027－8653738 13476166548
		武汉市大花岭粮食储备库		武汉市江夏区大桥街环岭路18号	027－81949291 15827603864
		广东湛江金海粮油有限公司		广东省湛江市霞山区新尚路13号	0759－2201352 13326518798
		徐州恒富仓储管理有限公司		徐州市下淀路160号	0516－83643363 13685136868
		安徽中谷国家粮食储备库		合肥市双凤经济开发区中粮工业园	0551－2686661 13966689800
		中储发展股份有限公司郑州南阳寨分公司		郑州市兴隆铺路9号	0371－63720132 13613842271
		中糖世纪股份有限公司河南分公司		新郑市和庄镇道西北4号	0371－66250707 13703955700

续表

品种	交易所	交割仓库	库容	地址	电话
白砂糖	ZCE	海口港集装箱码头有限公司		海南省海口市滨海大道96号海口港第二作业区内	0898－68623716 13389822888 0898－68652597 13876355793
		云南新储物流有限公司		云南省昆明市凉亭路156号	13987160969 13518733634
		广西黑五类物流有限公司		广西南宁市江南区五一西路48号沙井仓库	13978827973 15607715302
		广西荣桂贸易公司来宾仓储分公司		广西来宾市盘古大道	13978291363
		河北藁城永安国家粮食储备库		藁城市永安路18号	0311－88199970 13582026905
		陕西西瑞粮食储备库有限公司		西安市丰禾路56号	029－84416564 13991944341 029－84416007 13363910986
		天津市军粮城机米厂		天津市东丽区军粮城大街193号	022－24360539 13001373168
		河北藁城国家粮食储备有限责任公司		藁城市永安路新桥西169号	0311－88198155 13731185811
		邢台国家粮食储备分库有限责任公司		河北省邢台市守敬南路119号	0319－2024128 13932972669
菜籽油	ZCE	东海粮油工业（张家港）有限公司	不限	江苏省张家港市金港镇	0512－58388228 13812990889
		中粮粮油安徽有限公司		安徽省合肥市双凤工业区中谷园	0551－2686661 13655518719
		益海嘉里（武汉）粮油工业公司		湖北省武汉市东西湖区慈惠农场良种站	027－83241031 13907115515
		中粮祥瑞粮油工业（荆门）有限公司		湖北省钟祥市莫愁湖经济开发区	0724－4285729 13774057872
		浙江新市油脂股份有限公司		浙江省德新县新市镇塔园路1号	0572－8444090 13957260990
		泰州市过船港务有限公司		江苏省泰兴市经济开发区沿江路2号	13801490696
		湖北奥星粮油工业有限公司		湖北省老河口市城东工业园区汉江大道中段7号	0710－8222177 15997180338
		荆州金楚科技有限公司		湖北省荆州市开发区三湾路72号	0716－4308906 18972155678
		益海（广汉）粮油饲料有限公司		四川省（德阳市）广汉市湘潭路一段80号	0838－5303973 13881091003
		岳阳鲁良新元粮油工业有限公司		湖南省岳阳市城陵矶港长江路2号	0730－8571612 13981060803
		中储粮镇江粮油有限公司		镇江市京口区谏壁镇粮山村	0511－83355571 15051115966
		中储粮合肥油脂库		合肥市蒙城北路双凤经济开发区	0551－2917588 13721109885
		西安油脂公司油脂库		西安市北二环余家寨	029－86712046 13772095917
		南京铁心桥国家粮食储备库		南京市栖霞区石埠桥河西里1号	025－52890848 13851421688
一号棉	ZCE	河南储备物资管理局四三二处	不限	河南省获嘉县史庄镇南	0373－5965905 13569868886 0373－5965918 13598695666
		南阳红棉仓储有限公司		河南省南阳市光武西路万商街9号	0377－63293168 13507638377 0377－63296339 13838776788
		河南豫棉物流有限公司		河南郑州管城区南曹乡小李庄火车站	0371－66713101 13937160659
		衡水市棉麻总公司储备库		衡水市人民西路西段98号	0318－2398268 13932894467
		菏泽市棉麻公司		菏泽市长江路东段	0530－5110033 13805302233
		中国储备棉管理总公司徐州直属库		江苏省徐州市铜山县新区二堡	0516－66665978 15996961037
		湖北银丰仓储物流有限责任公司		湖北省武汉市东西湖区余氏墩	15827420551
		芜湖市棉麻有限责任公司		芜湖市褐山路79号	0553－5809307 13955315865
		山东省禹城棉麻有限公司		禹城市人民路777路	0534－2126265 13505449155
		中国储备棉管理总公司绍兴直属库		浙江省绍兴市亭山工业园区	0575－88329755 13806752341
		南通棉麻有限公司		江苏省南通市崇川区崇川路46号	0513－85597011 13912272686

续表

品种	交易所	交割仓库	库容	地址	电话
一号棉	ZCE	山东省棉麻有限公司	不限	济南市历城区辛祝路2号	0531－82599709 13505311391
					0531－82599710 13505411868
		滨州中纺银泰实业有限公司		山东省滨州市高新区小营办事处虎跃三路十四号	0543－3613613 13905430020
		江阴市协丰棉麻有限公司		江阴市华西村物流园（沿江高速华西出口处）	0510－86060699 13801522007
		中国储备棉管理总公司盐城直属库		盐城市开放大道316号	0515－86013015 18936312776
		连云港新苏豫棉花储运有限公司		连云港开发区（猴嘴）沿新西路16号	0518－85770700 13705137669
		湖北储备物资管理局三三八处		湖北省孝昌县卫店镇三三八处	0712－4835048 13871898880
		湖南银华现代农业物流股份有限公司		常德德山经济开发区海德路	0736－7326689 18974222501
玉米	DCE	吉粮集团大连运销总公司		大连市甘井子区甘海路4号	0411－82121339
		辽宁大连吴家国家粮食储备库		大连市金州区站前街道吴家村	0411－87700836
		大连北良港务有限公司		大连经济技术开发区海青岛柳柴沟	0411－39898186
		大连北海储运有限责任公司		大连市甘井子区革镇堡棋盘村	0411－86428095
		大连华腾物流有限公司		大连甘井子区革镇堡	0411－86458082
		大连金禾仓储有限公司		大连甘井子区大连湾镇毛莹子村	0411－87602442
		大连经济技术开发区湾港储运有限公司		甘井子区大连湾镇新街四号	0411－82627693
		大连港集团有限公司		大连市开发区新华路1号	0411－87598928
		营口港务集团有限公司		营口市鲅鱼圈区新港大路1号	0417－6268751
		锦州港股份有限公司		锦州经济技术开发区锦港大街一段1号	0416－3586138
		辽宁锦州锦阳国家粮食储备（中转）库		锦州经济技术开发区兴海路西段	0416－3581537
		锦州中孚仓储有限公司		锦州经济技术开发区阜新路	0416－3579578
黄大豆1号	DCE	大连市第二粮食储运工业公司		大连市甘井子区大连湾苏家村	0411－87859061
		大连良运集团储运有限公司		大连市甘井子区新水泥路2号	0411－86427570
		大连浙经乾元物资储运有限责任公司		大连市金州区站前街道双兴路20号	0411－87700431
		中粮辽宁粮油进出口公司大连储运贸易公司		大连市甘井子区西北路	0411－86429383
		大连经济技术开发区湾港储运有限公司		甘井子区大连湾镇新街四号	0411－82627613
		大连北海储运有限责任公司		大连市甘井子区革镇堡棋盘村	0411－86428095
		大连高泰仓储有限公司		大连市甘井子区毛营子村	0411－87112596
		辽宁大连粮贸国家粮食储备库		大连市甘井子区大连湾镇后盐村	0411－86872111
		中国外运辽宁储运公司		大连市甘井子区后革镇革钢路	0411－86428574
		大连北良港务有限公司		大连开发区海青岛柳柴沟	0411－39898186
		大连港集团有限公司		大连市开发区新华路1号	0411－87598928
黄大豆2号	DCE	中粮辽宁粮油进出口公司大连储运贸易公司		大连市甘井子区西北路	0411－86429383
		大连经济技术开发区湾港储运有限公司		大连市甘井子区大连湾新街4号	0411－82627693
		大连北良港务有限公司		大连经济技术开发区海青岛柳柴沟	0411－39898186
		大连港集团有限公司		大连市开发区大窑湾	0411－87598928
		大连北海储运有限责任公司		大连市甘井子区革镇堡棋盘村	0411－86428095
		中国华粮物流集团南通粮油接运有限责任公司		江苏南通市任港路62号	0513－83508460

续表

品种	交易所	交割仓库	库容	地址	电话
黄大豆2号	DCE	日照港（集团）有限公司		山东日照市海滨五路南首	0633－8383953
		日照港（集团）岚山港务有限公司		山东日照岚山港	0633－2633037
		青岛港（集团）有限公司		山东青岛市港青路6号	0532－82984649
豆粕	DCE	江苏省江海粮油贸易公司张家港储运部		江苏张家港市金港镇西五街桥1号	0512－58388066
		中国华粮物流集团南通粮油接运有限责任公司		江苏南通市任港路62号	0513－83508460
		南京铁心桥国家粮食储备库		江苏省南京市雨花台区铁心桥镇吴尚村	025－52891674
		中国外运陆桥运输有限公司		江苏省连云港市墟沟中华东路18号	0518－2304036
		中粮新沙粮油工业（东莞）有限公司		广东省东莞市麻涌镇新沙港科技工业园区	0769－88825601－6606
		统一嘉吉（东莞）饲料蛋白科技有限公司		广东省东莞市麻涌镇新沙港科技工业园区	0769－88225888－666
		广州植之元油脂有限公司		广州市珠江新城华夏路8号国际金融广场28楼	020－85506280－106
		中粮东海粮油工业（张家港）有限公司		江苏省张家港市金港镇东海路1号	0512－58388228
		金光食品（宁波）有限公司		浙江省宁波市北仑区黄河北路1号	0574－86886932
		张家港江海粮油工业有限公司		江苏张家港市金港镇宝岛路1号	025－84799546
		益海（连云港）粮油工业有限公司		江苏省连云港市墟沟大港路	0518－82387405
		中粮黄海粮油工业（山东）有限公司		山东省日照市岚山港北	0633－2639066
		山东新良油脂有限公司		山东省日照市海滨五路南首新良路1号	0633－8890538
		邦基三维油脂有限公司		山东省日照市经济开发区海滨五路	0633－2211880
		龙口新龙食油有限公司		山东省龙口开发区新港路39号	0535－8857015
		益海（烟台）粮油工业有限公司		山东省烟台市港湾大道100号	0535－6505302
		秦皇岛金海粮油工业有限公司		河北省秦皇岛市海港区海滨路35号	0335－3097154
		九三集团天津大豆科技有限公司		天津市天津港保税区新港大道266号	022－66271996
		东莞市富之源饲料蛋白开发有限公司		东莞市洪梅镇樱花台盈工业区	0769－88436001
		路易达孚（霸州）饲料蛋白有限公司		河北省霸州市开发区地方货场西物资库（岔河集乡津保路北）	010－58693627
		南通来宝谷物蛋白有限公司		江苏省南通市跃龙南路214号	0513－85719561
		中纺粮油（湛江）有限公司		湛江市霞山区友谊路1号港务局1区	0759－2255990
		嘉吉粮油（南通）有限公司		江苏省南通市经济技术开发区同兴路	0513－85966071
		东莞中纺粮油工业有限公司		东莞市麻涌镇新沙工业园区	0769－88235183
		东莞卡尔吉蛋白饲料有限公司		东莞市麻涌镇新沙工业园区	0769－88236707
		嘉吉粮油（阳江）有限公司		广东省阳江市阳江港沿港大道3－6号	0662－3828914
豆油	DCE	中粮北海粮油工业（天津）有限公司		天津塘沽区胡北路869号	022－66581824
		泰州市过船港务有限公司		泰兴市经济开发区通江西路45号	0523－7671292
		秦皇岛金海粮油工业有限公司		秦皇岛市海港区滨海路35号丙码头	0335－3097189
		中储粮镇江粮油有限公司		江苏省镇江市谏壁镇粮山村	0511－83355571
		益海（泰州）粮油工业有限公司		泰州市高港区永安洲镇疏港北路	0523－86991726
		江苏省江海粮油集团有限公司		江苏省张家港市金港镇宝岛路1号	0512－58388150
		中粮东海粮油工业（张家港）有限公司		江苏省张家港市金港镇东海路1号	0512－58388228
		丰益（上海）生物技术研发中心有限公司		上海市浦东新区高东路118号	021－58486278

续表

品种	交易所	交割仓库	库容	地址	电话
豆油	DCE	嘉里粮油（天津）有限公司		天津港保税区津滨大道95号	022－66271665
		九三集团天津大豆科技有限公司		天津港保税区新港大道266号	022－66271996
		天津龙威粮油工业有限公司		天津港保税区海滨五路136号	022－25764808
		益海（连云港）粮油工业有限公司		江苏省连云港市墟沟大港路	0518－82387405
		中粮黄海粮油工业（山东）有限公司		山东省日照市岚山港北	0633－2639066
		山东新良油脂有限公司		山东省日照市新良路1号	0633－8890538
		路易达孚（霸州）饲料蛋白有限公司		河北省霸州市开发区地方货场西物资库（岔河集乡津保路北）	010－58693627
		南通来宝谷物蛋白有限公司		江苏省南通市跃龙南路214号	0513－8571956
		金光食品（宁波）有限公司		浙江省宁波市北仑区黄河北路1号	0574－86886932
		宁波正大粮油实业有限公司		浙江省宁波市北仑区黄河北路2号	0574－86800985
		邦基三维油脂有限公司		山东省日照市经济开发区海滨五路	0633－2211880
		龙口新龙食油有限公司		山东省龙口市开发区新港路39号	0535－8857015
		嘉吉粮油（南通）有限公司		江苏省南通市经济技术开发区同兴路	0513－85966071
棕榈油	DCE	中粮北海粮油工业（天津）有限公司		天津市塘沽区胡北路869号	022－66581824
		泰州市过船港务有限公司		江苏省泰兴市经济开发区通江西路45号	0523－8767129
		丰益（上海）生物技术研发中心有限公司		上海市浦东新区高东路118号	021－58486278
		金光食品（宁波）有限公司		浙江省宁波市北仑区黄河北路1号	0574－86886932
		张家港保税区东方华谷油脂贸易仓储有限公司		张家港保税区物流园区中华北路	0512－58387211
		中粮新沙粮油工业（东莞）有限公司		广东省东莞市麻涌镇新沙港后工业区	0769－88825601
		中储粮油脂工业东莞有限公司		广东省东莞市麻涌镇新沙港后工业区	0769－88236688
		中粮东洲粮油工业（广州）有限公司		广东省增城市新塘镇东洲湾码头	020－82762119
		益海（广州）粮油工业有限公司		广州经济技术开发区东江大道2号	020－82208122
		中储粮镇江粮油有限公司		江苏省镇江市谏壁镇粮山村	0511－83355571
		中粮东海粮油工业（张家港）有限公司		江苏省张家港市金港镇东海路1号	0512－58388228
		嘉里粮油（天津）有限公司		天津港保税区津滨大道95号	022－66271665
		天津龙威粮油工业有限公司		天津港保税区海滨五路136号	022－25764808
		华东油脂工业（泰兴）有限公司		江苏省泰兴市经济技术开发区沿江路12号	0523－87679332
		仪征方顺粮油工业有限公司		江苏省仪征市油港路3号	0514－83299620

数据来源：上海期货交易所、郑州商品交易所、大连商品交易所

表5－49　　2010年金属期货交割仓库明细

品种	交易所	交割仓库	库容	地址	电话
铜、铝、锌	SHFE	上海国储天威仓储有限公司	铜6.6万（或铝2.2万）、锌1万	上海市嘉定区黄渡工业园区星塔路1289号	(021) 56354900
铜、铝、锌	SHFE	中储发展股份有限公司	铜15万（或铝5万）、锌1.5万	上海宝山铁山路495号	(021) 33794175
铜、铝、锌	SHFE	中储发展股份有限公司	铜19.6万（或铝9.53万）、锌4万	上海市宝山区南大路257号、310号、137号	(021) 62500165

续表

品种	交易所	交割仓库	库容	地址	电话
铝	SHFE	中储发展股份有限公司	铝5万	江苏无锡市城南路32-1号	(0510) 85368888
铝	SHFE	广东储备物资管理局八三零处	铝1.8万	广东佛山市南海区盐步镇三眼桥货场西侧	(0757) 85760802
铝	SHFE	广东晟世有色金属仓储物流有限公司	铝0.58万	广东佛山市南海区盐步镇三眼桥货场西侧三河东路虎榜段	(0757) 85785606
铝、锌	SHFE	广东晟世有色金属仓储物流有限公司	铝2万、锌2万	广东省佛山市南海区小塘西货场侧晟世物流小塘西仓库	0575-87501753
铝、锌	SHFE	南储仓储管理有限公司	铝4万、锌6万	广东佛山市禅城区佛罗公路166号	(0757) 88015023
铜、铝	SHFE	上海期晟储运管理有限公司	铜9万（或铝3万）	上海市闵行区剑川路2280号	(021) 64305295
锌	SHFE	上海期晟储运管理有限公司	锌9万	上海市曹安路3645号	(021) 51642912
铜、铝、锌	SHFE	上海京鸿实业有限公司	铜2万（或铝0.66万）、锌1万	上海市外高桥保税区荷丹路68号	(021) 50640027
铝、锌	SHFE	浙江康运仓储有限公司	铝3万、锌1万	杭州市拱康路98号（铁路康桥货场内）	(0571) 56725585
铝、锌	SHFE	浙江康运仓储有限公司	铝2.5万、锌1万	浙江诸暨市陶朱街道西二环路539号	(0575) 87501753
铜、铝、锌	SHFE	上港物流金属仓储（上海）有限公司	铜39万（或铝13万）、锌8万	上海宝山区安达路240号、军工路4049号、军工路4051号	(021) 56442456
铜、铝、锌	SHFE	上海裕强物流有限公司	铜1.5万（或铝0.5万）、锌2万	上海共和新路3501号	(021) 36030075
铜、铝、锌	SHFE	上海同盛物流园区投资开发有限公司	铜6万（或铝2万）、锌1.5万	上海浦东新区芦潮港同顺大道777号	(021) 68281891
铝、锌	SHFE	国家物资储备局浙江八三七处	铝2万、锌1万	宁波镇海区大通路331号	(0574) 86266748
铝、锌	SHFE	无锡市国联物流有限公司	铝3万、锌2万	无锡市惠山区洛社镇石塘湾梅径村南	(0510) 83076358
铝、锌	SHFE	宁波九龙仓仓储有限公司	铝1.3万、锌0.5万	宁波市镇海区平海路299号	(0574) 27685010
黄金	SHFE	工商银行北京分行营业部		北京市复兴门南大街2号天银大厦B座	010-66410615
		工商银行上海分行营业部出纳科		上海市中山东一路24号	021-63215820
		工商银行深圳分行清算中心		深圳市深南东路金融中心北座1610室	0755-82246264
		工商银行贵溪市支行		江西省贵溪市雄石大道38号	0701-3791705
		工商银行三门峡分行营业部中心库		河南省三门峡市崤山路40号	0398-2936811
		工商银行三门峡分行灵宝支行		河南省灵宝市金城大道20号	0398-8861995
		工商银行龙岩市分行		福建省龙岩市新罗区九一南路47号	0597-2224619
		工商银行龙岩市分行上杭支行		福建省龙岩市上杭县北环路东段	0597-3843087
		工商银行招远分行		山东省招远市魁星路95号	0535-8224694
		工商银行莱州分行		山东省莱州市鼓城街88号	0535-2211315
		工商银行洛阳分行		河南省洛阳市中州中路230号	0379-63336969
		工商银行武汉市江岸支行		湖北省武汉市中山大道998号	027-82219376
		建行北京市分行现金配送管理中心铁道分金库		北京西客站北广场东配楼铁道支行	010-51996841
		建设银行上海分行		上海陆家嘴环路900号	021-58880000转1311

续表

品种	交易所	交割仓库	库容	地址	电话
黄金	SHFE	建设银行深圳市分行		广东省深圳市红岭南路金融中心东座	0755－82488307
		建设银行安徽省铜陵市分行		安徽省铜陵市长江西路41号	0562－2820013
		建设银行河南省三门峡市分行		河南省三门峡市崤山路52号	0398－2985036
		建设银行河南省灵宝支行金库		灵宝市金城大道与函谷路交叉口西北角	0398－8869166
		建设银行山东省烟台市分行		山东省烟台市南大街9号	0535－6603087
		建设银行福建省分行龙岩分行		福建省龙岩市九一北路111号	0597－2239529
		建设银行福建省分行上杭支行		福建省龙岩市上杭县临江镇北环路261号	0597－3843041
		交通银行北京分行		北京市西城区金融大街33号	010－66101662
		交通银行上海分行		上海市东园路158号	021－63111000转2847
		交通银行深圳分行		深圳市福田区红荔西路3002号交行大厦	0755－83680283
		交通银行昆明分行		云南省昆明市护国路67号	0871－3107221
		中国银行股份有限公司上海市分行		上海市中山东一路23号	021－63291331
		中国银行股份有限公司深圳市分行		深圳市建设路2022号国际金融大厦	13798311383
		中国银行股份有限公司莱州支行		山东省莱州市莱州北路733号	0535－2232071
		中国银行股份有限公司招远支行		山东省招远市府前路78号	0535－8210553
		中国银行股份有限公司福建省分行		福建省福州市五四路136号	0591－87090636
		中国银行股份有限公司三门峡分行		河南省三门峡市崤山东路15号	0398－2828946
		中国银行股份有限公司灵宝支行		河南省灵宝市金城大道10号	0398－8850603
螺纹钢、线材	SHFE	上海五钢物流有限责任公司	24万吨螺纹钢或8万吨线材	上海市宝杨路2035号	021－33790928
		上海中农吴泾农资有限公司	6万吨螺纹钢或2万吨线材	上海市闵行区吴泾通海路275号	021－64501589
		上海铁路闵行钢铁发展有限公司	24万吨螺纹钢或8万吨线材	上海市闵行区昆阳路1658号	021－51161118
		浙江物产物流投资有限公司	21万吨螺纹钢或7万吨线材	浙江省杭州市余杭区良渚镇古运河路12号	0571－89005500
		浙江康运仓储有限公司	4.5万吨螺纹钢或1.5万吨线材	浙江省杭州市拱康路98号（铁路康桥货场内）	0571－88027012
		浙江康运仓储有限公司	9万吨螺纹钢或3万吨线材	浙江省杭州市崇贤镇长路兜22－1号	0571－88013253
		浙江康运仓储有限公司	4.5万吨螺纹钢或1.5万吨线材	浙江省宁波市江北区白沙路353号	0574－27690096
		镇江惠龙长江港务有限公司	180万吨螺纹钢或60万吨线材	江苏镇江金桥大道88号	0511－85898888
		上海期晟储运管理有限公司	60万吨螺纹钢或20万吨线材	江苏省靖江市经济开发区新港园区六助港路1号	0523－84835065
		中储发展股份有限公司	12万吨螺纹钢或4万吨线材	无锡市新区城南路32－1号	0510－85368888
		中储发展股份有限公司	45万吨螺纹钢或15万吨线材	天津市北辰区顺义道	022－86563338
		天津开发区泰达公共保税仓有限公司	15万吨螺纹钢或5万吨线材	天津经济技术开发区渤海路39号	022－66206861

数据来源：上海期货交易所

表 5－50　　2010 年化工期货交割仓库明细

品种	交易所	交割仓库	库容	地址	电话
PTA	ZCE	国家物资储备局浙江八三七处	不限	浙江省宁波市镇海区大通路 331 号	0574－86378767 13566523632
		江苏省江海粮油贸易公司张家港储运部		江苏省张家港市金港镇宝岛路 1 号	0512－58388128 13906249916
		太仓新港物流管理中心有限公司		江苏省太仓市浮桥镇北环路 9 号	0512－53706218 13606246878
		张家港保税区华瑞物流有限公司		张家港保税区福建南路	0512－56308901 13773225051
		杭州临港物流有限公司		浙江省杭州市萧山区瓜沥镇临港工业园区	0571－83786763 15067159380
		宁波保税区高新货柜有限公司		宁波保税东区兴业四路 2 号	0574－87270612 27866669（转 618）13806669798
		江阴市协丰棉麻有限公司		江阴市华西村物流园（沿江高速华西出口处）	0510－86060699 13801522007
聚乙烯	DCE	天津全程物流配送有限公司		天津市东丽区华明镇华粮道 2298 号	022－84828862
		天津开发区泰达公共保税仓有限公司		天津经济技术开发区渤海路 39 号	022－62008116
		青州中储物流有限公司		山东省青州市玲珑山北路 638 号	0536－3292571
		中储发展股份有限公司		上海市宝山区南大路 257 号	021－51621983
		中储发展股份有限公司		上海市浦东新区仁庆路 200 号	021－68916778
		中储发展股份有限公司		天津市北辰区南仓道	022－86563406
		上海长桥物流有限公司		上海市徐汇区老沪闵路 1070 号	021－64106734
		国家物资储备局浙江八三七处		浙江省宁波市镇海区大通路 331 号	0574－86378767
		中国物资储运广州公司		广州市黄埔区大沙地西 139 号	020－82299020
		南储仓储管理有限公司		佛山市禅城区佛罗公路 166 号	0757－88015023
		宁波保税区高新货柜有限公司		宁波保税区东区兴业四路二号	0574－86820043
		上海安石仓储管理有限公司		上海市虹口区海宁路 137 号	021－61806025
		浙江省国际贸易集团物流有限公司		杭州市体育场路 229 号	0571－85779792
		浙江尖峰国际贸易有限公司		浙江金东经济开发区 B 区	0579－82382768
聚氯乙烯	DCE	中国物资储运广州公司		广州市黄埔区大沙地西 139 号	020－82299020
		南储仓储管理有限公司		佛山市禅城区佛罗公路 166 号	0757－88015023
		中储发展股份有限公司		上海市浦东新区仁庆路 200 号	021－68916778
		国家物资储备局浙江八三七处		浙江省宁波市镇海区大通路 331 号	0574－86378767
		浙江省国际贸易集团物流有限公司		杭州市体育场路 229 号	0571－85779792
		上海华谊天原化工物流有限公司		上海市金山区漕泾镇合展路 155 号	021－64340000－3515
		浙江尖峰国际贸易有限公司		浙江金东经济开发区 B 区	0579－82382768
		广东储备物资管理局八三〇处		广东省广州市萝岗区开发大道 1330 号	020－32288072
		上港集团物流有限公司		上海市黄浦路 53 号	021－56443180
		江阴市协丰棉麻有限公司		江苏省江阴市华西村商贸城物流园	0510－86060698
		江苏华东国际塑化城有限公司		苏州市太仓浮桥镇新港公路	0512－53686800
		上海安石仓储管理有限公司		上海市虹口区海宁路 137 号	021－61806025
		广州华润物流有限公司		广州南沙经济技术开发区金沙北路华润物流仓库	020－39052290
		广州市川金路物流有限公司		广东省广州市萝岗区开发大道 1330 号综合楼 101－102 房	020－32287605

数据来源：郑州商品交易所、大连商品交易所

表 5－51　　2010 年能源期货交割仓库明细

品种	交易所	交割仓库	库容	地址	电话
燃料油	SHFE	中油燃料油股份有限公司湛江公司（中油湛江）	300000	湛江港第二作业区中油燃料湛江油库	0759－2259028
		广州南沙泰山石化发展有限公司（泰山石化）	300000	广州南沙区黄阁镇小虎岛石化工业区粤海大道	020－34689468
		广州发展碧辟油品有限公司（碧辟南沙）	40000	广州南沙区环市大道北 19 号	020－84684191
		中国石油化工股份有限公司广东石油分公司（西基油库）	30000	广州市经济技术开发区西基村	020－38084412
		珠海中燃石油有限公司（中燃珠海）	10000	广东珠海桂山岛	0756－3231867
		中化兴中石油转运（舟山）有限公司（中化兴中）	50000	浙江省舟山市岙山岛	0580－2061786
		洋山申港国际石油储运有限公司（洋山石油）	50000	上海洋山深水港东港区	021－68405060
		浙江海洋石油仓储有限公司（海洋仓储）	70000	浙江省舟山市定海区岑港镇海洋化工工业园区 22 号（烟墩）	0580－8710828
		上海百联石化物流有限公司（百联油库）	60000	上海市金山区州工路 158 号	021－67250066

数据来源：上海期货交易所

表 5－52　　2010 年上海期货交易所会员统计

地区分布	会员类型	会员号	会员简称	会员全名	汇总
安徽	期货公司会员	186	徽商期货	徽商期货有限责任公司	5 家
		238	国元期货	国元期货有限责任公司	
		299	华安期货	华安期货有限责任公司	
	非期货公司会员	248	芜湖恒鑫	芜湖恒鑫铜业集团有限公司	
		379	马钢股份	马鞍山钢铁股份有限公司	
北京	期货公司会员	2	中钢期货	中钢期货有限公司	33 家
		34	北京中期	北京中期期货经纪有限公司	
		37	经易期货	经易期货经纪有限公司	
		43	国元海勤	国元海勤期货有限公司	
		55	银建期货	银建期货经纪有限责任公司	
		80	金鹏期货	金鹏期货经纪有限公司	
		116	北京首创	北京首创期货有限责任公司	
		121	格林期货	格林期货有限公司	
		137	宏源期货	宏源期货有限公司	
		139	中粮期货	中粮期货经纪有限公司	
		156	中晟期货	中晟期货经纪有限公司	
		157	中国国际	中国国际期货有限公司	
		171	京都期货	京都期货有限公司	
		242	国都期货	国都期货有限公司	
		254	冠通期货	冠通期货经纪有限公司	
		262	英大期货	英大期货有限公司	
		272	银河期货	银河期货有限公司	
		336	安信期货	安信期货有限责任公司	
		375	第一创业	第一创业期货有限责任公司	

续表

地区分布	会员类型	会员号	会员简称	会员全名	汇总
北京	非期货公司会员	297	中国中金	中国中金科技股份有限公司	33 家
		307	中铝国贸	中铝国际贸易有限公司	
		345	中化物产	中化物产股份有限公司	
		350	中联油	中国联合石油有限责任公司	
		352	中国船燃	中国船舶燃料有限责任公司	
		356	中化石油	中化石油有限公司	
		359	联合石化	中国国际石油化工联合有限责任公司	
		360	振华恒生	北京振华恒生石油化工有限公司	
		368	中国黄金	中国黄金集团公司	
		369	工商银行	中国工商银行股份有限公司	
		377	中海石油	中海石油化工进出口有限公司	
		381	民生银行	中国民生银行股份有限公司	
		386	中国银行	中国银行股份有限公司	
		387	农业银行	中国农业银行股份有限公司	
重庆	期货公司会员	23	三五九	重庆三五九期货经纪有限公司	5 家
		106	大华期货	大华期货有限公司	
		141	西南期货	西南期货经纪有限公司	
		249	先融期货	中电投先融期货有限公司	
		268	中信建投	中信建投期货经纪有限公司	
福建	期货公司会员	22	金友期货	金友期货经纪有限责任公司	6 家
		58	国贸期货	国贸期货经纪有限公司	
		59	瑞达期货	瑞达期货经纪有限公司	
		311	兴业期货	兴业期货有限公司	
	非期货公司会员	370	紫金矿业	紫金矿业集团股份有限公司	
		382	兴业银行	兴业银行股份有限公司	
甘肃	期货公司会员	45	甘肃陇达	甘肃陇达期货经纪有限公司	4 家
	非期货公司会员	17	金川集团	金川集团有限公司	
		26	白银有色	白银有色金属公司	
		36	连城铝业	兰州连城铝业有限责任公司	
广东	期货公司会员	115	广晟期货	广晟期货有限公司	18 家
		160	华南期货	华南期货经纪有限公司	
		184	摩根大通	摩根大通期货有限公司	
		240	广发期货	广发期货有限公司	
		252	鸿海期货	广东鸿海期货经纪有限公司	
		253	华泰长城	华泰长城期货有限公司	
		258	珠江期货	珠江期货有限公司	

续表

地区分布	会员类型	会员号	会员简称	会员全名	汇总
广东	期货公司会员	261	集成期货	集成期货有限公司	18 家
		266	江南期货	江南期货经纪有限公司	
		276	华联期货	华联期货有限公司	
		331	广永期货	广永期货有限公司	
		333	盛达期货	盛达期货有限公司	
		338	广州期货	广州期货有限公司	
	非期货公司会员	236	湛江农垦	广东省湛江农垦驰丰贸易有限公司	
		326	金创利	广州金创利经贸有限公司	
		351	华泰兴	广州市华泰兴石油化工有限公司	
		358	中油燃料	中油燃料油股份有限公司	
		365	碧辟中国	碧辟（中国）投资有限公司	
海南	期货公司会员	89	金元期货	金元期货经纪有限公司	4 家
		245	金海岸	海南金海岸期货经纪有限公司	
		269	海南星海	海南星海期货经纪有限公司	
		372	中银国际	中银国际期货有限责任公司	
河北	期货公司会员	290	河北恒银	河北恒银期货经纪有限公司	1 家
河南	期货公司会员	308	国信期货	国信期货有限责任公司	4 家
		327	中原期货	中原期货有限公司	
		332	万达期货	万达期货有限公司	
	非期货公司会员	303	天元铝业	三门峡天元铝业股份有限公司	
黑龙江	期货公司会员	27	时代期货	黑龙江时代期货经纪有限公司	3 家
		286	大通期货	大通期货经纪有限公司	
		337	三力期货	黑龙江三力期货经纪有限责任公司	
湖北	期货公司会员	48	长江期货	长江期货有限公司	4 家
		295	美尔雅	美尔雅期货经纪有限公司	
		346	湘财祈年	湘财祈年期货经纪有限公司	
	非期货公司会员	361	大冶有色	大冶有色金属股份有限公司	
湖南	期货公司会员	292	方正期货	方正期货有限公司	5 家
		312	湖南金信	湖南金信期货经纪有限公司	
		320	大有期货	大有期货有限公司	
		349	德盛期货	德盛期货有限公司	
	非期货公司会员	366	株冶集团	株洲冶炼集团股份有限公司	
吉林	期货公司会员	13	金昌期货	吉林金昌期货有限公司	4 家
		309	天鸿期货	天鸿期货经纪有限公司	
		328	天富期货	天富期货有限公司	
		348	吉粮期货	吉粮期货经纪有限公司	

续表

地区分布	会员类型	会员号	会员简称	会员全名	汇总
江苏	期货公司会员	7	东海期货	东海期货有限责任公司	13家
		14	江苏苏物	江苏苏物期货经纪有限公司	
		18	国联期货	国联期货有限责任公司	
		38	南证期货	南证期货有限责任公司	
		41	华证期货	华证期货经纪有限公司	
		73	江苏东华	江苏东华期货经纪有限公司	
		76	道通期货	道通期货经纪有限公司	
		119	江苏期望	江苏期望期货经纪有限公司	
		151	创元期货	创元期货经纪有限公司	
		178	江苏弘业	江苏弘业期货经纪有限公司	
		270	江苏文峰	江苏文峰期货经纪有限责任公司	
		322	新纪元	新纪元期货有限公司	
	非期货公司会员	378	沙钢集团	江苏沙钢集团有限公司	
江西	期货公司会员	72	江西瑞奇	江西瑞奇期货经纪有限公司	1家
辽宁	期货公司会员	118	华海期货	华海期货有限公司	7家
		124	汇鑫期货	汇鑫期货经纪有限公司	
		271	渤海期货	渤海期货有限公司	
		321	北方期货	北方期货经纪有限责任公司	
		339	大连良运	大连良运期货经纪有限公司	
		385	国富期货	国富期货有限公司	
	非期货公司会员	373	锌业股份	葫芦岛锌业股份有限公司	
内蒙古	期货公司会员	318	鑫鼎盛	鑫鼎盛期货有限公司	1家
宁夏	非期货公司会员	383	青铜峡	青铜峡铝业股份有限公司	1家
青海	期货公司会员	343	财富期货	财富期货有限公司	1家
山东	期货公司会员	1	招金期货	招金期货有限公司	6家
		183	弘信期货	弘信期货有限责任公司	
		275	鲁证期货	鲁证期货有限公司	
		313	烟台中州	烟台中州期货经纪有限公司	
	非期货公司会员	367	山东黄金	山东黄金矿业股份有限公司	
		371	招金集团	山东招金集团有限公司	
山西	期货公司会员	244	民生期货	民生期货有限公司	6家
		274	中辉期货	中辉期货经纪有限公司	
		280	山西三立	山西三立期货经纪有限公司	
		305	晟鑫期货	晟鑫期货经纪有限公司	
		324	和合期货	和合期货经纪有限公司	
	非期货公司会员	363	北方铜业	北方铜业股份有限公司	

续表

地区分布	会员类型	会员号	会员简称	会员全名	汇总
陕西	期货公司会员	47	迈科期货	迈科期货经纪有限公司	3 家
		263	陕西长安	陕西省长安期货经纪有限公司	
		319	西部期货	西部期货有限公司	
上海	期货公司会员	3	上海良茂	上海良茂期货经纪有限公司	35 家
		4	国泰君安	国泰君安期货有限公司	
		5	中信新际	中信新际期货有限公司	
		6	华鑫期货	华鑫期货有限公司	
		8	上海中期	上海中期期货经纪有限公司	
		11	上海东方	上海东方期货经纪有限责任公司	
		16	上海大陆	上海大陆期货有限公司	
		25	上海金源	上海金源期货经纪有限责任公司	
		28	上海通联	上海通联期货有限公司	
		30	恒泰期货	恒泰期货经纪有限公司	
		42	光大期货	光大期货有限公司	
		67	中财期货	上海中财期货有限公司	
		69	申万期货	申银万国期货有限公司	
		75	上海浙石	上海浙石期货经纪有限公司	
		81	海通期货	海通期货有限公司	
		82	国投期货	国投中谷期货有限公司	
		84	上海普民	上海普民期货经纪有限公司	
		86	东航期货	东航期货经纪有限责任公司	
		88	上海东亚	上海东亚期货经纪有限公司	
		153	海证期货	海证期货有限公司	
		163	上海东证	上海东证期货有限公司	
		181	华元期货	华元期货有限责任公司	
		259	华闻期货	华闻期货经纪有限公司	
		298	上海久恒	上海久恒期货经纪有限公司	
		316	东兴期货	东兴期货有限责任公司	
		323	东吴期货	东吴期货有限公司	
	非期货公司会员	65	上海五矿	上海市五金矿产进出口公司	
		200	东海石油	中国海洋石油东海公司	
		234	中化国际	中化国际（控股）股份有限公司	
		300	上海恒洋	上海恒洋国际贸易有限公司	
		353	高盈石化	上海高盈石化股份有限公司	
		357	上海燃料	上海燃料有限公司	
		376	上海鑫德	上海鑫德投资发展有限公司	
		380	交通银行	交通银行股份有限公司	
		388	浦发银行	上海浦东发展银行股份有限公司	
深圳	期货公司会员	9	五矿期货	五矿期货有限公司	12 家
		31	中航期货	中航期货经纪有限公司	

续表

地区分布	会员类型	会员号	会员简称	会员全名	汇总
深圳	期货公司会员	49	金瑞期货	金瑞期货有限公司	12家
		108	深圳金汇	深圳金汇期货经纪有限公司	
		138	瑞龙期货	深圳瑞龙期货有限公司	
		148	中证期货	中证期货有限公司	
		161	招商期货	招商期货有限公司	
		182	海航东银	海航东银期货有限公司	
		239	乾坤期货	乾坤期货有限公司	
		288	平安期货	平安期货有限公司	
		310	神华期货	神华期货经纪有限公司	
		335	天琪期货	天琪期货有限公司	
四川	期货公司会员	95	国金期货	国金期货有限责任公司	3家
		159	成都倍特	成都倍特期货经纪有限公司	
		257	华西期货	华西期货有限责任公司	
天津	期货公司会员	51	天津金谷	天津金谷期货经纪有限公司	6家
		52	象屿期货	象屿期货有限责任公司	
		68	科信期货	科信期货经纪有限公司	
		277	一德期货	一德期货经纪有限公司	
		296	和融期货	和融期货经纪有限责任公司	
		342	津投期货	津投期货经纪有限公司	
新疆	期货公司会员	105	金石期货	金石期货有限公司	2家
		330	新疆天利	新疆天利期货经纪有限公司	
云南	期货公司会员	306	红塔期货	红塔期货有限责任公司	3家
		315	云晨期货	云晨期货有限责任公司	
	非期货公司会员	247	云南农垦	云南农垦集团有限责任公司	
浙江	期货公司会员	19	宝城期货	宝城期货有限责任公司	13家
		29	国海良时	国海良时期货有限公司	
		77	新湖期货	新湖期货有限公司	
		96	南华期货	南华期货有限公司	
		103	浙江永安	浙江省永安期货经纪有限公司	
		107	浙新世纪	浙江新世纪期货经纪有限公司	
		123	浙商期货	浙商期货有限公司	
		125	浙江中大	浙江中大期货经纪有限公司	
		128	浙江新华	浙江新华期货经纪有限公司	
		134	浙江大越	浙江大越期货经纪有限责任公司	
		136	信达期货	信达期货有限公司	
		169	宁波杉立	宁波杉立期货经纪有限公司	
		177	浙江大地	浙江大地期货经纪有限公司	

表 5－53　　2010 年郑州商品交易所会员统计

地区	会员类型	会员号	会员简称	会员全称	合计
安徽	期货公司会员	32	徽商期货	徽商期货有限责任公司	3 家
		139	国元期货	国元期货有限责任公司	
		209	华安期货	华安期货有限责任公司	
	非期货公司会员		安徽粮食	安徽省粮食集团有限责任公司	1 家
北京	期货公司会员	4	中钢期货	中钢期货有限公司	19 家
		16	格林期货	格林期货有限公司	
		39	北京中期	北京中期期货经纪有限公司	
		43	国元海勤	国元海勤期货有限公司	
		51	银河期货	银河期货有限公司	
		68	中粮期货	中粮期货经纪有限公司	
		98	第一创业	第一创业期货有限责任公司	
		117	国都期货	国都期货有限公司	
		126	安信期货	安信期货有限责任公司	
		131	京都期货	京都期货有限公司	
		138	金鹏期货	金鹏期货经纪有限公司	
		141	中国国际	中国国际期货有限公司	
		159	银建期货	银建期货经纪有限责任公司	
		189	冠通期货	冠通期货经纪有限公司	
		203	宏源期货	宏源期货有限公司	
		241	首创期货	北京首创期货有限责任公司	
		257	经易期货	经易期货经纪有限公司	
		258	中晟期货	中晟期货经纪有限公司	
			天星期货	北京天星期货经纪有限公司	
	非期货公司会员	65	中国粮食	中国粮食贸易公司	7 家
		85	全国棉花	北京全国棉花交易市场有限责任公司	
		153	路易达孚	路易达孚（北京）贸易有限责任公司	
		267	北京中棉	北京中棉通泰经贸有限公司	
			北京粮食	北京粮食集团有限责任公司	
			中纺棉花	中纺棉花进出口公司	
			北京慧聪	北京慧聪建设信息咨询有限公司	
重庆	期货公司会员	71	西南期货	西南期货经纪有限公司	5 家
		122	三五九期货	重庆三五九期货经纪有限公司	
		168	中信建投	中信建投期货经纪有限公司	
		206	中电投期货	中电投先融期货有限公司	
		211	大华期货	大华期货有限公司	

续表

地区	会员类型	会员号	会员简称	会员全称	合计
福建	期货公司会员	80	金友期货	金友期货经纪有限责任公司	3家
		101	国贸期货	国贸期货经纪有限公司	
		121	瑞达期货	瑞达期货经纪有限公司	
甘肃	期货公司会员	33	陇达期货	甘肃陇达期货经纪有限公司	1家
广东	期货公司会员	7	华泰长城	华泰长城期货有限公司	26家
		10	招商期货	招商期货有限公司	
		12	珠江期货	珠江期货有限公司	
		25	盛达期货	盛达期货有限公司	
		26	海航东银	海航东银期货有限公司	
		27	中航期货	中航期货经纪有限公司	
		37	集成期货	集成期货有限公司	
		55	中证期货	中证期货有限公司	
		62	金瑞期货	金瑞期货有限公司	
		82	大通期货	摩根大通期货有限公司	
		93	金汇期货	深圳金汇期货经纪有限公司	
		129	江南期货	江南期货经纪有限公司	
		133	华联期货	华联期货有限公司	
		163	五矿期货	五矿期货有限公司	
		173	广发期货	广发期货有限公司	
		191	广永期货	广永期货有限公司	
		196	鸿海期货	广东鸿海期货经纪有限公司	
		215	瑞龙期货	深圳瑞龙期货有限公司	
		220	乾坤期货	乾坤期货有限公司	
		229	华南期货	华南期货经纪有限公司	
		235	广晟期货	广晟期货有限公司	
		274	神华期货	神华期货经纪有限公司	
		278	平安期货	平安期货有限公司	
			国际期货	中国国际期货经纪有限公司	
			汇储期货	广东汇储期货经纪有限公司	
			天太期货	珠海天太期货经纪有限公司	
	非期货公司会员		深圳农产品	深圳市农产品股份有限公司	2家
			新产业投资	新产业投资股份有限公司	
海南	期货公司会员	23	金海岸期货	海南金海岸期货经纪有限公司	4家
		86	金元期货	金元期货经纪有限公司	
		100	中银国际	中银国际期货有限责任公司	
		108	星海期货	海南星海期货经纪有限公司	
	非期货公司会员		置地集团	置地集团有限公司	1家

续表

地区	会员类型	会员号	会员简称	会员全称	合计
河北	期货公司会员	218	恒银期货	河北恒银期货经纪有限公司	1家
	非期货公司会员	152	廊坊中糖	廊坊中糖华洋实业公司	3家
			河北粮油	河北省粮油集团有限公司	
			保定瑞丰	保定瑞丰糖业有限公司	
河南	期货公司会员	18	国信期货	国信期货有限责任公司	4家
		69	万达期货	万达期货有限公司	
		88	中原期货	中原期货有限公司	
			中期嘉合	中期嘉合期货经纪有限公司	
	非期货公司会员	42	郑州道特尔	郑州道特尔技术发展有限公司	20家
		59	河南油脂	河南省油脂公司	
			河南粮食	河南省粮食贸易公司	
			河南粮油	河南省粮油工业总公司	
			河南天予	河南天予粮食购销储运有限公司	
			郑州粮油	郑州市粮油总公司	
			获嘉粮油	获嘉县粮油（集团）总公司	
			河南储运	河南省粮食储运公司	
			河南商业	河南省商业总公司	
			河南畜产品	河南省畜产品进出口公司	
			南阳油脂	南阳市油脂集团公司	
			南阳粮食	河南省南阳市粮食总公司	
			利华实业	河南利华实业发展有限公司	
			河南物资	河南物资集团公司	
			河南粮油食品	河南粮油食品进出口集团有限责任公司	
			郑州万事利	郑州万事利实业有限公司	
			卧龙粮油	南阳市卧龙区粮油总公司	
			河南外贸	河南省粮油对外贸易总公司	
			南召粮油	南召县粮油总公司	
			河南神力	河南神力集团有限责任公司	
黑龙江	期货公司会员	84	大通期货	大通期货经纪有限公司	5家
		119	三力期货	黑龙江三力期货经纪有限责任公司	
		155	天琪期货	天琪期货有限公司	
		233	时代期货	黑龙江时代期货经纪有限公司	
			龙兴期货	黑龙江省龙兴期货经纪有限公司	
湖北	期货公司会员	76	长江期货	长江期货有限公司	3家
		107	美尔雅期货	美尔雅期货经纪有限公司	
		135	湘财祈年	湘财祈年期货经纪有限公司	
	非期货公司会员		银丰棉花	湖北银丰棉花原料有限公司	1家

续表

地区	会员类型	会员号	会员简称	会员全称	合计
湖南	期货公司会员	149	大有期货	大有期货有限公司	4家
		201	方正期货	方正期货有限公司	
		226	德盛期货	德盛期货有限公司	
		232	金信期货	湖南金信期货经纪有限公司	
吉林	期货公司会员	61	金昌期货	吉林金昌期货有限公司	5家
		75	吉粮期货	吉粮期货经纪有限公司	
		77	天富期货	天富期货经纪有限公司	
		99	天鸿期货	天鸿期货经纪有限公司	
		268	兴业期货	兴业期货有限公司	
江苏	期货公司会员	5	新纪元期货	新纪元期货有限公司	12家
		19	东华期货	江苏东华期货经纪有限公司	
		20	弘业期货	江苏弘业期货经纪有限公司	
		81	南证期货	南证期货有限责任公司	
		91	创元期货	创元期货经纪有限公司	
		150	华证期货	华证期货经纪有限公司	
		174	国联期货	国联期货有限责任公司	
		176	道通期货	道通期货经纪有限公司	
		182	文峰期货	江苏文峰期货经纪有限责任公司	
		210	东海期货	东海期货有限责任公司	
		243	苏物期货	江苏苏物期货经纪有限公司	
			期望期货	江苏期望期货经纪有限公司	
江西	期货公司会员	22	瑞奇期货	江西瑞奇期货经纪有限公司	1家
辽宁	期货公司会员	15	五环期货	鞍山五环期货经纪有限公司	7家
		52	渤海期货	渤海期货有限公司	
		118	华海期货	华海期货有限公司	
		156	北方期货	北方期货经纪有限责任公司	
		160	国富期货	国富期货有限公司	
		195	良运期货	大连良运期货经纪有限公司	
		199	汇鑫期货	汇鑫期货经纪有限公司	
内蒙古	期货公司会员	169	鑫鼎盛期货	鑫鼎盛期货有限公司	1家
青海	期货公司会员	31	财富期货	财富期货有限公司	1家
山东	期货公司会员	58	鲁证期货	鲁证期货有限公司	6家
		103	招金期货	招金期货有限公司	
		137	弘信期货	弘信期货经纪有限公司	
		161	中州期货	烟台中州期货经纪有限公司	
		198	英大期货	英大期货有限公司	
			国大期货	青岛国大期货经纪有限公司	
	非期货公司会员		沂南粮油	山东沂南县粮油总公司	2家
			济宁粮油	济宁市粮油总公司	

续表

地区	会员类型	会员号	会员简称	会员全称	合计
山西	期货公司会员	2	晟鑫期货	晟鑫期货经纪有限公司	5 家
		134	三立期货	山西三立期货经纪有限公司	
		146	和合期货	和合期货经纪有限公司	
		148	民生期货	民生期货有限公司	
		202	中辉期货	中辉期货经纪有限公司	
陕西	期货公司会员	102	迈科期货	迈科期货经纪有限公司	3 家
		147	长安期货	陕西省长安期货经纪有限公司	
		193	西部期货	西部期货有限公司	
上海	期货公司会员	8	大陆期货	上海大陆期货有限公司	26 家
		9	国投中谷	国投中谷期货有限公司	
		17	中财期货	上海中财期货有限公司	
		21	东方期货	上海东方期货经纪有限责任公司	
		38	申银万国	申银万国期货有限公司	
		60	东兴期货	东兴期货有限责任公司	
		63	华元期货	华元期货有限责任公司	
		70	中信新际	中信新际期货有限公司	
		83	海通期货	海通期货有限公司	
		87	金源期货	上海金源期货经纪有限责任公司	
		109	东证期货	上海东证期货有限公司	
		111	光大期货	光大期货有限公司	
		142	东航期货	东航期货经纪有限责任公司	
		179	上海中期	上海中期期货经纪有限公司	
		183	华鑫期货	华鑫期货有限公司	
		185	东吴期货	东吴期货有限公司	
		186	国泰君安	国泰君安期货有限公司	
		205	浙石期货	上海浙石期货经纪有限公司	
		216	良茂期货	上海良茂期货经纪有限公司	
		222	海证期货	海证期货有限公司	
		236	通联期货	上海通联期货有限公司	
		246	恒泰期货	恒泰期货经纪有限公司	
		249	东亚期货	上海东亚期货经纪有限公司	
		269	久恒期货	上海久恒期货经纪有限公司	
		275	华闻期货	华闻期货经纪有限公司	
			普民期货	上海普民期货经纪有限公司	
	非期货公司会员	151	上海恒洋	上海恒洋国际贸易有限公司	2 家
			上海欧亚美	上海欧亚美进出口有限公司	

续表

地区	会员类型	会员号	会员简称	会员全称	合计
四川	期货公司会员	1	华西期货	华西期货有限责任公司	4 家
		110	国金期货	国金期货有限责任公司	
		178	倍特期货	成都倍特期货经纪有限公司	
		225	广州期货	广州期货有限公司	
	非期货公司会员		资阳棉麻	资阳市供销棉麻土产有限公司	1 家
天津	期货公司会员	73	金谷期货	天津金谷期货经纪有限公司	6 家
		79	津投期货	津投期货经纪有限公司	
		92	象屿期货	象屿期货有限责任公司	
		228	和融期货	和融期货经纪有限责任公司	
		262	一德期货	一德期货经纪有限公司	
		265	科信期货	科信期货经纪有限公司	
新疆	期货公司会员	50	金石期货	金石期货有限公司	2 家
		157	天利期货	新疆天利期货经纪有限公司	
	非期货公司会员		新疆粮油	新疆粮油集团有限责任公司	1 家
云南	期货公司会员	3	红塔期货	红塔期货有限责任公司	3 家
		66	云晨期货	云晨期货有限责任公司	
			云南恒丰	云南恒丰期货经纪有限公司	
	非期货公司会员	162	金珂糖业	云南省元江县金珂集团糖业有限责任公司	1 家
浙江	期货公司会员	11	宝城期货	宝城期货有限责任公司	13 家
		89	新华期货	浙江新华期货经纪有限公司	
		94	杉立期货	宁波杉立期货经纪有限公司	
		95	大地期货	浙江大地期货经纪有限公司	
		113	浙商期货	浙商期货有限公司	
		114	信达期货	信达期货有限公司	
		123	新世纪期货	浙江新世纪期货经纪有限公司	
		175	中大期货	浙江中大期货经纪有限公司	
		188	永安期货	浙江省永安期货经纪有限公司	
		190	国海良时	国海良时期货有限公司	
		212	南华期货	南华期货有限公司	
		234	新湖期货	新湖期货有限公司	
		254	大越期货	浙江大越期货经纪有限责任公司	

表 5－54　　2010 年大连商品交易所会员统计

地区	会员类型	会员号	会员简称	会员全称	合计
安徽省	期货公司会员	129	华安期货	华安期货有限责任公司	3 家
		169	安粮期货	安粮期货有限公司	
		187	徽商期货	徽商期货有限责任公司	

续表

地区	会员类型	会员号	会员简称	会员全称	合计
北京市	期货公司会员	12	银建期货	银建期货经纪有限公司	24家
		18	宏源期货	宏源期货有限公司	
		33	中钢期货	中钢期货有限公司	
		51	银河期货	银河期货经纪有限公司	
		52	中粮期货	中粮期货经纪有限公司	
		58	北京中期	北京中期期货经纪有限公司	
		68	天汇期货	天汇期货有限公司	
		81	北京金鹏	金鹏期货经纪有限公司	
		92	英大期货	英大期货有限公司	
		95	北京首创	北京首创期货有限责任公司	
		103	中国国际	中国国际期货有限公司	
		138	经易期货	经易期货经纪有限公司	
		150	中晟期货	中晟期货经纪有限公司	
		156	国都期货	国都期货有限公司	
		160	冠通期货	冠通期货经纪有限公司	
		179	北京天星	北京天星期货经纪有限公司	
		181	格林期货	格林期货有限公司	
		226	安信期货	安信期货有限责任公司	
		227	国元海勤	国元海勤期货有限公司	
		244	第一创业	第一创业期货有限责任公司	
		246	京都期货	京都期货有限公司	
	非期货公司会员	36	中粮集团	中国粮油食品进出口（集团）有限公司	
		183	路易达孚	路易达孚（北京）贸易有限责任公司	
		200	中谷粮油	中谷粮油集团公司	
福建省	期货公司会员	133	兴业期货	兴业期货有限公司	4家
		180	国贸期货	国贸期货经纪有限公司	
		192	金友期货	金友期货经纪有限责任公司	
		195	瑞达期货	瑞达期货经纪有限公司	
甘肃省	期货公司会员	69	甘肃陇达	甘肃陇达期货经纪有限公司	1家
广东省	期货公司会员	23	海航东银	海航东银期货有限公司	29家
		25	乾坤期货	乾坤期货有限公司	
		29	神通期货	神通期货经纪有限公司	
		37	中航期货	中航期货经纪有限公司	
		48	江南期货	江南期货经纪有限公司	
		75	深圳瑞龙	深圳瑞龙期货有限公司	
		110	中证期货	中证期货有限公司	

续表

地区	会员类型	会员号	会员简称	会员全称	合计
广东省	期货公司会员	112	广晟期货	广晟期货有限公司	29 家
		113	华联期货	华联期货有限公司	
		120	天琪期货	天琪期货有限公司	
		122	华泰长城	华泰长城期货有限公司	
		134	五矿期货	五矿期货有限责任公司	
		145	华南期货	华南期货经纪有限公司	
		147	广东鸿海	广东鸿海期货经纪有限公司	
		167	集成期货	集成期货有限公司	
		173	广发期货	广发期货有限公司	
		193	珠江期货	珠江期货有限公司	
		203	平安期货	平安期货有限公司	
		206	金瑞期货	金瑞期货有限公司	
		210	招商期货	招商期货有限公司	
		212	神华期货	神华期货经纪有限公司	
		213	深圳金汇	深圳金汇期货经纪有限公司	
		221	广永期货	广永期货经纪有限公司	
		223	盛达期货	盛达期货有限公司	
		225	广州期货	广州期货有限公司	
		240	摩根大通	摩根大通期货有限公司	
	非期货公司会员	222	广东邦顺	广东邦顺投资有限公司	
		241	深圳年年丰	深圳市年年丰粮油有限公司	
		243	温氏集团	广东温氏食品集团有限公司	
海南省	期货公司会员	19	华融期货	华融期货有限责任公司	4 家
		115	金元期货	金元期货经纪有限公司	
		194	海南金海岸	海南金海岸期货经纪有限公司	
		242	中银国际	中银国际期货有限责任公司	
河北省	期货公司会员	182	河北恒银	河北恒银期货经纪有限公司	1 家
河南省	期货公司会员	66	国信期货	国信期货有限责任公司	4 家
		78	万达期货	万达期货有限公司	
		202	中原期货	中原期货经纪有限公司	
	非期货公司会员	88	河南阳光	河南阳光油脂集团有限公司	
黑龙江省	期货公司会员	77	黑龙江北亚	黑龙江北亚期货经纪有限公司	6 家
		85	黑龙江时代	黑龙江时代期货经纪有限公司	
		100	黑龙江三力	黑龙江三力期货经纪有限责任公司	
		171	大通期货	大通期货经纪有限公司	
		188	黑龙江龙兴	黑龙江省龙兴期货经纪有限公司	
	非期货公司会员	111	北大荒粮油	黑龙江北大荒粮油经销总公司	

续表

地区	会员类型	会员号	会员简称	会员全称	合计
湖北省	期货公司会员	57	美尔雅期货	美尔雅期货经纪有限公司	3 家
		229	长江期货	长江期货有限公司	
		231	湘财祈年	湘财祈年期货经纪有限公司	
湖南省	期货公司会员	60	方正期货	方正期货有限公司	5 家
		76	正合期货	正合期货经纪有限公司	
		172	湖南金信	湖南金信期货经纪有限公司	
		218	大有期货	大有期货有限公司	
		236	德盛期货	德盛期货经纪有限公司	
吉林省	期货公司会员	96	天鸿期货	天虹期货经纪有限公司	6 家
		158	天富期货	天富期货经纪有限公司	
		233	吉粮期货	吉粮期货经纪有限公司	
		235	中融汇信	中融汇信期货有限公司	
	非期货公司会员	40	中谷长春	中谷集团长春粮油有限公司	
		99	吉粮集团	吉林粮食集团有限公司	
江苏省	期货公司会员	46	东海期货	东海期货有限责任公司	14 家
		93	江苏东华	江苏东华期货经纪有限公司	
		104	创元期货	创元期货经纪有限公司	
		114	江苏新纪元	新纪元期货有限公司	
		117	江苏弘业	江苏弘业期货经纪有限公司	
		139	道通期货	道通期货经纪有限公司	
		161	国联期货	国联期货有限责任公司	
		166	锦泰期货	锦泰期货有限公司	
		177	江苏文峰	江苏文峰期货经纪有限责任公司	
		178	南证期货	南证期货有限责任公司	
		185	江苏期望	江苏期望期货经纪有限公司	
		220	华证期货	华证期货经纪有限公司	
	非期货公司会员	98	中粮四海丰	张家港保税区中粮四海丰贸易有限公司	
		208	江海粮油	江苏省江海粮油集团有限公司	
江西省	期货公司会员	89	江西瑞奇	江西瑞奇期货经纪有限公司	1 家
辽宁省	期货公司会员	16	汇鑫期货	汇鑫期货经纪有限公司	8 家
		20	渤海期货	渤海期货有限公司	
		74	大连良运	大连良运期货经纪有限公司	
		80	国富期货	国富期货有限公司	
		153	北方期货	北方期货经纪有限责任公司	
		165	江信国盛	江信国盛期货有限责任公司	
		168	华海期货	华海期货经纪有限公司	
	非期货公司会员	38	辽宁粮油	辽宁粮油进出口股份有限公司	

续表

地区	会员类型	会员号	会员简称	会员全称	合计
内蒙古自治区	期货公司会员	121	鑫鼎盛期货	鑫鼎盛期货有限公司	1家
青海省	期货公司会员	230	财富期货	财富期货有限公司	1家
山东省	期货公司会员	17	三隆期货	三隆期货经纪有限公司	5家
		43	鲁证期货	鲁证期货有限公司	
		132	弘信期货	弘信期货经纪有限公司	
		189	烟台中州	烟台中州期货经纪有限公司	
		190	招金期货	招金期货有限公司	
山西省	期货公司会员	11	中辉期货	中辉期货经纪有限公司	5家
		65	和合期货	和合期货经纪有限公司	
		72	山西三立	山西三立期货经纪有限公司	
		148	民生期货	民生期货有限公司	
		216	晟鑫期货	晟鑫期货经纪有限公司	
陕西省	期货公司会员	53	迈科期货	迈科期货经纪有限公司	3家
		82	陕西长安	陕西省长安期货经纪有限公司	
		164	西部期货	西部期货有限公司	
上海市	期货公司会员	15	新湖期货	新湖期货有限公司	28家
		22	东航期货	东航期货经纪有限公司	
		30	国泰君安	国泰君安期货有限公司	
		49	海通期货	海通期货有限公司	
		56	申银万国	申银万国期货有限公司	
		62	华闻期货	华闻期货经纪有限公司	
		84	上海东亚	上海东亚期货经纪有限公司	
		102	上海中财	上海中财期货有限公司	
		105	光大期货	光大期货有限公司	
		106	上海通联	上海通联期货有限公司	
		108	上海普民	上海普民期货经纪有限公司	
		118	上海金源	上海金源期货经纪有限公司	
		125	国投期货	国投中谷期货有限公司	
		126	海证期货	海证期货有限公司	
		131	华元期货	华元期货有限责任公司	
		135	上海中期	上海中期期货经纪有限公司	
		136	上海大陆	上海大陆期货有限公司	
		143	东吴期货	东吴期货有限公司	
		149	上海良茂	上海良茂期货经纪有限公司	
		157	上海浙石	上海浙石期货经纪有限公司	
		175	中信新际	中信新际期货有限公司	

续表

地区	会员类型	会员号	会员简称	会员全称	合计
上海市	期货公司会员	184	东证期货	上海东证期货有限公司	28 家
		186	恒泰期货	恒泰期货经纪有限公司	
		205	东兴期货	东兴期货有限责任公司	
		209	上海久恒	上海久恒期货经纪有限公司	
		245	华鑫期货	华鑫期货有限公司	
		247	东方期货	上海东方期货经纪有限责任公司	
	非期货公司会员	238	上海益海	上海益海商贸有限公司	
四川省	期货公司会员	21	国金期货	国金期货有限责任公司	3 家
		39	成都倍特	成都倍特期货经纪有限公司	
		123	华西期货	华西期货有限责任公司	
天津市	期货公司会员	35	和融期货	和融期货经纪有限责任公司	6 家
		63	财达期货	财达期货有限公司	
		67	天津金谷	天津金谷期货经纪有限公司	
		196	一德期货	一德期货经纪有限公司	
		207	象屿期货	象屿期货有限责任公司	
		228	津投期货	津投期货经纪有限公司	
新疆维吾尔自治区	期货公司会员	42	金石期货	金石期货有限公司	3 家
		79	新疆汇和	新疆汇和期货经纪有限公司	
		155	新疆天利	新疆天利期货经纪有限公司	
云南省	期货公司会员	201	红塔期货	红塔期货有限责任公司	2 家
		215	云晨期货	云晨期货有限责任公司	
浙江省	期货公司会员	14	信达期货	信达期货有限公司	12 家
		26	浙江大越	浙江大越期货经纪有限公司	
		50	浙江新世纪	浙江新世纪期货经纪公司	
		70	宝城期货	宝城期货有限责任公司	
		91	浙江新华	浙江新华期货经纪有限公司	
		97	浙商期货	浙商期货有限公司	
		107	浙江中大	浙江中大期货经纪有限公司	
		109	浙江永安	浙江省永安期货经纪有限公司	
		151	国海良时	国海良时期货有限公司	
		152	南华期货	南华期货有限公司	
		170	宁波杉立	宁波杉立期货经纪有限公司	
		176	浙江大地	浙江大地期货经纪有限公司	
重庆市	期货公司会员	71	中信建投	中信建投期货经纪有限公司	6 家
		101	中电投期货	中电投先融期货有限公司	
		141	西南期货	西南期货经纪有限公司	
		211	大华期货	大华期货有限公司	
		219	华创期货	华创期货有限责任公司	
	非期货公司会员	239	重庆新涪	重庆新涪食品有限公司	

表 5－55　　2010 年中国金融期货交易所会员统计

地区	会员类型	会员号	会员简称	会员全称
上海	全面结算会员	0001	国泰君安	国泰君安期货有限公司
浙江	全面结算会员	0002	南华期货	南华期货有限公司
浙江	全面结算会员	0003	浙江永安	浙江省永安期货经纪有限公司
天津	全面结算会员	0005	一德期货	一德期货经纪有限公司
山东	全面结算会员	0006	鲁证期货	鲁证期货有限公司
上海	全面结算会员	0007	光大期货	光大期货有限公司
江苏	全面结算会员	0008	东海期货	东海期货有限责任公司
浙江	全面结算会员	0009	浙商期货	浙商期货有限公司
北京	全面结算会员	0010	中粮期货	中粮期货经纪有限公司
广东	全面结算会员	0011	华泰长城	华泰长城期货有限公司
深圳	全面结算会员	0012	五矿期货	五矿期货有限公司
广东	全面结算会员	0016	广发期货	广发期货有限公司
浙江	全面结算会员	0017	信达期货	信达期货有限公司
深圳	全面结算会员	0018	中证期货	中证期货有限公司
深圳	全面结算会员	0019	金瑞期货	金瑞期货有限公司
浙江	交易结算会员	0100	新世纪	浙江新世纪期货经纪有限公司
北京	交易结算会员	0101	经易期货	经易期货经纪有限公司
福建	交易结算会员	0102	兴业期货	兴业期货有限公司
上海	交易结算会员	0103	上海良茂	上海良茂期货经纪有限公司
深圳	交易结算会员	0105	平安期货	平安期货有限公司
北京	交易结算会员	0106	格林期货	格林期货有限公司
上海	交易结算会员	0107	上海久恒	上海久恒期货经纪有限公司
厦门	交易结算会员	0108	国贸期货	国贸期货经纪有限公司
北京	交易结算会员	0109	银河期货	银河期货有限公司
浙江	交易结算会员	0110	宝城期货	宝城期货有限责任公司
上海	交易结算会员	0111	东吴期货	东吴期货有限公司
北京	交易结算会员	0112	北京首创	北京首创期货有限责任公司
河南	交易结算会员	0113	国信期货	国信期货有限责任公司
重庆	交易结算会员	0115	中信建投	中信建投期货经纪有限公司
湖北	交易结算会员	0116	长江期货	长江期货有限公司
海南	交易结算会员	0117	金元期货	金元期货经纪有限公司
江苏	交易结算会员	0118	国联期货	国联期货有限责任公司
河南	交易结算会员	0119	万达期货	万达期货有限公司
天津	交易结算会员	0120	和融期货	和融期货经纪有限责任公司
北京	交易结算会员	0121	中钢期货	中钢期货有限公司
上海	交易结算会员	0122	国投中谷	国投中谷期货有限公司

续表

地区	会员类型	会员号	会员简称	会员全称
深圳	交易结算会员	0123	海航东银	海航东银期货有限公司
上海	交易结算会员	0125	华闻期货	华闻期货经纪有限公司
大连	交易结算会员	0126	渤海期货	渤海期货有限公司
云南	交易结算会员	0127	云晨期货	云晨期货有限责任公司
江苏	交易结算会员	0128	江苏弘业	江苏弘业期货经纪有限公司
四川	交易结算会员	0129	国金期货	国金期货有限责任公司
北京	交易结算会员	0130	国都期货	国都期货有限公司
上海	交易结算会员	0131	申银万国	申银万国期货有限公司
深圳	交易结算会员	0132	中航期货	中航期货经纪有限公司
上海	交易结算会员	0133	海通期货	海通期货有限公司
北京	交易结算会员	0135	冠通期货	冠通期货经纪有限公司
深圳	交易结算会员	0136	招商期货	招商期货有限公司
北京	交易结算会员	0137	宏源期货	宏源期货有限公司
上海	交易结算会员	0138	上海通联	上海通联期货有限公司
江苏	交易结算会员	0139	南证期货	南证期货有限责任公司
重庆	交易结算会员	0145	大华期货	大华期货有限公司
浙江	交易结算会员	0146	浙江中大	浙江中大期货经纪有限公司
安徽	交易结算会员	0147	华安期货	华安期货有限责任公司
上海	交易结算会员	0148	上海浙石	上海浙石期货经纪有限公司
山西	交易结算会员	0149	民生期货	民生期货有限公司
北京	交易结算会员	0150	安信期货	安信期货有限责任公司
江苏	交易结算会员	0151	江苏苏物	江苏苏物期货经纪有限公司
上海	交易结算会员	0152	新湖期货	新湖期货有限公司
上海	交易结算会员	0153	东航期货	东航期货经纪有限责任公司
上海	交易结算会员	0155	海证期货	海证期货有限公司
上海	交易结算会员	0156	上海东证	上海东证期货有限公司
厦门	交易结算会员	0157	金友期货	金友期货经纪有限责任公司
广东	交易结算会员	0158	华联期货	华联期货有限公司
北京	交易结算会员	0159	中国国际	中国国际期货有限公司
陕西	交易结算会员	0160	西部期货	西部期货有限公司
大连	交易结算会员	0161	大连良运	大连良运期货经纪有限公司
湖北	交易结算会员	0162	湘财祈年	湘财祈年期货经纪有限公司
海南	交易结算会员	0165	中银国际	中银国际期货有限责任公司
广东	交易结算会员	0166	广晟期货	广晟期货有限公司
北京	交易结算会员	0167	北京中期	北京中期期货经纪有限公司
深圳	交易结算会员	0168	天琪期货	天琪期货有限公司

续表

地区	会员类型	会员号	会员简称	会员全称
吉林	交易结算会员	0169	天富期货	天富期货有限公司
厦门	交易结算会员	0170	瑞达期货	瑞达期货经纪有限公司
北京	交易结算会员	0171	国元海勤	国元海勤期货有限公司
北京	交易结算会员	0175	英大期货	英大期货有限公司
安徽	交易会员	0200	徽商期货	徽商期货有限责任公司
重庆	交易会员	0201	中电投	中电投先融期货有限公司
上海	交易会员	0202	上海中期	上海中期期货经纪有限公司
深圳	交易会员	0203	乾坤期货	乾坤期货有限公司
上海	交易会员	0205	上海中财	上海中财期货有限公司
浙江	交易会员	0206	浙江新华	浙江新华期货经纪有限公司
江苏	交易会员	0207	新纪元	新纪元期货有限公司
浙江	交易会员	0208	浙江大越	浙江大越期货经纪有限责任公司
江苏	交易会员	0209	江苏东华	江苏东华期货经纪有限公司
江苏	交易会员	0210	江苏文峰	江苏文峰期货经纪有限责任公司
江西	交易会员	0211	江西瑞奇	江西瑞奇期货经纪有限公司
北京	交易会员	0212	银建期货	银建期货经纪有限责任公司
浙江	交易会员	0213	浙江大地	浙江大地期货经纪有限公司
湖南	交易会员	0215	大有期货	大有期货有限公司
广东	交易会员	0216	珠江期货	珠江期货有限公司
广东	交易会员	0217	广永期货	广永期货有限公司
北京	交易会员	0218	金鹏期货	金鹏期货经纪有限公司
江苏	交易会员	0219	创元期货	创元期货经纪有限公司
上海	交易会员	0220	中信新际	中信新际期货有限公司
四川	交易会员	0221	华西期货	华西期货有限责任公司
上海	交易会员	0222	上海东亚	上海东亚期货经纪有限公司
吉林	交易会员	0223	中融汇信	中融汇信期货有限公司
云南	交易会员	0225	红塔期货	红塔期货有限责任公司
广东	交易会员	0226	江南期货	江南期货经纪有限公司
湖南	交易会员	0227	湖南金信	湖南金信期货经纪有限公司
河北	交易会员	0228	河北恒银	河北恒银期货经纪有限公司
湖北	交易会员	0229	美尔雅	美尔雅期货经纪有限公司
江苏	交易会员	0230	华证期货	华证期货经纪有限公司
山西	交易会员	0231	山西三立	山西三立期货经纪有限公司
四川	交易会员	0232	成都倍特	成都倍特期货经纪有限公司
浙江	交易会员	0233	国海良时	国海良时期货有限公司
北京	交易会员	0235	中晟期货	中晟期货有限公司

续表

地区	会员类型	会员号	会员简称	会员全称
宁波	交易会员	0236	宁波杉立	宁波杉立期货经纪有限公司
陕西	交易会员	0237	迈科期货	迈科期货经纪有限公司
大连	交易会员	0238	北方期货	北方期货经纪有限责任公司
江苏	交易会员	0239	道通期货	道通期货经纪有限公司
新疆	交易会员	0240	新疆天利	新疆天利期货经纪有限公司
北京	交易会员	0242	第一创业	第一创业期货有限责任公司
山西	交易会员	0243	中辉期货	中辉期货经纪有限公司
上海	交易会员	0245	恒泰期货	恒泰期货有限公司
广东	交易会员	0246	集成期货	集成期货有限公司
广东	交易会员	0247	摩根大通	摩根大通期货有限公司
陕西	交易会员	0248	陕西长安	陕西省长安期货经纪有限公司
河南	交易会员	0249	中原期货	中原期货有限公司
海南	交易会员	0251	华融期货	华融期货有限责任公司
新疆	交易会员	0252	金石期货	金石期货有限公司
上海	交易会员	0253	上海大陆	上海大陆期货有限公司
重庆	交易会员	0255	华创期货	华创期货有限责任公司
广东	交易会员	0256	盛达期货	盛达期货有限公司
广东	交易会员	0257	广东鸿海	广东鸿海期货经纪有限公司
青海	交易会员	0258	财富期货	财富期货有限公司
辽宁	交易会员	0259	汇鑫期货	汇鑫期货经纪有限公司
湖南	交易会员	0260	德盛期货	德盛期货有限公司
广东	交易会员	0261	神华期货	神华期货经纪有限公司
辽宁	交易会员	0262	华海期货	华海期货有限公司
上海	交易会员	0263	上海金源	上海金源期货经纪有限责任公司
湖南	交易会员	0265	方正期货	方正期货有限公司
上海	交易会员	0266	华鑫期货	华鑫期货有限公司
上海	交易会员	0267	华元期货	华元期货有限责任公司
深圳	交易会员	0268	深圳金汇	深圳金汇期货经纪有限公司
山西	交易会员	0269	和合期货	和合期货经纪有限公司
上海	交易会员	0270	东兴期货	东兴期货有限责任公司
山东	交易会员	0271	烟台中州	烟台中州期货经纪有限公司

第六部分

监控中心概况

中国期货保证金监控中心

简　　介

中国期货保证金监控中心有限责任公司（简称中国期货保证金监控中心）是经国务院同意、中国证监会决定设立，由上海期货交易所、郑州商品交易所、大连商品交易所和中国金融期货交易所共同出资，于2006年3月16日在国家工商行政管理总局注册登记的非营利性公司制法人。2009年1月成立中国期货保证金监控中心上海总部。中国期货保证金监控中心主管部门是中国证监会，其业务接受中国证监会领导、监督和管理。其主要职能是：

第一，建立和完善期货保证金监控、预警机制，及时发现并向监管部门报告影响期货保证金安全的问题，为期货投资者提供有关期货交易结算信息查询及其他服务。

第二，代管期货投资者保障基金，参与期货公司风险处置。

第三，负责期货市场运行监测监控系统建设，并承担期货市场运行的监测、监控及研究分析等工作。

第四，承担全国统一开户及相关账户管理工作。

中国期货保证金监控中心英文名称：China Futures Margin Monitoring Center Co.，Ltd

地址：北京西城区金融大街5号新盛大厦B座17层

邮编：100034

值班电话：010－66555088

传真：010－66555038

网址：www.cfmmc.com 或 www.cfmmc.cn

2010年工作情况

2010年，中国期货保证金监控中心在中国证监会党委领导下，利用掌握全市场数据的优势，进一步夯实工作基础，稳妥推进各项新业务开展，重点从开户环节、保证金安全监控、市场监测监控等方面保证股指期货的顺利上市和平稳运行，积极开展对规律性、普遍性和趋势性问题的研究，防范系统性风险再获重大进展，在服务市场监管与市场运行方面作出了积极贡献。

一、确保股指期货平稳上市运行

第一，在2009年底全面推开统一开户的基础上，2010年又用较短时间将中金所全部会员纳入统一开户系统，有力地保障了股指期货适当性制度和实名制的落实，为股指期货上市奠定了很好的基础。第二，适应股指期货三级结算的特点，设计开发了相应的保证金监控系统，实现了股指期货上市运行后的保证金监控与原来保证金监控的顺利衔接，进一步保障了股指期货平稳运行。第三，在较短时间内完成了“金融期货监控系统”的设计与开发，拟定了股指期货5类18项报告制度，重点监测、报告市场的系统性风险和各类操纵性风险，及时应对了股指期货监控工作之需要。第四，初步建立了跨股市与股指、跨股指与商品以及跨商品交易所的客户、资金等监测体系，及时发现及报告了多起异常交易及近百项监测事项。

二、市场监测监控和分析研究再上新台阶

受后金融危机美国率先启动一系列量化宽松的货币政策影响，国内大宗品市场及期货市场出现了剧烈震动。面对复杂、多变的国际国内形势，积极为监管部门、交易所化解系统性风险提供了基础信息支持。一是进一步完善了例行报告制度，开展若干运行或风险状况的不定事项报告，及时上报国内市场压力测试结果和大量监管部门需要的数据、名单及核查信息等。二是初步确立了市场风险隐患发现报告机制，建立了期货市场关联客户档案，发现及报告了涉及3家商品交易所多个品种和客户的交割风险、价格异常风险、持仓异常、报撤单异常等情形。三是积极开展规律性、普遍性和趋势性问题的研究与总结，研究、测算关联客户及疑似标准和短线交易、程序化交易概念、认定标准及市场规模等，率先以交易行为测算套期保值规模的模式，设计指标，评估市场功能等，系统研究报撤单等市场行为和突出问题，形成近20期有影响的专报。这些成果为监管层制定若干监控指引化解系统性风险提供了有力支持。四是开展宏观经济与产业经济分析研究以及以市场热点为导向、以基本面和规律性为落脚点的重点研究，每日、每月、每季对国际衍生品市场信息进行分析和编译，报送《月度全球衍生品市场运行情况及监管动态综述》、《季度中美及全球期货市场分析》以及多篇涉及股指、金属、农产品等重点期货品种的研究分析专报。五是会同中国证监会组织召开了“期货市场运行监测监控系统建设启动仪式暨第一次会议”，正式启动了监测监控系统建设。

1. 做实做细现有职能。继续发挥保证金监控、统一开户等基本职能的功能和作用。进一步研究落实提高查询系统访问率的措施。防范期货公司长假出金风险取得了新的进展。落实对期货公司自有资金银行存款进行监控。研究基金参与股指期货交易的结算模式和数据交换接口。研究规范统一开户前的客户账户工作，现已进入实施阶段。统计、编制、报送各类期货市场数据报表，全年共报送181次，报送各类报表1186张。

2. 管好用好保障基金。根据证监会、财政部授权，监控中心履行代管保障基金职能。截至目前，已筹集保障基金11.2亿元，嘉陵期货公司风险处置工作基本结束。作为中国期

货市场动用保障基金处理风险的第一次任务，不仅较顺利处置了风险，而且也为保障基金的管理、使用提供了经验。

3. 启动同城灾备系统规划和建设。为实现中心核心技术系统同城灾备的目标，并解决长期制约中心信息化建设的基础机房条件瓶颈，于2010年3月选定租用中国电信洋桥机房建设同城灾备系统，目前已完成了洋桥数据中心机房建设工程和基础网络系统规划设计方案。同时，启动、推进灾备系统建设咨询服务，编制了中心信息化建设与信息安全“十二五”规划。

2010年中国期货保证金监控中心统计数据总汇

一、客户数量

表6－1　　**2010年期货市场客户数量**　　单位：户

时间	客户数量	机构客户数量	自然人客户数量	活跃客户数量
1月	937470	28883	908587	370881
2月	950132	29129	921003	369597
3月	985529	30116	955413	374148
4月	1016215	30762	985453	387162
5月	1044894	31358	1013536	401636
6月	1068600	32129	1036471	409561
7月	1090001	32534	1057467	414713
8月	1114004	32899	1081105	423744
9月	1132097	33413	1098684	426915
10月	1152838	33874	1118964	433177
11月	1189130	34701	1154429	443686
12月	1213708	35483	1178225	449238

注：活跃客户为保证金1000元以上，或有持仓，或半年内有交易的客户

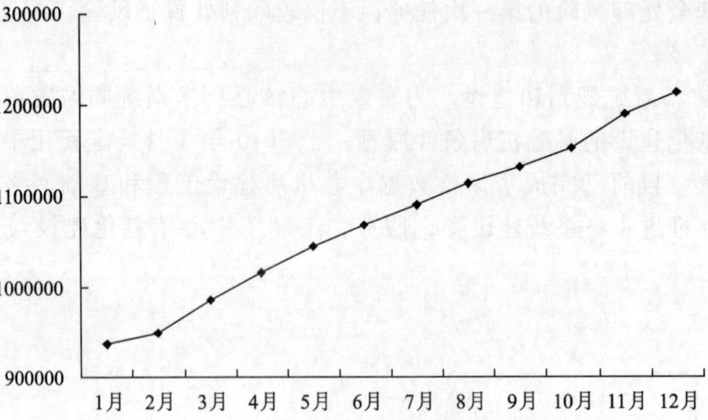

图 6－1　期货市场客户总量变化

二、客户资金结构

表 6－2　　2010 年 12 月 31 日期货市场客户资金结构　　单位：户

权益规模	客户数量	占总客户数量比例
10 万元以下	1118370	92.14%
10 万元～1000 万元	92968	7.66%
1000 万元以上	2370	0.20%

表 6－3　　2010 年 1 月期货市场各月资金分布　　单位：亿元

项　　目	本月末金额及比例			比上月末增减比例
	金　　额	比　　例		
期货市场资金总量	1219.16			9.46%
资金在交易所分布量	715.46	58.68%		3.92%
上海期货交易所	429.27		60.00%	9.66%
郑州商品交易所	108.49		15.16%	－6.80%
大连商品交易所	177.70		24.84%	－1.62%
资金在银行分布量	503.70	41.32%		18.43%

注：期货市场资金总量包括期货公司保证金总量、交易所自营会员保证金总量、期货公司按规定用自有资金拨付的结算准备金

表 6－4　　2010 年 2 月期货市场各月资金分布　　单位：亿元

项　　目	本月末金额及比例			比上月末增减比例
	金　　额	比　　例		
期货市场资金总量	1195.90			－1.91%
资金在交易所分布量	638.27	53.37%		－10.79%
上海期货交易所	367.34		57.55%	－14.43%
郑州商品交易所	110.64		17.33%	1.98%
大连商品交易所	160.29		25.11%	－9.80%
资金在银行分布量	557.63	46.63%		10.71%

注：同上

表 6－5　　2010 年 3 月期货市场各月资金分布　　单位：亿元

项　目	本月末金额及比例			比上月末增减比例
	金　额	比　例		
期货市场资金总量	1150.00			－3.84%
资金在交易所分布量	635.46	55.26%		－0.44%
上海期货交易所	383.62		60.37%	4.43%
郑州商品交易所	107.60		16.93%	－2.75%
大连商品交易所	144.24		22.70%	－10.01%
资金在银行分布量	514.54	44.74%		－7.73%

注：同上

表 6－6　　2010 年 4 月期货市场各月资金分布　　单位：亿元

项　目	本月末金额及比例			比上月末增减比例
	金　额	比　例		
期货市场资金总量	1298.88			12.95%
资金在交易所分布量	731.65	56.33%		15.14%
上海期货交易所	389.98		53.30%	1.66%
郑州商品交易所	127.48		17.42%	18.48%
大连商品交易所	141.12		19.29%	－2.16%
中国金融期货交易所	73.07		9.99%	—
资金在银行分布量	567.22	43.67%		10.24%

注：同上

表 6－7　　2010 年 5 月期货市场各月资金分布　　单位：亿元

项　目	本月末金额及比例			比上月末增减比例
	金　额	比　例		
期货市场资金总量	1400.07			7.79%
资金在交易所分布量	731.71	52.26%		0.01%
上海期货交易所	375.04		51.26%	－3.83%
郑州商品交易所	121.86		16.65%	－4.41%
大连商品交易所	122.37		16.72%	－13.29%
中国金融期货交易所	112.44		15.37%	53.88%
资金在银行分布量	668.36	47.74%		17.83%

注：同上

表 6－8　　**2010 年 6 月期货市场各月资金分布**　　单位：亿元

项　　目	本月末金额及比例			比上月末增减比例
	金　　额	比　　例		
期货市场资金总量	1332.59			-4.82%
资金在交易所分布量	698.53	52.42%		-4.53%
上海期货交易所	340.83		48.79%	-9.12%
郑州商品交易所	111.44		15.95%	-8.55%
大连商品交易所	120.14		17.20%	-1.82%
中国金融期货交易所	126.12		18.05%	12.17%
资金在银行分布量	634.06	47.58%		-5.13%

注：同上

表 6－9　　**2010 年 7 月期货市场各月资金分布**　　单位：亿元

项　　目	本月末金额及比例			比上月末增减比例
	金　　额	比　　例		
期货市场资金总量	1437.10			7.84%
资金在交易所分布量	778.53	54.17%		11.45%
上海期货交易所	390.18		50.12%	14.48%
郑州商品交易所	110.71		14.22%	-0.66%
大连商品交易所	136.48		17.53%	13.60%
中国金融期货交易所	141.16		18.13%	11.93%
资金在银行分布量	658.56	45.83%		3.86%

注：同上

表 6－10　　**2010 年 8 月期货市场各月资金分布**　　单位：亿元

项　　目	本月末金额及比例			比上月末增减比例
	金　　额	比　　例		
期货市场资金总量	1550.86			7.92%
资金在交易所分布量	861.14	55.53%		10.61%
上海期货交易所	397.05		46.11%	1.76%
郑州商品交易所	133.25		15.47%	20.36%
大连商品交易所	178.83		20.77%	31.03%
中国金融期货交易所	152.01		17.65%	7.69%
资金在银行分布量	689.72	44.47%		4.73%

注：同上

表 6－11 **2010 年 9 月期货市场各月资金分布** 单位：亿元

项 目	本月末金额及比例			比上月末增减比例
	金 额	比 例		
期货市场资金总量	1505.61			－2.92%
资金在交易所分布量	907.36	60.27%		5.37%
上海期货交易所	411.57		45.36%	3.66%
郑州商品交易所	166.76		18.38%	25.15%
大连商品交易所	206.51		22.76%	15.48%
中国金融期货交易所	122.53		13.50%	－19.39%
资金在银行分布量	598.25	39.73%		－13.26%

注：同上

表 6－12 **2010 年 10 月期货市场各月资金分布** 单位：亿元

项 目	本月末金额及比例			比上月末增减比例
	金 额	比 例		
期货市场资金总量	1791.54			18.99%
资金在交易所分布量	1044.57	58.31%		15.12%
上海期货交易所	404.22		38.70%	－1.79%
郑州商品交易所	227.84		21.81%	36.63%
大连商品交易所	226.45		21.68%	9.66%
中国金融期货交易所	186.07		17.81%	51.86%
资金在银行分布量	746.97	41.69%		24.86%

注：同上

表 6－13 **2010 年 11 月期货市场各月资金分布** 单位：亿元

项 目	本月末金额及比例			比上月末增减比例
	金 额	比 例		
期货市场资金总量	1794.70			0.18%
资金在交易所分布量	1034.84	57.66%		－0.93%
上海期货交易所	430.41		41.59%	6.48%
郑州商品交易所	207.88		20.09%	－8.76%
大连商品交易所	238.19		23.02%	5.18%
中国金融期货交易所	158.37		15.30%	－14.89%
资金在银行分布量	759.85	42.34%		1.72%

注：同上

表 6-14　　2010 年 12 月期货市场各月资金分布　　单位：亿元

项　目	本月末金额及比例			比上月末增减比例
	金　额	比　例		
期货市场资金总量	1696.31			-5.48%
资金在交易所分布量	1054.35	62.16%		1.89%
上海期货交易所	471.91		44.76%	9.64%
郑州商品交易所	201.09		19.07%	-3.27%
大连商品交易所	229.37		21.75%	-3.70%
中国金融期货交易所	151.98		14.41%	-4.03%
资金在银行分布量	641.96	37.84%		-15.51%

注：同上

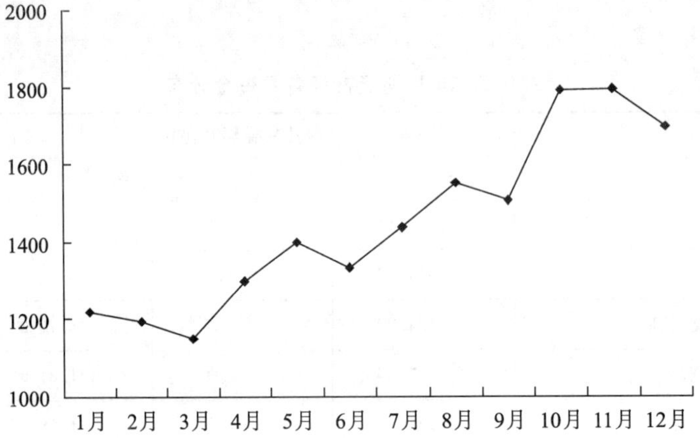

图 6-2　期货市场资金总量变化（单位：亿元）

三、各品种持仓量、成交量、成交金额分布

表 6-15　　2010 年各品种持仓量分布　　单位：%

月份 / 品种	1 月	2 月	3 月	4 月	5 月	6 月	7 月	8 月	9 月	10 月	11 月	12 月
铜	4.88	5.13	4.79	4.1	4.49	4.68	4.41	3.75	3.51	3.03	4.09	5.58
铝	4.43	4.18	3.62	3.42	3.33	3.29	2.86	2.91	3.23	3.22	3.44	3.55
锌	3.8	3.83	3.77	3.79	5.49	6.32	5.38	5.63	3.9	4.55	5.92	6.01
黄金	0.83	0.8	0.71	0.69	0.63	0.72	0.63	0.57	0.68	0.61	0.92	1.18
天胶	2.97	3.17	3.21	2.69	3.52	4.4	4.68	4.28	2.26	2.3	2.6	3.21
燃料油	2.17	1.49	1.16	0.68	1.02	0.86	0.89	1.43	0.83	1.24	1.55	1.56
螺纹钢	15.55	16.34	17.93	16.09	16.88	14.64	19.01	15.07	13.84	12.05	10.53	9.77
线材	0.34	0.32	0.26	0.23	0.09	0.07	0.03	0.02	0.01	0	0	0
硬麦	0.01	0	0.01	0.01	0.01	0.02	0.01	0.02	0.02	0.02	0.06	0.06
强麦	0.72	0.71	0.72	0.77	0.61	0.59	1.48	2.11	1.93	1.46	1.52	1.5

续表

品种＼月份	1月	2月	3月	4月	5月	6月	7月	8月	9月	10月	11月	12月
棉花	3.43	3.49	4.16	4.15	4.64	5.04	4.13	3.18	5.56	5.45	6.03	4.95
白糖	13.4	16.83	15.3	17.32	14.66	15.15	13.23	14.79	11.21	12.51	8.44	8.67
PTA	2.36	2.58	3.23	3.19	3.49	3.21	3.44	3.95	3.24	2.8	3.03	3.83
菜籽油	1.02	0.97	1.55	1.51	1.37	1.52	1.38	1.61	1.28	1.8	2.4	2.75
早籼稻	1.4	1.72	2.29	2.45	1.83	2.11	2.59	2.6	2.6	2.92	3.02	1.97
豆一	4.2	4.51	4.23	4.32	4.22	4.04	3.36	4.35	4.5	4.35	5.71	6.86
豆二	0	0	0	0	0.01	0	0	0	0	0	0	0
玉米	3.17	2.68	2.88	3.23	5.39	4.84	3.69	4.38	5.61	7.05	6.97	7.66
豆粕	19.4	17.07	16.71	17.59	16.9	15.28	16.43	15.08	21.63	20.07	18.46	15.35
豆油	9.85	8.11	7.64	7.64	5.77	6.21	5.92	7.71	8.56	9.08	8.48	7.68
LLDPE	0.94	0.75	1.59	1.27	1.27	2.13	2.4	2.45	2.17	2.26	2.04	2.94
棕榈油	4.02	4.36	3.51	3.5	3.01	3.4	2.97	2.91	2.09	1.91	3.02	2.61
PVC	1.1	0.93	0.7	1.09	0.84	0.72	0.36	0.49	0.72	0.58	1.02	1.43
沪深300指数	—	—	—	0.26	0.54	0.76	0.69	0.71	0.61	0.73	0.76	0.89

表6-16　　2010年各品种成交量分布　　单位:%

品种＼月份	1月	2月	3月	4月	5月	6月	7月	8月	9月	10月	11月	12月
铜	3.72	4.7	3.45	3.45	4.28	5.22	4.13	3.04	2.1	1.64	2.05	2.82
铝	3.01	1.87	0.93	1.23	0.9	1.12	0.62	0.8	0.78	0.95	1.06	0.5
锌	5.28	8.51	5.82	4.91	7.96	16.57	16.66	11.09	11.17	7.91	7.86	8.17
黄金	0.36	0.23	0.19	0.22	0.34	0.28	0.21	0.12	0.12	0.16	0.19	0.23
天胶	8.89	11.67	14.01	13.15	12.54	16.1	14.95	9.85	8.37	7.16	5.81	10.12
燃料油	2.21	1.07	0.47	0.25	0.42	0.46	0.24	0.41	0.46	0.63	1.01	0.64
螺纹钢	12.44	13.15	16.37	15.76	22.13	15.8	17.6	15.4	15.86	11.98	10.42	6.09
线材	0.02	0.02	0.02	0.03	0.02	0.01	0	0	0	0	0	0
硬麦	0	0	0	0	0	0	0	0	0	0.01	0	0
强麦	0.1	0.05	0.05	0.13	0.06	0.06	0.2	0.65	0.32	1.45	0.45	0.53
棉花	3.02	1.81	2.36	1.43	2.79	2.91	2.17	1.21	7.73	9.26	11.8	16.02
白糖	26.03	29.51	31.7	33.05	22.03	16.85	12.86	15.11	15.81	17.52	11.73	13.48
PTA	5.35	3.91	3.18	2.42	3.28	2.89	3.57	5.14	4.39	2.89	4.06	5.9
菜籽油	0.55	0.32	0.81	0.5	0.27	0.39	0.29	1.04	0.38	0.93	0.7	0.81
早籼稻	0.23	0.29	0.41	0.63	0.39	0.36	0.66	0.9	0.57	4.75	6.27	0.98
豆一	3.3	2.96	2.21	2.16	2.25	0.99	0.91	2.98	2.42	1.83	3.49	2.63
豆二	0	0	0	0	0	0	0	0	0	0	0	0
玉米	1.34	0.57	0.49	1.04	1.38	1.56	1.64	1.65	2.14	4.27	5.85	2.31
豆粕	7.52	8.12	6.9	8.27	7.41	4.82	7.01	8.89	9.03	11.33	9.35	5.56
豆油	7.59	4.68	4.31	5.12	3.42	2.78	2.22	9.14	6.68	7.07	7.53	7.37
LLDPE	2.39	1.95	2.48	1.9	1.97	4.4	6.82	5.05	5.35	3.19	4.39	6.73
棕榈油	5.74	4.21	3.51	2.46	1.61	1.26	1.42	2.85	2.51	1.6	2.56	3.42
PVC	0.9	0.4	0.32	0.58	0.5	0.51	0.22	0.22	0.47	0.33	0.75	1.39
沪深300指数	—	—	—	1.32	4.03	4.65	5.6	4.43	3.35	3.13	2.66	4.28

表 6－17　　**2010 年各品种成交金额分布**　　单位：%

品种＼月份	1月	2月	3月	4月	5月	6月	7月	8月	9月	10月	11月	12月
铜	15.46	17.78	14.34	12.68	11.69	12.54	9.84	8.32	6.36	4.98	6.34	7.16
铝	3.65	2.12	1.08	1.23	0.69	0.76	0.42	0.59	0.63	0.75	0.85	0.31
锌	7.47	10.37	7.55	5.65	6.4	11.27	11.45	9.05	10.18	7.6	7.2	5.71
黄金	1.25	0.76	0.64	0.68	0.9	0.7	0.49	0.31	0.35	0.46	0.54	0.53
天胶	15.22	18.83	23.42	19.54	13.82	15.94	14.66	11.67	11.07	10.7	9.33	13.19
燃料油	1.4	0.65	0.3	0.14	0.19	0.18	0.09	0.17	0.21	0.28	0.47	0.23
螺纹钢	7.62	7.68	10.58	8.99	9.56	5.96	6.44	6.32	7.14	5.12	4.65	2.16
线材	0.01	0.01	0.01	0.01	0.01	0	0	0	0	0	0	0
硬麦	0	0	0	0	0	0	0	0	0	0	0	0
强麦	0.03	0.02	0.02	0.03	0.01	0.01	0.04	0.15	0.08	0.37	0.11	0.11
棉花	3.42	2	2.76	1.45	2.39	2.26	1.63	0.98	7.96	11.12	15.7	16.3
白糖	19.83	22.23	22.91	20.22	10.46	7.4	5.76	7.66	9.05	10.72	7.52	6.9
PTA	3.06	2.18	1.83	1.25	1.26	0.98	1.15	1.9	1.78	1.21	1.92	2.17
菜籽油	0.32	0.17	0.46	0.25	0.11	0.15	0.11	0.43	0.17	0.43	0.34	0.31
早籼稻	0.07	0.08	0.12	0.16	0.08	0.07	0.13	0.19	0.13	1.09	1.46	0.17
豆一	1.81	1.54	1.18	1.02	0.88	0.35	0.32	1.15	1.01	0.76	1.5	0.87
豆二	0	0	0	0	0	0	0	0	0	0	0	0
玉米	0.35	0.14	0.13	0.24	0.27	0.27	0.28	0.31	0.45	0.9	1.29	0.4
豆粕	3.07	3.09	2.69	2.85	2.11	1.24	1.81	2.56	2.89	3.68	3.02	1.38
豆油	7.98	4.71	4.49	4.77	2.59	1.91	1.48	7.05	5.61	6.27	7.03	5.54
LLDPE	1.99	1.54	1.96	1.33	1.04	1.96	2.88	2.51	2.89	1.75	2.58	3.06
棕榈油	5.51	3.89	3.37	2.05	1.07	0.75	0.82	1.93	1.89	1.27	2.2	2.39
PVC	0.48	0.2	0.17	0.27	0.19	0.17	0.07	0.08	0.19	0.13	0.31	0.43
沪深 300 指数	—	—	—	15.19	34.3	35.14	40.14	36.65	29.97	30.42	25.62	30.67

第七部分

期货业协会概况

中国期货业协会

简　　介

中国期货业协会（以下简称协会）成立于2000年12月29日，协会的注册地和常设机构设在北京，是根据《期货交易管理条例》和《社会团体登记管理条例》设立的全国期货行业自律性组织，为非营利性的社会团体法人。协会接受中国证监会和国家社会团体登记管理机关的业务指导和管理。

协会由期货公司等从事期货业务的会员、期货交易所特别会员和地方期货业协会联系会员组成。截至2010年底，协会共有会员200家，其中期货公司团体会员163家，期货交易所特别会员4家，地方期货业协会联系会员33家。

会员大会是协会的最高权力机构，每四年举行一次。理事会是会员大会闭会期间的协会常设权力机构，对会员大会负责。理事会每年至少召开一次会议。理事会由会员理事、特别会员理事和非会员理事组成。理事任期四年，可连选连任。理事会根据工作需要下设专业委员会，专业委员会为理事会议事机构，对理事会负责。目前理事会下设纪律委员会、申诉委员会、信息技术委员会、研究发展委员会、分析师委员会五个专业委员会。

协会设会长一名，专职副会长若干名，兼职副会长若干名，秘书长一名，秘书长为专职。会长、副会长和秘书长任期四年，可连选连任。协会实行会长负责制，会长为协会法定代表人。协会设会长办公会，由会长、专职副会长、秘书长、副秘书长以及会长指定的其他人员组成，在理事会闭会期间行使理事会授权的职责。目前协会常设办事机构为办公室、会员部、培训部、研究部、合规调查部、资格考试与认证部、信息技术部等七个部门。

协会宗旨是在国家对期货业实行集中统一监督管理的前提下，进行期货业自律管理；发挥政府与期货业间的桥梁和纽带作用，为会员服务，维护会员的合法权益；坚持期货市场的公开、公平、公正，维护期货业的正当竞争秩序，保护投资者利益，推动期货市场的规范发展。

协会主要职能包括以下几个方面：

- 教育和组织会员及期货从业人员遵守期货法律法规和政策，制定行业自律性规则，建立健全期货业诚信评价制度，进行诚信监督。
- 负责期货从业人员资格的认定、管理以及撤销工作，负责组织期货从业资格考试及有关专业资格胜任能力考试、期货公司高级管理人员资质测试。
- 监督、检查会员和期货从业人员的执业行为，受理对会员和期货从业人员的举报、投诉并进行调查处理，对违反本章程及自律规则的会员和期货从业人员给予纪律惩戒；向中国证监会反映和报告会员和期货从业人员执业状况，为期货监管工作提供意见和建议。

- 制定期货业行为准则、业务规范，参与开展行业资信评级，参与拟订与期货相关的行业和技术标准。
- 受理客户与期货业务有关的投诉，对会员之间、会员与客户之间发生的纠纷进行调解。
- 为会员服务，依法维护会员的合法权益，积极向中国证监会及国家有关部门反映会员在经营活动中的问题、建议和要求。
- 制定并实施期货业人才发展战略，加强期货业人才队伍建设，对期货从业人员进行持续教育和业务培训，提高期货从业人员的业务技能和职业道德水平。
- 设立专项基金，为期货业人才培养、投资者教育或其他特定事业提供资金支持。
- 负责行业信息安全保障工作的自律性组织协调，提高行业信息安全保障和信息技术水平。
- 收集、整理期货信息，开展会员间的业务交流，推动会员按现代金融企业要求完善法人治理结构和内控机制，促进业务创新，为会员创造更大市场空间和发展机会。
- 组织会员对期货业的发展进行研究，参与有关期货业规范、发展的政策论证，对相关方针政策、法律法规提出建议。
- 加强与新闻媒体的沟通与联系，广泛开展期货市场宣传和投资者教育，为行业发展创造良好的环境。
- 表彰、奖励行业内有突出贡献的会员和个人，组织开展业务竞赛和文化活动，加强会员间沟通与交流，培育健康向上的行业文化。
- 开展期货业的国际交流与合作，代表中国期货业加入国际组织，推动相关资质互认，对期货涉外业务进行自律性规范与管理。
- 法律、行政法规规定以及中国证监会赋予的其他职责。

中国期货业协会
地　　址：北京市西城区金融大街 33 号通泰大厦 C 座八层
邮　　编：100140
值班电话：010－88087239
传　　真：010－88087060
网　　址：www. cfachina. org

2010 年工作情况

2010 年，中国期货业协会（以下简称协会）稳步推进了自律管理，积极开展了会员服务，有序组织了行业培训，大力加强了人才培养，深入推动了投资者教育，完善优化了内部管理，开创了自律管理工作的新局面，充分发挥了在“五位一体”期货监管体系中的积极作用。

一、完善自律规则体系，健全自律管理机制，强化自律监督检查，稳步推进行业自律管理工作

（一）修订完善自律规则体系

为适应行业发展新形势和协会第三次会员大会的召开，协会对现行自律规则进行了全面梳理和修订，目前已基本完成了章程、会员管理办法、会员自律公约、纪律惩戒程序、期货公司信息技术管理指引、行业信息数据库系统管理规则等6项自律规则的修订工作。同时，为配合股指期货的上市，协会制定发布了《股指期货特别风险提示》、《期货公司执行股指期货投资者适当性制度管理规则》，修订了《证券公司为期货公司提供中间介绍业务协议指引》，发布了《期货投资者信用风险信息共享管理办法》及实施细则，提前开通了信息共享数据库；制定发布了《反洗钱风险等级划分标准指引》，对75家期货公司的《反洗钱风险等级划分标准》进行了备案审查；根据监管部门要求，研究起草了《投资咨询服务合同》及《投资咨询业务风险说明书》。

（二）进一步健全自律管理机制

按照章程规定，协会于9月份成功召开了第三次会员大会，顺利通过了章程、会员管理办法、会员自律公约和会费收取办法的修订稿，进一步丰富和明确了协会的职能定位。同时，选举产生了第三届理事会和新一届协会领导班子，对理事会工作办法和专业委员会议事规则进行了修订完善，增加和调整了纪律、申诉、信息技术、分析师和研究发展五个专业委员会的成员，从而进一步提高了理事会的决策效率，明确了各专业委员会的职能定位，增强了理事和委员参与协会工作的积极性。此外，经国家民政部和证监会批准，协会正式设立了人才培养和投资者教育两个专项基金，成了基金管理委员会，加强了对基金经费募集和使用的管理，完善了协会对人才培养和投资者教育工作的长效机制。

（三）进一步强化对会员和从业人员自律管理

按照中央纪委和中国证监会纪委的统一部署，协会于3月份全面启动了期货行业执行从业人员行为准则情况的检查工作，检查内容包括行为准则执行情况、合同备案情况、反洗钱情况等；为顺利推进检查工作，协会先后派出4个检查小组分赴湖南、上海、浙江、江苏、深圳、天津、广东、北京、四川、重庆、山东、安徽、大连、辽宁等14个辖区，完成了对64家会员公司的现场检查整改工作；通过检查，协会进一步了解了期货公司对从业人员的管理现状及存在的主要问题，促进了期货公司和从业人员对行为准则等自律规则的理解和执行。此外，今年以来，协会共召开了4次纪律委员会和申诉委员会，对6家期货公司16名从业人员给予了自律惩戒，对14家违规行为较轻的期货公司下发了警示函。

（四）深入开展行业信息技术检查

按照证监会的委托，协会在2010年继续开展了对《期货公司信息技术管理指引》（以

下简称《指引》）落实情况的全面检查工作，于2月初全部完成了对163家期货公司信息技术系统的检查。同时，根据证监会的统一安排，组织开展了《指引》及其检查细则的修订工作，制定了与该《指引》相关的制度、工作流程和表格等模版，便于期货公司参考借鉴。此外，还于9月份启动了对未通过《指引》落实情况检查的11家期货公司以及1家恢复开业的公司进行了复查。通过检查、复查，全面摸清了行业信息技术系统现况及其存在的主要问题，有效促进了行业信息技术的水平的提升。

二、全面强化服务意识，引导会员提升专业化服务水平，进一步探索期货公司服务现货企业和产业经济的途径

（一）围绕促进期货市场功能发挥开展深入系统的研究

为全面深入了解期货市场在产业服务中的作用，协会组织行业内有关专家，对农产品和有色金属两个行业参与利用期货市场的情况开展了专项调研，从企业、产业、行业等多角度深入了解期货市场的功能作用以及存在的问题，并从政策、产品、制度、服务等方面提出了可操作性的建议，从而进一步引导会员单位提升服务产业发展的水平，也为其他产业、企业更好地参与期货市场提供了范例和指引。此外，协会于今年上半年完成了“期货市场服务三农运作模式”、“商业银行如何参与和利用期货市场”、“期货市场投资者结构”、“期货套期保值的内涵、发展及其应用”四个重要课题的研究，并正在委托相关单位组织开展对“期货市场在经济发展方式转变中的作用”的研究工作，进一步总结和推动期货市场功能作用的发挥。

（二）大力推动会员单位提升服务产业经济发展的水平

为引导会员单位进一步明确中介机构定位，提高服务产业经济发展的能力和水平，协会先后组织召开了“期货公司发展座谈会”和“期货市场形势分析与发展战略研讨会”，深入了解会员在服务现货企业、现货产业中面临的主要问题，并积极向有关部门反映，推动问题的解决；同时，通过会议、调研等多种途径，引导会员单位正确认识市场发展形势和中介服务发展定位，促进会员单位更好地服务于实体经济发展。

（三）积极促进期货公司的创新发展

为深入了解会员实际情况及发展中面临的问题，协会加强了对会员财务、经营情况的分析，每季度编写期货公司财务经营情况分析报告，并以情况反映的形式上报监管部门；组织召开了“期货行业财务问题座谈会”，对行业相关财务问题进行集中梳理和研讨。同时，以“中期协联合研究计划”为平台，组织开展“期货公司的现代金融企业内涵、特征及发展定位”、“期货公司客户风险评估与管理系统”、“证券公司期货中间介绍业务的发展与规范”等课题的研究；受证监会委托，开展了期货公司治理问题研究，并正在组织开展期货公司管理创新研究、高风险投资产品的投资者适当性制度及程序化交易等专项课题的研究工作。

（四）积极促进会员的沟通交流

2010年来，协会组织举办了期货女高管座谈会、两次联系会员座谈会、首届“期货

杯”短信大赛等大型活动，成功举办了第六届“中国（深圳）国际期货大会”，编写出版了6期《中国期货》、6期《理事会通讯》和《中国期货业发展报告（2010）》等刊物，积极参加了证监会资本市场20周年活动筹备工作，组织开展了为玉树、舟曲灾区捐款活动。通过上述工作，进一步加强了会员服务和行业交流，树立了期货行业良好的社会形象。

三、紧密配合股指期货上市，组织开展了分类别、有针对性的人员培训

（一）成功开展IB业务专项培训

股指期货的上市是2010年证监会的一项重要工作，而IB专项培训是保证股指期货顺利推出和平稳运行的重点工作之一。为保质保量地完成培训任务，按照证监会股指期货上市工作领导小组办公室的统一部署，根据证监会期货二部的具体安排和统筹协调，在时间紧、任务重、规模大、涉及面广的情况下，协会充分发扬拼搏进取、勇于奉献、创先争优的精神，与各地证监局密切配合，对师资、课件、会务、考务等各环节进行了精心的组织安排，圆满完成了针对证券公司从事IB业务的人员和营业部负责人的大规模的IB业务专项培训工作。截至11月30日，协会共计在全国23个城市开展了56场IB培训，培训学员11322人，合格人数10862人（其中，证券公司营业部负责人2879人，IB专职业务人员7983人），为股指期货的平稳推出及顺利运行提供了重要保障。同时，在总结IB培训经验的基础上，协会组织编写了《IB业务实用手册》和《IB业务培训光盘》，并发放给证券营业部等相关机构使用。

（二）组织开展期货监管干部培训

2010年1月份，协会还配合期货二部组织了两期监管干部培训班，培训了400名监管干部，其中包括37名局级领导，使监管干部充分了解熟悉了股指期货投资者适当性制度、股指期货交易规则与制度安排、IB业务政策法规、股指期货交易保证金监控及风险管理等内容。

（三）组织开展信息技术人员培训

信息技术建设是当前行业发展的薄弱环节，也是证监会监管工作的重要内容。为提升行业信息技术人员的水平，2010年，协会组织开展4期信息技术人员培训工作，共计培训人员600多名，进一步促进了行业信息技术水平的提高。

（四）顺利完成三期高管人员资质测试

2010年，协会先后组织了三期期货公司高管人员资质测试，参加测试人数共计463人，其中，董事层高管99人，经理层高管272人，首席风险官92人。经过近三年的培训和测试，协会已共计开展了18期高管测试，参加培训的高管人员共计2040人。

四、推动落实人才兴业工程，进一步完善了期货行业人才发展战略规划，顺利开展了期货从业人员资格考试

（一）完善期货行业人才发展战略规划

为贯彻落实国家2010~2020年人才发展战略规划，受证监会委托，协会组织有关会员单位开展了期货行业2010~2020年人才发展战略规划的编制工作。为增强规划编制的科学性，协会在已实施的期货行业人才发展战略规划的基础上，开展了行业人才的专项调研，通过发放调研问卷、召开座谈会等形式，全面真实掌握行业人才发展现状，深入分析行业发展形势及对人才的需求，提出了行业人才发展的战略方向和具体措施，为今后十年期货行业的人才培养提供了指引。

（二）加强对行业后备人才的培养

为适应当前期货公司业务创新发展的需要，协会加强了对期货分析师人才的培养，基本完成了《期货投资咨询分析》的编写，研究起草了“期货投资分析考试大纲”、“期货分析师资格管理办法”等相关文件，着手开展“期货投资分析”题库初步建设，并于4月份成功举办了“第四届中国期货分析师论坛”。同时，为帮助解决会员单位普遍反映招人难、留人难、行业后备人才严重不足的问题，协会在6月份召开了“期货市场后备人才专项培训座谈会”，交流了期货市场人才培养的经验，并着手开展后备人才专项培训的有关工作。此外，协会还组织开展了首届“期望杯”高校期货论文大奖赛，收集了300余篇高校学生论文投稿，增强了高校学生关注期货、参与期货的积极性。

（三）组织开展期货从业人员资格考试

为适应股指期货上市后期货市场快速发展的形势，为行业发展补充后备人才，协会先后于3月、5月、6月、9月和11月份举办了五次全国范围的期货从业人员资格考试。五次考试报名科次超过了32万科次，创造了从业资格考试的报名科次记录。同时，为使试考务组织更加规范，协会通过公开招标的形式，确定了今后三年期货从业资格考试考务承办机构；经过认真研究论证，制定了《地方协会承担期货从业人员资格考试巡考工作管理办法（试行）》，先后和11家地方协会签订了巡考协议，从而进一步加强了与地方协会的沟通联系，也促进了巡考工作质量的提高。截至11月30日，全国期货从业人员共计27845人，其中，期货公司从业人员22065人，证券IB机构期货从业人员为5780人。

五、围绕保护投资者合法权益，持续开展了投资者教育工作

（一）加强开户环节对投资者的风险揭示

为了突显股指期货交易风险特点，强调投资者适当性制度要求，协会在现有《期货交易风险说明书》之外，增加了《股指期货特别风险揭示》，要求会员公司在开户环节加强对投资者的风险提示。

（二）开展“我的期货故事”有奖征文活动

为落实中国证监会姜洋主席助理关于开展投资者教育工作的精神，协会于今年组织搜集编写了旨在帮助投资者更好地理解期货交易的原则和特点的《期货投资故事》这一投资者教育读物。同时，为了配合这本出的出版，还在业内开展了“我的期货故事”征文大赛，吸引了广大期货从业人员及期货投资者的高度关注和热情参与，通过生动活泼的故事促进了投资者对期货市场运作特点的正确认识。

（三）编写投资者普及性材料

在2009年工作的基础上，协会继续组织编写《期货投资者教育丛书》，目前已基本完成了19部分册的编写工作，并正式出版了股指期货、菜籽油等8个分册。同时，制作出版了《期货投资者入市光盘》，使投资者更便利地接受有针对性的风险教育。

六、以创先争优活动为契机，不断加强内部管理和自身建设，为协会工作的有效开展提供了坚实保障

（一）加强内部管理

2010年，协会制定发布了经费预决算管理办法、员工内部培训管理办法及协会工会管理办法等三项内部制度，起草了人员招聘管理办法及工作流程，并编写完成了《协会内部制度汇编》；经过公开招标，开发并正式上线了OA自动化办公系统；开展了协会员工执行行为准则等内部制度情况的检查工作及员工季度绩效考核工作；与全体员工签订了保密责任书，组织员工观看保密宣传教育资料片，对协会涉密计算机及移动介质进行清理自查，进一步提高了内部管理的规范性和员工队伍素质。

（二）加强组织和队伍建设

为提高贯彻落实科学发展观的能力，协会成立了党建工作小组，切实加强了党员队伍建设、政治学习、作风建设和党风廉政建设；组织开展了人员招聘和内部培训，进一步提高了员工队伍素质；将创先争优活动精神紧密融入业务工作和岗位职责中，切实做到了工作、活动“两不误、两促进”。

（三）积极配合证监会巡视工作

积极配合证监会巡视组的要求，实事求是地反映情况和问题，协助巡视组开展谈话、会员座谈、资料调阅等工作，进一步明确了发展思路和努力方向，加强了自身建设，完善了相关制度和流程，强化了党建、纪检监察工作，促进了职能的更好发挥。

期货投资者信用风险信息共享管理办法（试行）

第一条 为贯彻落实国务院和中国证监会关于建立完善社会信用体系的指示精神，防范和降低期货投资者信用风险，保障期货投资者信用风险信息的准确、安全和正当使用，制定本办法。

第二条 本办法所称的期货投资者信用风险信息包括：

1. 在期货公司认为非本公司责任情况下，期货投资者穿仓款项超过 1000 元人民币的，自穿仓发生之日起逾 20 个工作日仍未归还的信息；

2. 期货投资者在期货公司的账户被司法机关冻结或查封的信息；

3. 期货交易所对投资者进行违规处理的信息；

4. 其他对期货投资者信用产生影响的信息。

第三条 中国期货业协会（以下简称协会）负责组织期货公司建立期货投资者信用风险信息数据库（以下简称数据库），并负责数据库的运行和管理。

第四条 期货公司应当按照本办法规定，完整、准确、及时地报送期货投资者信用风险信息。

第五条 信息报送采取网上填报方式进行，期货公司应当在报送信息后及时向公司所在地证监局备案。

第六条 期货公司应当根据还款情况、诉讼或仲裁结果等信息及时对报送信息进行更新。

第七条 期货公司应当对其报送信息的真实性、准确性、完整性负责。

协会有权对期货公司报送的信息进行核实，并督促期货公司对报送信息进行修改、补充等更新操作。

第八条 数据库对期货公司开放。期货公司可根据投资者姓名或名称及证件号码进行查询。

第九条 期货公司应当建立保证期货投资者信用风险信息安全的管理制度，确保只有得到内部授权的人员才能接触期货投资者信用风险信息。

第十条 期货投资者可向协会申请查询本机构（或本人）信用风险信息。协会应当对查询人进行必要的身份确认。

第十一条 期货投资者认为数据库披露的本机构（或本人）的信用风险信息不真实、不准确、不完整的，可以向报送数据的期货公司提出异议，要求予以更正。

期货公司不予更正的，期货投资者可以向协会提出书面异议。协会收到异议后，应当在数据库中标明期货投资者的异议和相应理由。

第十二条 数据库提供的期货投资者信用风险信息仅作为期货公司判断期货投资者信用状况的参考依据。

期货公司不得将期货投资者信用风险信息向其他单位或个人披露，或用于期货公司经营之外的用途。

第十三条 协会、期货公司及其工作人员应当为在工作中知悉的未公开的期货投资者信息保密。

第十四条 期货公司及其工作人员违反本办法规定的，责令改正，并给予相应的纪律惩戒。

第十五条 本办法由协会负责解释。

第十六条 本办法自 2010 年 1 月 27 日起施行。

期货投资者信用风险信息共享管理办法实施细则（试行）

（《期货投资者信用风险信息共享管理办法实施细则（试行）》于 2010 年 1 月 27 日颁布，自颁布之日起施行）

第一条 为了保障中国期货业协会（以下简称协会）期货投资者信用风险信息数据库（以下简称数据库）的运行，根据《期货投资者信用风险信息共享管理办法（试行）》（以下简称《办法》）制定本细则。

第二条 投资者出现《办法》第二条所列信用风险信息（以下简称信息）时，期货公司应当在 3 日内登录协会网站（ www. cfachina. org），在数据库中填报或更新。

第三条 期货公司在数据库中填报信息和提交证据时，应当遵守以下程序：

（一）在数据库中填报信息；

（二）将与填报信息有关的证据，如开户申请表、期货交易结算报告、起诉书、立案通知书、协助执行通知书等证据的扫描件或照片上传至数据库，每张扫描件或照片大小不超过 300k；

（三）向协会递交书面报告；

（四）完成本条（一）、（二）、（三）后 3 日内，将本条（一）中所述信息、（二）中所述证据的复制件或照片盖章后，交期货公司住所地证监局备案。

第四条 客户还款情况、诉讼或仲裁结果等信息发生变化之日起 3 日内，期货公司按照第三条规定的程序在数据库中更新该信息。

第五条 期货公司可凭借用户名和密码，登录协会网站（www. cfachina. org），根据投资者姓名或名称及证件号码，查询投资者信息。

第六条 投资者向协会申请查询本人或本机构的信息的，应当提交书面申请、能够证明其身份的证件复印件。

协会对投资者身份确认后，将查询所得信息 7 日内书面回复投资者。

第七条 投资者对数据库中披露的本机构或本人信息有异议的，应当向期货公司提出。

第八条 期货公司对投资者的异议及其理由审查后，按照下列规定处理：

（一）经审查确有必要更正的，应当及时予以更正；

（二）经审查无需更正而投资者仍持有异议的，可以对异议信息不作修改，但应当向协会提交书面报告。

第九条 期货公司不予更正而投资者仍持有异议的，投资者可以向协会提交表明其身份的证件的复印件和有关书面说明材料，载明其所持异议内容，经签字或盖章后，递交至协会。

协会收到投资者异议材料后及时在数据库中注明，并书面回复投资者。

第十条　期货公司应指定专人妥善使用和保管本公司登录数据库的用户名和密码，负责填写、更新、查询投资者信息。

第十一条　期货公司及其工作人员不得泄露投资者信息或将投资者信息用于期货公司经营以外的其他用途。

第十二条　期货公司及其工作人员违反本细则规定的，协会按照《办法》的有关规定进行处理。

第十三条　本实施细则中的“日”均指“工作日”，不包含法定节假日。

第十四条　本实施细则由协会负责解释。

第十五条　本实施细则于 2010 年 1 月 27 日颁布，自颁布之日起施行。

股指期货交易特别风险揭示

《股指期货交易特别风险揭示》于 2010 年 2 月 9 日公布，自公布之日起施行。

市场风险莫测　务请谨慎从事

尊敬的客户：

进行股指期货交易风险相当大，可能发生巨额损失，损失的总额可能超过您存放在期货公司的全部初始保证金以及追加保证金。在决定进行股指期货交易前，您应充分了解以下事项：

一、您应当了解股指期货基础知识、相关法律法规、中国金融期货交易所（以下简称交易所）业务规则及期货公司的有关规定，充分了解股指期货交易风险。

二、您应当充分了解股指期货交易与股票交易、商品期货交易的区别，了解股指期货交易风险的特点。

首先，股指期货交易采用保证金交易方式，潜在损失可能成倍放大，具有杠杆性风险。其次，股指期货合约到期时，如您仍持有未平仓合约，交易所将按照交割结算价将您持有的合约进行现金交割，您将无法继续持有到期合约，具有到期日风险。

三、您应当了解我国股票市场尚属新兴加转轨的市场，市场波动较为频繁。股指期货市场以股票市场为基础，股指期货价格的波动往往大于股票市场价格的波动。此外，股指期货合约标的较大，相应地盈亏金额较大。因此，您的投资可能会面临巨大的风险。

四、股指期货市场实行投资者适当性制度，您应当满足中国证监会、交易所及期货公司关于投资者适当性标准的规定。投资者适当性制度对您的各项要求以及依据制度对您进行的评价，不构成对您的投资建议，不构成对您的获利保证。

您必须充分理解股指期货交易投资者所应当具备的经济能力、专业知识和投资经验，评估自身的经济承受能力、风险控制能力、身体及心理承受能力，审慎决定自己是否参与股指期货交易。

五、您应当充分理解并遵循"买卖自负"的金融市场原则，充分认识股指期货交易的风险，根据相关市场信息理性判断、自主决策，并自行承担交易后果，不得以不符合适当性标准为由拒绝承担股指期货交易履约责任。

本《股指期货交易特别风险揭示》仅是对从事股指期货交易投资者的特别提示，为全面了解期货交易的风险，您在入市交易前，必须同时阅读并签署《期货交易风险说明书》、《客户须知》。

以上《股指期货交易特别风险揭示》的各项内容，本人/单位已阅读并完全理解。

（请抄写以上划线部分）

客户：
（签字或盖章）
签署日期：　　年　月　日

期货公司执行股指期货投资者适当性制度管理规则（试行）

《期货公司执行股指期货投资者适当性制度管理规则（试行）》自2010年2月9日起施行。

第一条 为维护股指期货市场平稳、规范和健康运行，督促期货公司会员单位（以下简称会员单位）严格执行股指期货投资者适当性制度，切实保护投资者合法权益，根据《关于建立股指期货投资者适当性制度的规定》（试行），以及《中国期货业协会章程》的规定，制定本规则。

第二条 会员单位应按照中国证监会和中国金融期货交易所的有关规定，遵循将适当的产品销售给适当的投资者的原则，建立健全内控合规制度，严格执行投资者适当性制度。

第三条 会员单位应当建立以了解客户和分类管理为核心的客户管理和服务制度，将股指期货投资者适当性制度贯穿于开户流程管理的各个环节，理性选择客户，不得为不符合投资者适当性标准的投资者申请股指期货交易编码。

第四条 会员单位在开户时，应当向投资者充分揭示股指期货风险，全面客观介绍股指期货法律法规、业务规则和产品特征，测试投资者的股指期货基础知识，认真审核投资者开户申请材料，审慎评估投资者的诚信状况和风险承受能力。不得协助投资者采取虚假申报等手段规避投资者适当性标准要求。

第五条 会员单位应当完善期货经纪业务管理，加强对投资者交易行为的合法合规性管理，督促投资者遵守与股指期货交易相关的法律、法规、部门规章及中国金融期货交易所业务规则，持续开展投资者风险教育。

第六条 会员单位应当建立并有效执行客户开发责任追究制度，明确客户开发人员、审核人员、服务人员、相关部门负责人、公司高级管理人员等相关期货从业人员的责任。

第七条 会员单位应当要求本单位从业人员自觉遵守期货从业人员行为准则，严格执行投资者适当性制度。

第八条 会员单位应当完善客户纠纷处理机制，为投资者提供合理的投诉渠道，告知投诉的途径、方法和程序，妥善处理纠纷。

会员单位应当督促投资者遵守法律法规的相关规定，通过正当途径维护自身合法权益，不得侵害国家利益及他人的合法权益，不得扰乱社会公共秩序。

第九条 对违反本规则的会员单位，经告诫仍不改正的，协会将视其情节轻重予以以下纪律惩戒：

（一）批评；
（二）协会内通报批评；
（三）通过媒体公开谴责；
（四）取消会员资格并公告。
对于相关违规期货从业人员，协会将根据情节轻重给予相应的纪律惩戒。
第十条 本规则由中国期货业协会负责解释。
第十一条 本规则自 2010 年 2 月 9 日起生效。

证券公司为期货公司提供中间介绍业务协议指引（修订）

甲方：________________证券公司

乙方：________________期货公司

依据《合同法》、《期货交易管理条例》、《证券公司为期货公司提供中间介绍业务试行办法》（以下简称《试行办法》）及其他相关法律、法规的规定，甲乙双方经友好协商，就甲方为乙方提供中间介绍业务（以下简称介绍业务）有关事宜达成如下协议：

第一章 双方声明

第一条 甲方向乙方作如下声明：

（一）甲方为依法设立的证券公司，具有从事介绍业务的资格。

（二）甲方具有相应的人员、经营场所和设备，能够为进行介绍业务提供必要的条件。

（三）甲方承诺按照《试行办法》的规定从事介绍业务，并对所属营业部开展的介绍业务实行统一管理。

甲方保证上述声明的真实性、准确性，并承诺承担因违背上述声明给自己及他人造成的损失。

第二条 乙方向甲方作如下声明：

（一）乙方为依法设立的期货公司，具有金融期货经纪业务资格，并取得中国金融期货交易所会员资格。

（二）乙方具有相应的人员、经营场所和设备，能够为甲方开展介绍业务提供必要的条件。

乙方保证上述声明的真实性、准确性，并承诺承担因违背上述声明给自己及他人造成的损失。

第二章 介绍业务范围

第三条 甲方接受乙方委托，为乙方介绍客户参与期货交易，并提供下列服务：

（一）协助办理客户开户手续；

（二）为客户提供期货行情信息、交易设施；

（三）中国证监会规定的其他服务。

介绍业务的报酬及相关费用，由甲乙双方本着平等自愿、互利互惠的原则协商确定。

第四条 甲方按照本协议约定对乙方承担介绍业务受托责任，甲方与乙方客户之间不存在基于期货交易产生的权利义务法律关系。乙方基于期货经纪合同直接对客户承担责任。

第五条 甲方不得代理客户进行期货的交易、结算或交割，不得代客户接收、保管或者修改交易密码，也不得利用客户的交易编码、资金账号或期货结算账户进行期货交易。

第六条 甲方不得直接或者间接为客户从事期货交易提供融资或担保。

第三章 介绍业务规则

第七条 乙方应当向甲方提供与期货交易业务有关的《期货经纪合同》、《期货交易风险说明书》、《股指期货交易特别风险揭示》、期货交易流程、期货保证金安全存管的方式和要求、期货结算结果的查询方式、必要的业务单据等资料，并为甲方提供开展介绍业务所必需的业务培训以及其他相应业务支持。

甲方可以根据开展介绍业务的需要，要求乙方提供公司基本情况介绍、有关负责人和业务人员简历等资料，以备客户咨询。

第八条 甲方应当按照合规、审慎经营的原则，制定并有效执行介绍业务规则、内部控制、合规检查等制度，确保有效防范和隔离介绍业务与其他业务的风险。

甲方应指定有关负责人和部门负责介绍业务的经营管理，配备足够的具有期货从业人员资格的业务人员，不得任用不具有期货从业人员资格的业务人员从事介绍业务。

第九条 甲方应当在其经营场所显著位置或其网站，公开下列信息：

（一）受托从事的介绍业务范围；

（二）从事介绍业务的管理人员和业务人员的名单和照片；

（三）乙方期货保证金账户信息、期货保证金安全存管方式；

（四）客户开户和交易流程、出入金流程；

（五）客户交易结算结果的查询方式；

（六）中国证监会规定的其他信息。

乙方也应在其经营场所显著位置或其网站，对前款（三）、（四）（五）、（六）项规定的有关信息予以公开列示。

第十条 甲方在为乙方介绍客户时，应当向客户明示其与乙方的介绍业务委托关系，解释甲方、客户、乙方三者之间的权利义务关系，告知期货保证金安全存管要求。乙方也应在期货经纪合同中明确注明甲方、乙方、客户三者之间的权利义务关系。

甲方在开发客户过程中，应当向客户解释期货交易的方式、流程，充分揭示期货交易风险，并不得向客户作获利保证、共担风险等承诺，不得虚假宣传误导客户。

第十一条 甲方应当建立并有效执行协助开户制度，对客户开户资料和身份真实性等进行审查，向客户充分揭示股指期货交易风险，进行相关知识测试和风险评估，做好开户入金指导，严格执行投资者适当性制度。

第十二条 甲乙双方协商确定客户开户审查的方式、内容和程序，甲方设专人负责协助开户及开户审核工作。

甲方应当及时将客户资料提交乙方。乙方在复核甲方提交的客户开户资料无误后，与客户签订期货经纪合同，办理开户手续。

第十三条 甲方应根据双方约定为所介绍的客户提供必要的行情、交易系统及设备。甲乙双方应各自对期货交易涉及的行情、交易系统及设备负责，并共同作好期货交易数据传送的安全保密工作。甲方应协助乙方维护期货交易系统的稳定运行，保证期货交易数据传送的安全和独立。

第十四条 甲方应告知所介绍客户获取期货交易结算单的渠道或方式，提示客户有义务及时查看，并协助有异议的客户向乙方提出异议。

第十五条 甲乙双方可以约定，当期货、现货市场行情发生重大变化或者客户可能出现风险时，甲方协助乙方从事向客户提示风险等工作。乙方应向甲方提供必要的风险控制系统及报表等，以便甲方开展相关工作。

第十六条 甲乙双方中任何一方被监管机关采取限制、取消相关业务资格等监管措施时，应自事发之日起____个工作日内书面通知对方。

第四章 保证金存管

第十七条 客户出入金必须在乙方的保证金专用账户和客户所指定期货结算账户的银行账户之间进行。

第十八条 甲方有义务向客户公开乙方期货公司期货保证金账户、期货保证金安全存管方式和要求、出入金流程、交易结算结果查询方式等基本情况。

乙方变更或撤销期货保证金账户的，应当在向监管机关和期货保证金安全存管监控机构备案之日起，____个工作日内书面通知甲方，并依法向客户披露变更或者撤销情况。

第十九条 甲方不得代乙方或客户收付期货保证金，不得利用证券资金账户为客户存取、划转期货保证金。

第五章 客户投诉的处理方式

第二十条 甲乙双方应当建立健全各自的客户投诉的接待处理制度以及双方的协作程序和规则，明确具体的部门和人员负责双方的客户投诉情况的沟通与联络。甲乙双方应将各自的客户投诉方式或渠道对外予以公布。

第二十一条 甲乙双方应按照约定的协作程序和规则，本着服务客户、服务合作伙伴的原则，积极、稳妥地处理客户投诉；对投诉本方的应及时处理不推诿，对投诉合作对方的应及时移交并配合做好处理工作，对投诉涉及双方的应及时会同处理。

第六章 违约责任及协议的终止

第二十二条 甲乙双方因任何一方违反本协议，而给对方所造成实际损失的，应当承担赔偿责任。一方严重违反本协议，导致本协议不能履行的，非违约方有权解除协议并要求赔偿，协议自非违约方发出书面解约通知之日起解除。

第二十三条 因出现火灾、地震、瘟疫、社会动乱等不能预见、不能避免并不能克服的不可抗力情形，或因出现无法控制和不可预测的系统故障、设备故障、通讯故障、电力故障等异常事故，或因本协议生效后新颁布、实施或修改的法律、法规、规章、规则或政策等因素，导致协议任何一方不能及时或完全履行本协议的，其相应责任应予免除。

遭受不可抗力、异常事故或知悉政策法律变化的一方或双方应在遭受不可抗力、异常事故或知悉政策法律变化后的____日内书面通知另一方，并提供相应证明，双方应积极协调善后事宜。

第二十四条　甲乙双方均有权解除本协议。除有本协议第二十二条规定的情形外，主张解除协议的一方应当提前一个月书面通知对方。

第二十五条　甲乙双方因丧失业务资格或依法不能从事相关业务，本协议自动终止。

第二十六条　协议解除或终止后，介绍业务的报酬和相关费用的支付等善后事宜，由双方协商处理。

第七章　其他约定

第二十七条　甲乙双方对于在介绍业务过程中获知的对方或客户的资料和信息，负有保密义务。未经另一方或客户事先书面许可，任何一方不得对外披露、透露或提供有关的资料和信息。违反本约定给对方或客户造成损失的，应当负赔偿责任。

国家有关部门依法要求查询或要求提供有关的资料和信息的，不受前款约束。

第二十八条　有关本协议的签署、效力和争议解决等均适用中华人民共和国法律、法规及其他有关规章、规则。

本协议签署后，若有关法律、法规、规章、规则修订，本协议与之不相适应的内容及条款自行失效，相关内容及条款按新修订的法律、法规、规章、规则办理。但本协议其他内容和条款继续有效。

第二十九条　本协议执行中如发生争议，由双方友好协商解决。协商不成的，双方可以提请中国证券业协会、中国期货业协会调解，也可以采取以下第__________种方式解决：

（一）向________________________仲裁委员会申请按照该会仲裁规则进行仲裁。

（二）向________________________方所在地人民法院提起诉讼。

第三十条　本协议未尽事宜，可由甲乙双方协商解决并另行签署书面协议，该协议与本协议具有同等法律效力。

第三十一条　本协议自甲乙双方法定代表人或授权代表签字并加盖公章之日起生效。

第三十二条　本协议一式____份，双方各执____份，报监管部门或其他相关机构____份，每份具有同等法律效力。

甲方（盖章）：　　　　　　　　　　乙方（盖章）：

法定代表人或授权代表（签字）：　　法定代表人或授权代表（签字）：

年　　月　　日　　　　　　　　　　年　　月　　日

中国期货业协会会员自律公约

（2000 年 12 月 29 日中国期货业协会第一次会员大会表决通过；2010 年 9 月 20 日中国期货业协会第三次会员大会修订）

第一条 为加强期货行业自律，规范会员执业行为，提高会员商业道德，维护期货行业规范有序、公平竞争的发展环境，促进期货行业健康发展，根据《中国期货业协会章程》规定，中国期货业协会（以下简称“协会”）会员经共同协商，制定本公约，并承诺共同遵守。

第二条 坚持公开、公平、公正和诚实信用原则，依法合规经营，勤勉尽责，进行公平竞争，致力于不断提高商业道德和服务水准，维护客户合法权益和期货行业正常经营秩序。

第三条 守法经营，合规执业。

（一）严格遵守国家法律、行政法规、部门规章和相关政策规定，严格遵守协会章程、自律规则和其他有关规定，严格遵守期货交易所业务规则和期货保证金监控管理机构的各项规定；

（二）严禁从事内幕交易、操纵市场等破坏或影响期货市场安全运行或期货市场交易秩序的非法期货交易活动；

（三）不得在期货经纪业务中从事或允许工作人员从事接受客户全权委托进行期货交易等超越经营范围的业务；

（四）加强工作人员管理，不得任用无从业资格人员从事期货业务；

（五）按照法律法规和自律规则的规定，及时、准确、完整地公示期货业务的相关信息，接受社会公众的监督；

（六）主动制止并及时举报有关期货违法违规行为。

第四条 诚实信用，勤勉尽责。

（一）公平、公正地对待所有客户，努力提供优质服务，维护客户合法权益，不得有背信、欺诈等侵害客户权益的行为，禁止在业务活动中为本单位或他人谋取不当利益；

（二）向客户充分揭示期货交易相关风险，不得开发不适合从事期货交易的客户；

（三）建立健全法人治理结构和内控机制，加强对本单位期货从业人员的管理和培训，提高业务水平、风险管理能力和职业道德水准；

（四）不得在业务招揽时进行弄虚作假、故意夸大、引人误解或有歧义的宣传，不得向客户做获利保证或与客户约定共同承担损失；

（五）不得编造或散布虚假信息误导客户，或劝诱客户从事不必要、不合理的交易；

（六）不得在客户不知情的情况下给其代理人返还佣金；

（七）避免与客户的利益冲突，及时向客户披露发生冲突的可能性及有关情况，确保客户的利益得到公平对待；

（八）保守客户商业秘密及个人隐私，不得泄露客户资料，但法律、法规另有规定或配合有权机关进行调查的除外；

（九）秉持诚信、公平的原则，妥善处理与客户之间的期货交易纠纷。

第五条　公平竞争，共同发展。

（一）相互尊重，同业互助，共同发展，秉承现代金融企业经营理念，积极承担企业社会责任和行业责任，珍惜和维护期货行业声誉和形象，不得有破坏行业声誉，损害会员共同利益的行为；

（二）遵循公平竞争原则，遵守商业道德，维护正常行业秩序，禁止扰乱行业正常经营秩序的不正当竞争行为；

（三）不得以诋毁、贬低其他会员等不正当方式招揽客户；

（四）不得以低于成本价收取客户手续费等方式从事不正当竞争行为；

（五）不得以不正当手段招徕其他会员的在职工作人员。

第六条　对违反本公约的会员，情节较轻的，协会以书面或口头形式进行提醒，情节严重的，按协会有关规定给予纪律惩戒。

第七条　本公约生效后取得协会会员资格的单位，自取得会员资格之日起，视为自愿加入本公约，本公约将对其自动生效。

第八条　本公约经第三次会员大会审议通过后生效，自 2010 年 9 月 20 日施行。

第九条　本公约的解释权归协会理事会。

2010 年期货从业人员情况

2010 年，随着股指期货的上市，我国期货行业人才状况有了进一步的改善，从业人员数量持续增加，人员整体素质有所提高，人员结构发生了显著变化，为期货行业的快速发展提供了可靠的人才保障。

一、总体状况

截至 2010 年 12 月 31 日，期货行业在中国期货业协会从业人员数据库中登记注册的员工总数为 30106 人。其中，正常营业的 163 家期货公司员工数为 24064 人，具备期货从业资格的为 22993 人，分布在全国 163 家期货公司总部和 1022 个期货营业部；具有为期货公司提供中间介绍业务（以下简称“IB 业务”）资格的 55 家证券公司中，取得 IB 从业资格的共 6042 人，分布在全国 1127 个证券公司营业部；期货公司中的高级管理人员为 992 人，营业部经理为 1022 人。期货从业人员在数量持续增长的同时，也出现了一些显著的变化。

第一，期货公司员工数量继续保持快速增长，持证人员比例显著提高。股指期货的推出和商品期货市场的快速发展，推动期货公司经营规模不断扩大，2010 年期货行业员工总数继续保持快速增长，增长率达到 43.6%（见表 7－1）。

表 7－1　　2006～2010 年期货公司从业人员增长情况

项　目	2006 年	2007 年	2008 年	2009 年	2010 年
员工总数（人）	6373	8857	13574	17182	24064
增长率	—	38.98%	53.26%	26.58%	40.05%
期货从业人员数（人）	4729	6510	11989	16007	22993
增长率	—	37.66%	84.16%	33.51%	43.64%
期货从业人员占员工总数比	74.20%	73.50%	88.32%	93.16%	95.55%
高级管理人员数	544	626	728	933	992

同时，随着行政监管和自律管理的加强，尤其是 2010 年中国期货业协会组织开展了期货从业人员现场检查，使公司更加重视合规经营，重视从业人员持证上岗，全行业持证人员比例明显提高，达到了 95% 以上（见图 7－1）。

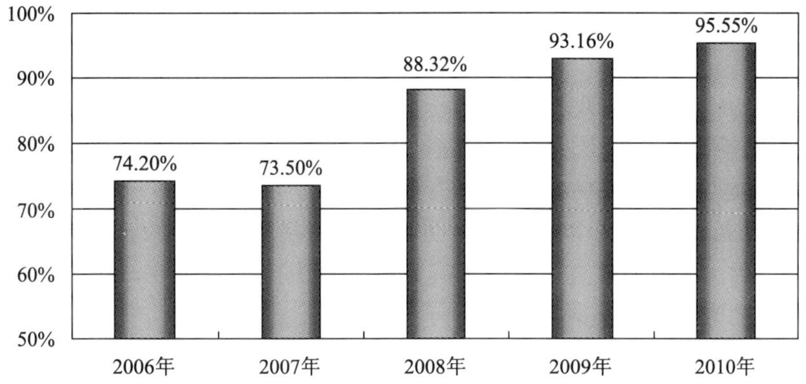

图 7－1 2006～2010 年期货行业持证人员比例

第二，期货从业人员队伍结构发生显著变化，IB 从业人员数量快速增加。2010 年证券公司纷纷申请 IB 业务，获得 IB 业务资格的证券公司迅速扩大到 55 家，通过业务资格验收的证券公司营业部达到 1127 家，取得 IB 业务资格的证券公司员工达到 6042 人。在不到一年的时间里 IB 从业人员数量迅速达到期货从业人员总量的 21%（见图 7－2）。

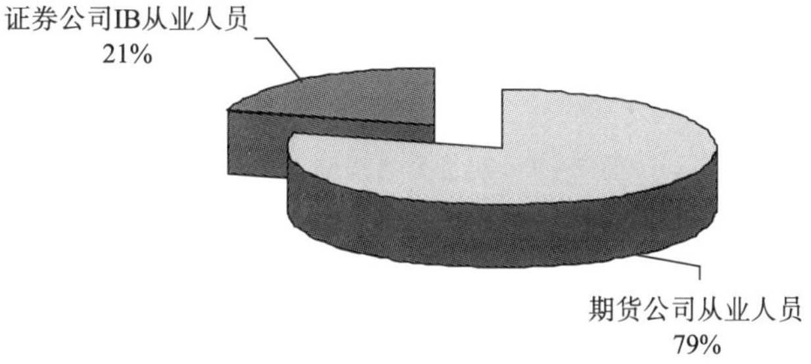

图 7－2 期货从业人员单位分布

第三，期货行业人才竞争不断加剧，从业人员流动率较高。2010 年，期货公司共有 92 位高管人员、105 位营业部经理、200 位中层管理人员、3825 位普通员工从原公司离职，流动率分别为 9.27%、11.01%、16.64% 和 16.47%（见图 7－3）。

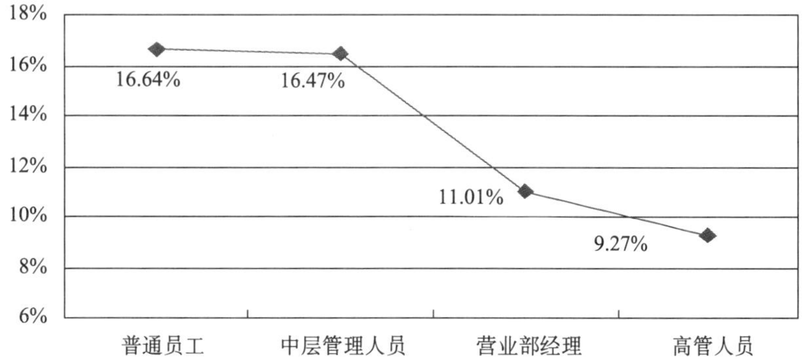

图 7－3 期货公司离职人员比例

造成人员流动的原因，一是资金实力较强的证券公司入主期货公司，打破了行业薪酬平衡状况，加剧了行业人才竞争，推高了从业人员流动率；二是期货公司股东结构调整，导致高管人员的流动；三是期货公司营业部铺设速度加快、期货公司技术人员数量和 IB 业务人员数量的监管要求，导致一般从业人员的跳槽；四是期货行业人才培养周期长、投入高，许多公司急功近利，高薪挖人的现象较为突出；五是随着股指期货的推出及允许基金业从事商品期货业务政策的推出，直接引发了各类基金公司、券商研究所和投资咨询公司对期货公司研发分析人员的需求，导致业内人才的流失。

从离职的从业人员看，有 38.06% 的人员流向其他期货公司，有 23.18% 的人员流向证券行业，10.39% 的人员流向基金行业，8.22% 的人员流向现货企业，7.23% 的人员流向银行行业，12.93% 的人员流向其他行业。流向其他金融行业的占到 41%（见图 7－4）。

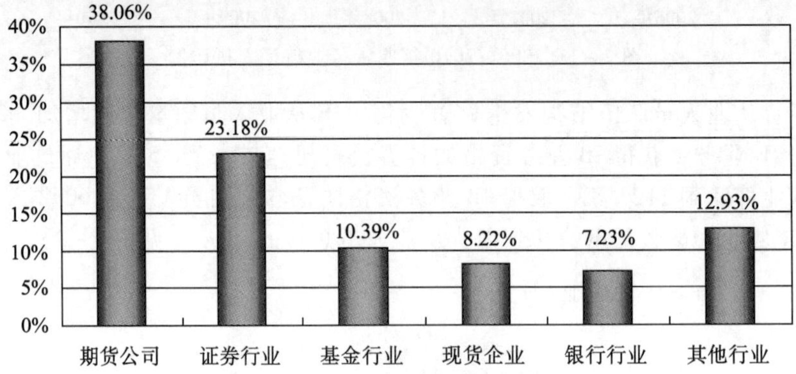

图 7－4　期货公司离职人员流向

二、结构特点

（一）性别结构

期货从业人员男女比例基本平衡，但中高层管理人员男女比例为 5∶1，男性人数远多于女性（见表 7－2）。

表 7－2　期货从业人员性别结构

性别	期货公司		证券公司 IB 人员		期货营业部经理		期货公司高级管理人员	
	人数	比例	人数	比例	人数	比例	人数	比例
男	13473	58.6%	3103	51.35%	765	80.19%	797	80.34%
女	9520	41.4%	2940	48.65%	189	19.81%	195	19.66%
合计	22993	100%	6043	100%	954	100%	992	100%

（二）年龄结构

从业人员以中青年为主，期货公司中近 60% 的员工年龄在 30 岁以下。其中，期货公司从业人员中，年龄最小的 19 岁，最大的 68 岁，平均年龄 30.7 岁。30 岁以下年龄段人数最多，占全部从业人员的 57.10%。

证券公司 IB 从业人员中，年龄最小的 20 岁，年龄最大的 59 岁，平均年龄 34.2 岁。30～40 岁年龄段人数最多，占全部人员的 49.18%。

期货公司营业部经理中，年龄最小的为26岁，年龄最大的为60岁，平均年龄为39.9岁，30～40岁年龄段人数最多，占全部人员的38.05%。

期货公司高管人员中，年龄最小的27岁，年龄最大的68岁，平均年龄43.9岁。40～50岁年龄段分布最多，占总人数的50.81%。

表7－3　　期货从业人员年龄结构

年龄	期货公司从业人员		证券公司IB人员		营业部经理		高管人员	
	人数	比例	人数	比例	人数	比例	人数	比例
30岁以下	13129	57.10%	1848	30.58%	68	7.13%	31	3.13%
30～40岁	6675	29.03%	2972	49.18%	363	38.05%	364	36.69%
40～50岁	2830	12.31%	1192	19.73%	308	32.29%	504	50.81%
50岁以上	359	1.56%	31	0.51%	22	2.31%	93	9.38%
总计	22993	100%	6043	100%	954	100%	992	100%

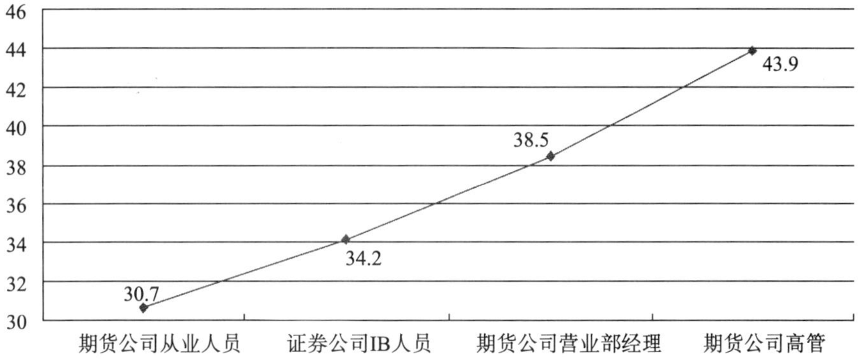

图7－5　期货从业人员平均年龄比较（单位：岁）

（三）学历结构

从业人员学历水平整体较高，60%以上人员具有本科及以上学历。其中，期货公司从业人员中，具有本科及以上学历的人数占全部员工总数的63.44%，硕士学历占比10.19%，博士学历占比0.33%。

证券公司IB从业人员中，具有本科及以上学历的人数占全部IB从业人数的82.63%，高于期货公司从业人员近20个百分点。其中硕士学历占比9.38%，博士学历占比0.07%。

期货公司营业部经理中，具有本科及以上学历的人数占总数的60.8%，其中硕士学历占比8.39%，尚无人员具有博士学历。

期货公司高管人员中，具有本科及以上学历的人数占总数的79.03%，其中硕士学历占比为22.58%，博士学历占比为1.31%（见表7－4）。期货公司高管人员学历水平远高于普通从业人员和营业部经理。

表 7－4　　期货从业人员学历结构

学历	期货公司从业人员		证券公司 IB 人员		营业部经理		高管人员	
	人数	百分比	人数	百分比	人数	百分比	人数	百分比
本科以下	8407	36.56%	1050	17.37%	374	39.20%	208	20.97%
本科	12167	52.92%	4422	73.18%	500	52.41%	547	55.14%
硕士研究生	2343	10.19%	567	9.38%	80	8.39%	224	22.58%
博士研究生	76	0.33%	4	0.07%	0	0.00%	13	1.31%
总数	22993	100%	6043	100%	954	100%	992	100%

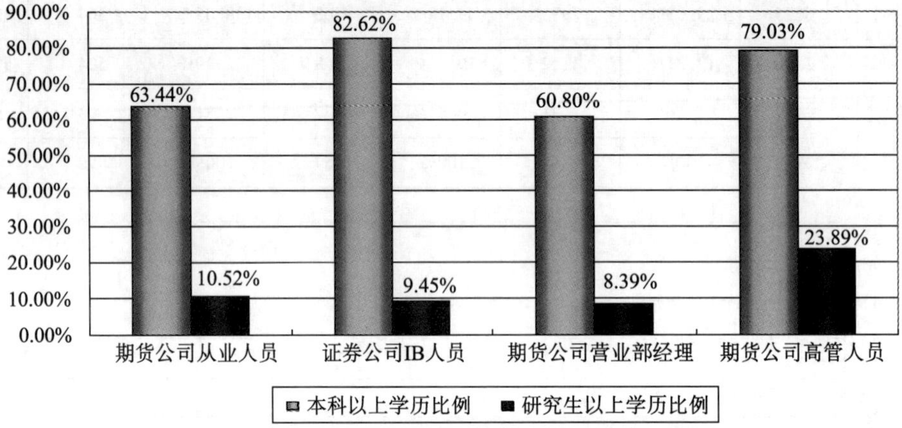

图 7－6　期货从业人员学历比较

（四）从业时间

期货从业人员中，约 50% 的一般员工期货从业年限不足 2 年，但有约 60% 的中高层管理人员具有 6 年以上从业经历。

具体而言，在期货公司高管人员中，近 60% 的人从业时间超过 6 年，其中具有 10 年以上期货从业经历者占 40.17%。营业部经理中，有 64.22% 的人从业时间在 6 年以上，其中具有 10 年以上期货从业经历者占 36.21%。

由于近年来期货行业发展较快，期货从业人员的平均从业年限有所缩短，其中，期货从业时间不足 2 年的高管人员、营业部经理以及一般员工占比分别为 15.71%、10% 和近 50%。

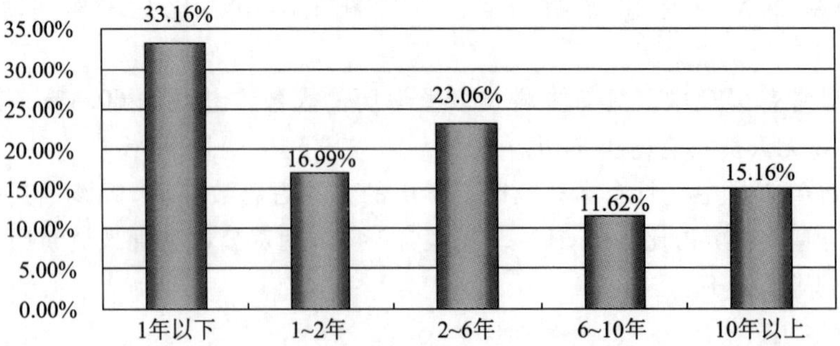

图 7－7　期货公司一般从业人员从业年限统计

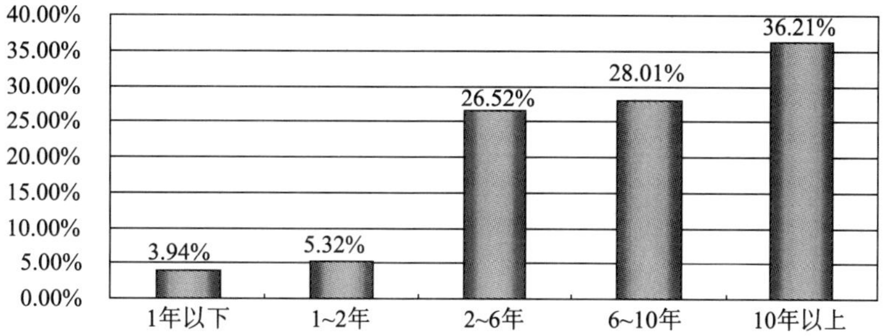

图 7－8 期货公司营业部经理从业年限统计

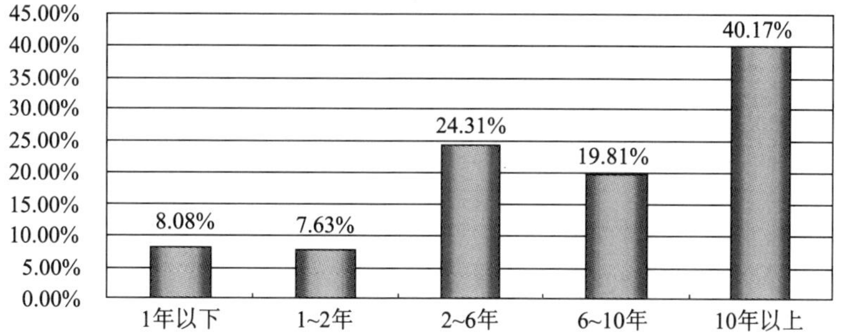

图 7－9 期货公司高管人员从业年限分布

（五）岗位分布

从期货公司 11 个岗位类别划分统计情况看，客户开发岗位人员最多，占 35.27%，其次是客户服务，占 15.06%。两类岗位人数占全部人数的 50.33%（见图 7－10）。

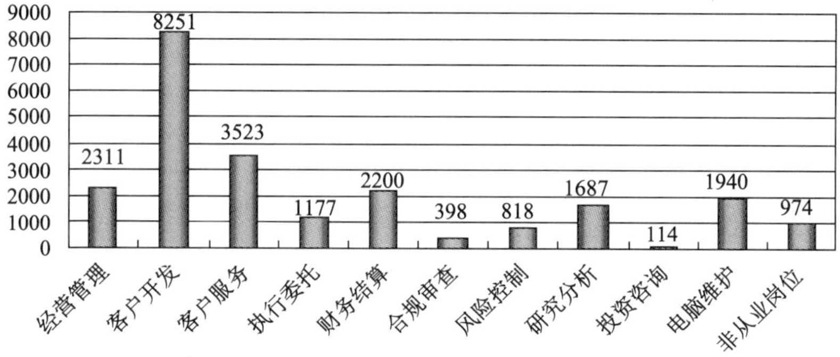

图 7－10 期货公司从业人员岗位分布图（单位：人）

（六）地区分布

统计表明，浙江、北京、上海三地期货从业人员数均超过了 3000 人，广东、江苏、深圳三地的从业人员数在 1000～2000 人之间，上述六个地区的从业人员数占全国的 65.22%（见图 7－11）。

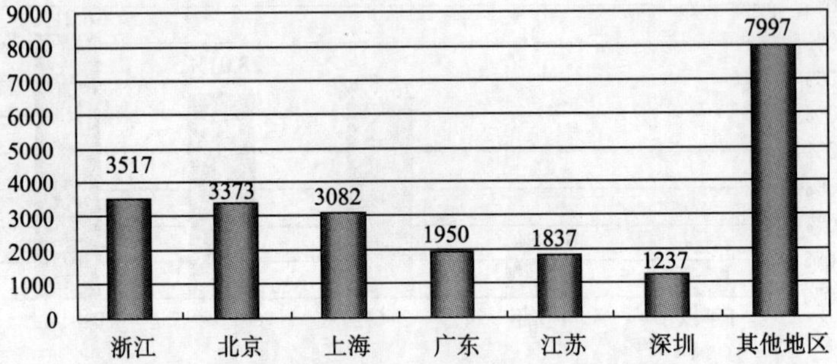

图 7－11　期货从业人员地区分布图（单位：人）

按各地区平均每家公司员工数量进行比较，浙江地区的期货公司平均从业人员规模最大，达到每公司 293 人。其中南华期货有限公司从业人员数量居全国之首，截至 2010 年 12 月 31 日，员工总数为 700 人（见图 7－12）。

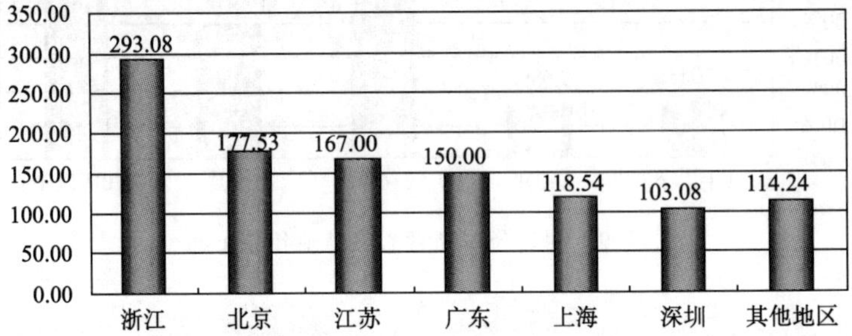

图 7－12　期货公司平均从业人员统计（单位：人）

（七）境外人员申请从业资格情况

截至 2010 年 12 月 31 日，共有 28 名外籍人士申请期货从业人员资格并在期货公司任职，比 2009 年以前增加了 15 人。其中美国籍 12 人，加拿大籍 4 人，日本籍 1 人，澳大利亚籍 3 人，英国籍 2 人，港澳台同胞 6 人。

2010年期货公司信息技术应用与发展概况

2010年，期货公司对于信息技术的重视程度得到了进一步增强，信息技术投入力度持续加大，整体信息系统建设及管理水平与前几年相比切实得到了提高。

一、基础设施建设情况

（一）机房建设

2010年，期货公司机房建设水平整体得到了提高，机房总面积达到28553m^2，总部自建机房平均面积82m^2，营业网点机房平均面积达到12m^2，全行业机柜总数达到4922个，服务器总数达到12074台，网络与安全设备总数13964台，PC机总数52928台。此外，在机房环境、面积、承重、电力保障等方面与过去相比均得到大幅改善。

与此同时，行业机房建设逐渐显露出新的特点，即机房托管模式正逐渐为越来越多的期货公司所青睐。全行业托管机房数量达到798个，占全行业全部2027个机房的39%。

（二）网络与通信

2010年，绝大多数期货公司均实现了交易通信链路的可靠接入和备份，有效地避免了通信链路的单点故障隐患，并缩短了故障响应时间和切换时间。

从通信线路情况来看，近几年来，行业内链路数量上升较快。据统计，目前期货公司的专线通信线路总量达到3131条，带宽达22483M；互联网通信线路达到1443条，带宽达71926M。期货公司与核心单位（交易所）连接的线路共1197条；与灾备机房连接的线路为74条；与分支机构连接的线路632条；与银行连接的线路为1071条；与网上信息系统托管机房连接的线路为116条；与其他机构连接的线路有41条；与网上信息系统连接的互联网线路有1443条。

二、系统建设情况

（一）关键设备

2010年，在服务器设备的使用上，大多数期货公司倾向于选择国际知名品牌。据统计，行业内使用量排名居前三位的服务器品牌依次为HP、IBM和DELL。在存储设备使用方面，由于SAN存储网络采用冗余设计，且具备高可靠性和稳定性等特点，能够有效避免单点故障隐患。因此，目前行业内对于存储的使用仍以SAN存储结构最为典型。存储设备的选型仍以HP、IBM和DELL三个品牌为主。

（二）交易系统

2010年，期货行业核心交易系统的发展继续秉承2009年以来出现的新特点，如技术路线逐步一致、小核心大外延等，同时系统安全性进一步受到各方的关注。行业内主要的几家核心交易系统开发商在推出四层架构的交易系统后，在2009年开始集中技术力量进一步完善已有系统的各项功能。同时，配合《期货公司信息技术管理指引》（以下简称《指引》）对于核心系统的要求，进行系统安全方面的改进，例如增加网上交易系统对于多种身份认证方式的支持等。

在系统处理能力方面，根据调查，目前行业163家期货公司所使用的166套期货交易系统中，90%以上的交易系统实际客户数和系统日处理委托笔数仍低于系统设计能力的20%，80%以上的交易系统每秒处理委托笔数小于系统设计能力的20%，未来仍具有较大的扩展空间。仅个别交易系统实际客户数、日处理委托笔数和每秒处理委托笔数超出设计能力的80%，接近系统设计能力上限。

在期货交易方式上，网上交易系统的多样化以及程序化交易方式在2010年得到了进一步发展，特别是大力发展程序化交易已成为多数期货公司的共识。据了解，目前除易盛等行业内的系统开发商进一步加大了对于程序化交易工具的研发力度外，各式各样由投资者自主开发的个性化交易终端也相继出现，并活跃在期货市场中。

在网上交易的发展规模上，据调查，2010年全行业共建有网上交易站点1464个，能够支持的客户数量共计约为1100万人，远远超过2010年有效客户总数136万人。在网上交易系统的处理能力上，目前绝大多数系统的实际客户数量基本都低于系统设计能力的20%。由此可见，未来网上交易方式仍具有较大的发展潜力和发展空间。在网上交易软件的使用上，金仕达系统占有率仍居第一位，约为56%；其次为恒生系统，约占25%；占有率居第三位的为上期技术综合交易平台，约占7%。

在大力发展网上交易方式的同时，多数期货公司仍然保留了电话委托方式，一方面，考虑到照顾少数客户的操作习惯，另一方面，在一定程度上可作为网上交易方式的备份。调查数据显示，行业内目前共有电话委托线路2840条，电话委托签约客户数104万人，每万名客户配备电话线路数从2009年3.1条，增长到2010年的20.9条。电话委托软件使用率占前三位的分别为恒生，约占28%；华欣，约占19%；金仕达，约占13%。但由于电话委托方式操作步骤相对较多、速度明显慢于网上交易等，因而近几年来客户实际使用非常少。其外也有66家期货公司提供了手机交易，手机交易比例在2010年有小幅上升，手机方式交易金额占比达到0.11%。

（三）数据库系统

目前，行业内使用最多的数据库系统主要有Sybase、Oracle和微软的SQL Server等几类。由于行业内主要的几家交易系统开发商均有其固定使用的后台数据库系统，如金仕达交易系统使用Sybase数据库，恒生交易系统使用Oracle数据库和SQL Server数据库等。因此，行业内数据库系统的使用情况基本与交易系统使用情况相符。其中，由于金仕达交易系统的市场份额最大，因此Sybase数据库使用率最高；其次为恒生V2006期货交易系统所使用的Oracle数据库；再次是恒生V2.5期货交易系统以及其他交易系统开发商所使用的微软SQL

Server 等数据库。

（四）系统安全

为进一步加强对于核心系统的监控，2010 年各期货公司纷纷开始使用各类监控软件对主要业务指标进行实时监控，包括核心系统开发商定制的监控软件，以及第三方监控软件 Hostmonitor、Whatsup、Solarwinds、北塔等，从而有效地提高了日常运维工作的效率，并在此基础上为进一步开展精细化的系统管理创造了条件。

在核心交易系统监控方面，据统计，目前行业内已使用 127 套监控软件，用以实时监控交易系统各个环节的运行情况，其中，大多为系统开发商根据交易系统定制开发的监控软件，也有少数期货公司使用第三方监控软件对交易系统进行监控。在监控方式上，从 163 家期货公司反馈的数据来看，97% 的公司在交易时间内对系统进行人工监控。此外，能够实现 24 小时软件监控的公司约占 75%，能够实现 24 小时人工监控的公司约占 11%，而既无 24 小时人工监控也无软件监控的公司约占 5%。相对于人工监控方式来说，软件监控方式由于灵敏度更高、实时性更强，且能够极大地缩短故障发现和排查时间，因而更具优势和发展潜力。

在网上交易安全方面，随着网上交易方式在期货行业的普遍应用以及近年来频繁出现的网络钓鱼等安全事件，网上交易身份认证问题开始受到各方关注。目前行业内几家主要的交易系统开发商已基本完成了系统功能升级，例如金仕达系统，在以往仅支持客户号 + 密码认证的基础上，新增了对于上海 CA、通讯密码、金牛证书、科友令牌、林果令牌等多种认证方式的支持。但从实际使用情况来看，2010 年，99.4% 的期货公司仍采用低强度身份认证方式，仅提供硬件证书身份认证的公司约占 11.0%，而仅提供动态口令认证方式的公司占比最少，仅为 0.6%。据了解，目前仅少数期货公司开始与第三方认证机构，如上海 CA 等进行沟通，准备上线此类功能。此外，其他大多数公司仍然仅依赖简单的客户号 + 密码的方式进行客户身份认证。

根据中金所对于 105 家期货公司的统计数据，采用物理隔离方式的期货公司约占 47%，采用逻辑隔离方式的公司约占 53%。此外，各期货公司还纷纷开始加紧落实信息系统安全管理工作，有关数据显示，超过半数以上的期货公司选择了第三方安全服务商对系统进行定期测评和加固，从而确保了系统的安全稳定运行。目前，期货公司所选择的安全服务商相对较分散，从 125 家期货公司反馈的信息来看，使用比较集中的是网盾，约占 8%；其次是绿盟和天融信，分别占 7% 左右，此外，启明星辰、杭州安信等安全服务商也开始为期货行业提供相关的安全评估等服务。

（五）备份

由于灾备系统建设及维护成本较高，目前大部分业内期货公司尚不具备灾备系统，而是较多地采用数据备份方式。根据 2010 年对期货公司重要业务系统数据离场备份情况的统计，同城数据备份的公司有 127 家，约占 78%；异地数据备份的公司有 110 家，约占 67%。在交易流水备份频率方面，根据中金所的不完全统计，目前 30 家期货公司能够实现实时备份；62 家公司每日备份一次；1 家公司每周备份一次。从期货经营机构与分支机构通信备份情况来看，多线路双运营商通信备份的达到 37.6%，多线路单运营商备份的达到 11.2%，单线路的占比 51.3%。

2010 年，行业内部规模较大的期货公司未雨绸缪，在灾备系统建设方面进行了有益的探索和尝试。少数公司率先开始建设灾备中心，并陆续投入使用，为未来行业全面开展灾备系统建设积累了宝贵的经验。据统计，目前行业内已有12家期货公司建成同城灾难备份系统，12家公司建成异城灾难备份系统，分别占全行业的7.3%。总的来看，异地灾备系统切换用时以及切换数据丢失时间略长于同城灾备系统。

（六）行情系统

期货市场行情系统提供商在2010年没有发生较大的变化，主要还是以文华、彭博、富远三家为主。为了满足客户多样化需求，各期货公司仍然同时使用多套行情系统向客户提供行情服务。截至2010年，期货公司共计使用行情系统超过900套，平均每家公司使用5套以上行情系统，远远超过了《指引》"应使用至少2家行情商提供的行情服务"的要求。其中，文华行情系统所占市场份额最高，超过30%；彭博行情、富远系统两个均超过20%；其他几家行情服务商，如世华等，约占不到20%的市场份额。

从目前期货公司使用网上行情系统的方式来看，相当一部分公司都采用了行情托管方式，即将行情系统托管在行情商或电信IDC机房中。调查数据显示，2010年期货公司放置网上行情系统的机房达到965个，网上行情站点数量达到1249个。在行情系统承载能力方面，目前31%的行情系统实际使用客户数量低于设计数值的20%；25%的行情系统实际客户数在设计能力的20%~50%之间。

三、信息技术管理情况

（一）IT投入

2010年，期货经营机构IT投入达到75105万元，较2009年增长45.99%，IT投入占营业收入比值达到6.2%。同时，期货行业IT资产总值创历史新高，资产总值达到98513万元，比2009年的83104万元增长了18.5%。

（二）IT人员

2010年，各期货公司进一步加强了信息系统运维管理工作力度，分别设置了系统管理、系统运行、网络安全、数据库等岗位，并为关键岗位设置了备岗，有效地降低了人为操作风险，提高了信息系统的安全保障能力。随着期货公司信息技术管理力度不断加大、岗位日趋细化，各公司对于技术人员数量的需求也日益增加。

2010年，期货公司共有技术人员2117人，较2009年增长410人，平均每家公司12.9人，技术人员数量占员工数量的比例平均达到8.9%。根据有关统计数据，30岁以下人员是构成目前行业信息技术从业人员的主要力量，约占全行业信息技术人员的2/3，30至40岁的信息技术人员约占28.2%，40岁以上人员仅占极少的比例。其中，期货公司总部具有信息技术相关专业大学本科以上学历的人员约占全部技术人员的77.56%；从业年限达到5年以上的信息技术人员约占16.67%。从上述统计数据来看，期货公司信息技术人员队伍相对年轻，未来行业信息技术人员在整体素质、从业经验等方面仍有待于进一步提高。

从岗位分布情况上看，期货公司信息技术人员从事系统运行及维护岗位的比例约为84.13%；技术管理人员约为11.29%，而由于期货公司一般采取软件外包开发，因此专职从事软件开发的岗位配备较少，只占2.55%左右。

在扩编技术人员的基础上，2010年各期货公司纷纷落实《指引》中关于人员培训的有关要求，包括针对公司实际情况制定相应的培训手册，对所有上岗技术人员进行岗位培训；制定信息技术人员年度培训计划，并按照计划开展各类培训；积极安排技术人员参加中国期货业协会组织的行业信息技术人员培训等。

（三）IT管理

2010年，绝大多数期货公司都结合自身实际情况建立了相关的技术管理制度，并围绕制度落实做出了一系列努力，例如进一步扩编技术人员，明确岗位职责，为关键岗位设立备岗；加强机房进出、日常运行、安全、系统变更、数据备份等与业务系统密切相关的管理工作等。这些举措有效地提高了期货公司技术管理工作的水平和运行维护工作的质量，在保障系统安全稳定运行方面发挥了重要的作用。

总的来说，2010年期货公司信息技术管理工作正逐渐走上制度化、规范化、流程化的发展轨道。以下为中金所对于期货公司信息技术管理水平自评的不完全统计，从统计数据上看，大多数期货公司在主要管理制度完备性、变更值班管理执行情况、应急故障管理情况、监控和审计情况四方面均已达到中等以上水平。大部分期货公司也建立了完善的信息技术制度，其中96.3%的期货公司建立了IT治理制度，98.8%的期货公司有完善的数据和档案管理制度。

中国期货业协会会员单位名录

地区	会员类型	会员号	会员名称	合计（家）
安徽	团体会员	104G	徽商期货有限责任公司	4
		105G	华安期货有限责任公司	
		107G	安粮期货有限公司	
	联系会员	512C	安徽省证券期货业协会	
北京	团体会员	001G	北京中期期货有限公司	20
		002G	金鹏期货经纪有限公司	
		003G	国都期货有限公司	
		004G	中粮期货经纪有限公司	
		005G	北京首创期货有限责任公司	
		007G	宏源期货有限公司	
		011G	第一创业期货有限责任公司	
		012G	冠通期货经纪有限公司	
		014G	国元海勤期货有限公司	
		015G	经易期货经纪有限公司	
		016G	京都期货有限公司	
		017G	中晟期货有限公司	
		018G	中钢期货有限公司	
		046G	银河期货有限公司	
		048G	中国国际期货有限公司	
		102G	英大期货有限公司	
		109G	格林期货有限公司	
		145G	银建期货经纪有限责任公司	
		192G	安信期货有限责任公司	
	联系会员	501C	北京期货商会	

续表

地区	会员类型	会员号	会员名称	合计（家）
大连	特别会员	001S	大连商品交易所	6
	团体会员	036G	大连良运期货经纪有限公司	
		047G	北方期货经纪有限责任公司	
		049G	渤海期货有限公司	
		050G	国富期货有限公司	
	联系会员	508C	大连市证券期货业协会	
福建	团体会员	037G	兴业期货有限公司	3
		115G	金友期货经纪有限责任公司	
	联系会员	518C	福建省证券期货业协会	
甘肃	团体会员	132G	甘肃陇达期货经纪有限公司	2
	联系会员	522C	甘肃证券期货业协会	
广东	团体会员	129G	江南期货经纪有限公司	14
		131G	华联期货有限公司	
		133G	广发期货有限公司	
		134G	华南期货经纪有限公司	
		135G	广东鸿海期货经纪有限公司	
		137G	广晟期货有限公司	
		138G	珠江期货有限公司	
		139G	集成期货有限公司	
		140G	摩根大通期货有限公司	
		141G	华泰长城期货有限公司	
		190G	广永期货有限公司	
		191G	盛达期货有限公司	
		193G	广州期货有限公司	
	联系会员	516C	广东证券期货业协会	
海南	团体会员	159G	金元期货经纪有限公司	5
		160G	华融期货有限责任公司	
		164G	海南金海岸期货经纪有限公司	
		198G	中银国际期货有限责任公司	
	联系会员	524C	海南证券业协会	
河北	团体会员	024G	河北恒银期货经纪有限公司	2
	联系会员	507C	河北省期货业联席会	
河南	特别会员	002S	郑州商品交易所	5
	团体会员	111G	万达期货有限公司	
		112G	国信期货有限责任公司	
		113G	中原期货有限公司	
	联系会员	514C	河南省证券期货业协会	

续表

地区	会员类型	会员号	会员名称	合计（家）
黑龙江	团体会员	042G	黑龙江三力期货经纪有限责任公司	4
		043G	大通期货经纪有限公司	
		184G	黑龙江时代期货经纪有限公司	
	联系会员	503C	黑龙江省期货业协会	
湖北	团体会员	121G	美尔雅期货经纪有限公司	4
		125G	长江期货有限公司	
		127G	湘财祈年期货经纪有限公司	
	联系会员	532C	湖北期货业协会	
湖南	团体会员	117G	方正期货有限公司	5
		120G	湖南金信期货经纪有限公司	
		186G	大有期货有限公司	
		197G	德盛期货有限公司	
	联系会员	531C	湖南省期货业协会	
吉林	团体会员	034G	天富期货有限公司	5
		035G	中融汇信期货有限公司	
		040G	天鸿期货经纪有限公司	
		196G	吉粮期货有限公司	
	联系会员	528C	吉林证券业协会	
江苏	团体会员	074G	江苏东华期货经纪有限公司	12
		075G	国联期货有限责任公司	
		077G	创元期货经纪有限公司	
		078G	东海期货有限责任公司	
		079G	新纪元期货有限公司	
		080G	华证期货经纪有限公司	
		081G	江苏弘业期货经纪有限公司	
		082G	江苏文峰期货经纪有限责任公司	
		083G	锦泰期货有限公司	
		126G	南证期货有限责任公司	
		162G	道通期货经纪有限公司	
	联系会员	505C	江苏省期货业协会	
江西	团体会员	182G	江西瑞奇期货经纪有限公司	2
	联系会员	515C	江西省证券期货业协会	
辽宁	团体会员	030G	华海期货有限公司	4
		032G	汇鑫期货经纪有限公司	
		033G	江信国盛期货有限责任公司	
	联系会员	509C	辽宁证券期货业协会	

续表

地区	会员类型	会员号	会员名称	合计（家）
内蒙古	团体会员	028G	鑫鼎盛期货有限公司	2
	联系会员	533C	内蒙古证券期货业协会	
宁波	团体会员	096G	宁波杉立期货经纪有限公司	2
	联系会员	511C	宁波市证券期货业协会	
青海	团体会员	195G	财富期货有限公司	1
山东	团体会员	098G	鲁证期货有限公司	4
		099G	招金期货有限公司	
		101G	烟台中州期货经纪有限公司	
	联系会员	513C	山东省期货业协会	
山西	团体会员	025G	山西三立期货经纪有限公司	5
		026G	民生期货有限公司	
		027G	和合期货经纪有限公司	
		038G	晟鑫期货经纪有限公司	
		185G	中辉期货经纪有限公司	
陕西	团体会员	178G	西部期货有限公司	4
		179G	陕西省长安期货经纪有限公司	
		183G	迈科期货经纪有限公司	
	联系会员	526C	陕西证券期货业协会	
上海	特别会员	003S	上海期货交易所	
		004S	中国金融期货交易所	
	团体会员	021G	国泰君安期货有限公司	
		051G	海通期货有限公司	
		052G	华鑫期货有限公司	
		053G	光大期货有限公司	
		054G	上海金源期货经纪有限责任公司	
		055G	恒泰期货有限公司	
		056G	国投中谷期货有限公司	
		057G	上海良茂期货经纪有限公司	
		058G	上海东亚期货经纪有限公司	
		059G	上海东方期货经纪有限责任公司	
		060G	上海大陆期货有限公司	
		061G	东航期货经纪有限责任公司	
		062G	上海中财期货有限公司	
		063G	上海浙石期货经纪有限公司	
		064G	上海普民期货经纪有限公司	
		066G	上海通联期货有限公司	

续表

地区	会员类型	会员号	会员名称	合计（家）
上海	团体会员	067G	上海东证期货有限公司	30
		068G	海证期货有限公司	
		069G	华元期货有限责任公司	
		070G	上海中期期货经纪有限公司	
		072G	中信新际期货有限公司	
		073G	上海久恒期货经纪有限公司	
		092G	新湖期货有限公司	
		123G	华闻期货经纪有限公司	
		166G	申银万国期货有限公司	
		180G	东兴期货有限责任公司	
		189G	东吴期货有限公司	
	联系会员	504C	上海期货同业公会	
深圳	团体会员	029G	深圳瑞龙期货有限公司	13
		044G	天琪期货有限公司	
		148G	中航期货经纪有限公司	
		149G	中证期货有限公司	
		150G	五矿期货有限公司	
		151G	招商期货有限公司	
		152G	深圳金汇期货经纪有限公司	
		154G	乾坤期货有限公司	
		155G	海航东银期货有限公司	
		156G	神华期货经纪有限公司	
		157G	金瑞期货有限公司	
		158G	平安期货有限公司	
	联系会员	506C	深圳市期货同业协会	
四川	团体会员	167G	华西期货有限责任公司	4
		170G	国金期货有限责任公司	
		171G	成都倍特期货经纪有限公司	
	联系会员	520C	四川省证券期货业协会	
天津	团体会员	006G	一德期货有限公司	7
		019G	天津金谷期货经纪有限公司	
		020G	财达期货有限公司	
		022G	象屿期货有限责任公司	
		023G	和融期货经纪有限责任公司	
		194G	津投期货经纪有限公司	
	联系会员	502C	天津市期货协会	

续表

地区	会员类型	会员号	会员名称	合计（家）
厦门	团体会员	147G	国贸期货经纪有限公司	3
		168G	瑞达期货经纪有限公司	
	联系会员	519C	厦门证券期货业协会	
新疆	团体会员	122G	新疆天利期货经纪有限公司	3
		143G	金石期货有限公司	
	联系会员	523C	新疆维吾尔自治区证券期货业协会	
云南	团体会员	176G	红塔期货有限责任公司	3
		188G	云晨期货有限责任公司	
	联系会员	525C	云南省证券业协会	
浙江	团体会员	084G	浙江中大期货经纪有限公司	12
		085G	浙江新世纪期货经纪有限公司	
		086G	宝城期货有限责任公司	
		087G	浙江新华期货经纪有限公司	
		088G	浙江大地期货经纪有限公司	
		089G	浙商期货有限公司	
		090G	浙江大越期货经纪有限责任公司	
		091G	信达期货有限公司	
		093G	南华期货有限公司	
		094G	国海良时期货有限公司	
		095G	浙江省永安期货经纪有限公司	
	联系会员	510C	浙江期货行业协会	
重庆	团体会员	172G	西南期货经纪有限公司	6
		173G	中信建投期货经纪有限公司	
		174G	大华期货有限公司	
		175G	中电投先融期货有限公司	
		187G	华创期货有限责任公司	
	联系会员	521C	重庆市证券期货业协会	
广西	联系会员	517C	广西证券期货业协会	1
宁夏	联系会员	529C	宁夏回族自治区证券期货业协会	1
贵州	联系会员	530C	贵州证券业协会	1
青岛	联系会员	527C	青岛证券业协会	1
合计				200

第八部分

期货公司概况

全国期货公司基本情况表

地 区	公司名称	业务范围	注册资本（万元）	营业部数量
安徽	徽商期货有限责任公司	商品期货经纪、金融期货经纪	5200	4
	华安期货有限责任公司	商品期货经纪、金融期货经纪	20000	3
	安粮期货有限公司	商品期货经纪	10000	4
北京	北京中期期货经纪有限公司	商品期货经纪、金融期货经纪	8000	8
	格林期货有限公司	商品期货经纪、金融期货经纪	18018	11
	冠通期货经纪有限公司	商品期货经纪、金融期货经纪	5850	11
	宏源期货有限公司	商品期货经纪、金融期货经纪	20000	7
	中晟期货经纪有限公司	商品期货经纪、金融期货经纪	13500	1
	金鹏期货经纪有限公司	商品期货经纪、金融期货经纪	8000	5
	经易期货经纪有限公司	商品期货经纪、金融期货经纪	20000	10
	北京首创期货有限责任公司	商品期货经纪、金融期货经纪	15000	13
	安信期货有限责任公司	商品期货经纪、金融期货经纪	28600	2
	国元海勤期货有限公司	商品期货经纪、金融期货经纪	10000	6
	银建期货经纪有限责任公司	商品期货经纪、金融期货经纪	5000	5
	国都期货有限公司	商品期货经纪、金融期货经纪	10000	3
	中钢期货有限公司	商品期货经纪、金融期货经纪	28000	7
	中粮期货经纪有限公司	商品期货经纪、金融期货经纪	35000	10
	银河期货经纪有限公司	商品期货经纪、金融期货经纪	30000	13
	第一创业期货有限责任公司	商品期货经纪、金融期货经纪	10000	1
	中国国际期货有限公司	商品期货经纪、金融期货经纪	60000	26
	英大期货经纪有限公司	商品期货经纪、金融期货经纪	20000	9
	京都期货经纪有限公司	商品期货经纪、金融期货经纪	10000	0
重庆	中信建投期货经纪有限公司	商品期货经纪、金融期货经纪	35000	9
	重庆三五九期货经纪有限公司	商品期货经纪、金融期货经纪	3000	1
	西南期货经纪有限公司	商品期货经纪、金融期货经纪	3000	1
	中电投先融期货有限公司	商品期货经纪、金融期货经纪	10000	6
	大华期货有限公司	商品期货经纪、金融期货经纪	13000	12
大连	渤海期货有限公司	商品期货经纪、金融期货经纪	10000	9
	大连良运期货经纪有限公司	商品期货经纪、金融期货经纪	10000	6
	北方期货经纪有限责任公司	商品期货经纪、金融期货经纪	5500	5
	国富期货有限公司	商品期货经纪	3000	0

续表

地　区	公司名称	业务范围	注册资本（万元）	营业部数量
福建	兴业期货有限公司	商品期货经纪、金融期货经纪	30000	5
	金友期货经纪有限责任公司	商品期货经纪、金融期货经纪	6000	5
甘肃	甘肃陇达期货经纪有限公司	商品期货经纪、金融期货经纪	6500	3
广东	江南期货经纪有限公司	商品期货经纪、金融期货经纪	3000	3
	华联期货有限公司	商品期货经纪、金融期货经纪	10000	3
	广发期货有限公司	商品期货经纪、金融期货经纪	40000	21
	华南期货经纪有限公司	商品期货经纪	5000	0
	广晟期货有限公司	商品期货经纪、金融期货经纪	12000	6
	珠江期货有限公司	商品期货经纪、金融期货经纪	8000	15
	集成期货有限公司	商品期货经纪、金融期货经纪	5500	7
	摩根大通期货有限公司	商品期货经纪、金融期货经纪	16000	0
	华泰长城期货有限公司	商品期货经纪、金融期货经纪	60000	26
	广永期货有限公司	商品期货经纪、金融期货经纪	15000	7
	盛达期货有限公司	商品期货经纪、金融期货经纪	5000	1
	广州期货有限公司	商品期货经纪	12792	1
	广东鸿海期货经纪有限公司	商品期货经纪、金融期货经纪	5000	1
海南	金元期货经纪有限公司	商品期货经纪、金融期货经纪	15000	5
	华融期货有限责任公司	商品期货经纪、金融期货经纪	12000	1
	海南金海岸期货经纪有限公司	商品期货经纪	3000	0
	中银国际期货有限责任公司	商品期货经纪、金融期货经纪	10000	1
河北	河北恒银期货经纪有限公司	商品期货经纪、金融期货经纪	5000	6
河南	万达期货有限公司	商品期货经纪、金融期货经纪	24000	13
	国信期货有限责任公司	商品期货经纪、金融期货经纪	30000	10
	中原期货有限公司	商品期货经纪、金融期货经纪	8000	5
黑龙江	黑龙江三力期货经纪有限责任公司	商品期货经纪	3580	4
	大通期货经纪有限公司	商品期货经纪	3000	4
	黑龙江时代期货经纪有限公司	商品期货经纪	3000	1
湖北	长江期货有限公司	商品期货经纪、金融期货经纪	20000	7
	美尔雅期货经纪有限公司	商品期货经纪、金融期货经纪	5990	11
	湘财祈年期货经纪有限公司	商品期货经纪、金融期货经纪	7800	7
湖南	方正期货有限公司	商品期货经纪、金融期货经纪	20000	8
	大有期货有限公司	商品期货经纪、金融期货经纪	15000	4
	德盛期货有限公司	商品期货经纪、金融期货经纪	10000	9
	湖南金信期货经纪有限公司	商品期货经纪、金融期货经纪	10000	2

续表

地区	公司名称	业务范围	注册资本（万元）	营业部数量
吉林	天富期货有限公司	商品期货经纪、金融期货经纪	10000	8
	吉粮期货经纪有限公司	商品期货经纪	3000	3
	吉林金昌期货有限公司	商品期货经纪、金融期货经纪	3000	2
	天鸿期货经纪有限公司	商品期货经纪	3000	0
江苏	东海期货有限责任公司	商品期货经纪、金融期货经纪	20000	18
	江苏弘业期货经纪有限公司	商品期货经纪、金融期货经纪	13800	26
	国联期货有限责任公司	商品期货经纪、金融期货经纪	12000	16
	南证期货有限责任公司	商品期货经纪、金融期货经纪	10000	4
	创元期货经纪有限公司	商品期货经纪、金融期货经纪	6800	5
	江苏苏物期货经纪有限公司	商品期货经纪、金融期货经纪	6000	8
	新纪元期货有限公司	商品期货经纪、金融期货经纪	5882	4
	江苏文峰期货经纪有限责任公司	商品期货经纪、金融期货经纪	5600	4
	江苏东华期货经纪有限公司	商品期货经纪、金融期货经纪	5000	7
	道通期货经纪有限公司	商品期货经纪、金融期货经纪	5000	2
	华证期货经纪有限公司	商品期货经纪、金融期货经纪	4000	4
江西	江西瑞奇期货经纪有限公司	商品期货经纪、金融期货经纪	5600	8
辽宁	汇鑫期货经纪有限公司	商品期货经纪、金融期货经纪	10000	6
	华海期货有限公司	商品期货经纪	3000	2
	鞍山五环期货经纪有限公司	商品期货经纪	3000	1
内蒙古	鑫鼎盛期货有限公司	商品期货经纪、金融期货经纪	5000	1
宁波	宁波杉立期货经纪有限公司	商品期货经纪、金融期货经纪	10000	5
青海	财富期货有限公司	商品期货经纪、金融期货经纪	20000	1
山东	鲁证期货有限公司	商品期货经纪、金融期货经纪	40362	18
	招金期货有限公司	商品期货经纪、金融期货经纪	10000	5
	烟台中州期货经纪有限公司	商品期货经纪、金融期货经纪	10000	4
山西	山西三立期货经纪有限公司	商品期货经纪、金融期货经纪	3000	5
	民生期货有限公司	商品期货经纪、金融期货经纪	10000	10
	和合期货经纪有限公司	商品期货经纪、金融期货经纪	3000	1
	中辉期货经纪有限公司	商品期货经纪、金融期货经纪	6200	11
	晟鑫期货经纪有限公司	商品期货经纪	7000	8
陕西	迈科期货经纪有限公司	商品期货经纪、金融期货经纪	12000	8
	陕西省长安期货经纪有限公司	商品期货经纪、金融期货经纪	3000	1
	西部期货有限公司	商品期货经纪、金融期货经纪	8000	2

续表

地　区	公司名称	业务范围	注册资本（万元）	营业部数量
上海	海通期货有限公司	商品期货经纪、金融期货经纪	50000	18
	国泰君安期货有限公司	商品期货经纪、金融期货经纪	50000	10
	上海东证期货有限公司	商品期货经纪、金融期货经纪	50000	7
	光大期货有限公司	商品期货经纪、金融期货经纪	35000	15
	申银万国期货有限公司	商品期货经纪、金融期货经纪	30000	8
	上海中期期货经纪有限公司	商品期货经纪、金融期货经纪	20000	9
	东吴期货有限公司	商品期货经纪、金融期货经纪	20000	12
	国投中谷期货有限公司	商品期货经纪、金融期货经纪	20000	4
	海证期货有限公司	商品期货经纪、金融期货经纪	16000	2
	东兴期货有限责任公司	商品期货经纪	10800	1
	中信新际期货有限公司	商品期货经纪、金融期货经纪	10000	1
	东航期货经纪有限责任公司	商品期货经纪、金融期货经纪	10000	1
	上海大陆期货有限公司	商品期货经纪、金融期货经纪	10000	13
	华闻期货经纪有限公司	商品期货经纪、金融期货经纪	10000	3
	华鑫期货有限公司	商品期货经纪、金融期货经纪	10000	1
	恒泰期货有限公司	商品期货经纪、金融期货经纪	10000	0
	华元期货有限责任公司	商品期货经纪	10000	1
	上海良茂期货经纪有限公司	商品期货经纪、金融期货经纪	7000	7
	上海久恒期货经纪有限公司	商品期货经纪、金融期货经纪	6300	0
	上海中财期货有限公司	商品期货经纪、金融期货经纪	6000	14
	上海浙石期货经纪有限公司	商品期货经纪、金融期货经纪	5930	2
	上海东亚期货经纪有限公司	商品期货经纪、金融期货经纪	5500	0
	上海通联期货有限公司	商品期货经纪、金融期货经纪	5000	0
	上海金源期货经纪有限责任公司	商品期货经纪、金融期货经纪	4000	4
	上海东方期货经纪有限责任公司	商品期货经纪	3000	0
	上海普民期货经纪有限公司	商品期货经纪	3000	0
深圳	中航期货经纪有限公司	商品期货经纪、金融期货经纪	6500	3
	金瑞期货有限公司	商品期货经纪、金融期货经纪	20400	8
	天琪期货有限公司	商品期货经纪、金融期货经纪	30000	7
	中证期货有限公司	商品期货经纪、金融期货经纪	30000	6
	五矿期货有限公司	商品期货经纪、金融期货经纪	50000	3
	神华期货经纪有限公司	商品期货经纪、金融期货经纪	5000	6
	海航东银期货有限公司	商品期货经纪、金融期货经纪	7000	14
	深圳瑞龙期货有限公司	商品期货经纪、金融期货经纪	10000	1
	平安期货有限公司	商品期货经纪、金融期货经纪	12000	1
	招商期货有限公司	商品期货经纪、金融期货经纪	30000	0
	乾坤期货有限公司	商品期货经纪、金融期货经纪	3000	3
	深圳金汇期货经纪有限公司	商品期货经纪、金融期货经纪	8000	1

续表

地　区	公司名称	业务范围	注册资本（万元）	营业部数量
四川	成都倍特期货经纪有限公司	商品期货经纪、金融期货经纪	3500	9
	华西期货有限责任公司	商品期货经纪、金融期货经纪	6500	1
	国金期货有限责任公司	商品期货经纪、金融期货经纪	8000	4
天津	一德期货经纪有限公司	金融期货、商品期货经纪	13000	8
	和融期货经纪有限责任公司	金融期货、商品期货经纪	6500	1
	象屿期货有限责任公司	金融期货、商品期货经纪	10000	4
	科信期货经纪有限公司	商品期货经纪	10000	1
	津投期货经纪有限公司	商品期货经纪	8500	2
	天津金谷期货经纪有限公司	商品期货经纪	8000	0
厦门	国贸期货经纪有限公司	商品期货经纪、金融期货经纪	10000	8
	瑞达期货经纪有限公司	商品期货经纪、金融期货经纪	6000	19
新疆	金石期货有限公司	商品期货经纪、金融期货经纪	6600	6
	新疆天利期货经纪有限公司	商品期货经纪、金融期货经纪	3000	3
云南	云晨期货有限责任公司	商品期货经纪、金融期货经纪	5000	1
	红塔期货有限责任公司	商品期货经纪、金融期货经纪	10100	6
浙江	浙江省永安期货经纪有限公司	商品期货经纪、金融期货经纪	58000	23
	国海良时期货有限公司	商品期货经纪、金融期货经纪	10000	8
	南华期货有限公司	商品期货经纪、金融期货经纪	28560	23
	浙江中大期货经纪有限公司	商品期货经纪、金融期货经纪	10000	13
	宝城期货有限责任公司	商品期货经纪、金融期货经纪	12000	11
	浙江新世纪期货经纪有限公司	商品期货经纪、金融期货经纪	5000	8
	浙江大地期货经纪有限公司	商品期货经纪、金融期货经纪	10000	5
	浙商期货有限公司	商品期货经纪、金融期货经纪	15000	15
	信达期货有限公司	商品期货经纪、金融期货经纪	15000	11
	浙江新华期货经纪有限公司	商品期货经纪、金融期货经纪	6000	9
	新湖期货有限公司	商品期货经纪、金融期货经纪	17500	12
	浙江大越期货经纪有限责任公司	商品期货经纪、金融期货经纪	8000	6

各地区经营机构数量

地　区	机构总计	公司数量	营业部数量
安　徽	19	3	16
北　京	84	19	65
重　庆	24	5	19
大　连	75	4	71
福　建	46	2	44
甘　肃	7	1	6
广　东	80	13	67
广　西	24	0	24
贵　州	7	0	7
海　南	14	4	10
河　北	30	1	29
河　南	71	3	68
黑龙江	16	3	13
湖　北	32	3	29
湖　南	36	4	32
吉　林	18	4	14
江　苏	85	11	74
江　西	20	1	19
辽　宁	29	3	25
内蒙古	9	1	4
宁　波	20	1	19
宁　夏	3	0	3
青　岛	29	0	29
青　海	2	1	0
山　东	35	3	32
山　西	22	5	16
陕　西	17	3	15
上　海	124	26	98
深　圳	39	12	26
四　川	11	3	8
天　津	25	6	19
厦　门	19	2	17
新　疆	11	2	9
云　南	13	2	11
浙　江	95	12	83
总　计	1190	163	1027

期货经营机构名录

辖区	类别	机构名称	负责人1	负责人2	电话	传真	邮编	网址	地址
安徽	公司	安粮期货有限公司	汪　勇	王　霞	0551－2870118	0551－2870131	230001	http://www.ahcoffco.com	合肥市芜湖路168号同济大厦11层
		徽商期货有限责任公司	吴国华	庞国芹	0551－2865999	0551－2865899	230061	http://www.hsqh.net	安徽省合肥市芜湖路260号
		华安期货有限责任公司	汪　泓	汤益民	0551－2839099	0551－2839050	230061	http://www.haqh.com	合肥市长江中路425号6、7层
	营业部	南华期货有限公司芜湖营业部	田宏伟		0553－3880211	0553－3880218	241000		芜湖市中山北路77号侨鸿国际商城904、906、908室
		海航东银期货有限公司合肥营业部	庄炯涛		0551－5633133	0551－5633136	230041		合肥市濉溪路278号财富广场B座1705室
		国信期货有限责任公司淮南营业部	王　博		0554－2672588	0554－2679656	232001		淮南市田家庵区朝阳街道舜耕小区综合楼B楼6楼8－10轴
		国联期货有限责任公司合肥营业部	席松江		0551－2817878	0551－2851188	230061		合肥市长江西路3号春天大厦503室
		江苏弘业期货有限公司合肥营业部	谭海军		0551－2671969	0551－2671810	230061		合肥市蜀山区长江西路200号置地投资广场1306、1307室
		汇鑫期货经纪有限公司蚌埠营业部	杜　宇		0552－3183718	0552－3183712	233000		蚌埠市涂山东路1757号投资大厦12楼
		上海金源期货经纪有限责任公司铜陵营业部	罗　婧		0562－5861002	0562－5861006	244000		铜陵市淮河大道1220号铜商品市场1701室
		黑龙江三力期货经纪有限责任公司合肥营业部	刘　昶		0551－2288882	0551－2288880	230001		合肥市芜湖路319号
		浙江中大期货经纪有限公司合肥营业部	仲　伟		0551－4656832	0551－4661888	230022		合肥市包河区屯溪路239号富广大厦1504、1505室
		上海中财期货有限公司合肥营业部	夏　兰		0551－2651811	0551－2626729	230001		合肥市庐阳区淮河路288号香港广场1306、1307室
		徽商期货有限责任公司芜湖营业部	刘文辉		0553－3830091	0553－3828630	241000		芜湖市中山路步行街金鼎广场金龙阁1102室
		徽商期货有限责任公司马鞍山营业部	宋　博		0555－2367067	0555－2366639	243000		马鞍山市花雨路348号海外海大厦423号
		徽商期货有限责任公司阜阳营业部	金俊旺		0558－7129998	0558－7129998	236000		阜阳市颍州中路107号嘉泰大厦302号
		华安期货有限责任公司芜湖营业部	李鸿浩		0553－3873359	0553－3873817	230020		芜湖市新芜路新利商厦8号3楼
		安粮期货有限公司芜湖营业部	张　宝		0553－3833893	0553－3833892	241000		芜湖市黄西路35号证券大厦第7层
		安粮期货有限公司淮南营业部	王　杰		0554－6662212	0554－6662263	232001		淮南市朝阳中路91号科技大厦8楼

续表

辖区	类别	机构名称	负责人1	负责人2	电　话	传　真	邮编	网　址	地　址
北京	公司	北京中期期货经纪有限公司	毛振华	许丹良	010－85881181	010－64636998	100020	http://www.bjcifco.net	北京市朝阳区东三环北路38号院1号楼泰康金融大厦22层
		格林期货有限公司	赵广钰	高永红	010－66214406	010－66214402	100032	http://www.greenfutures.com.cn	北京西城区金融街投资广场B座20层
		冠通期货经纪有限公司	杨冠平	刘小红	010－62369810	010－62369346	100011	http://www.gtfutures.com.cn	北三环中路2号北京医疗器械研究所2层
		宏源期货有限公司	陈　亮	王化栋	010－82887366	010－88085390	100034	http://www.hongyuanqh.com	北京市西城区太平桥大街19号4层
		中晟期货经纪有限公司	王海山	郝光辉	010－62388810	010－62382488	100083	http://www.crfco.com.cn	海淀区花园路2号
		金鹏期货经纪有限公司	常　清	喻猛国	010－66211412	010－66211409	100032	http://www.jifco.com.cn	西城区复兴门内金融街投资广场9层
		经易期货经纪有限公司	张必珍	曹　胜	010－68343377	010－68331699	100037	http://www.jyfco.com	西城区百万庄北街6号
		北京首创期货有限责任公司	侯守法	姚俊明	010－58379527	010－58379565	100031	http://www.scqh.com.cn	北京市西城区闹市口大街1号长安兴融中心4号楼11层
		安信期货有限责任公司	刘入领	李景波	010－59113639	010－59113555	100013	http://www.anxinqh.com	北京市东城区北三环东路36号环球贸易中心A座26层
		国元海勤期货有限公司	杨念新	王　霞	010－88820508	010－88820507	100027	http://www.wkqh.net	海淀区西三环北路89号中国外文大厦A座909室
		银建期货经纪有限责任公司	沈　捷	史水齐	010－87681330	010－87611506	100078	http://www.ztyjqh.com	丰台区芳古园一区29号楼
		国都期货有限公司	高　方	叶　晓	010－64008822	010－64005891	100007	http://www.guodu.cc	东城区东直门南大街3号国华投资大厦10层
		中钢期货有限公司	吴永胜	申仕伏	010－62688585	010－62685678	100080	http://www.zgfcc.com	北京市海淀区海淀大街8号A座19层
		中粮期货经纪有限公司	吕　军	黄　辉	010－85018775	010－85619191	100020	http://www.zlqh.com	北京市朝阳区朝阳门南大街8号福临门大厦
		银河期货经纪有限公司	陈先学	姚　广	010－58363212	010－58303988	100045	http://www.yhqh.com.cn	北京市复兴门外大街A2号中化大厦8层
		第一创业期货有限责任公司	苏　江	吴建华	010－63197050	010－88009301	100034	http://www.fcfco.cn	北京市西城区平安里西大街26号新时代大厦三层东侧、四层南侧
		中国国际期货有限公司	邱　江	陈冬华	010－65082296	010－65082935	100016	http://www.szcifco.com	北京市朝阳区建国门外光华路14号1栋1层、2层、9层、11层、12层
		京都期货有限公司	毕劲松	朱　宏	010－59366019	010－59366019	100088	http://www.jingduqh.com	北京市西城区德胜门外大街115号德胜尚城E座1层
		英大期货有限公司	郝京春	孔　旺	010－51960432	010－51960432	100005	http://www.ydfut.cn	北京市东城区建国门内大街乙18号院英大国际大厦2层
	营业部	中谷期货经纪有限公司北京营业部	于志成		010－85192018	010－85192022	100005		北京市东城区建国门大街8号华润大厦2503B
		科信期货经纪有限公司北京营业部	刘　波		010－82253918	010－82253731	100029		北京市朝阳区马甸裕民路12号元辰鑫大厦8层
		上海良茂期货经纪有限公司北京营业部	王晓东		010－84976985	010－84976985	100101		亚运村汇园公寓K座1216－1217室
		浙江永安期货经纪有限公司北京营业部	林如涵		010－65120600	010－65128068	100005		东城区金宝街58号华丽大厦6层
		广发期货有限公司北京营业部	高建平		010－64923660	010－64923489	100101		朝阳区安慧里4区15号楼中国五矿大厦9层

续表

辖区	类别	机构名称	负责人1	负责人2	电　话	传　真	邮编	网　址	地　址
北京	营业部	华泰长城期货经纪有限公司北京营业部	迟　敏		010－64405199	010－64405616	100037		朝阳区北三环东路28号易亨大厦12层1209号
		华闻期货期货经纪有限公司北京营业部	杨　光		010－84464120	010－84464120	100027		北京市朝阳区东三环北路丙2号天元港中心B座808室
		上海大陆期货经纪有限公司北京营业部	卢　旭		010－65528153	010－65528141	100834		朝外吉祥里103号中国工艺大厦七层
		辽宁汇鑫期货经纪有限公司北京营业部	李建新		010－64973550	010－64898452	100088		北京市朝阳区北苑路108号A08号
		浙江中大期货经纪有限公司北京营业部	甘卫平		010－65088218	010－65089882	100027		北京市朝阳区工体东路215号展华商务楼三楼
		渤海期货经纪有限公司北京营业部	秦楠楠		010－59002542	010－82319352	100020		北京市朝外大街乙6号朝外SOHO－23层2306室
		神华期货经纪有限公司北京营业部	张　群		010－82610292	010－82612910	100080		海淀区苏州街18号院D4座3A－01
		天琪期货经纪有限公司北京营业部	司海洋		010－65880636	010－65884988	100020		朝阳区朝阳门外大街18号丰联广场B座12层1217室
		大通期货经纪有限公司北京营业部	王宇声		010－63356269	010－63356269	100020		北京市朝阳区光华路14号嘉都大厦A座605室
		招金期货有限公司北京营业部	曹　军		010－65069233	010－65069233	100027		北京市朝阳区东三环南路甲52楼8A
		浙江南华期货经纪有限公司北京营业部	王　勇		010－63153363	010－63150526	100054		北京市宣武区宣武门外大街28号B座8楼
		北方期货经纪有限公司北京营业部	蔡　斌		010－64426088	010－82006061	100088		北京市朝阳区安贞西里三区26号浙江大厦503、504、505室
		光大期货有限公司北京营业部	陈园园		010－68084651	010－68084131	100045		北京市西城区月坛北街2号月坛大厦东配楼三层
		江苏弘业期货经纪有限公司北京营业部	刘迎军		010－68014881	010－68014676	100032		西城区月坛南街甲12号北京万丰怡和商务会馆3层
		江苏新纪元期货经纪有限公司北京营业部	彭　城		010－84263892	010－84261675	100013		北京市东城区东直门外大街48号东方银座5层
		浙江新世纪期货经纪有限公司北京营业部	孙　平		010－82232518	010－82232718	100011		北京市西城区黄寺大街23号北广大厦1111号
		道通期货经纪有限公司北京营业部	张　浩		010－88599975	010－88599543	100097		北京市海淀区板井路79号三层北区
		海航东银期货有限公司北京营业部	刘　岩		010－65974689	010－65974689	100020		东三环京广中心商务楼1001室
		银河期货经纪有限公司北京营业部	秦　霈		010－85879509	010－62270144	100045		朝阳区东三环北路38号北京国际中心4号楼405室
		华海期货经纪有限公司北京营业部	孔　晶		010－82211170	010－58565792	100045		北京市海淀区西直门北大街甲43号金运大厦b座1416
		中信建投期货经纪有限公司北京营业部	付继东		010－85282788	010－85282790	100027		北京市东城区朝阳门北大街6号首创大厦207室
		天富期货经纪有限公司北京营业部	李　勇		010－64165215	010－64178233	100027		东城区东中街40号元嘉国际A座301室
		万达期货经纪有限公司北京营业部	李晓志		010－59323366	010－59323978	100088		北京市西城区德外大街123号德胜尚城G座2层
		鲁证期货经纪有限公司北京营业部	王海然		010－64402919	010－64402579	100028		北京市朝阳区西坝河南路1号金泰大厦28层01单元
		一德期货经纪有限公司北京营业部	曹　军		010－88312828	010－88312828	100035		北京市西城区车公庄大街9号院1号楼2单元1层1001－1004室
		国信期货经纪有限公司北京营业部	陈华亮		010－84981046	010－84984026	100101		北京市朝阳区北辰东路8号汇欣大厦B0801室

续表

辖区	类别	机构名称	负责人1	负责人2	电　话	传　真	邮编	网　址	地　址
北京	营业部	成都倍特期货经纪有限公司北京营业部	王　劲		010－58257599	010－84283517	100013		北京市东城区北三环东路36号环球贸易中心D座705－706室
		迈科期货经纪有限公司北京朝阳门北大街营业部	王治国		010－64082007	010－64082010	100027		北京市东城区朝阳门北大街1号新保利大厦11层C
		中钢期货有限公司北京安外大街营业部	付　涛		010－64252298	010－62688567	100011		北京市东城区安外大街蒋宅口中联大厦七层701室
		北京中期期货有限公司北京金融街营业部	赵　昆		010－66058407	010－66083431	100032		北京市西城区金融街7号百盛写字楼7019号
		长江期货经纪有限公司北京新源里营业部	崔　焰		010－84682178	010－84682176	100027		北京市朝阳区新源里16号琨莎中心11层2#2510、2511房
		中国国际期货经纪有限公司北京霄云路营业部	葛　红		010－59071283	010－59539955	100020		北京市朝阳区麦子店西路3号新恒基国际大厦1314－1329室
		经易期货经纪有限公司北京安立路营业部	范　平		010－64451485	010－64422948	100029		北京市朝阳区安立路80号马哥孛罗大厦1005室
		乾坤期货经纪有限公司月坛北街营业部	郭莲平		010－68083230	010－68083230	100045		北京市西城区月坛北街2号月坛大厦A座七层A706－A707号
		北京首创期货经纪有限责任公司北京北辰东路营业部	刘志忠		010－84973079	010－84973079	100101		北京市朝阳区北辰东路8号亚运村1号门
		金瑞期货经纪有限公司北京金融街营业部	陈志强		010－66555677	010－66555527	100032		北京市西城区金融街5号新盛大厦1102房
		宏源期货有限公司北京海淀北一街营业部	汤永兵		010－62699689	010－62699682	100080		北京市海淀区北一街2号首创拓展大厦406室
		国泰君安期货有限公司北京建国门外大街营业部	赵元林		010－58795766	010－58795787	100022		北京市朝阳区建国门外大街乙12号双子座大厦东塔29层2901－2902室
		冠通期货经纪有限公司北京知春路营业部	王玲玲		010－62576919	010－62535701	100086		北京市海淀区知春路118号知春大厦A座1001室
		中粮期货经纪有限公司北京北辰东路营业部	黄圣根		010－84986951	010－84985879	100101		北京市朝阳区北辰东路8号汇欣大厦A401
		海通期货有限公司南礼士路营业部	李海虹		010－68086819	010－68086539	100045		北京市西城区南礼士路66号1号楼建威大厦812－815室
		申银万国期货有限公司北京劲松九区营业部	阎淦智		010－67780608	010－67788676	100021		北京市朝阳区劲松九区909号楼4楼
		广永期货经纪有限公司北京中关村大街营业部	栾小明		010－62684805	010－62680984	100080		北京市海淀区中关村大街11号A1108室
		中证期货有限公司北京张自忠路营业部	吴少平		010－84019866	010－64067176	100070		北京市东城区张自忠路7号院和敬公主府院内东侧
		金鹏期货经纪有限公司北京海鹰路营业部	陈　旭		010－83681815	010－83681715	100007		北京市丰台区丰台科学城海鹰路1号院7号楼503房
		财富期货有限公司北京建外大街营业部	张　恒		010－85679699	010－85679293	100020		北京市朝阳区建国门外大街甲6号爱思开大厦204室
		上海东证期货有限公司北京安苑路营业部	程晓宁		010－84898256	010－84897986	100029		北京市朝阳区小关北里45号世纪嘉园5号楼6层
		民生期货有限公司北京北三环中路营业部	关　劼		010－82270085	010－82270010	100029		北京市西城区北三环中路23号燕莎盛世大厦四层409、410室

续表

辖区	类别	机构名称	负责人1	负责人2	电 话	传 真	邮编	网 址	地 址
北京	营业部	中国国际期货有限公司北京金融大街营业部	张 宁		010－59510018	010－59510016	100037		北京市西城区金融大街1号金亚光大厦11层05、06室
		国金期货有限公司北京金融大街营业部	古晓文		010－66218298	010－65618823	100140		北京市西城区金融大街27号投资广场B11层
		信达期货北京裕民路营业部	张 雷		010－59006317	010－62260142	100029		北京市朝阳区裕民路12号中国国际会展中心A座506
		上海中期经纪有限公司北京知春路营业部	刘 民		010－59712489	010－59714800	100086		北京市海淀区知春路106号太平洋国际大厦905、906室
		上海中财期货有限公司北京光华路营业部	刘曙光		010－59006317	010－59006317	100020		北京市朝阳区光华路22号5层03单元611室
		新湖期货有限公司北京东直门外大街营业部	解 亮		010－64006526	010－64006010	100007		北京市东直门南大街甲3号5层501室
		格林期货有限公司北京建外大街营业部	茹亚莲		010－66215289	010－66215290	100020		北京朝阳区建外大街12号双子座大厦西塔12层1201A
		晟鑫期货经纪有限公司北京东直门外大街营业部	苏 进		010－84608496	010－84608496	100027		北京市东城区东直门外大街46号天恒大厦1203室
		第一创业期货有限责任公司北京朝外大街营业部	郑 胜		010－58790183	010－58797052	100020		北京市朝阳区朝外大街乙12号昆泰大厦5层508号
		五矿期货有限公司北京东中街营业部	李昌杰		010－64185203	010－64185842	100027		北京市东城区东中街北6号北写字楼第六层F号
		湘财祈年期货有限公司北京建国路营业部	黄沁彩		010－59817096	010－59817088	100022		北京市朝阳区建国路108号丰树大厦1402室
		浙商期货有限公司北京光华路营业部	张 松		010－65916823	010－65916823	100020		北京市朝阳区光华路甲14号诺安大厦12层1202室
重庆	公司	中信建投期货经纪有限公司	彭文德	丁 杰	023－86769602	023－63610929	400014	http://www.cfc108.com	重庆市渝中区中山三路107号皇冠大厦11楼
		大华期货有限公司	乔俊峰	张勇博	023－63798299	023－63798662	400010	http://www.dhqh.com.cn	重庆市渝中区较场口88号得意世界18楼
		中电投先融期货有限公司	熊丽生	牛云山	023－63799129	023－63799138	400010	http://www.xrqh.com	重庆市渝中区邹容路邹容广场A座14楼
		重庆三五九期货经纪有限公司	张学东	刘宝霖	023－89038602	023－89039898	400015	http://www.hcqh.cc	重庆市渝中区中山三路131号希尔顿商务大厦13楼
		西南期货经纪有限公司	张新渝	汤 健	023－63630748	023－63638623	400015	http://www.swfutures.com	重庆渝中区中山三路168号中安大厦9楼
	营业部	重庆三五九期货经纪有限公司重庆市江北营业部	尹 丽		023－89001323	023－89001361	400020		江北区建新北路一支路6号未来国际大厦7楼
		中电投先融期货有限公司重庆市沙坪坝营业部	苏 建		023－65472587	023－65472912	400030		重庆市沙坪坝区小龙坎新街85－7号
		中电投先融期货有限公司重庆市解放碑营业部	程建平		023－63733680	023－63733670	400010		重庆市渝中区八一路177号雨田大厦10楼
		中电投先融期货有限公司重庆市万州营业部	但汉云		023－58152019	023－58152009	404000		重庆市万州区高笋塘85号15楼
		大华期货有限公司重庆市珠江路营业部	郭文闻		023－86130274	023－86130279	400050		重庆市九龙坡区杨家坪珠江路48号1幢7－4#、7－5#、7－6#
		浙江中大期货经纪有限公司重庆营业部	沈 骅		023－63763586	023－63763084	400010		渝中区解放碑邹容路50号半岛国际商务大厦27楼
		成都倍特期货经纪有限公司重庆营业部	代 伟		023－63799310	023－63799310	400015		重庆市渝中区临江路69号邹容广场B座5楼
		珠江期货有限公司重庆营业部	刘福义		023－61629158	023－61629100	400015		重庆市渝中区中山三路168号中安国际大厦15楼
		中钢期货有限公司重庆营业部	李 陶		023－63639778	023－63639778	400015		重庆市渝中区上清寺路9号环球广场20楼
		浙江省永安期货经纪有限公司重庆营业部	李潼军		023－67992025	023－67999307	400020		重庆市江北区建新东路339号4幢10楼

续表

辖区	类别	机构名称	负责人1	负责人2	电话	传真	邮编	网址	地址
重庆	营业部	国联期货有限责任重庆营业部	王跃		023-63638862	023-63638862	400015		重庆市渝中区中山三路162号中安国际大厦16楼
		光大期货有限公司重庆营业部	金春燕		023-86618100	023-86618133	400010		重庆市渝中区民族路168号光大银行大厦3楼
		渤海期货有限公司重庆营业部	马俊红		023-88360325	023-62956159	400060		重庆市南岸区南坪街道南坪西路2号2单元19-1号、19-9号、19-10号
		南华期货有限公司重庆营业部	符祺		023-62611588	023-62611619	400060		重庆市南岸区南坪亚太路1号2栋1-2号、1-20号
		北京首创期货有限责任公司重庆营业部	朱琼瞰		023-86823000	023-86823000	400020		重庆市江北区观音桥中信大厦22-8
		国元海勤期货有限公司重庆营业部	郑海鹏		023-62766506	023-62752096	400060		重庆市南岸区南兴路64号万凯新都会大厦B座10楼1-4
		海通期货有限公司重庆营业部	李名芳		023-86596996	023-86596528	400010		重庆市渝中区中华路178号国际商务中心23楼
		东海期货有限责任公司重庆营业部	徐克		023-63938500	023-63938600	400010		重庆市渝中区民族路108号B幢3-1、3-2号
		英大期货有限公司重庆营业部	韩宝光		023-69074307	023-89074323	400020		重庆市江北区杨河一村78号20楼01号
大连	公司	渤海期货有限公司	刘浩	王石梅	82690302	82690308	116001	http://www.bhfcc.com	大连市中山区玉光街11号远洋大厦B座写字间1单元9层
		大连良运期货经纪有限公司	孙彤	韩吉庆	84807545	84807526	116001	http://www.lyqh.cn	大连市沙河口区会展路129号大连国际金融中心A座-大连期货大厦3701-3707号房间
		北方期货经纪有限责任公司	易仁涛	孙坤	39779906	39779916	116001	http://www.bfqh.com	大连市沙河口区中山路478号华邦上都A座3层
		国富期货有限公司	邹方友	王华民	84807021	88856036	116001	http://www.gffcc.com	大连市沙河口区会展路129号大连国际金融中心A座-大连期货大厦2808号房间
	营业部	渤海期货有限公司大连营业部	刘辉		82690775	82690756	116001		友好广场远洋大厦B座806
		大连良运期货经纪有限公司大连营业部	邢宏伟		84806148	84806548	116001		期货大厦2008
		大通期货经纪有限公司大连营业部	李寿春		84807548	84807348	116001		期货大厦2210
		天琪期货有限公司大连营业部	李嘉		84800233	84801869	116001		会展中心东四楼东侧部分
		天富期货有限公司大连营业部	程博		84800251	84807339	116001		期货大厦2506B
		兴业期货有限公司大连营业部	孟宪伟		84806658	84801027	116001		期货大厦1906A、1906B、1907
		中融汇信期货有限公司大连营业部	刘剑锋		84807309	84805615	116001		期货大厦2305
		汇鑫期货经纪有限公司大连营业部	孟赫		84806970	84806969	116001		期货大厦2206B、2207、2211
		江信国盛期货有限公司大连营业部	初良会		84807461	84807351	116001		期货大厦2007
		深圳瑞龙期货有限公司大连营业部	范珍伟		84806274	84806874	116001		期货大厦2304
		海航东银期货有限公司大连营业部	王希正		84806313	84806313	116001		期货大厦2404
		中证期货有限公司大连营业部	臧寿壮		84806372	84806872	116001		期货大厦2508

续表

辖区	类别	机构名称	负责人1	负责人2	电　话	传　真	邮编	网　　址	地　　址
大连	营业部	金瑞期货有限公司大连营业部	毛志华		84803893	84803892	116001		期货大厦 2201
		广发期货有限公司大连营业部	迟　健		84806771	84806648	116001		期货大厦 2202、2203
		金元期货有限公司大连营业部	何　连		84807373	84807173	116001		期货大厦 2108
		集成期货有限公司大连营业部	姜　虹		84990161	84990087	116001		期货大厦 2307
		华泰长城期货有限公司大连营业部	张艳波		84800629	84807267	116001		期货大厦 2312
		广永期货有限公司大连营业部	宋巧玲		84806245	84806645	116001		期货大厦 2311
		金汇期货经纪有限公司大连营业部	李　键		84806509	84805781	116001		期货大厦 2308
		珠江期货有限公司大连营业部	张慧鑫		84806549	84803293	116001		期货大厦 2503、2504
		中国国际期货有限公司大连大交所营业部	王晓霞		84806019	84800240	116023		大连市沙河口区会展路 129 号大连国际金融中心 A 座－2902、2903、2905
		安徽徽商期货有限责任公司大连营业部	林连春		84807733	84807833	116023		大连市沙河口区会展路 129 号大连国际金融中心 A 座－2507
		安粮期货有限公司大连营业部	王毅鹏		39668858	39668878	116023		大连市沙河口区会展路 129 号大连国际金融中心 A 座－2204
		中晟期货有限公司大连营业部	朱银凤		84804717	84804557	116023		大连市中山区 572 号星海旺座 605
		金鹏期货经纪有限公司大连营业部	宋孟涛		84806602	84800342	116023		大连市沙河口区会展路 129 号大连国际金融中心 A 座－2004、2010
		经易期货经纪有限公司大连营业部	张继哲		84800452	84806667	116023		大连市沙河口区会展路 129 号大连国际金融中心 A 座－2011、2306A
		中粮期货经纪有限公司大连营业部	王　琳		39859595	39859555	116023		大连市沙河口区会展路 129 号大连国际金融中心 A 座－2102、2103
		冠通期货有限公司大连营业部	刘　琦		84807290	84807286	116023		大连市沙河口区会展路 129 号大连国际金融中心 A 座－2705、2706
		中钢期货有限公司大连营业部	金　帆		84801700	84807835	116023		大连市沙河口区会展路 129 号大连国际金融中心 A 座－2112
		北京首创期货有限责任公司大连营业部	张冬云		84807218	84807471	116023		大连市沙河口区会展路 129 号大连国际金融中心 A 座－2505
		宏源期货有限公司大连营业部	王兴刚		84806565	84806165	116023		大连市沙河口区会展路 129 号大连国际金融中心 A 座－2105
		黑龙江三力期货经纪有限责任公司大连营业部	苏庆宇		84807331	84807431	116023		大连市沙河口区会展路 67 号百年汇 D 座 20 层 2004 室

续表

辖区	类别	机构名称	负责人1	负责人2	电话	传真	邮编	网址	地址
大连	营业部	国都期货有限公司大连营业部	陈旭		84807416	84807816	116023		大连市沙河口区会展路129号大连国际金融中心A座－1909、1910
		格林期货有限公司大连营业部	黄振刚		84807363	84806958	116023		大连市沙河口区会展路129号大连国际金融中心A座－2005
		银河期货有限公司大连营业部	钱涛		84806610	84806632	116023		大连市沙河口区会展路129号大连国际金融中心A座－2401
		国元海勤期货有限公司大连营业部	刘雪莹		84807840	84807340	116023		大连市沙河口区会展路129号大连国际金融中心A座－2406B、2407
		一德期货有限公司大连营业部	杨艳霞		84807158	84807160	116023		大连市沙河口区会展路129号大连国际金融中心A座－2303、2309、2310
		中国国际期货有限公司大连中山广场营业部	张慈		84807152	84807310	116001		大连市中山区同兴街10号东亚银行大厦1501、1502、1503、1509
		国信期货有限公司大连营业部	姜涛		84377068	84377378	116023		大连市沙河口区高尔基路737号和平现代城E座3楼
		中原期货有限公司大连营业部	林园		84807946	84806518	116023		大连市沙河口区会展路129号大连国际金融中心A座－2405
		万达期货有限公司大连营业部	孙薇		84806455	84806555	116023		大连市沙河口区会展路129号大连国际金融中心A座－2102、2103
		招金期货有限公司大连营业部	何新茂		84990701	84806732	116023		大连市沙河口区会展路115号百年汇6－2－5－5
		英大期货有限公司大连营业部	张剑		84806388	84800752	116023		大连市沙河口区会展路129号大连国际金融中心A座－1908
		鲁证期货有限公司大连营业部	胡滨		84806651	84800670	116023		大连市沙河口区会展路129号大连国际金融中心A座－1902、1903
		中州期货有限公司大连营业部	谭清文		84806738	84806738	116023		大连市沙河口区会展路129号大连国际金融中心A座－2406A
		迈科期货有限公司大连营业部	郭明		84803453	84990043	116023		大连市沙河口区会展路115号百年汇1301
		国投中谷期货有限公司大连营业部	王馨		84807030	84807966	116023		大连市沙河口区会展路129号大连国际金融中心A座－1901、1912
		上海大陆期货有限公司大连营业部	姚林		39646228	39646227	116023		大连市中山区延安路9号一方大厦13层A、B、F
		金源期货经纪有限公司大连营业部	栾吉松		84990352	84990355	116023		大连市沙河口区会展路67号百年汇A座5号楼705室

续表

辖区	类别	机构名称	负责人1	负责人2	电　话	传　真	邮编	网　址	地　址
大连	营业部	光大期货有限公司大连营业部	张晓鹤		84806828	84800825	116023		大连市沙河口区会展路129号大连国际金融中心A座－2002、2003
		上海中期期货经纪有限公司大连营业部	朱玉国		84807977	84807477	116023		大连市沙河口区会展路129号大连国际金融中心A座－2212
		中信新际期货有限公司大连营业部	梁海三		82592096	82592076	116023		大连市沙河口区星海广场B2区8号12幢一单元1－3层1号
		东航期货经纪有限公司大连营业部	韩　冰		87629137	84806331	116023		大连市沙河口区会展路81号百年汇5B－2－1102
		海通期货有限公司大连营业部	张　强		82507227	82507236	116023		大连市中山区人民路虹源大厦36层10、9、8
		上海东证期货经纪有限公司大连营业部	戴彦刚		84807810	84803290	116023		大连市沙河口区会展路129号大连国际金融中心A座－2411、2412
		申银万国期货有限公司大连营业部	王钦飞		84806733	84806333	116023		大连市沙河口区会展路129号大连国际金融中心A座－2110、2111
		江苏东华期货经纪有限公司大连营业部	刘洪涛		84990151	84807549	116023		大连市沙河口区会展路67号百年汇D座702
		东海期货有限公司大连营业部	杨　明		84800413	84807471	116023		大连市沙河口区会展路129号大连国际金融中心A座－1904、1905
		江苏弘业期货经纪有限公司大连营业部	汤永强		39799891	39799848	116023		大连市沙河口区会展路129号大连国际金融中心A座－2301、2302
		南华期货期货有限公司大连营业部	黄　娴		84377288	84801433	116023		大连市沙河口区中山路554D－6号和平现代城B座3层4号
		新湖期货有限公司大连营业部	杨　光		84806187	84807519	116023		大连市沙河口区会展路129号大连国际金融中心A座－2701、2702
		浙商期货有限公司大连营业部	蔡　厦		84806018	84806059	116023		大连市沙河口区会展路129号大连国际金融中心A座－2802
		宝城期货有限公司大连营业部	欧阳卫东		84807258	82712522	116023		大连市沙河口区会展路129号大连国际金融中心A座－2001、2006B
		信达期货有限公司大连营业部	王永健		84807776	84801967	116023		大连市沙河口区会展路129号大连国际金融中心A座－2408、2409
		晟鑫期货经纪有限公司大连营业部	王文勇		84807350	84800242	116023		大连市沙河口区会展路129号大连国际金融中心A座－2104、2109

续表

辖区	类别	机构名称	负责人1	负责人2	电话	传真	邮编	网址	地址
大连	营业部	山西三立有限公司大连营业部	赵大方		84808791	84807461	116023		大连市沙河口区会展路129号大连国际金融中心A座-2402、2403
		中辉期货经纪有限公司大连营业部	孙晓波		84807499	84807259	116023		大连市沙河口区会展路129号大连国际金融中心A座-2205、2206A
		大华期货有限公司大连营业部	李东升		84807513	84803867	116023		大连市沙河口区会展路129号大连国际金融中心A座-2106A、2106B
		中信建投期货经纪有限公司大连营业部	赵宇飞		82645176	82645187	116023		大连市中山区同兴街10号东亚银行大厦903
		国联期货有限公司大连营业部	张晓明		82312828	39860567	116023		大连市沙河口区会展路129号大连国际金融中心A座-大连期货大厦2510、2511号房间
		民生期货有限公司大连营业部	路成立		39812323	39812300	116023		大连市中山区五五路32-1号安达商务大厦711\712室
福建	公司	兴业期货有限公司	王君恩	夏锦良	0591-88319977	0591-88560880	350001	http://www.xyfutures.com.cn	福州市鼓楼区湖东路99号七星大厦16层
		金友期货经纪有限责任公司	卢范经	高海明	0591-87871692	0591-88265629	350001	http://www.jinyouqh.com	福州市鼓楼区华林路93号燃料大厦六层
	营业部	浙江省永安期货经纪有限公司福州营业部	张凌卉		0591-87610559	0591-87507307	350001		福州市五一北路106号新侨联广场七层
		光大期货有限公司福州营业部	陈　忠		0591-87875126	0591-87875126	350001		福州市华林路207号东网大厦8楼
		浙江中大期货经纪有限公司福州营业部	何书强		0591-83357209	0591-83360664	350001		福州市五一中路平安大厦二十二层
		新湖期货有限公司福州营业部	陈　清		0591-83337972	0591-83337962	350001		福州市鼓楼区温泉街道华林路201号华林大厦19层105、108、109、110单元
		北方期货经纪有限责任公司福州营业部	马志敏		0591-87621686	0591-87621687	350001		福州市五一北路106号新侨联广场14层
		招金期货有限公司福州营业部	孙启民		0591-87622320	0591-87623081	350001		福州市鼓楼区华大街道北环中路131号时代金典大厦2层
		格林期货有限公司福州营业部	李曙光		0591-87809180	0591-87801260	350001		福州市鼓楼区东大路36号花开富贵A座17层
		国贸期货经纪有限公司福州营业部	王勇透		0591-87800128	0591-87800138	350001		福州市鼓楼区温泉街道湖东路189号凯捷大厦4层01室
		上海大陆期货有限公司福州营业部	潘　风		0591-87629779	0591-87511179	350001		福州市湖东路169号天骛大厦四楼
		金友期货经纪有限责任公司福州营业部	谢　净		0591-88013381	0591-88265617	350001		福州市鼓楼区华林路93号6层
		广发期货有限公司福州营业部	蔡　瑞		0591-83360199	0591-83309510	350001		福州市鼓楼区古田路121号华福大厦四层
		银河期货有限公司福州营业部	杨　坚		0591-87508878	0591-87660128	350001		福州市鼓楼区东水路88号闽发大厦12层
		美尔雅期货经纪有限公司福州营业部	杨望江		0591-87510155	0591-87513663	350001		福州市鼓楼区东街7号信息广场西区9层
		东海期货有限责任公司福州营业部	王长渭		0591-83206188	0591-87457338	350001		福州市台江区五一南路1号联信中心20层01室

续表

辖区	类别	机构名称	负责人1	负责人2	电话	传真	邮编	网址	地址
福建	营业部	国联期货有限责任公司福州营业部	刘有程		0591－87509630	0591－87509791	350001		福州市鼓楼区水部街道五一北路129号榕城商贸中心25层02号
		兴业期货有限公司福州营业部	王晓琪		0591－87668686	0591－28025287	350001		福州市鼓楼区湖东路99号七星大厦16层
		江苏弘业期货经纪有限公司福州营业部	尹岗		0591－38118108	0591－38118108	350001		福州市鼓楼区东街33号武夷中心十三层
		渤海期货有限公司福州营业部	王静		0591－87279217	0591－87279397	350001		福州市东街92号中福广场9层
		湘财祈年期货经纪有限公司福州营业部	徐晖		0591－87270809	0591－87270809	350001		福州市湖东路168号宏利大厦21层B3、B4、B5、A4、A5
		中国国际期货有限公司福州营业部	何源		0591－88089006	0591－88089019	350001		福州市鼓楼区五一北路力宝天马广场14层E、F单元
		金鹏期货经纪有限公司福州营业部	郑荣		0591－88016919	0591－87802660	350001		福州市鼓楼区五四路159号世界金龙大厦12层A区
		广晟期货有限公司福清营业部	张逸佳		0591－86006998	0591－86007666	350300		福清市加州城9号楼三层
		上海良茂期货经纪有限公司福清营业部	林青		0591－86005197	0591－86005197	350300		福清市一拂路新亚商贸中心9层
		瑞达期货经纪有限公司泉州营业部	尤明月		0595－22163908	0595－22163913	362000		泉州市丰泽街建行大厦十层
		瑞达期货经纪有限公司晋江营业部	肖永志		0595－85662908	0595－85662608	362201		晋江市崇德路273号工行大厦17楼
		国贸期货经纪有限公司晋江营业部	林立		0595－85631919	0595－85630589	362201		晋江市青阳泉安中路晋江国贸中心大厦702、705
		瑞达期货经纪有限公司石狮营业部	黄晔		0595－83011001	0595－83011006	362700		石狮市金林路兴业银行21层
		国贸期货经纪有限公司泉州营业部	黄立志		0595－24669333	0595－22503716	362000		泉州市田安南路外代大厦四层
		上海良茂期货经纪有限公司泉州营业部	肖程鹏		0595－24669901	0595－24669966	362000		泉州市温陵北路72号泉州五交大楼2层
		兴业期货有限公司泉州营业部	王贤作		0595－24668909	0595－24668855	362000		泉州市丰泽区田安路汇源大厦A座3层
		海通期货有限公司泉州营业部	谢宝权		0595－24677555	0595－24677810	362000		泉州市丰泽区田安路与泉秀路交叉路“先锋大厦”3－F2
		金友期货经纪有限责任公司晋江营业部	周国栋		0595－85612808	0595－85610966	362000		晋江市青阳镇曾井小区16层
		象屿期货有限责任公司晋江营业部	段建国		0595－82038881	0595－82038880	362000		晋江市竹树下小区晋江福隆花园（二区）双龙路71#、73#、75#号
		大华期货有限公司泉州营业部	李伟		0595－28980096	0595－28980139	362000		泉州市丰泽区丰泽街中段南测中银大厦20楼
		中辉期货经纪有限公司莆田营业部	陈敏		0594－2210688	0594－2230999	351100		莆田市城厢区梅园路三信花园五楼
		瑞达期货经纪有限公司三明营业部	朱双春		0598－8291318	0598－8261318	365000		三明市列东街中国银行大厦十五楼
		国贸期货经纪有限公司三明营业部	陈宝勤		0598－8289858	0598－8298518	365000		三明市梅列区和仁新村31幢二层
		瑞达期货经纪有限公司漳州营业部	邱皓		0596－2671977	0596－6102129	363000		漳州市芗城区胜利路外经贸广场十四层

续表

辖区	类别	机构名称	负责人1	负责人2	电话	传真	邮编	网址	地址
福建	营业部	国贸期货经纪有限公司漳州营业部	王洪亮		0596-2190777	0596-2052277	363000		漳州市芗城区胜利西路向荣大厦七层
		瑞达期货经纪有限公司龙岩营业部	饶 蔚		0597-2950001	0597-2950008	364000		龙岩市中山路改造二期5#楼凯丰商厦七楼
		国贸期货经纪有限公司龙岩营业部	何瑞延		0597-2259866	0597-2259163	364000		龙岩市九一北路闽西图书城大楼八楼
		金友期货经纪有限责任公司龙岩营业部	魏 伟		0597-2219938	0597-2257711	364000		龙岩市新罗区西城西桥九一南路38号矿泉大厦2层
		上海良茂期货经纪有限公司宁德营业部	王娟斌		0593-7185151	0593-7185198	352000		宁德市闽东大广场A幢701、702
		国贸期货经纪有限公司南平营业部	林毅峰		0599-6111111	0599-6111579	354000		南平市解放路101号紫云商住大楼二层
甘肃	公司	甘肃陇达期货经纪有限公司	娄德全	曹 锋	0931-8894921	0931-8894198	730000	http://www.ldqh.com	甘肃省兰州市皋兰路1号工贸大厦10楼
	营业部	南华期货公司兰州营业部	朱哨平	李西耕	0931-8805313	0931-8805291	730000		兰州市城关区临夏路街道庆阳路488号万盛商务大厦26楼
		海航东银期货公司兰州营业部	郭 朋	常艄东	0931-2176966	0931-2176969	730000		兰州市城关区庆阳路169号陇鑫大厦写字楼21层04、06号
		海通期货公司兰州营业部	杨俊峰		0931-2176908	0931-2176900	730000		兰州市城关区东方红广场南路107号远达文化大厦6幢11层
		万达期货公司兰州营业部	葛振栋		0931-8429691	0931-8428521	730000		兰州市城关区张掖路1号保利大厦14楼1401、1402室
		中大期货公司酒泉营业部	金孔萍		0937-2803998	0937-2803833	735000		酒泉市肃州区北大街37号5楼
		陇达期货公司酒泉营业部	杜吉鸿		0937-3920697	0937-3920697	735000		酒泉市新城区世纪大道玉门油田新天地商业街2号楼三层
广东	公司	江南期货经纪有限公司	张 健	王子洪	0769-22410456	0769-22813341	523009	http://www.scfuture.com	广东省东莞市南城区体育路2号鸿禧中心6层B11、B12室
		华联期货有限公司	陈照星	周毅夫	0769-22113100	0769-22217310	523000	http://www.hlqh.com	广东省东莞市可园南路1号金源中心16楼
		广发期货有限公司	赵桂萍	肖 成	020-38456966	020-38456880	510620	http://www.gfqh.com.cn	广东省广州市天河区体育西路57号红盾大厦14、15楼
		华南期货经纪有限公司	姜 雪	陈 兵	020-38791322	020-38791322	510620	http://www.hnqh.com.cn	广东省广州市体育西路111号建和中心大厦15楼
		广晟期货有限公司	陈少华	龚大和	020-38927522	020-38927998	510623	http://www.risingqh.com	广东省广州市珠江新城华夏路10号富力中心29层07-08单元
		珠江期货有限公司	屈正哲	宋子春	020-22031831	020-38390139	510623	http://www.zjqh.com.cn	广东省广州市黄埔大道西76号盈隆广场1201-1203室
		集成期货有限公司	张铁伟	祝祥远	020-38927590	020-38927576	510623	http://www.jclqh.com	广东省广州市天河区珠江新城华夏路10号富力中心第11层03、04单元
		摩根大通期货有限公司	周小雄	魏红斌	0760-88881962	0760-88881789	528403		广东省中山市竹苑路102号

续表

辖区	类别	机构名称	负责人1	负责人2	电 话	传 真	邮编	网 址	地 址
广东	公司	华泰长城期货有限公司	吴建党	袁小文	020-87320789	020-87320789	510095	http://www.htgwf.com	广东省广州市越秀区先烈中路65号东山广场东楼11层、12层
		广永期货有限公司	左国泉	叶松涛	020-85598116	020-85598116	510620	http://www.gyqh.net	广东省广州市天河区体育西路57号第10层
		盛达期货有限公司	程晓峰	杨 新	020-83271198	020-83271489	510120	http://www.sdfutures.com.cn	广东省广州市解放南路123号金汇大厦六楼南区
		广州期货有限公司	刘 东	郭智勇	020-22139826	020-22139811	510623	http://www.gzf2010.com.cn	广东省广州市天河区临江大道5号第21层04、05、06单元
		广东鸿海期货经纪有限公司	吴礼庆	李 英	0757-86231218	0757-86231218	528200	http://www.hoohy.cn	广东省佛山市南海区南海大道北51号财汇大厦1101室
	营业部	华联期货有限公司广州营业部	楼杭庆		020-38011986	020-38011989	510620		广东省广州市天河区林和西路9号1701房
		华联期货有限公司东莞樟木头营业部	吴志文		0769-82337288	0769-82337280	523000		广东省东莞市樟木头镇帝豪路88号广盈办公楼二楼
		华联期货有限公司东城营业部	吴昭晖		0769-23072028	0769-23072016	523000		广东省东莞市东城区东城大道御景大厦三楼303#
		广发期货有限公司珠海营业部	李冬冬		0756-3332176	0756-3332179	519015		广东省珠海市吉大园林路景乐路口海洲大厦901号单元
		广发期货有限公司中山营业部	周小涛		0760-88367377	0760-88367379	528403		广东省中山市中山四路35号财富大厦2楼201房
		广发期货有限公司肇庆营业部	葛洪波		0758-2313728	0758-2312085	526040		广东省肇庆市天宁北路75号之一发展广场17层03、04、05房
		广发期货有限公司汕头营业部	郑彦彬		0754-88427071	0754-88424661	515031		广东省汕头市金园区海滨路5号
		广发期货有限公司江门营业部	姜 鹏		0750-3928700	0750-3928718	529000		广东省江门市蓬江区迎宾大道中118号2幢808-809房
		广发期货有限公司广州营业部	王 毅		020-87355999	020-87355987	510600		广东省广州市越秀区寺右新马路111-115号19楼1918房
		广发期货有限公司佛山营业部	王 锋		0757-88599933	0757-88599896	528200		广东省佛山市南海区南海大道北路51号财汇大厦1014、1015室
		广发期货有限公司东莞营业部	刘 伟		0769-23032111	0769-23036036	523129		广东省东莞市东城南路联和商业大厦首层101号
		广晟期货有限公司顺德营业部	蔡少伟		0757-28787321	0757-28785000	528315		广东省佛山市顺德区乐从镇乐从社区居委会建设路A143号P-5铺
		广晟期货有限公司汕头营业部	黄莉璇		0754-88643869	0754-88643896	515041		广东省汕头市长平路93号华乾大厦10楼
		广晟期货有限公司南海营业部	杨捷雄		0757-85923088	0757-85923986	528248		广东省佛山市黄岐广佛路34号
		广晟期货有限公司番禺营业部	余 伟		020-39995222	020-39990186	511400		广东省广州市番禺区市桥镇光明北路233号绿茵庭园办公楼7楼

续表

辖区	类别	机构名称	负责人1	负责人2	电　话	传　真	邮编	网　址	地　址
广东	营业部	珠江期货有限公司珠海营业部	庄祯贵		0756－3217866	0756－3217861	519015		广东省珠海市吉大海滨南路47号光大国际贸易中心2003房
		珠江期货有限公司肇庆营业部	伦婉凌		0758－6813989	0758－2312680	526040		广东省肇庆市天宁北路75号之一18E07－08号
		珠江期货有限公司湛江营业部	佘常光		0759－2381699	0759－2381682	524001		广东省湛江市霞山区人民大道南18号华侨大厦五楼南面
		珠江期货有限公司清远营业部	黄李南		0763－3384530	0763－6880816	511518		广东省清远市人民二路二十三号卓越大厦6层01、602、603、604号
		珠江期货有限公司梅州营业部	张剑虹		0753－2302858	0753－2271777	514021		广东省梅州市彬芳大道88号第12层
		珠江期货有限公司江门营业部	屈宇宏		0750－3275210	0750－3096680	529000		广东省江门市蓬江区迎宾大道中118号2幢911－912单元
		珠江期货有限公司惠州营业部	方维华		0752－2156885	0752－2156677	516000		广东省惠州市惠城区下埔路23号金融大厦1905、1906房
		珠江期货有限公司佛山营业部	郑雪丽		0757－81210190	0757－81210176	528200		广东省佛山市南海区桂城南海大道北61号经委大厦3楼
		珠江期货有限公司番禺营业部	李兵兵		020－84611342	020－84625418	511486		广东省广州市番禺区市桥街清河东路239号13楼1305室
		珠江期货有限公司东莞营业部	谌晓冬		0769－22800622	0769－22880311	523071		广东省东莞市南城区胜和大朗村塘贝路口胜和商住广场A座七层A1
		集成期货有限公司中山营业部	王天扶		0760－89983166	0760－89983186	528400		广东省中山市中山四路63号华凯商务大厦107、108号
		集成期货有限公司顺德营业部	李自明		0757－22602032	0757－22602022	528315		广东省佛山市顺德区乐从镇乐从居委会细海工业区9－1号F西13号
		集成期货有限公司清远营业部	朱跃如		0763－6863996	0763－3862622	511515		广东省清远市新城4号区16座富华大厦B幢三楼南边302号
		集成期货有限公司南海营业部	刘永溪		0757－85589199	0757－85580800	528231		广东省佛山市南海区大沥镇广云路1号通发大厦四楼2号场地
		集成期货有限公司佛山营业部	程　薇		0757－83999870	0757－83999865	528000		广东省佛山市季华五路29号广发大厦第十五层
		华泰长城期货有限公司珠海营业部	莫志远		0756－3217878	0756－3217881	519015		广东省珠海市吉大海滨南路47号2308、2309室
		华泰长城期货有限公司中山营业部	万建国		0760－88863108	0760－88863109	528403		广东省中山市石岐区兴中道6号假日广场1栋510室
		华泰长城期货有限公司湛江营业部	郭　劲		0759－2669118	0759－2106021	524005		广东省湛江市湛江开发区观海路183号荣基国际广场公寓25层01号、02号、03号、05号、06号、07号、08号房

续表

辖区	类别	机构名称	负责人1	负责人2	电 话	传 真	邮编	网 址	地 址
广东	营业部	华泰长城期货有限公司韶关营业部	李文峰		0751－8221953	0751－8221951	512000		广东省韶关市浈江区熏风路14号鼎禾会社201和202号
		华泰长城期货有限公司茂名营业部	黄 涛		0668－2707198	0668－2707322	525000		广东省茂名市光华南路118号润威商厦1002室
		华泰长城期货有限公司惠州营业部	罗苗斌		0752－2055272	0752－2055275	516001		广东省惠州市惠城区新岸路1号世贸中心16层F
		华泰长城期货有限公司佛山营业部	安 强		0757－83809098	0757－83806983	528000		广东省佛山市祖庙路33号百花广场24楼2408、2409、2410、2411、2420、2421室
		华泰长城期货有限公司番禺营业部	张水林		020－84701499	020－84701493	511400		广东省广州市番禺区市桥繁华路1号友谊中心1603房
		华泰长城期货有限公司东莞营业部	罗辉华		0769－22806930	0769－22806929	523000		广东省东莞市南城区胜和路华凯大厦802B
		广永期货有限公司中山营业部	林 文		0760－88367718	0760－88367716	528400		广东省中山市起湾道宝利大厦9楼F座
		广永期货有限公司顺德营业部	宋晓虹		0757－26382011	0757－26382013	528303		广东省佛山市顺德区容桂街道办事处德胜居委会桥东路10号首层
		广永期货有限公司广州营业部	魏燕玲		020－22827809	020－38298533	510623		广东省广州市天河区花城大道7号五楼E5房
		广永期货有限公司佛山营业部	詹鸿生		0757－88352811	0757－82362268	528000		广东省佛山市禅城区季华五路3号瑞山大厦10楼
		盛达期货有限公司珠海营业部	陈 栩		0756－3883333	0756－3883303	519000		广东省珠海市吉大景山路188号粤财大厦2501室
		广东鸿海期货经纪有限公司顺德营业部	王 峰		0757－22382271	0757－22382272	528000		广东省佛山市顺德区大良沿江北路121号建设大厦五楼
		海通期货有限公司广州营业部	赵 闯		020－22028133	020－22028140	510610		广东省广州市天河区林和西路9号耀中广场1716B
		国金期货有限公司广州营业部	杨 可		020－28028060	020－28028068	510620		广东省广州市天河区体育西路191号中石化大厦B塔3806号房
		中信建投期货经纪有限公司广州营业部	朱遂科		020－28325299	020－28325280	510050		广东省广州市越秀区东风路410－412号602房自编605房
		中辉期货经纪有限公司广州营业部	胡培源		020－22220992	020－22220990	510610		广东省广州市天河区天河北路183－187号4001、4002、4003房
		中航期货经纪有限公司汕头营业部	李郁槟		0754－88883636	0754－88783988	515030		广东省汕头市龙湖区金砂东路124号华美大厦三楼西梯302房
		中国国际期货有限公司广州营业部	许来仓		020－38879130	020－38878469	510610		广东省广州市体育东路148号南方证券大厦14楼1408单元
		中谷期货经纪有限公司广州营业部	周望滔		020－85250363	020－85250390	510610		广东省广州市天河区天河北路183号大都会广场2705室
		银河期货经纪有限公司佛山南海营业部	吴 南		0757－86330199	0757－86339702	528000		广东省佛山市南海区桂城南海大道北57号十楼

续表

辖区	类别	机构名称	负责人1	负责人2	电　话	传　真	邮编	网　址	地　址
广东	营业部	新纪元期货有限公司广州营业部	张开源		020－87750826	020－87750825	510080		广东省广州市越秀区东风东路703大院29号十一层
		万达期货有限公司湛江营业部	韩鹏飞		0759－2299163	0759－2299006	524000		广东省湛江市霞山区人民大道南28号怡福大厦A幢701、702、703、705、706、708房
		万达期货有限公司广州营业部	朱　沙		020－85580613	020－28308502	510610		广东省广州市天河区天河北路189号中国市长大厦1606室
		上海大陆期货有限公司广州营业部	敬　民		020－83642118	020－83642391	510050		广东省广州市越秀北路222号越良大厦15层
		瑞达期货经纪有限公司汕头营业部	李俊烽		0754－88647811	0754－88647804	515030		广东省汕头市金平区金砂路99号君悦华庭1栋514号、519号、520号
		瑞达期货经纪有限公司广州营业部	刘　昇		020－87353995	020－87353997	510095		广东省广州市越秀区先烈中路69号1007－1008室
		乾坤期货有限公司广州营业部	沈　潇		020－85236381	020－85236949	510620		广东省广州市天河区体育西路103号维多利广场A塔1502单元
		南华期货有限公司广州营业部	金建涛		020－38809869	020－38810969	510620		广东省广州市天河区天河北路28号时代广场7楼东728室、东729室
		美尔雅期货经纪有限公司广州营业部	黄　超		020－83888368	020－83888370	510055		广东省广州市中山三路33号中华广场B座21楼08－09室
		金瑞期货有限公司佛山营业部	王贵彬		0757－82361317	0757－82363953	528000		广东省佛山市禅城区城门头西路1号1203－1204室
		光大期货有限公司广州营业部	刘向东		020－38732099	020－38731323	510610		广东省广州市天河区天河北路689号1809、1810单元
		东海期货有限公司广州营业部	沈宏建		020－34386778	020－34385278	510240		广东省广州市海珠区宝岗大道268号中新大厦1913、1914、1915单元
		渤海期货有限公司广州营业部	周　光		020－28079818	020－28079825	510080		广东省广州市越秀区东风东路745号紫园国际商务大厦416、417室
		北方期货经纪有限责任公司广州营业部	刘　敏		020－38013426	020－38013436	510623		广东省广州市天河区珠江新城华强路3号之二富力盈力大厦北塔907室
广西	营业部	银建期货经纪有限责任公司南宁营业部	方向军		0771－5849094	0771－5887106	530022		南宁市民族大道93号新兴大厦A幢17层
		广晟期货有限公司南宁营业部	廖春红		0771－5360389	0771－2286506	530021		南宁市桃源路63号信托大厦21楼
		万达期货有限公司南宁营业部	李显锋		0771－5597698	0771－5597558	530028		南宁市金湖路地王国际商会中心36层
		广发期货有限公司南宁营业部	凌卫东		0771－5592588	0771－5592590	530028		南宁市青秀区地王国际商会中心40层
		华泰长城期货有限公司南宁营业部	张　军		0771－5570376	0771－5570372	530022		南宁市民族大道137号春晖花园A区办公楼1501号
		国联期货有限责任公司南宁营业部	梁　源		0771－5735816	0771－5735811	530028		南宁市金浦路16号汇东国际E座28层

续表

辖区	类别	机构名称	负责人1	负责人2	电　话	传　真	邮编	网　址	地　址
广西	营业部	中电投先融期货经纪有限公司南宁营业部	郭长虎		0771－8012500	0771－8012502	530111		南宁市金湖路63号金源现代城18层
		民生期货有限公司南宁营业部	冯　川		0771－5567567	0771－5582180	530021		南宁市金浦路16号汇东国际F座12层
		成都倍特期货经纪有限公司南宁营业部	汪　洪		0771－5760056	0771－5760051	530021		南宁市金洲路25号太平洋世纪广场A座12层
		宝城期货有限责任公司南宁营业部	曾光林		0771－5503108	0771－5581032	530022		南宁市金湖路26－1号东方国际商务港A座6层
		大连良运期货经纪有限公司南宁营业部	黄　奎		0771－5736269	0771－5736012	530002		南宁市民族大道115－1号现代国际大厦10层
		宏源期货有限公司南宁营业部	蒋继武		0771－5557243	0771－5557241	530028		南宁市民族大道115－1号现代国际大厦7层
		珠江期货有限公司南宁营业部	尹家纷		0771－5589233	0771－5589202	530021		南宁市金湖路38号6层
		江苏弘业期货经纪有限公司南宁营业部	孔　伟		0771－5760761	0771－5760762	530022		南宁市金洲路25号太平洋世纪广场A座21层
		大华期货有限公司桂林营业部	徐宏青		0773－3116901	0773－3116906	541002		桂林市中山中路3号桂林饭店综合楼4层
		瑞达期货经纪有限公司柳州营业部	李　黔		0772－3028927	0772－3018181	545001		柳州市景行路19号方东大厦6层
		冠通期货经纪有限公司柳州营业部	孙振铭		0772－2620772	0772－2621466	545005		柳州市潭中东路17号华信国际A座1单元12层
		中辉期货经纪有限公司柳州营业部	杨　军		0772－2879298	0772－2879000	545002		柳州市潭中中路8号华泰大厦16层
		中粮期货经纪有限公司南宁营业部	舒卫士		0771－5557558	0771－2511557	530021		南宁市金湖路63号金源CBD现代城1325号
		海航东银期货有限公司南宁营业部	沈　健		0771－5736519	0771－5736520	530028		南宁市民族大道127号铂宫国际11层1112室
		国海良时期货有限公司南宁营业部	莫　帆		0771－5588188	0771－5588189	530022		南宁市金湖路26－1号东方国际商务港A座四楼
		上海大陆期货有限公司柳州营业部	李仁鑫		0772－3011001	0772－3011019	545001		柳州市景行路19号方东大厦5层
		海通期货有限公司南宁营业部	熊正烜		0771－5591591	0771－5590832	530012		南宁市民族大道131号航洋国际城恒富中心2号楼2016、2018－9室
		南证期货有限责任公司北海营业部	陈　舒		0779－2216582	0779－2216580	536003		北海市北海大道201号华美财富广场A座B区701号
贵州	营业部	冠通期货经纪有限公司贵阳营业部	杨　晏		13985537000	5868031	550001		贵阳市都司路中天商务港10楼C座
		北方期货经纪有限责任公司贵阳营业部	苏　钢		0851－5855880	0851－5855880－802	550001		贵阳市富水北路68号贵州物资综合楼15楼
		海航东银期货有限公司贵阳营业部	刘　锴		18798826866	0851－6832319	550001		贵阳市云岩区环城北路157号赤天化大厦10楼
		华泰长城期货有限公司贵阳营业部	周梅秀		0851－5833569	0851－5833570	550002		贵州省贵阳市都司路62号鸿灵都市商住楼25层5－6号
		申银万国期货有限公司贵阳营业部	许海泳		0851－6824030	0851－6576555	550000		贵阳市陕西路创世纪新城北二楼
		瑞达期货经纪有限公司贵阳营业部	徐新民		手机：13308508561，办公：5855801	5805690	550001		贵阳市富水北路68号省物资楼15楼3－6号
		东海期货有限责任公司贵阳营业部	李　志		0851－5861601	0851－5860703	550001		贵阳市延安东中1号邮政大厦8楼

续表

辖区	类别	机构名称	负责人1	负责人2	电话	传真	邮编	网址	地址
海南	公司	金元期货经纪有限公司	王鸿武	李旭	0898－66676633	0898－68525601	570206	http://www.jyqh.cn	海南省海口市南宝路36号证券大厦一楼、五楼
		华融期货有限责任公司	郑万春	李学辉	0898－66779160	0898－66779397	570105	http://www.hrfutu.com.cn	海南省海口市龙昆北路53－1号三楼
		海南金海岸期货经纪有限公司	余前	曹效军	0898－68511370	0898－68537153	570125	http://www.jhaqh.com	海口市国贸大道45号银通中心20层
		中银国际期货有限责任公司	徐晨	孔宪舒	021－68753725	021－61088066	200122	http://www.bocifco.com	上海市浦东新区世纪大道1589号长泰国际金融大厦901室
	营业部	道通期货海口营业部	葛卫华		0898－68500090	0898－68500083	570105		海南省海口市滨海大道81号南洋大厦22层2201－2203室
		天富期货海口营业部	李海超		0898－36385998	0898－36680819	571025		海南省海口市国贸大道49－1号港澳发展大厦24层B1、B2
		海通期货海口营业部	聂建玲		0898－68567033	0898－68567029	570000		海南省海口市滨海大道123号鸿联商务广场9C房
		海航东银期货海口营业部	刘春林		0898－68525323	0898－68520335	570125		海南省海口市玉沙路5号国贸中心大厦33A
		新湖期货海口营业部	金玉卫		0898－36627000	0898－36627135	571000		海南省海口市国贸路2号海南时代广场15层北侧
		江苏弘业期货海口营业部	葛润华		0898－36382637	0898－66509189	570102		海口市大同路38号财富中心1606室
		珠江期货海口营业部	罗晖		0898－68582158	0898－68582022	570000		海南省海口市国贸大道CMEC大厦第十六层东区
		海证期货海口营业部	刘秀贞		0898－68535698	0898－68502830	570125		海南省海口市金龙路51号万利隆商务大厦9层
		国海良时期货三亚营业部	王代彪		0898－88398838	0898－88393639	572000		三亚市三亚湾路蓝色海岸B、C段
		鲁证期货海口营业部	李剑		0898－68503101	0898－68503119	570125		海南省海口市国贸路56号北京大厦22层F、G号
河北	公司	河北恒银期货经纪有限公司	徐洪杰	李其强	0311－87898718	0311－87898718	50000	http://www.hyfutures.com	河北省石家庄市桥东区槐安东路90号国富大厦三层
	营业部	河北恒银期货经纪有限公司衡水营业部	王士山		0318－5225999	0318－5215777	53000		河北省衡水市育才南大街29号广厦酒店北侧三楼
		河北恒银期货经纪有限公司承德营业部	王晓军		0314－2071717	0314－2070321	67000		河北省承德市南营子大街永兴大厦B座七层
		河北恒银期货经纪有限公司唐山营业部	常正胤		0315－2352909	0315－2824128	63000		河北省唐山市路北区大里路228号
		河北恒银期货经纪有限公司邯郸营业部	王志强		0310－2035836	0310－2035315	56002		河北省邯郸市人民路219号邯郸国际商务中心20层2013、2014室
		河北恒银期货经纪有限公司沧州营业部	张明国		0317－5673999	0317－5673855	61001		河北省沧州市浮阳北大道28号樑园新村北公建楼二楼
		黑龙江三力期货经纪有限责任公司石家庄营业部	魏庆刚		0311－85113596	0311－85873238	50000		河北省石家庄市中山东路289号长安广场15层1501室、1503室
		冠通期货经纪有限公司秦皇岛营业部	姚剑辉		0335－3641266	0335－3611884	66000		河北省秦皇岛市港城大街176号八达大厦9楼
		中辉期货经纪有限公司石家庄营业部	张秀丽		0311－85288801	0311－85278300	50000		石家庄市裕华西路9号裕园广场C座一单元1903室
		北京中期期货经纪有限公司保定营业部	沈立成		0312－3035518	0312－3039300	71000		河北省保定市时代路56号国贸大厦十层1011、1012室

续表

辖区	类别	机构名称	负责人1	负责人2	电话	传真	邮编	网址	地址
河北	营业部	津投期货经纪有限公司秦皇岛营业部	孙振伟		0335－3088123	0335－3086528	66000		河北省秦皇岛市海港区文化路8号银都大厦4楼
		华泰长城期货有限公司石家庄营业部	郭　琳		0311－85519307	0311－85519306	50051		河北省石家庄中山西路188号中华商务中心A座1608、1611室
		晟鑫期货经纪有限公司石家庄营业部	杨　帅		0311－85189980	0311－85189982	50000		河北省石家庄市桥西区中山西路48号华银大厦1502、1503室
		大华期货有限公司石家庄营业部	朱建伟		0311－87875665	0311－87878831	50051		河北省石家庄市桥西区自强路35号庄家金融大厦903室
		民生期货有限公司唐山营业部	黄桂成		0315－2258814	0315－2352031	63000		河北省唐山市路北区友谊路81号天元大厦302、303室
		中辉期货经纪有限公司唐山营业部	魏晓辉		0315－3739396	0315－3739308	63000		河北省唐山市新华道世博大厦11层1113室、1115室、1116室、1118室
		美尔雅期货经纪有限公司石家庄营业部	陈　璨		0311－85272201	0311－89103825	50000		河北省石家庄市中山西路83号东方大厦第九层927室
		浙江省永安期货经纪有限公司石家庄营业部	王吉元		0311－86680600	0311－89627364	50011		河北省石家庄市长安区中山东路322号开元大厦A－2－1002室
		北京中期期货经纪有限公司唐山营业部	郝冬敏		0315－3195431	0315－3195430	63000		河北省唐山市建设北路152号东方国际大厦C座801室
		大连良运期货经纪有限公司石家庄营业部	沈　军		0311－89182815	0311－89182817	50011		河北省石家庄市长安区广安街36号银泰国际大厦18层1803、1804室
		中电投先融期货有限公司石家庄营业部	李光辉		0311－86061916	0311－86061990	50000		河北省石家庄市长安区广安街91号世纪方舟B－811
		中国国际期货有限公司石家庄营业部	张笑金		0311－80959900	0311－80959911	50000		河北省石家庄市桥西区中华南大街172号泰丰大厦1701、1703室
		中信建投期货经纪有限公司廊坊营业部	岳重光		0316－2326909	0316－2326905	65000		河北省廊坊市广阳区广阳道20号中太大厦707、708、709室
		信达期货有限公司石家庄营业部	倪　辉		0311－89691997	0311－89691995	50011		河北省石家庄市平安南大街30号万隆大厦5层501、502、503、504、510、511室
		锦泰期货有限公司石家庄营业部	王亚萌		0311－66683209	0311－66683290	50000		河北省石家庄市新华区康乐街8号尚德国际商务中心509、510室
		北京中期期货经纪有限公司邯郸营业部	高　永		0310－3053688	0310－2053676	56000		河北省邯郸市人民东路98号招贤大厦1009、1011室
		中钢期货有限公司唐山营业部	梁国政		0315－3192882	0315－3192887	63000		河北省唐山市建设北路152号东方大厦B座9388、9688室
		海通期货有限公司石家庄营业部	崔　哲		0311－86069155	0311－87889856	50011		河北省石家庄市长安区育才街56号九派大厦A－1－1903

续表

辖区	类别	机构名称	负责人1	负责人2	电　话	传　真	邮编	网　址	地　址
河北	营业部	天富期货有限公司唐山营业部	马立柱		0315－2230128	0315－2230127	63000		河北省唐山市路北区大理路121号
		河北恒银期货经纪有限公司廊坊营业部	师　洋		0316－2210666	0316－2217995	65000		河北省廊坊市新华路76号天利得益商务中心第15层1508、1509、1510、1511室
河南	公司	万达期货有限公司	张　岩	丛龙云	0371－69106677	0371－69106655	450016	http://www.wdqh.com	郑州市郑东新区商务内环路27号楼2单元3层02号
		国信期货有限责任公司	岳克胜	余晓东	0371－65835308	0371－65835305	450018	http://www.guosenqh.com.cn	郑州市郑东新区商务外环路13号绿地峰会天下5层502、503室
		中原期货有限公司	杨中贤	王歌谣	0371－68599166	0371－68599199	450018	http://www.zyfutures.com	河南省郑州市郑东新区商务外环路10号中原广发金融大厦四楼
	营业部	银建期货经纪有限责任公司郑州营业部	李华权		0371－65613028	0371－65612870	450008		郑州市未来大道69号未来公寓1406室
		北京首创期货有限责任公司郑州营业部	王　乐		0371－65615187	0371－65615455	450008		郑州市未来大道69号未来大厦1601室
		宏源期货有限公司郑州营业部	孟凡义		0371－65628634	0371－65618352	450008		郑州市未来大道69号未来公寓1407室
		国都期货有限公司郑州营业部	朱跃平		0371－63588006	0371－63588090	450002		郑州市金水区黄河路26号中孚大厦8楼D
		冠通期货经纪有限公司郑州营业部	孔奇枝		0371－65612218	0371－65612387	450008		郑州市未来大道69号未来大厦1618、1619室
		金鹏期货经纪有限公司郑州营业部	刘文永		0371－65612159	0371－65610851	450008		郑州市未来路69号未来公寓1702、1706－8、1701、1705、1716
		一德期货经纪有限公司郑州营业部	林建君		0371－65612079	0371－65612856	450008		郑州市未来大道69号未来大厦1806室
		中粮期货经纪有限公司郑州营业部	王　强		0371－65613246	0371－65611477	450008		郑州市未来大道69号未来大厦1008室
		格林期货有限公司郑州营业部	龚春玉		0371－65616756	0371－65618186	450008		郑州市纬四路东段十九号广发大厦11层
		上海良茂期货经纪有限公司郑州营业部	张　豫		0371－65613459	0371－65613455	450008		郑州市未来路69号未来大厦2008A
		上海大陆期货有限公司郑州营业部	林　茹		0371－60131296	371－60131299	450046		郑州市郑东新区商务内环路15号7层702号
		上海金源期货经纪有限责任公司郑州营业部	宋上纲		0371－65611449	0371－65613449	450008		郑州市未来大道69号未来公寓1201室
		国投中谷期货有限公司郑州营业部	符人俊		0371－65615399	0371－65615960	450008		郑州市未来大道69号未来公寓1606室
		华闻期货经纪有限公司郑州营业部	李金亮		0371－65612636	0371－65612880	450008		郑州市未来大道69号未来大厦1711、1712室
		和融期货经纪有限责任公司郑州营业部	卢　兵		0371－65611151	0371－65612612	450008		郑州市未来大道69号未来公寓407室
		中证期货有限公司郑州营业部	王　冰		0371－65613662	0371－69102132	450016		郑东新区商务外环路14号18层1803号－1807号
		中国国际期货有限公司郑州营业部	杜忠民		0371－65335011	0371－65335008	450018		郑东新区商务外环路28号22层01，02，03，04号

续表

辖区	类别	机构名称	负责人1	负责人2	电话	传真	邮编	网址	地址
河南	营业部	海航东银期货有限公司郑州营业部	吴志刚		0371－65618303	0371－65618236	450008		郑州市未来大道69号未来公寓907室
		神华期货经纪有限公司郑州营业部	张　勇		0371－65628490	0371－65628203	450008		郑州市未来大道69号未来大厦2001室
		五矿期货有限公司郑州营业部	张树正		0371－69102803	0371－65628781	450016		郑州市郑东新区CBD商务外环路13号绿地峰会天下22层2201室、2206室、2207室
		广发期货有限公司郑州营业部	郭德松		0371－65612753	0371－65612611	450008		郑州市未来大道69号未来公寓608室
		集成期货有限公司郑州营业部	郭勇军		0371－65612203	0371－65611246	450008		郑州市未来路69号未来公寓902室、101室、905室、1608室
		华泰长城期货有限公司郑州营业部	陈中雷		0371－65628001	0371－65615340	450008		郑州市未来大道69号未来公寓601、602、603、605、616室
		珠江期货有限公司郑州营业部	张佑海		0371－65613458	0371－65613292	450008		郑州市未来大道69号未来大厦805、811室
		大连良运期货经纪有限公司郑州营业部	赵　亮		0371－65613002	0371－65611161	450008		郑州市未来大道69号未来大厦1612室
		渤海期货有限公司郑州营业部	王　铁		0371－65618255	0371－65613517	450008		郑州市未来大道69号未来大厦1709室
		江苏东华期货经纪有限公司郑州营业部	刘自斌		0371－65618974	0371－65618751	450008		郑州市未来大道69号未来公寓1501、1103室
		东海期货经纪有限责任公司郑州营业部	黄霄宏		0371－65618245	0371－65615942	450008		郑州市未来大道69号未来大厦908A
		创元期货经纪有限公司郑州营业部	张　华		0371－65629775	0371－65615471	450008		郑州市未来大道69号未来公寓303室
		江苏苏物期货经纪有限公司郑州营业部	胡　敏		0371－68103752	0371－68103753	450008		郑州市郑东新区CBD商务内环12号海逸名门22号楼3楼
		南华期货有限公司郑州营业部	刘群栋		0371－65613557	0371－65613225	450008		郑州市未来路73号锦江国际花园9号楼南14层
		新湖期货有限公司郑州营业部	师天兆		0371－65612773	0371－65612810	450008		郑州市未来大道69号未来大厦806、812、1410室
		民生期货有限公司郑州营业部	马振华		0371－65614395	0371－65614051	450008		郑州市未来大道69号未来大厦903、905、906室
		山西三立期货经纪有限公司郑州营业部	王鹏飞		0371－65613430	0371－65613802	450008		郑州市未来路69号未来公寓1205、1216室
		晟鑫期货经纪有限公司郑州营业部	路　鹏		0371－65616446	0371－65616446	450008		郑州市未来大道69号未来公寓701、702室
		金元期货经纪有限公司郑州营业部	葛小柯		0371－65618891	0371－65628635	450008		郑州市未来大道未来公寓916、1105、1203室
		大有期货有限公司郑州营业部	孙　弢		0371－60946688	0371－65616246	450003		郑州市金水区经三路32号财富广场6号楼3层
		国信期货有限责任公司南阳营业部	孙保伟		0377－63288017	0377－63289062	473000		南阳市中州路梅溪宾馆会议中心303室
		中原期货有限公司新乡营业部	刘国鸿		0373－2072880	0373－2053311	453000		新乡市人民路中段靖业大厦三楼
		格林期货有限公司洛阳营业部	吴笑寒		0379－64687786	0379－64687773	471000		洛阳市涧西区西苑路6号洛阳友谊宾馆5层501－510室

续表

辖区	类别	机构名称	负责人1	负责人2	电 话	传 真	邮编	网 址	地 址
河南	营业部	金石期货有限公司郑州营业部	张全中		0371－55621198	0371－55621195	450008		郑州市郑东新区商务内环路23号楼6号商铺3层
		吉粮期货经纪有限公司郑州营业部	孟钟锋		0371－65628278	0371－65628283	450008		郑州市未来大道69号未来公寓1001室
		国联期货有限责任公司郑州营业部	张 颖		0371－65613193	0371－65612153	450008		郑州市未来大道69号未来大厦1212室
		江苏弘业期货经纪有限公司郑州营业部	王笑星		0371－65615362	0371－65615360	450008		郑州市未来大道69号未来大厦1605、1610室
		中国国际期货有限公司洛阳营业部	管莉君		0379－65168603	0379－65168611	471000		洛阳涧西区西苑路付6号芳达商务会馆13楼1307－1310号
		湘财祈年期货经纪有限公司郑州营业部	巩 丽		0371－65665726	0371－65665736	450003		郑州市经三路15号广汇国贸大厦A1601楼
		上海中财期货有限公司郑州营业部	白红朝		0371－65611472	0371－65611075	450008		郑州市未来大道69号未来公寓816、707室
		金瑞期货有限公司郑州营业部	马林钰		0371－65613420	0371－65613420	450008		郑州市未来大道69号未来公寓1405、1507、1616、1605室
		上海中期期货经纪有限公司郑州营业部	史兴伟		0371－65611029	0371－65616113	450008		郑州市未来大道69号未来公寓716室
		海通期货有限公司郑州营业部	岗超峰		0371－65612689	0371－65612769	450008		郑州市未来大道69号未来大厦18层1810B
		红塔期货有限责任公司郑州营业部	魏志辉		0371－65612718	0371－65612716	450008		郑州市未来大道69号未来大厦1715、1716室
		光大期货有限公司郑州营业部	赵 耀		0371－65615553	0371－65612515	450008		郑州市金水区未来大道69号未来大厦1208
		中国国际期货有限公司安阳营业部	谷少昌		0372－5069809	0372－5069778	455000		安阳市人民大道与红旗路交叉口东南角金豪商住楼第三层D号
		江南期货经纪有限公司郑州营业部	周玉仑		0371－65612801	0371－65612802	450008		郑州市未来大道69号未来大厦2222室
		银河期货有限公司郑州营业部	李 波		0371－65612597	0371－65613207	450008		郑州市未来大道69号未来大厦2005、2006室
		鲁证期货有限公司郑州营业部	李 涛		0371－65629609	0371－65629184	450008		郑州市未来大道69号未来大厦802室
		中原期货有限公司灵宝营业部	陈建威		0398－2297999	0398－2296863 0398－2237999	472500		河南省灵宝市长安路中段紫金宫大酒店东附楼一、二层
		上海东证期货有限公司郑州营业部	陈煜宏		0371－65616191	0371－65616192	450008		郑州市未来大道69号未来大厦1507室
		经易期货经纪有限公司郑州营业部	曹富华		0371－67261518	0371－67261500	450008		郑州市金水区经三北路32号财富广场1号楼25层西北西南户
		申银万国期货有限公司郑州营业部	孙 俊		0371－65612708	0371－65612867	450008		郑州市金水区未来大道69号未来大厦10楼
		中辉期货经纪有限公司郑州营业部	严保明		0371－65616467	0371－65629406	450008		河南省郑州市未来大道69号未来大厦908c室
		中信建投期货经纪有限公司郑州营业部	张 凯		0371－65612349	0371－65612397	450008		河南省郑州市未来大道69号未来大厦2205、2211室

续表

辖区	类别	机构名称	负责人1	负责人2	电话	传真	邮编	网址	地址
河南	营业部	中国国际期货有限公司郑州未来路营业部	陆平		0371 - 65613897	0371 - 65618215	450008		郑州市未来路69号未来大厦1901、1902、1903、1912室
		宝城期货有限责任公司郑州营业部	李卫峰		0371 - 65612847	0371 - 65612847	450008		郑州市未来路69号未来大道69号未来大厦1201、1202室
		中原期货有限公司南阳营业部	杜秋霞		0377 - 63228800	0377 - 63228800	473000		南阳市人民路175号粮业大厦三楼
		浙江新华期货经纪有限公司郑州营业部	石宏杰		0371 - 65613157	0371 - 65613076	450008		郑州市未来路69号未来大道69号未来大厦810室
		迈科期货经纪有限公司郑州营业部	梁彬		65610168	0371 - 65612279	450008		郑州市未来路69号未来大道69号未来大厦1409室
		大华期货有限公司郑州营业部	李伟亚		65610059	0371 - 65610997	450008		郑州市未来路69号未来大厦1506室
黑龙江	公司	黑龙江三力期货经纪有限责任公司	吴久英	赵良瑛	0451 - 84635328	0451 - 84635328	150010	http://www.slfutures.com	黑龙江省哈尔滨市道里区中央大街185号金谷大厦
		大通期货经纪有限公司	徐艳华	杜滨	0451 - 86230071	0451 - 86238177	150001	http://www.dtqh.com	黑龙江省哈尔滨市南岗区西大直街118号1号楼6层
		黑龙江时代期货经纪有限公司		杨馨嘉	0451 - 82695096	0451 - 82695796	150036	http://www.shidaiqihuo.com	哈尔滨市香坊区中山路172号哈高新区富阳创业中心（常青大厦）15层
	营业部	大通期货经纪有限公司牡丹江营业部	张鹏		0453 - 6239790	0453 - 6239791	157000		牡丹江市西安区平安街3号久山大厦16层1610、1611室
		黑龙江时代期货经纪有限公司大庆营业部	张建国		0459 - 5518825	0459 - 5518725	163000		黑龙江省大庆市让湖路区西宾路1号
		黑龙江三力期货经纪有限责任公司佳木斯营业部	杨莹		0454 - 8699345	0454 - 8983796	154002		黑龙江省佳木斯市向阳区近江路34号
		天琪期货有限公司哈尔滨营业部	江洋		0451 - 82287555	0451 - 82287555	150001		哈尔滨市南岗区长江路99-9号辰能大厦B栋6层
		银河期货有限公司哈尔滨营业部	马明旺		0451 - 55505208	0451 - 55505208	150040		哈尔滨市香坊区中山路172号（常青大厦1001、1002、1008、1010室）
		北京首创期货有限责任公司哈尔滨营业部	王涛		0451 - 82319355	0451 - 82308533	150090		哈尔滨市南岗区玉山路10号D栋（一层、二层、501室）5号门市
		天琪期货有限公司大庆营业部	赵剑东		0459 - 6342200	0459 - 6345050	163453		大庆市让胡路区昆仑大街186号四楼
		广发期货有限公司哈尔滨营业部	吴奇		0451 - 86791380	0451 - 86791378	150001		哈尔滨市南岗区花园街235号东方大厦1203室
		南华期货有限公司哈尔滨营业部	马晓峰		0451 - 82345698	0451 - 82345616	150036		哈尔滨市香坊区中山路93号201、811、812、813、815室
		海航东银期货有限公司哈尔滨营业部	张晓鹏		0451 - 87583377	0451 - 53651313	100050		哈尔滨市经开区南岗集中区昆仑商城康顺街34号
		信达期货有限公司哈尔滨营业部	邢立年		0451 - 87222486	0451 - 87222486	150090		哈尔滨市南岗区长江路157号欧倍德中心5层3号、5层25号
		天琪期货有限公司佳木斯营业部	王运涛		0454 - 6015558	0454 - 8706599	154002		黑龙江省佳木斯市前进区保卫路宜福都市公寓8号1、2层
		津投期货经纪有限公司哈尔滨营业部	陆金源		0451 - 55549866	0451 - 55506193	150010		哈尔滨市道里区西三道街1号

续表

辖区	类别	机构名称	负责人1	负责人2	电　话	传　真	邮编	网　址	地　址
湖北	公司	长江期货有限公司	董腊发	谭显荣	027－85861133	027－85860103	430015	http://www.cjfco.com.cn	湖北省武汉市汉口新华路特8号长江证券大厦8楼
		美尔雅期货经纪有限公司	杨闻孙	王长松	027－68851507	027－68851565	430022	http://www.mfc.com.cn	湖北省武汉市江汉北路八号
		湘财祈年期货经纪有限公司	陈爱国	罗　波	027－87737868	027－85499002	430070	http://www.bdfut.com	武汉市武昌区武珞路456号新时代商务中心20－1－(1、2)室
	营业部	长江期货有限公司潜江营业部	李保国		0728－6506900	0728－6505639	433124		湖北省潜江市广华区广华街1号教苑大厦
		长江期货有限公司鄂州营业部	张心君		0714－6355528	0714－6351718	435000		湖北省鄂州市南浦路131号农行南浦支行二楼
		长江期货有限公司武汉市江岸营业部	陈　超		027－85853870	027－85853870	430017		湖北省武汉市江岸区丹水池解放大道2022号
		长江期货有限公司武汉市青山营业部	曾　实		027－86740469	027－86740455	430062		湖北省武汉市武昌区纺机路43号江南花园1层2号及2层2号
		长江期货有限公司武汉市江汉营业部	徐皓华		027－85865598	027－85840749	430022		湖北省汉口解放大道单洞路口1号国际大厦A座三楼
		美尔雅期货经纪有限公司黄石营业部	陈　炜		0714－8635418	0714－6309781	435000		湖北省黄石市交通路121号名门世界7楼701－702室
		美尔雅期货经纪有限公司襄樊营业部	付艳华		0710－3472966	0710－3472966	441000		湖北省襄樊市樊城区解放路63号米公小学2楼
		美尔雅期货经纪有限公司荆州营业部	孙　斌		0716－8220823	0716－8220835	434000		湖北省荆州市北京中路219号广源大厦12楼
		美尔雅期货经纪有限公司武昌营业部	潘　洪		027－87831886	027－87269781	430070		湖北省武汉市武昌区中南路7号中商广场写字楼B座1707－1709号
		美尔雅期货经纪有限公司宜昌营业部	黄燕子		0717－6451518	0717－6451518	443000		湖北省宜昌市东山大道时代天骄10楼
		美尔雅期货经纪有限公司十堰营业部	吴家炎		0719－8663190	0719－8662689	442000		湖北省十堰市人民北路68号大都会广场写字楼21层
		美尔雅期货经纪有限公司武汉市青山营业部	王永东		027－85787073	027－85787073	430063		武汉市友谊大道996号华城广场24栋1号商铺2楼
		中国国际期货有限公司武汉营业部	杨锐彬		027－85267710	027－85267995	430022		湖北省武汉市江汉区建设大道566号新世界国贸大厦2座7层
		中国国际期货有限公司武昌营业部	杨　帆		027－87310777	027－87125802	430070		湖北省武汉市武昌区中南路1号国际金融贸易大厦17层
		中国国际期货有限公司襄樊营业部	张　昆		0710－3713885	0710－3713999	441000		湖北省襄樊市樊城区长虹路323号金座大厦7层
		中航期货经纪有限公司武汉营业部	梁礼宁		027－87250552	027－87250549	430060		武汉市武昌紫阳东路77号伟鹏大厦五楼
		中钢期货有限公司武汉营业部	刘立群		027－85499367	027－85499368	430022		武汉市江汉区新华路139号凯盟大厦3楼
		万达期货有限公司武汉营业部	陈扬发		027－85760838	027－85740699	430022		湖北省武汉市江汉区建设大道568号新世界国贸大厦I座15层02、03、05号写字间

续表

辖区	类别	机构名称	负责人1	负责人2	电　话	传　真	邮编	网　址	地　址
湖北	营业部	南证期货有限责任公司汉口营业部	廖镜擎		027－85860035	027－85825755	430022		武汉市汉口解放大道单洞口国际大厦B栋15楼
		华闻期货经纪有限公司武汉营业部	彭必启		027－85712286	027－85712286	430033		湖北省武汉市硚口区武胜路72号泰合广场37层3701室
		广发期货有限公司武汉营业部	谭晓旭		027－85486799	027－85495910	430015		武汉市建设大道709号建银大厦1758
		大华期货有限公司武汉营业部	付晓辉		027－85553161	027－85553135	430015		武汉市江岸区建设大道648号雷王金融中心17层
		华泰长城期货有限公司武汉营业部	刘　漩		027－85487453	027－85487455	430015		武汉市江汉区建设大道847号瑞通广场B座1002室
		神华期货经纪有限公司武汉营业部	张　敏		027－87739509	027－87739500	430070		湖北省武汉市武昌区珞瑜路442号中南国际城B座28楼
		北方期货经纪有限责任公司武汉营业部	王　莺		027－87362508	027－87362577	4300071		武汉市武昌区八一路87号银海华庭A座2楼
		海通期货有限公司武汉营业部	林庆廉		027－82632616	027－82635816	430015		武汉市建设大道933号汉口银行大楼1605、1606和1607
		宝城期货有限责任公司武汉营业部	张文慧		027－88927716	027－88915961	430071		武汉市武昌区中山路347号中铁大厦705－707室
		上海中财期货有限公司武汉营业部	明平方		027－85666911－8001	027－85666911	430031		湖北省武汉市江汉区沿江大道69号长航大厦701室
		瑞达期货经纪有限公司武汉营业部	周映洲		027－83590659	027－83590663	430000		武汉市江汉区解放大道634号新世界中心写字楼A座2510、2511
湖南	公司	方正期货有限公司	李小平	严若中	0731－84312738	0731－84315976	410005	http://www.founderfu.com	长沙市芙蓉中路一段372号方正证券大厦4楼
		大有期货有限公司	邹　颖	张爱国	0731－84409008	0731－84409009	410011	http://www.dayouf.com	长沙市开福区芙蓉中路一段478号运达国际广场写字楼21楼
		德盛期货有限公司	谭　斌	罗　凯	0731－82893328	0731－82893368	410005	http://www.dsf.cn	长沙市五一西路2号第一大道14楼
		湖南金信期货经纪有限公司	杨新民	薛　平	0731－88220016	0731－82258815	410001	http://www.hnjxqh.com	长沙市车站北路459号证券大厦5楼
	营业部	方正期货有限公司郴州营业部	李激涛		0735－2258723	0735－2812211	423000		郴州市五岭广场日月路1号雄森酒店12层
		方正期货有限公司岳阳营业部	刘鹏程		0730－8831578	0730－8831577	414000		岳阳市金鹗中路228号源商务中心地上十五层2号
		方正期货有限公司娄底营业部	康　明		0738－8297777	0738－8376777	417000		娄底市站前路10号国贸商业城东附3楼
		大有期货有限公司株洲营业部	罗　耿		0731－22330585	0731－22330567	412000		株洲市家润多广场A栋15楼
		大有期货有限公司汨罗营业部	霍青山		0730－5185228	0730－5185223	414400		汨罗市建设东路金色地标南区6号楼3楼
		湖南金信期货经纪有限公司永州营业部	刘晓明		0746－8228777	0746－8471888	425000		永州市冷水滩区湘永路117号中国银行10楼
		湖南金信期货经纪有限公司郴州营业部	李梦华		0731－82200259	0731－82200259	410005		郴州市人民西路2号郴州大厦9楼
		德盛期货有限公司岳阳营业部	徐忠于		0730－8295618	0730－8295600	414000		岳阳市南湖大道银都大厦16楼C、D座

续表

辖区	类别	机构名称	负责人1	负责人2	电话	传真	邮编	网址	地址
湖南	营业部	德盛期货有限公司吉首营业部	刘昊		0743－8225118	0743－8225198	416000		吉首市人民北路13号明珠商业广场4楼
		德盛期货有限公司娄底营业部	罗辉		0738－8272001	0738－8272009	417000		娄底市氐星路春园步行街西人口第12栋4楼
		德盛期货有限公司株洲营业部	宋敏		0731－28253399	0731－22206816	412000		株洲市建设中路356号湖南火电科技大厦第四层
		德盛期货有限公司郴州营业部	秦臻		0735－2296006	0735－2296018	423000		郴州市天一名邸14楼
		德盛期货有限公司常德营业部	李伟		0736－7317177	0736－7315977	415000		常德市武陵区人民中路金泰利商业广场601室
		德盛期货有限公司永州营业部	吉维杨		0746－8668779	0746－8668055	425000		永州市冷水滩区潇湘步行街C区四楼
		德盛期货有限公司衡阳营业部	陈伟		0734－8828268	0743－8828276	421001		衡阳市石鼓区常胜东路1号腾龙大厦二楼
		德盛期货有限公司益阳营业部	陈佳		0737－4308515	0737－4308508	413000		益阳市益阳大道南侧289号嘉信大厦8楼810－815，822－826号
		国联期货有限责任公司长沙营业部	黎建华		0731－84331308	0731－84331300	410005		长沙市芙蓉中路一段469号湖南新闻大厦12层
		湘财祈年有限公司长沙营业部	孙典治		0731－85302655	0731－85302656	410007		长沙市雨花区芙蓉中路二段359号佳天国际新城北栋21楼
		浙江省永安期货有限公司长沙营业部	蔡昉		0731－84903123	0731－84903131	410001		长沙市芙蓉区五一大道800号中隆国际大厦25楼
		光大期货有限公司长沙营业部	梁志		0731－82906073	0731－82906097	410005		长沙市开福区芙蓉中路一段478号运达国际广场写字楼1505室
		江苏弘业期货有限公司长沙营业部	金崇华		0731－84426856	0731－84420506	410000		长沙市芙蓉区韶山北路139号文化大厦1701室
		上海中财期货有限公司长沙营业部	陈峰		0731－85559935	0731－85559932	410000		长沙市芙蓉区韶山北路139号文化大厦2115室
		中信建投期货经纪有限公司长沙营业部	易文峰		0731－82681811	0731－82681583	410011		长沙市芙蓉区五一大道800号中隆国际大厦903室
		大华期货有限公司长沙营业部	胡灿辉		0731－88271766	0731－88271755	410007		长沙市雨花区芙蓉中路二段359号佳天国际新城北栋29楼
		北京首创期货有限公司长沙营业部	白湘峰		0731－82681970	0731－82681605	410011		长沙市芙蓉区五一大道800号中隆国际大厦801室
		瑞达期货经纪有限公司长沙营业部	刘东文		0731－82962308	0731－82962300	410001		长沙市韶山北路298号汇富中心A座1020室
		上海东证期货有限公司长沙营业部	沈众辉		0731－85235522	0731－85235500	410001		长沙市芙蓉中路二段168号天玺大酒店7楼702室
		东海期货有限公司长沙营业部	潘湘		0731－84862886	0731－84862887	410007		长沙市芙蓉中路388号定王大厦2127房
		宝城期货有限公司长沙营业部	胡海兵		0731－85239868	0731－85239869	410007		长沙市雨花区芙蓉中路二段279号金源大酒店天麒楼14楼1401室
		广永期货有限公司长沙营业部	徐清		0731－88211208	0731－88211200	410007		长沙市芙蓉区五一大道389号华美欧大厦705房、706房

续表

辖区	类别	机构名称	负责人1	负责人2	电话	传真	邮编	网址	地址
湖南	营业部	汇鑫期货有限公司长沙营业部	刘绎炜		0731-84627788	0731-84680066	410007		长沙市韶山北路355号鸿铭中心商业街门面D208号
		华泰长城期货有限公司长沙营业部	刘　剑		0731-88271761	0731-88271761	410007		长沙市芙蓉区韶山北路159号通程国际大酒店1301室
吉林	公司	天富期货有限公司	高福波	李　野	88993810	88993811	130041	http://www.tfqh.com	吉林省长春市长春大街500号写字楼东侧1-3层
		吉粮期货经纪有限公司	陈伟鸣	邓江宽	88507241	88507219	130061	http://www.jlfe.com	长春市建设街1307号
		吉林金昌期货有限公司	印廷戈	陈　兵	85805705	85805701	130022	http://www.51qihuo.com	长春市解放大路998号
		天鸿期货经纪有限公司	申献京	吴素剑	81154938	81154936	130021	http://www.tianhongqh.com	吉林省长春市人民大街7088号伟峰国际1804-1805室
	营业部	中国国际期货有限公司长春营业部	杨　菲		85081275	85675311	130021		南关区人民大街7088号伟峰国际商务广场1108室
		渤海期货有限公司长春营业部	许长全		88567871	88567871	130061		朝阳区建设街2007号
		大连良运期货经纪有限公司长春营业部	张静飞		88506659	88506659	130061		朝阳区康平街889号润天国际大厦十一楼
		天富期货有限公司吉林市营业部	况　冶		0432-2042789	0432-2042708	132001		吉林市解放中路1208-6号
		天富期货有限公司延吉营业部	贾继哲		0433-5006770	0433-5006771	133000		延吉市爱丹路1171-2号延弘大厦西侧一层、二层
		天富期货有限公司通化营业部	李　锐		0435-3339577	0435-3336499	134001		通化市滨江西路5577号3号办公楼1-2层
		天琪期货有限公司长春营业部	王　伟		88938618	88938618	130042		南关区人民大街1968号主楼17楼1703-1709室
		国泰君安期货有限公司四平营业部	东虞新		0434-5085807	0434-6121579	136001		四平市铁东区南一纬路629号
		万达期货有限公司长春营业部	赵希田		87069522	87069522	130061		朝阳区西安大路1688号新润天国际大厦1807-1808室
		经易期货经纪有限公司长春营业部	章　莹		82660077	82660077	130061		长春市朝阳区万宝街18号
		银河期货经纪有限公司长春营业部	李文涛		81032881	81032886	130061		长春市朝阳区西民主大街1161号七层
		光大期货有限公司长春营业部	张　焱		88405568	88405587	130061		朝阳区解放大路2677号光大大厦15层1511、1513、1515室
		国泰君安期货有限公司长春营业部	魏　文		89867677	85916622	130021		吉林省长春市朝阳区延安大路565号盛世国际五楼5019、5020房间
		浙江新华期货经纪有限公司吉林营业部	潘新阳		0432-62882001	0432-62882088	132001		吉林市船营区解放中路111-8号四层
江苏	公司	江苏弘业期货经纪有限公司	周　勇	孙吉东	025-52278980	025-52303596	210001	http://www.ftol.com.cn	南京市中华路50号
		南证期货有限责任公司	步国旬	夏　涛	025-52865001	025-52865018	210016	http://www.nzfco.com	南京市秦淮区长乐路226号长乐花园01幢1号-4，1号-7，1号-8
		道通期货经纪有限公司	王渝涵	段安林	025-83276958	025-83276908	210024	http://www.doto-futures.com	江苏省南京市鼓楼区广州路188号苏宁环球大厦5层02座

续表

辖区	类别	机构名称	负责人1	负责人2	电　话	传　真	邮编	网　址	地　址
江苏	公司	江苏苏物期货经纪有限公司	单　宁	夏穗宁	025－83116161	025－83116169	210009	http://www.swfuture.com	江苏省南京市中央路258－28号锦盈大厦5－7层
		江苏东华期货经纪有限公司	刘　波	陶德利	025－84202688	025－84206767	210004	http://www.dhfutures.com	南京市白下区王府大街63号5层
		东海期货有限责任公司	朱科敏	王一军	021－68758166	021－68756800	213003	http://www.qh168.com.cn	江苏省常州市延陵西路23、25、27、29号
		国联期货有限责任公司	周卫平	马海疆	0510－82752315	0510－82759156	214002	http://www.glqh.com	无锡市人民中路97号10楼
		华证期货经纪有限公司	闵　明	赵　东	0510－87961132	0510－87961119	214206	http://www.hzfutures.com	江苏省宜兴市人民中路153号华证大厦
		创元期货经纪有限公司	莫运水	汪有为	0512－68278744	0512－68278711	215004	http://www.cyqh.com.cn	江苏省苏州市三香路120号万盛大厦16楼
		江苏文峰期货经纪有限责任公司	顾金坤	王胜春	0513－85529853	0513－85529847	226001	http://www.wfqh.com	南通市环城南路128号飞马大厦三层
		新纪元期货有限公司	丁一民	冯莉莉	0516－83831121	0516－83831100	221005	http://www.neweraqh.com.cn	徐州市淮海东路153号
	营业部	江苏弘业期货经纪有限公司苏州营业部	尤国培		0512－68070198	0512－68070258	215011		苏州市高新区狮山路35号金河国际大厦34层
		江苏弘业期货经纪有限公司常州营业部	孙朝旺		0519－88161261	0519－85229725	213001		常州市关河东路38号九洲环宇国际商务广场A806室
		江苏弘业期货经纪有限公司扬州营业部	李　冰		0514－87310067	0514－87310187	225001		扬州市汶河北路19号南方证券大厦7楼
		江苏弘业期货经纪有限公司无锡营业部	崔　隽		0510－82701302	0510－82702361	214001		无锡市新生路107号新鼎球大厦2楼
		江苏弘业期货经纪有限公司南通营业部	蔡许文		0513－85113309	0513－85103509	226006		南通市姚港路6号
		江苏弘业期货经纪有限公司徐州营业部	戚永刚		0516－85695258	0516－85698530	221006		徐州市中山南路成功大厦22层
		江苏弘业期货经纪有限公司泰州营业部	蒋　励		0523－86211993	0523－86211667	225300		泰州市海陵区青年北路219号801、802、803室
		江苏弘业期货经纪有限公司镇江营业部	张　斌		0511－85088168	0511－85088036	212000		镇江市中山东路18号京凌大厦9楼
		江苏弘业期货经纪有限公司盐城营业部	王　敏		0515－88889288	0515－83068219	224001		盐城市盐马路39号兴盛华庭综合楼402
		江苏弘业期货经纪有限公司宿迁营业部	陆　伟		0527－84331588	0527－88301701	223800		江苏省宿迁市青海湖路80号中兴·君临国际广场A－1505、1506、1507
		南证期货有限责任公司扬州营业部	袁春龙		0514－82981133	0514－87785976	225002		江苏省扬州市文昌西路56号公元国际大厦1幢920室
		江苏苏物期货经纪有限公司苏州营业部	胡启雷		0512－65162808	0512－85550200	215005		苏州市沧浪区干将东路599号东凌商务大厦
		江苏苏物期货经纪有限公司扬州营业部	郑颜平		0514－82981080	0514－87936357	225002		扬州市文昌西路56号公元国际大厦1幢510室
		江苏苏物期货经纪有限公司常熟营业部	范　茜		0512－52899959	0512－51532892	215500		常熟市黄河路263号C楼202室
		江苏苏物期货经纪有限公司常州营业部	张　鑫		0519－88173169	0519－88163169	213000		常州市怀德中路48号申龙商务广场17楼
		江苏苏物期货经纪有限公司连云港营业部	许立新		0518－82231719	0518－82231719	222042		连云港市中华西路163号国际航运中心504室
		江苏苏物期货经纪有限公司无锡营业部	谈晓东		0510－82704353	0510－82704872	214000		无锡市解放西路193号华通大厦4楼
		江苏东华期货经纪有限公司张家港营业部	张　扬		0512－58137762	0512－58137764	215600		张家港市新风桥东堍

续表

辖区	类别	机构名称	负责人1	负责人2	电话	传真	邮编	网址	地址
江苏	营业部	江苏东华期货经纪有限公司苏州营业部	何雷		0512－67270015	0512－67270035	215002		苏州市干将西路399号403室
		江苏东华期货经纪有限公司泰州营业部	陶中荣		0523－86223959	0523－86227126	225300		泰州市海陵区青年北路219号金茂大厦716室
		江苏东华期货经纪有限公司无锡营业部	姜雷		0510－82738993	0510－82739321	214000		无锡市崇安区中山路359号东方广场B座21层M单元
		东海期货有限责任公司无锡营业部	郭洪松		0510－82720815	0510－82731577	214001		江苏省无锡市中山路159号时代中心大厦21层
		东海期货有限责任公司常州营业部	章益峰		0519－88111456	0519－88102845	213022		江苏省常州市新北区通江中路369号4001室
		东海期货有限责任公司江阴营业部	匡伟		0510－80613589	0510－80613580	214400		江苏省江阴市人民中路8号联丰大厦601、602室
		东海期货有限责任公司淮安营业部	陈玲		0517－86285968	0517－86285978	223001		江苏省淮安市淮海北路8号淮海购物广场A区C座1002室
		东海期货有限责任公司南通营业部	周志洪		0513－80107686	0513－80107689	226001		江苏省南通市人民中路71号润友大厦6楼
		东海期货有限责任公司苏州营业部	沈晓强		0512－69560166	0512－69560696	215123		江苏省苏州市苏州工业园区苏雅路388号新天翔商业广场2幢601－5室
		国联期货有限责任公司盐城营业部	汪红军		0515－88353333	0515－88352991	224001		盐城市人民中路2号建设大厦4楼
		国联期货有限责任公司江阴营业部	陈跃		0510－86876325	0510－86876317	214400		江阴市澄江中路5－1号东都大厦301－303室
		国联期货有限责任公司常州营业部	杨华		0519－88168922	0519－88168925	213003		常州市延陵西路19号嘉宏大厦10楼
		国联期货有限责任公司南通营业部	尤卫东		0513－85150788	0513－85587588	226000		南通市南大街290号崇川大厦4楼
		国联期货有限责任公司宜兴营业部	陈毅敏		0510－87339966	0510－87333355	214206		宜兴市光明西路2号神马小区
		国联期货有限责任公司苏州营业部	张燕		0512－62963101	0512－62963135	215300		苏州工业园区苏雅路388号新天翔商业广场2幢903、904室
		华证期货经纪有限公司徐州营业部	刘园红		0516－85797108	0516－85693567	221000		徐州市中山北路29号国贸大厦20楼A1A2A3
		华证期货经纪有限公司无锡营业部	毛宏俊		0510－82798215	0510－82798297	214001		无锡市中山路333号华光大厦3楼A. A1
		创元期货经纪有限公司苏州市吴江营业部	朱胜祥		0512－63803977	0512－63803978	215000		江苏省吴江市松陵镇花园路2518号鼎盛银座商务楼418室
		创元期货经纪有限公司徐州营业部	徐家鼎		0516－83109222	0516－83109283	221003		徐州市青年路皇城大厦A座1－09、A座1夹层07
		创元期货经纪有限公司苏州市常熟营业部	沈晶辉		0512－52868980	0512－52868915	215500		常熟市虞山镇南门大街9号常熟市人民桥小商品市场大楼316、322、326、328室
		创元期货经纪有限公司常州营业部	范祖宏		0519－88055952	0519－88055952	213001		常州市广化街20号1102室
		江苏文峰期货经纪有限责任公司无锡营业部	沈长友		0510－85867060	0510－82740133	214001		无锡市青祁路86号二楼

续表

辖区	类别	机构名称	负责人1	负责人2	电　话	传　真	邮编	网　址	地　址
江苏	营业部	江苏文峰期货经纪有限责任公司连云港营业部	钱荣志		0518－85523588	0518－85523587	222004		连云港市新浦区朝阳中路168号祥源国际大厦703室
		江苏文峰期货经纪有限责任公司盐城营业部	王端连		0515－88150988	0515－88150868	224001		盐城市建军东路38号四楼
		江苏文峰期货经纪有限责任公司常州营业部	潘　兴		0519－85065081	0519－86681822	213003		常州市延陵西路99号嘉业国贸广场17楼E座
		新纪元期货有限公司南京营业部	聂　军		025－84787999	025－84787997	210000		南京市玄武区新街口街道北门桥路10号3层
		新纪元期货有限公司苏州营业部	聂　骏		0512－69560998	0512－69560997	215021		苏州市工业园区现代大道苏华路2号国际大厦6层
		华泰长城期货有限公司南京营业部	王　强		025－84671198	025－84671123	210002		南京市中山东路288号新世纪广场4703室
		浙江中大期货经纪有限公司南京营业部	赵　峰		025－85399201	025－85399200	210019		江苏省南京市庐山路158号嘉业国际城4幢2505室
		方正期货有限公司南京营业部	夏芸龙		025－58061199	025－58061198	210016		江苏省南京市玄武区黄埔路2号黄埔科技大厦B楼7层
		中钢期货有限公司南京营业部	郭为荣		025－86895785	025－86895760	210002		南京市户部街15号兴业大厦311室
		光大期货有限公司南京营业部	车　勇		025－83122058	025－83122059	210008		南京市中山北路45号15楼
		瑞达期货经纪有限公司南京营业部	陈孝春		025－85767903	025－85763843	210002		南京市中山东路300号长发中心01幢606
		华泰长征期货有限公司无锡营业部	顾梁洪		0510－82728358－817	0510－82728913	214001		无锡市中山路343号东方广场A座22楼1座
		上海中期期货经纪有限公司无锡营业部	徐海侠		0510－82708237	0510－82708275	214001		无锡市人民中路118号金鼎大厦A座301
		浙江省永安期货经纪有限公司无锡营业部	包　勤		0510－82702008	0510－82740956	214001		江苏省无锡市中山路333号华光大厦20楼
		上海中财期货有限公司无锡营业部	王　伟		0510－86971297	0510－86971297	214425		江阴市华士镇华陆路80号
		广发期货有限公司无锡营业部	孟丹斌		0510－81189568	0510－81189565	214000		无锡市中山路359号吟春大厦10层FGH单元
		东吴期货有限公司苏州营业部	高凌云		0512－87671918	0512－62532881	215021		苏州工业园区金鸡湖路88号1幢201、206、208室
		方正期货有限公司苏州营业部	章　帆		0512－65105067	0512－65162482	215007		苏州市东吴北路299号吴中大厦25楼
		上海中期期货经纪有限公司苏州营业部	傅　军		0512－68275899	0512－68279882	215004		苏州市干将西路1359号5楼
		海航东银期货有限公司苏州营业部	莊　菁		0512－85189789	0512－65224308	215002		苏州市养育巷229号
		中国国际期货有限公司苏州营业部	金　萍		0512－85559816	0512－68321311	215011		江苏省苏州市新区狮山路35号金河国际大厦1001、1002、1003室
		东吴期货有限公司常熟营业部	班　正		0512－52702373	0512－52829071	215500		常熟市海虞北路48－1号四楼
		东吴期货有限公司张家港营业部	蒋剑青		0512－58791618	0512－58791617	215600		张家港市杨舍镇长安中路235号一至三层
		中粮期货经纪有限公司苏州市张家港营业部	殷建峰		0512－58812669	0512－58812666	215600		江苏省张家港市人民中路40号江苏银行四楼
		东吴期货有限公司吴江营业部	宋　锐		0512－63575187	0512－63965116			苏州市吴江市吴江经济技术开发区1688号开发区企业投资服务中心3号门面房二楼

续表

辖区	类别	机构名称	负责人1	负责人2	电　话	传　真	邮编	网　址	地　址
江苏	营业部	东吴期货有限公司吴中营业部	冯启诺		0512-65773053	0512-65773066	215168		苏州吴中经济开发区东吴南路165号3幢2、3层
		东吴期货有限公司昆山营业部	谢洪明		0512-57310242	0512-57310242	215300		昆山市玉山镇人民路1号3、4楼
		东吴期货有限公司太仓营业部	林　玲		0512-53581288	0512-53565672	215540		太仓市城厢镇滨河东路168-19号一至三层
		华泰长城期货有限公司南通营业部	朱建平		0513-89013835	0513-89013838	226000		南通市青年中路69号通明大厦A座401室
		冠通期货经纪有限公司南通营业部	赵国新		0513-85510511	0513-85510106	226000		江苏省南通市姚港路6号方天大厦407、408室
		方正期货有限公司扬州营业部	方　伟		0514-82991075	0514-82990209	225009		江苏省扬州市文昌西路316号（来鹤台广场3楼）
		海通期货有限公司常州营业部	蒋　敢		0519-86616760	0519-85220902	213000		常州市天宁区关河东路66号九洲环宇商务广场A座1709、1710室
		上海东证期货有限公司常州营业部	王冰清		0519-88051036	0519-88051035	213003		常州市延陵西路23、25、27、29号1618-1658室
		方正期货有限公司常州营业部	傅啓铭		0519-86811208	0519-86811208	213000		常州市延陵西路99号嘉业国茂大厦1504、1505室
江西	公司	江西瑞奇期货经纪有限公司	张　平	李立勇	0791-6663536	0791-6663506	330003	http://www.jxrich.com	南昌市广场南路333号恒茂国际中心16号楼A座6楼
	营业部	江西瑞奇期货经纪有限公司九江营业部	蔡厚威		0792-8226788	0792-8130336	332000		九江市滨江路573号五丰大厦三楼
		江西瑞奇期货经纪有限公司上饶营业部	金　明		0793-8300906	0793-8300906	334000		上饶市赣东北大道42号房地产大厦601室
		江西瑞奇期货经纪有限公司萍乡营业部	邓海涛		0799-6889666	0799-6860868	337000		萍乡市跃进南路93号恒隆国际大厦6楼
		江西瑞奇期货经纪有限公司赣州营业部	陈　旭		0797-8302209	0797-8302228	341000		赣州市红旗大道56号创意大厦2楼
		江西瑞奇期货经纪有限公司新余营业部	程　炜		0790-6451938	0790-6451939	336500		新余市仙来东大道720号
		江西瑞奇期货经纪有限公司吉安营业部	雷　斌		0796-8272805	0796-8249128	343000		吉安市阳明东路3号吉州区人民剧院内2楼
		江西瑞奇期货经纪有限公司宜春营业部	彭　军		0795-3238808	0795-3912548	336000		宜春市东风路283号青龙大酒店A座12楼
		江西瑞奇期货经纪有限公司抚州营业部	沈　骏		0794-8223329	0794-8223326	344000		抚州市赣东大道679号（原82号）卫生局培训中心三楼
		金瑞期货有限公司南昌营业部	杨建辉		0791-6848568	0791-6846116	330006		南昌市八一大道366号省建行大厦附楼三楼
		江南期货经纪有限公司南昌营业部	刘建农		0791-2111168	0791-2111155	330003		南昌市广场南路198号运通宾馆三楼
		南证期货有限责任公司南昌营业部	唐　玮		0791-6807508	0791-6807618	330000		南昌市东湖区叠山路119号天河大厦9-10楼A座
		国联期货有限责任公司南昌营业部	潘珑平		0791-6304566	0791-6304789	330046		南昌市北京西路88号江信国际大厦17楼
		宝城期货有限责任公司南昌营业部	罗　琳		0791-6259950	0791-6259952	330006		南昌市中山路150号地王广场7楼
		瑞达期货经纪有限公司南昌营业部	费　飚		0791-2066282	0791-2066277	330001		南昌市洪城路8号长青国贸大厦第11层1102单元
		成都倍特期货经纪有限公司南昌营业部	曾雪舟		0791-6277613	0791-6269230	330046		南昌市东湖区八一大道357号财富广场A座18层1801号房

续表

辖区	类别	机构名称	负责人1	负责人2	电话	传真	邮编	网址	地址
江西	营业部	中信建投期货经纪有限公司南昌营业部	杨发明		0791－6700300	0791－2072800	330003		南昌市西湖区八一大道96号华龙国际大厦1303－1305
		浙江省永安期货经纪有限公司南昌营业部	朱义安		0791－6861595	0791－6862710	330039		南昌市东湖区洪都北大道636号西格玛商务中心604－605室
		江苏弘业期货经纪有限公司南昌营业部	赵　刚		0791－6653600	0791－6653206	330025		南昌市西湖区桃苑大厦Ⅱ区B座三层东南面东北面
		上海中财期货有限公司南昌营业部	郭勇杰		0791－8457790	0791－8457721	330002		南昌市青云谱区解放西路49号明珠广场H栋601、602、614室
辽宁	公司	汇鑫期货经纪有限公司	张英星	汤朝杰	024－31308888	024－22921095	110014	http://www.hxqh.com	沈阳市沈河区青年大街51－2号12层
		华海期货有限公司	童　佳	张　华	010－82211853	010－82211701	100044	http://www.hhqh.net	沈阳市沈河区团结路9号（1－9－1）
		鞍山五环期货经纪有限公司	石长绵	李　勇	0412－2230009	0412－5500814	114001	http://www.jxgsqh.com	鞍山市铁东区南胜利路1号
	营业部	浙江省永安期货经纪有限公司沈阳营业部	屠　江		024－31286565	024－31280280	110013		沈阳市沈河区北站路53号财富中心B座23层
		浙江省永安期货经纪有限公司鞍山营业部	刘剑乔		0412－2233397	0412－2255755	114000		鞍山市铁东区南胜利路40号金龙大厦四层
		中国国际期货有限公司沈阳营业部	董慧生		024－82513120	024－82513106	110013		沈阳市沈河区北站路59号
		海通期货有限公司沈阳营业部	孙　伟		024－62116868－201	024－31977123－305	110013		沈阳市沈河区北京街7号辽宁有色大厦4楼
		银河期货有限公司沈阳营业部	刘国威		024－22505795	024－22505796	110013		沈阳市沈河区悦宾街1号1202室
		信达期货有限公司沈阳营业部	安　杨		024－31061922	024－31061951	110013		沈阳市沈河区惠工街56号8层、10层（1001－1005室）
		北京首创期货沈阳营业部	肖景沿		88661555	23280231	110003		沈阳市和平区十一纬路25号辽宁出版集团智能大厦1号楼5－3、5－4、5－5、5－6、5－7、5－8
		南华期货有限公司沈阳营业部	刘　群		024－22566678	024－22566878	110013		沈阳市沈河区北站路51号新港澳国际大厦15层C室
		新湖期货有限公司沈阳营业部	周　岩		024－31060031	024－31060013	110013		沈阳市沈河区惠工街10号卓越大厦1505、1506、1507、1508室
		鲁证期货有限公司沈阳营业部	孟祥春		024－23259108－201	024－23259108－305	110000		沈阳市和平区南京北街161号（C座701－703）
		汇鑫期货经纪有限公司沈阳市市府大路营业部	赵　迪		22730807	22733806	110013		沈阳市沈河区市府大路286号甲B座1－2层
		东海期货有限责任公司沈阳营业部	田　晶		024－31314656	024－31077655	110003		沈阳市和平区青年大街390号皇朝万鑫C座1701室
		上海中期期货经纪有限公司沈阳营业部	于毅然		024－31270661	024－31270922	110013		沈阳市沈河区友好街19号奉天银座B座8层806－809室
		大连良运期经纪有限公司沈阳营业部	王　恩		024－31979770	024－31979775	110013		沈阳市沈河区惠工街217号德郡7号13层1323－24、1325－26室
		英大期货有限公司沈阳营业部	孙宇红		024－31288133	024－31286270	110000		沈阳市沈河区北站路53号沈阳财富中心B座第13层6号

续表

辖区	类别	机构名称	负责人1	负责人2	电　话	传　真	邮编	网　　址	地　　址
辽宁	营业部	东吴期货有限公司沈阳营业部	宋家康		024-22595798	024-22595768	110013		沈阳市沈河区团结路7-1号1-11-3、1-12-3
		银建期货经纪有限责任公司沈阳营业部	张　实		024-22890725	024-22890720	110002		沈阳市和平区北五马路45.47.49号
		华融期货有限责任公司沈阳营业部	郭长杰		024-31278299	024-31278292	110013		沈阳市沈河区迎宾路32号（凯莱酒店3楼）
		华海期货有限公司盘锦营业部	巴江山		0427-8221186	0427-2812972	124010		盘锦市兴隆台区泰山路综合楼A楼
		冠通期货经纪有限公司沈阳营业部	来绮文		024-62570404	024-62570403	110013		沈阳市沈河区北京街51号（1-10-1）（1-10-11）
		宝城期货有限责任公司沈阳营业部	刘文玫		024-31077048	024-23268807	110003		沈阳市和平区南三经街20号嘉隆大厦A座606
		江苏弘业期货有限公司沈阳营业部	吴尚义		024-31286433	024-31286379	110013		沈阳市沈河区北站路57号21-3、21-4
		渤海期货有限公司沈阳营业部	郜　杰		024-31325610	024-31325612	110001		辽宁省沈阳市和平区和平北大街28号华利大厦1502室
		上海大陆期货有限公司沈阳营业部	王　琥		024-31883448	024-31883447	110004		沈阳市和平区青年大街322号（昌鑫大厦F座701、702、703、704室）
		浙江新华期货经纪有限公司沈阳营业部	张俊峰		024-62651181	024-62651180	110013		沈阳市沈河区惠工街124号中韩大厦14-5甲、14-5乙、14-6甲、14-6乙
内蒙古	公司	鑫鼎盛期货有限公司	卢镇金	涛　都	0471-6281872	0471-6953730	010030	http://www.xdsqh.com	内蒙古呼和浩特市回民区新华大街82号内蒙古体育文化活动综合楼（奥体大酒店十层）
	营业部	国元海勤期货有限公司通辽营业部	郭艳红		0475-6380818	0475-6380827	028000		内蒙古通辽市建国路37号通粮大厦9层
		大华期货有限公司呼和浩特营业部	亢冬艳		0471-3382760	0471-3382763	010020		内蒙古呼和浩特市赛罕区大学西路36号学府康都C座2层
		民生期货有限公司包头营业部	武治安		0472-5134655	0472-5134977	014010		内蒙古包头市钢铁大街46号金顶商务大厦905
		北京首创期货有限责任公司包头营业部	于　涛		0472-6886501	0472-6886504	014030		内蒙古包头市青山区振华小区规划测绘院西附楼四楼
宁波	公司	宁波杉立期货经纪有限公司	陈光华	崔小涛	0574-87717888	0574-87717386	315040	http://www.nbslqh.com	浙江省宁波市中山东路796号11层1至8室
	营业部	宁波杉立期货经纪有限公司慈溪营业部	阮　一		0574-63113309	0574-63113307	315300		浙江省慈溪市开发大道1277号香格大厦1809室
		宁波杉立期货经纪有限公司余姚营业部	干咏今		0574-62657758	0574-62657756	315400		浙江省余姚市新建北路1号城市金座10楼
		浙江省永安期货经纪有限公司宁波营业部	楼蓉城		0574-87270515	0574-87270572	315040		浙江省宁波市江东区彩虹南路11号嘉汇国贸A506室
		浙江省永安期货经纪有限公司余姚营业部	楼摩云		0574-62551110	0574-62551117	315400		浙江省余姚市城区新建北路232号中塑国际大厦7楼

续表

辖区	类别	机构名称	负责人1	负责人2	电话	传真	邮编	网址	地址
宁波	营业部	南华期货有限公司宁波营业部	张哲		0574－87197098	0574－87273868	315000		浙江省宁波市和义路77号汇金大厦9楼
		南华期货有限公司慈溪营业部	项洁		0574－63925100	0574－63925120	315300		浙江省慈溪市浒山街道开发大道1277号香格大厦7楼
		上海浙石期货经纪有限公司宁波营业部	钟敏		0574－56120216	0574－87193991	315000		浙江省宁波市海曙区灵桥路255号中宁大厦1101室
		光大期货有限公司宁波营业部	吴琳娜		0574－87265930	0574－87367237	315010		浙江省宁波市海曙区华楼巷19号3－11室
		浙江大地期货经纪有限公司宁波营业部	任崇		0574－87193738	0574－87193722	315010		浙江省宁波市海曙区冷静街8号9楼
		浙江大越期货经纪有限责任公司余姚营业部	王华民		0574－62661377	0574－62661317	315400		浙江省余姚市城区长安路218号（中宇锦江大厦）6楼
		中国国际期货经纪有限公司宁波营业部	陈维钧		0574－87027500	0574－87027544	315010		浙江省宁波市海曙区东渡路55号华联写字楼22层
		浙商期货有限公司宁波营业部	楼培养		0574－83868668	0574－83868655	315010		浙江省宁波市海曙区南站东路16号15楼、17楼
		国泰君安期货有限公司宁波营业部	江波		0574－56868188	0574－56868191	315010		浙江省宁波市海曙区中山西路2号恒隆中心26层
		东海期货有限责任公司宁波营业部	赵平		0574－83893733	0574－83893728	315000		浙江省宁波市海曙区中山东路181号8层
		一德期货经纪有限公司宁波营业部	顾哲		0574－87950288	0574－87951911	315040		浙江省宁波市江东区彩虹北路48号波特曼大厦8－7号
		新世纪期货经纪有限公司宁波营业部	陈东理		0574－83896168	0574－83896162	315010		浙江省宁波市海曙区车轿街69号恒泰大厦8－5号
		华泰长城期货有限公司宁波营业部	郑捷		0574－83883688	0574－83883828	315010		浙江省宁波市海曙区柳汀街230号2幢8306、8308室
		中辉期货经纪有限公司宁波营业部	李卫东		0574－83899101	0574－83899106	315010		浙江省宁波市海曙区和义路168号15－3室
		鲁证期货有限公司宁波营业部	凌波		0574－27707068	0574－27707069	315020		浙江省宁波市江北区槐树路36号<1－20>－<1－22>
宁夏	营业部	格林期货有限公司银川营业部	李连顺		0951－6072084	0951－6036084	750001		宁夏银川市解放西街2号老大楼商务写字楼13楼
		甘肃陇达期货经纪有限公司银川营业部	吴洋		0951－4011287	0951－4011257	750004		宁夏银川市新华东街78号凤凰商业广场A座5楼
		浙江新华期货经纪有限公司银川营业部	姚约良		0951－5198139	0951－5198130	750001		宁夏银川市文化西街106号银川国际贸易中心B座8楼
青岛	营业部	金友期货经纪有限责任公司青岛营业部	张盛		0532－82023813	0532－82023820	266001		青岛市市南区中山路44－60号百盛国际商务中心1510室
		经易期货经纪有限公司青岛营业部	戴方明		0532－85780820	0532－85774997	266071		青岛市市南区东海西路35号太平洋中心3号楼4层
		烟台中州期货经纪有限公司青岛营业部	宫鲁晋		0532－85753103	0532－85753173	266071		青岛市市南区南京路9号联合大厦19层
		英大期货有限公司青岛营业部	张瑞金		0532－85976320	0532－85976351	266071		青岛市市南区东海西路43号西塔楼7层A号房
		广发期货有限公司青岛营业部	战德曙		0532－85799288	0532－85799289	266071		青岛市市南区东海西路39号世纪大厦15层1501室

续表

辖区	类别	机构名称	负责人1	负责人2	电话	传真	邮编	网址	地址
青岛	营业部	中国国际期货有限公司青岛营业部	沈恩贤		0532-85778590	0532-85778528	266071		青岛市市南区东海西路41号海悦东海世家2栋西2单元2103
		格林期货有限公司青岛营业部	武凯政		0532-83095258	0532-83095215	266071		青岛市市南区山东路2号甲华仁国际大厦17层F、G区
		江苏弘业期货经纪有限公司青岛营业部	刘新涛		0532-85028556	0532-85039479	266071		青岛市市南区香港中路10号颐和国际大厦A栋2301、2303户
		华泰长城期货有限公司青岛营业部	袁 波		0532-85029810	0532-85029802	266071		青岛市市南区香港中路12号丰合广场A栋3层A户
		中证期货有限公司青岛营业部	武传贵		0532-85917797	0532-85917780	266071		青岛市市南区香港中路6号世贸中心B座105室
		南华期货有限公司青岛营业部	于显亮		0532-85808555	0532-85809555	266071		青岛市市南区闽江路2号1单元2501室
		新湖期货有限公司青岛营业部	赵 毅		0532-85790016	0532-85790098	266071		青岛市市南区东海西路39号世纪大厦1808、1809
		鲁证期货有限公司青岛营业部	侯春梅		0532-80776050	0532-80776071	266071		青岛市市南区江西路78号
		光大期货有限公司青岛营业部	高 强		0532-86129096	0532-86129089	266071		青岛市市南区香港西路67号光大国际金融中心12F/JK室
		海通期货有限公司青岛营业部	姚 刚		0532-66773177	0532-66773155	266071		青岛市市南区南京路2号绮丽大厦1301、1302室
		浙江省永安期货经纪有限公司青岛营业部	安 鹏		0532-86679886	0532-86679982	266071		青岛市市南区香港中路40号906
		迈科期货经纪有限公司青岛营业部	刘 倩		0532-85029905	0532-85029907	266071		青岛市市南区香港中路10号颐和国际A座906、907室
		中电投先融期货有限公司青岛营业部	应 杰		0532-85029286	0532-85029290	266071		青岛市市南区香港中路10号颐和国际A座2901室
		金瑞期货有限公司青岛营业部	王 军		0532-80901881	0532-80901910	266071		青岛市市南区东海西路5号甲华银大厦16层4户
		银河期货有限公司青岛营业部	庞大为		0532-80661688	0532-80661655	266071		青岛市市南区香港中路12号C201户
		宝城期货有限责任公司青岛营业部	郜玉民		0532-86887389	0532-86887318	266555		青岛市开发区紫金山路117号华林广场C座中端四层
		北京中期期货经纪有限公司青岛营业部	刁一航		0532-82020088	0532-82020086	266071		青岛市市南区香港中路61号阳光大厦A座21楼EH单元
		华安期货有限责任公司青岛营业部	谭文宏		0532-80972680	0532-86662579	266071		青岛市市南区闽江路二号国华大厦B座2804室
		冠通期货经纪有限公司青岛营业部	周 航		0532-85023696	0532-85023711	266071		青岛市市南区香港中路20号北栋21层2102、2106房间
		国联期货有限责任公司青岛营业部	王 凯		0532-89092098	0532-89092099	266071		青岛市市南区东海西路35号2栋3层2，3，4户
		东海期货有限责任公司青岛营业部	宋 兵		0532-86102999	0532-86676955	266071		青岛市市南区东海西路39号世纪大厦17层D、E户
		成都倍特期货经纪有限公司青岛营业部	刘德利		0532-83101969	0532-83101951	266071		青岛市市南区香港西路67号光大国际金融中心5楼JK室
		中粮期货经纪有限公司青岛营业部	曲 涛		0532-68899801	0532-68899802	266071		青岛市市南区东海西路17号海信大厦1508、1509房间
		万达期货有限公司青岛营业部	丛 波		0532-86688507	0532-86688506	266071		青岛市市南区东海中路2号环海大厦20层E-02室

续表

辖区	类别	机构名称	负责人1	负责人2	电　话	传　真	邮编	网　址	地　址
青海	公司	财富期货有限公司	李新松	李胜军	0971-8235900	0971-8235900	810000	http://www.cfqh.com	青海省西宁市城中区西大街18号12层
山东	公司	鲁证期货有限公司	陈　方	李学魁	400-618-6767	0531-81916777	250001	http://www.lzqh.net.com	山东省济南市市中区顺河街176号
		招金期货有限公司	贾侗纬	高军	0533-2161171	0533-2161171	255000	http://www.zjfco.com	山东省淄博市张店区柳泉路45号甲3号5层
		烟台中州期货经纪有限公司	王传江	唐琦	0535-6692348	0535-6692275	264000	http://www.zzfco.com	山东省烟台市南大街118号文化宫大厦17层
	营业部	鲁证期货有限公司济南营业部	李义国		0531-81916257	0531-81916262	250011		山东省济南市天桥区英贤街19号4楼、8楼
		鲁证期货有限公司烟台营业部	郭　锋		0535-6605095	0535-6650036	264000		山东省烟台市芝罘区北马路75号三水国际商务大厦9楼
		鲁证期货有限公司临沂营业部	于　浩		0539-8073720	0539-8073725	276000		山东省临沂市兰山区沂蒙路426号天基大厦六层
		鲁证期货有限公司淄博营业部	孙建利		0533-2187987	0533-2187987	255000		山东省淄博市张店区新村西路158号凤阳大酒店8楼
		鲁证期货有限公司济宁营业部	李相民		0537-2715707	0537-2715702	252000		山东省济宁市洸河路123号兴唐金茂大厦807室
		鲁证期货有限公司潍坊营业部	姜云飞		0536-8263608	0536-8216528	261041		山东省潍坊市奎文区东风东街338号银海恒基大厦12层A座
		鲁证期货有限公司东营营业部	方　正		0546-8279996	0546-8279998	257000		山东省东营市东营区济南路20号鑫都大厦8楼
		鲁证期货有限公司德州营业部	张　程		0534-2617088	0534-2617086	253000		山东省德州市东方红路5号中泰大厦16层
		烟台中州期货经纪有限公司东营营业部	韩明延		0546-8259291	0546-8259289	267000		山东省东营市东营区济南路47号科贸中心九层
		烟台中州期货经纪有限公司临沂营业部	刘　明		0539-8053283	0539-8053280	257000		山东省临沂市兰山区沂蒙路454号嘉锐大厦801室
		招金期货有限公司潍坊营业部	翟纯国		0533-8268220	0533-8268220	261041		山东省潍坊市四平路33号甲齐力大厦四楼408室
		北京首创期货有限责任公司济南营业部	孙全红		0531-86908558	0531-81913088	250011		山东省济南市泉城路268号永安大厦9层902室
		江苏弘业期货有限公司济南营业部	齐永政		0531-55592255	0531-55592251	250001		山东省济南市市中区经七路88号房地产大厦14楼
		国信期货有限责任公司济南营业部	陈华亮		0531-86019916 18605319303	0531-86019901	250011		山东省济南市泉城路268号永安大厦901室
		上海中财期货有限公司济南营业部	吕建国		0531-83196200	0531-83196222	250013		山东省济南市解放路112号历东商务大厦1601-1604室
		华元期货有限责任公司济南营业部	胡　军		0531-81956018	0531-81956009	250011		山东省济南市历下区佛山街28号银都商务中心二楼
		银河期货有限公司济南营业部	张玉川		0531-86071686	0531-80972200	250001		山东省济南市经七路83润亨大厦3楼
		浙江省永安期货经纪有限公司淄博营业部	谢庆宜		0533-6285698	0533-6281666	255086		山东省淄博市高新区柳泉路107号国贸大厦27层
		浙江省永安期货经纪有限公司济南营业部	姜健钢		0531-81670988	0531-89000990	250014		山东省济南市历下区泺源大街29号522室
		成都倍特期货经纪有限公司济南营业部	靳明智		0531-86123618	0531-86123498	250012		山东省济南市泺源大街229号金龙大厦主楼17层

续表

辖区	类别	机构名称	负责人1	负责人2	电　话	传　真	邮编	网　址	地　址
山东	营业部	大华期货有限公司日照营业部	衣建国		0633－2295901	0633－2295913	276800		山东省日照市东港区泰安路179号国际大厦B座10层
		东兴期货有限责任公司烟台营业部	吴高强		0535－6600122	0535－6600127	264001		山东省烟台市南大街9号金都大厦23F
		中国国际期货有限公司济南营业部	詹君贵		0531－66678668	0531－66678656	250001		山东省济南市市中区纬二路51号山东商会大厦B座1601室
		金鹏期货经纪有限公司临沂营业部	于之军		0539－8130117	0539－8130117	276000		山东省临沂市兰山区金雀山路10号开元上城国际B座1918、1919室
		上海中期期货经纪有限公司邹城营业部	吴　君		0537－5308099	0537－5308002	273500		山东省邹城市太平东路51号中国银行北区1层、9层
		一德期货经纪有限公司德州市商贸大道营业部	谢　敏		0534－5019158	0534－5019159	253003		山东省德州市德城区商贸大道粮食物流中心综合楼东侧二层
		浙江新华期货经纪有限公司济南营业部	林仁君		0531－82380556	0531－82380523	250014		山东省济南市历下区历山路142号山东凯旋商务中心A座七层D区
		中信建投期货经纪有限公司济南营业部	张海诚		0531－85180668	0531－85180635	250011		山东省济南市泺源大街150号中信广场楼602、606、607室
		英大期货有限公司东营营业部	李　剑		0546－8168999	0546－7757997	257001		山东省东营市北一路747号东赵大厦16层
		英大期货有限公司临沂营业部	李登军		0539－8309078	0539－3599288	276000		山东省临沂市兰山区金雀山一路141号京元大厦9楼
		英大期货有限公司潍坊营业部	怀晓江		0536－8229708	0536－8223708	261041		山东省潍坊市东风东街360号世纪泰华A座15A02
		英大期货有限公司济南营业部	王跃波		0531－86976658	0531－66573258	250063		山东省济南市泺源大街5号良友富临大厦5楼
山西	公司	山西三立期货经纪有限公司	刘　毅	郭建军	0351－8689068	0351－8689801	30002	http://www.sxslqh.com.cn	山西省太原市府西街69号（国贸大厦东塔16层）
		民生期货有限公司	岳献春	张更亮	0361－6191999	0351－6178168	30024	http://www.swqh.com	山西省太原市迎泽西大街新矿院路10号
		和合期货经纪有限公司	李振国	王小英	0351－7342538	0351－7342538	30012	http://www.hhqh.com.cn	山西省太原市菜园东街2号
		中辉期货经纪有限公司	安中山	马怡农	0351－8225066	0351－8225557	30002	http://www.zhqh.com.cn	山西省太原市新建路39号（乡海大厦16层）
		晟鑫期货经纪有限公司	梁怀锁	霍建国	0353－2032543	0353－2032673	45000	http://www.sxqh.com	山西省阳泉市德胜东街23号
	营业部	山西三立期货经纪有限公司临汾营业部	常建华		0357－2119344	0357－2112524	41000		山西临汾棉花巷19号楼
		山西三立期货经纪有限公司晋城营业部	李建林		0356－2056468	0356－6960620	48000		山西晋城市文昌东街319号
		民生期货有限公司阳泉营业部	杨　军		0353－2596880	0353－2596880	45000		山西省阳泉市新建路274号
		民生期货有限公司大同营业部	王宇龙		0352－2058740	0352－2058767	37004		山西省大同市操场城街甲6号洪泰大厦10层1010、1011号房

续表

辖区	类别	机构名称	负责人1	负责人2	电 话	传 真	邮编	网 址	地 址
山西	营业部	民生期货有限公司运城营业部	杨东华		0359－2255580	0359－2255580	44000		运城市盐湖区人民北路147号丰喜环球财富大厦
		和合期货经纪有限公司大同营业部	冯韬芳		0352－5061490	0352－5061492	37004		大同市文昌路1号诚益大厦4层406室
		晟鑫期货经纪有限公司太原营业部	霍红卫		0351－4728767	0351－4728767	30001		太原市并州北路91号金港国际商务中心B座1305室
		晟鑫期货经纪有限公司晋中营业部	李文东		0354－2663296	0354－2663298	30600		山西省晋中市榆太路106号隆源大厦三层
		晟鑫期货经纪有限公司长治营业部	祁永斌		0355－2035989	0355－2035989	46000		长治市长兴中路43号
		大华期货有限公司太原营业部	姜 毅		0351－8222768	0351－8222733	30002		山西省太原市新建路78号新闻大厦25层
		海航东银期货有限公司太原营业部	李宝琴		0351－2393216	0351－3377466	30006		太原市杏花岭区府西街9号王府商务大厦17层
		海通期货有限公司太原营业部	范 君		0351－7219185	0351－3377235	30006		太原市小店区长治路111号世贸大厦A座25层08室
		上海中财期货有限公司太原营业部	高 伟		0351－8689383	0351－8689381	30002		太原市杏花岭区府西街69号山西国际贸易中心东塔楼10层1010号
		南华期货有限公司太原营业部	王 晨		0351－2118001	0351－2118015	30001		太原市迎泽区解放南路2号山西景峰国际商务大厦2501、2502室
		上海东证期货有限公司太原营业部	李 岚		0351－3343162	0351－3343162	30006		太原市小店区并州南路6号鼎太风华第一幢B座0502、0503室
		湘财祈年期货经纪有限公司太原营业部	陈长征		0351－8720372	0351－8721091	30012		太原市小店区平阳路1号金茂国际数码中心大厦1幢A座17层A、B号
陕西	公司	迈科期货经纪有限公司	姜晴和	赵 越	029－88830626	029－88830627	700065	http://www.maikefutures.com	西安市高新区唐延路33号迈科国际大厦22层
		陕西省长安期货经纪有限公司	杨毅辉	马拥军	029－87206163	029－87206165	710001	http://www.sxcaqh.com	西安市和平路99号金鑫国际七层708室
		西部期货有限公司	陈 杰	田 伟	029－87406680	029－87406644	710004	http://www.westfutu.com	西安市东新街232号陕西信托大厦3层
	营业部	迈科期货经纪有限公司榆林营业部	杨 晶		0912－3519901	0912－3519916	719000		榆林市经济开发区兴达路榆林国际商务大厦8楼C段
		陕西省长安期货经纪有限公司汉中营业部	张智群		0916－2520055	0916－2520095	723000		陕西省汉中市汉台区东大街2号
		西部期货有限公司宝鸡营业部	曹勇军		0917－3228585－8801	0917－3235908	721000		陕西省宝鸡市经二路东段163号
		西部期货有限公司榆林营业部	阎建利		0912－8145006	0912－8145000	719000		榆林市榆阳区长城南路1号龙腾国际大酒店9层
		经易期货经纪有限公司西安营业部	高 鹏		029－62662707	029－62662707	710043		陕西省西安市新城区新科路1号
		广发期货有限公司西安营业部	张 伟		029－87208020	029－87208130	710003		陕西省西安市北大街55号新时代广场4层I座

续表

辖区	类别	机构名称	负责人1	负责人2	电话	传真	邮编	网址	地址
陕西	营业部	山西三立期货经纪有限公司西安营业部	覃必成		029－88376810－111	029－88376790	710065		陕西省西安市二环南路100号金叶现代之窗10层
		中原期货经纪有限公司咸阳营业部	姜全明		029－38168616	029－38192818	712000		陕西省咸阳市渭城区新兴南路98号双保大厦二层
		江苏弘业期货经纪有限公司西安营业部	张宝运		029－87208280	029－87208280	710003		陕西省西安市北大街55号新时代广场12C
		中辉期货经纪有限公司西安营业部	张　萍		029－87997910	029－87997900	710075		陕西省西安市高新区科技路48号创业广场B座1506室
		上海中财期货有限公司西安营业部	续剑锋		029－87938489	029－87938495	710001		西安市碑林区和平路22号盛唐国际3楼304、307、308室
		国元海勤期货经纪有限公司西安营业部	李大江		029－88604088－618	029－88604099	710075		西安市高新区高新四路13号朗臣大厦17楼11701、11702室
		国信期货有限责任公司榆林营业部	刘海波		0912－3688258	0912－3688257	719000		榆林市幸福路1号金穗大厦1层
		金元期货经纪有限公司西安营业部	徐　斌		029－87517795	029－87517750	710001		西安市碑林区和平路118号和平银座11楼1101、1102室
		北京中期期货经纪有限公司西安营业部	许晴旺		029－68529188	029－68529199	710000	http://www.bicifo.net	西安市高新区高新路42号金融大厦12层
上海	公司	上海良茂期货经纪有限公司	强汉荣	张培源	021－63046489	021－63029173	200023	http://www.51qh.com	上海市卢湾区打浦路198号
		东航期货经纪有限责任公司	王　伟	曹韫建	021－64068796	021－64068030	200233	http://www.cesfutures.com	上海市闵行区吴中路686弄3号D幢16楼
		中信新际期货有限公司	赵　磊	吴　坚	021－61051166	021－61051111	200135	http://www.citicnewedge.com	上海市浦东新区浦东大道1085号C座401室
		恒泰期货经纪有限公司	付立新	黄建民	021－68405178	021－68405668	200122	http://www.cnhtqh.com.cn	上海市浦东新区松林路357号19层
		上海大陆期货有限公司	周　骐	沈　杰	021－54071888	021－54071889	200030	http://www.dlqh.com	上海市凯旋路3131号明申中心大厦25楼、26楼
		东吴期货有限公司	任少华	苏文全	021－63123019	021－61378780	200011	http://www.dwfutures.com	上海市黄浦区西藏南路1208号6楼、10楼EFGH室
		东兴期货有限责任公司	陈小侉	李显军	021－65456870	021－65458122	200082	http://www.dxqh.net	上海市虹口区杨树浦路248号22层
		上海东证期货有限公司	肖银涛	党　剑	021－68400610	021－63326752	200122	http://www.dzqh.com.cn	上海市浦东新区松林路300号期货大厦14层01、02A、05室
		上海东亚期货经纪有限公司	张　弋	曹泽军	021－68400499	021－68400936	200122	http://www.eafutures.com	上海市浦东新区松林路300号期货大厦2202、2203、2204室
		光大期货有限公司	胡世明	田亚林	021－22169060	021－22169060	200122	http://www.ebfcn.com	上海市浦东新区福山路458号1301－1303、1311、1312室
		国泰君安期货有限公司	何　伟	何晓斌	021－52138857	021－52138872	200042	http://www.gtjaqh.com	上海市静安区延平路121号三和大厦26层
		海证期货有限公司	姚兴涛	崔建武	021－65218887	021－65218887	200086	http://www.hicend.com.cn	上海市虹口区临平北路19号
		海通期货有限公司	张建刚	徐　凌	021－61871688	021－68685550	200122	http://www.htfutures.com	上海市浦东新区世纪大道1589号17楼、6楼01～04单元、25楼
		华闻期货经纪有限公司	施　洵	朱家秋	021－50368918	021－50368928	200120	http://www.hwqh.com.cn	上海市浦东大道720号国际航运金融大厦22楼

续表

辖区	类别	机构名称	负责人1	负责人2	电话	传真	邮编	网址	地址
上海	公司	上海久恒期货经纪有限公司	李庆丰	田晓磊	021－68416966	021－68416686	200122	http://www.jhqh.com	上海市浦东新区世纪大道1500号12楼北座
		上海金源期货经纪有限责任公司	钱荣金	陈志清	021－68559999	021－68550055	200135	http://www.jyqh.com.cn	上海市浦东新区源深路273号（1、2楼）
		上海普民期货经纪有限公司	寿尧天	寿尧天	021－62570000	021－62574271	200063	http://www.pumin.com.cn	上海市普陀区中山北路2550号820－824
		上海中期期货经纪有限公司	吕海鹏	吴素萍	021－61090799	021－61090813	200122	http://www.shcifco.com	上海市浦东新区浦电路500号期货大厦11楼
		上海东方期货经纪有限责任公司	王跃进	周　华	021－68401477	021－68401559	200122	http://www.shdfqh.com	上海市浦东新区松林路300号1603室
		华鑫期货有限公司	李　军	李　俊	021－63558998	021－63731975	200021	http://www.shhxqh.com	上海市黄埔区宁海东路200号申鑫大厦28楼及2701、2703、2705、2706室
		华元期货有限责任公司	倪晓红	柴　军	021－68402805	021－68402812	200122	http://www.huayuanfco.com	上海市浦东新区浦电路500号1202－1205室
		申银万国期货有限公司	冯国荣	李建中	021－50588811	021－50588822	200122	http://www.sywgqh.com.cn	上海市浦东新区东方路800号7、8、10楼
		上海通联期货有限公司	冯立民		021－68866986	021－68866985	200120	http://www.tlqh.com.cn	上海市浦东新区陆家嘴环路958号7楼
		上海中财期货经纪有限公司	边锡明	金尤炼	021－68866688	021－68866666	200120	http://www.zcqh.com	上海市浦东新区陆家嘴环路958号23楼
		国投中谷期货有限公司	费忠海	高　杰	021－68402543	010－85639277	200122	http://www.zgqh.com.cn	上海市浦东新区浦电路500号期货大厦1804室
		上海浙石期货经纪有限公司	刘建国	俞国华	021－50586902	021－50586903	200122	http://www.zsqh.com	上海市浦东新区浦电路438号10楼
	营业部	安信期货有限责任公司上海营业部	陈　勇		021－68763993	021－68768573	200122		世纪大道1589号长泰国际金融大厦16层11单元
		北京首创期货有限责任公司上海营业部	范　欣		021－54061509	021－54061510	200030		徐汇区南丹东路181号2楼
		北京中期期货经纪有限公司上海营业部	唐　芸		021－68402466	021－68402470	200122		浦电路500号期货大厦2501室
		渤海期货有限公司上海营业部	阚震川		021－68401091	021－68401091	200122		浦电路500号期货大厦3001室
		华泰长城期货有限公司上海世纪大道营业部	贾中萍		021－68758098	021－68752700	200122		世纪大道1589号长泰国际金融大厦7层01－05单元
		长江期货有限公司上海营业部	韩莉娜		021－68400639	021－58881232	200122		浦电路500号期货大厦2004室
		成都倍特期货经纪有限公司上海营业部	马学哲		021－68402258	021－68400962	200122		浦电路500号期货大厦2901室
		大华期货有限公司上海期货大厦营业部	庄伟东		021－68400566	021－68400568	200122		松林路300号3004室、1805A室
		大通期货经纪有限公司上海营业部	杜福昌		021－58821622	021－58821609	200122		浦东南路1289号华融大厦1010室
		大有期货经纪有限公司上海营业部	丁　波		021－62579320	021－52711391	200063		中山北路2550号物贸大厦2楼
		东海期货有限责任公司上海营业部	刘文志		021－68757320	021－68757196	200063		世纪大道1568号33楼01－04单元
		甘肃陇达期货经纪有限公司上海营业部	黄长生		021－68401161	021－68401161	200122		浦电路500号期货大厦1602室

续表

辖区	类别	机构名称	负责人1	负责人2	电话	传真	邮编	网址	地址
上海	营业部	格林期货有限公司上海营业部	杨答		021-50585123	021-50585150	200122		福山路458号同盛大厦1506-1508室
		冠通期货经纪有限公司上海营业部	李强		021-68401589	021-68400379	200122		松林路300号期货大厦2604室
		广发期货有限公司上海营业部	杨会兵		021-68402661	021-68400648	200122		浦电路500号上海期货大厦2801、2804、2805室
		国都期货有限公司上海黄兴路营业部	彭文兵		021-61721061	021-61230968	200433		杨浦区黄兴路1725号605室
		国海良时期货有限公司上海营业部	杨婧		021-50810143	021-50810124	200122		世纪大道1777号东方希望大厦10层A座
		国金期货有限责任公司上海芳甸路营业部	丁毅		021-68401918	021-61357428	201204		芳甸路1088号紫竹国际大厦501单元
		国联期货有限责任公司上海营业部	陈跃		021-53019910	021-58208213	200023		世纪大道1589号6楼10-11单元
		国贸期货经纪有限公司上海营业部	苏旭昶		021-68865088	021-68866722	200120		陆家嘴环路958号华能大厦2402室
		国信期货有限责任公司上海陆家嘴环路营业部	吕聰		021-68865068	021-68866973	200120		陆家嘴环路958号华能大厦15楼
		安粮期货有限公司上海营业部	顾小春		021-68401598	021-68401599	200122		浦电路500号期货大厦2401室
		海航东银期货有限公司上海营业部	王俊		021-52341867	021-52340599	200041		静安区南京西路580号南证大厦1801室
		红塔期货有限责任公司上海田林东路营业部	和坚		021-60737260	021-60737250	200233		徐汇区田林东路414弄12号1楼
		宏源期货有限公司上海源深路营业部	王一多		021-38571388	021-33831287	200042		浦东新区源深路1088号1501室
		华安期货有限责任公司上海营业部	鲍文辉		021-58773052	021-58773076	200120		浦东南路1036号4楼C座
		华证期货经纪有限公司上海营业部	王瑜东		021-68402731	021-68402733	200122		浦电路500号期货大厦2601B室
		汇鑫期货经纪有限公司上海营业部	袁野		021-68885586	021-68885580	200122		浦东新区张杨路500号15F-EF座
		吉粮期货经纪有限公司上海营业部	吴晓林		021-55971097	021-55971097	200433		杨浦区翔殷路1128号2104、2106室
		吉林金昌期货有限公司上海营业部	侯光华		021-68401339	021-68401335	200122		浦电路500号期货大厦1703室
		江苏东华期货经纪有限公司上海营业部	余海涛		021-62574332	021-62574608	200063		中山北路2550号物贸大厦805-808室、1825室
		江苏弘业期货经纪有限公司上海营业部	陶朝辉		021-52718902	021-62856523	200063		中山北路2550号物贸大厦2101-2108室
		金瑞期货有限公司上海营业部	刘龙		021-68401289	021-50623200	200122		浦电路500号期货大厦2603、2605室
		金石期货有限公司上海营业部	白海民		021-68406585	021-68406590	200122		福山路458号同盛大厦1110、1204、1205室
		金元期货经纪有限公司上海营业部	杨晓明		021-68759399	021-50581497	200122		世纪大道1589号长泰国际金融大厦1808-1809室
		经易期货经纪有限公司上海营业部	尹光夫		021-58784560	021-58784523	200120		浦东南路855号世界广场16楼E、F座，30楼C座
		英大期货有限公司上海营业部	孙华培		021-68401446	021-68401448	200122		浦电路500号期货大厦2301B、2302室

续表

辖区	类别	机构名称	负责人1	负责人2	电　话	传　真	邮编	网　址	地　址
上海	营业部	鲁证期货有限公司上海营业部	刘　杰		021－61050777	021－63852060	200122		浦电路438号双鸽大厦1801、1802室
		迈科期货经纪有限公司上海营业部	谢　谊		021－50587658＊8031	021－56589930	200122		福山路458号同盛大厦7楼
		南华期货有限公司上海虹桥路营业部	贾晓龙		021－52581166	021－52585951	200030		虹桥路663号1楼、3楼、7楼
		南华期货有限公司上海营业部	赵晓宇		021－68400668	021－68400693	200122		浦电路500号期货大厦1701室
		宁波杉立期货经纪有限公司上海营业部	钱尉增		021－68402557	021－68402212	200122		松林路300号期货大厦1501A室
		平安期货经纪有限公司上海营业部	环宇虹		021－68401279	021－68401173	200122		浦电路500号期货大厦2003室
		瑞达期货经纪有限公司上海延安西路营业部	龚进军		021－62266626	021－52395236	200050		延安西路728号18层A、B座
		神华期货经纪有限公司上海营业部	程　鹏		021－63935282	021－63935209	200080		虹口区吴淞路218号宝矿国际大厦1201室
		晟鑫期货经纪有限公司上海营业部	王培月		021－68400218	021－68400218	200122		浦电路500号期货大厦2301室C
		天富期货有限公司上海营业部	李　由		021－61050780	021－61050725	200122		浦电路438号双鸽大厦1105室
		万达期货有限公司上海营业部	于　洋		021－68400611	021－68402155	200122		浦电路500号期货大厦2802室
		国元海勤期货有限公司上海营业部	张　东		021－68400361	021－68401608	200122		松林路300号期货大厦3101室
		五矿期货经纪有限责任公司上海营业部	王建鑫		021－68401499	021－68401498	200122		浦电路500号期货大厦2101室
		西南期货经纪有限公司上海营业部	贾毅霞		021－68400037	021－68401360	200122		浦电路500号期货大厦1802B室、1803室
		湘财祈年期货经纪有限公司上海北京西路营业部	杜宝泉		021－62898366	021－62893585	200040		静安区北京西路1399号3楼A座
		象屿期货有限责任公司上海营业部	陈晓迪		021－68401440	021－68401438	200122		浦电路500号期货大厦2902、3003室
		新湖期货有限公司世纪大道营业部	徐　敏		021－68401079	021－68401079	200122		世纪大道1589号1801－04单元
		信达期货有限公司上海营业部	张　宣		021－68400087	021－68400097	200122		世纪大道1589号长泰国际金融大厦20楼05单元
		兴业期货有限公司上海营业部	高竟峰		021－68401351	021－68401351	200122		浦电路500号期货大厦2002、2005室
		一德期货经纪有限公司上海营业部	朱新波		021－62573180	021－62867032	200063		中山北路2550号物贸大厦1604－1608室
		银河期货经纪有限公司上海浦电路营业部	何　伟		021－38571216	021－38571202	200122		上海市浦东新区源深路1088号1203－1206室
		银建期货经纪有限公司上海营业部	蒋　剑		021－68405607	021－68405614	200122		松林路357号2001－2005室
		招金期货有限公司上海营业部	吕志强		021－52910959	021－68407194	200061		中山北路1777号1905、1906室
		浙江省永安期货经纪有限公司上海营业部	郭小洁		021－68402228	021－68401506	200122		浦电路500号期货大厦3102室
		浙江新华期货经纪有限公司上海世纪大道营业部	李　刚		021－68401458	021－63818452	200122		世纪大道1589号1203－1204室

续表

辖区	类别	机构名称	负责人1	负责人2	电话	传真	邮编	网址	地址
上海	营业部	浙江新世纪期货经纪有限公司上海营业部	罗自强		021－62851085	021－62850612	200063		中山北路2550号物贸大厦905室
		浙江中大期货经纪有限公司上海延安东路营业部	黄少华		021－53855016	021－53855017	200001		黄浦区延安东路618号20层A2C室
		浙商期货有限公司上海营业部	陈智伟		021－68405015	021－68405013	200122		松林路357号25层2502－2506室
		中钢期货有限公司上海营业部	余全喜		021－68405133	021－68401176	200122		松林路357号2508室
		中国国际期货经纪有限公司上海营业部	姜伟明		021－68402446	021－68401449	200122		浦电路500号期货大厦2701室
		中航期货经纪有限公司上海营业部	曾　刚		021－54101685	021－54101685	200232		徐汇区龙华西路396号4楼
		中粮期货经纪有限公司上海营业部	吴浩军		021－68401546	021－68401828	200122		浦电路500号期货大厦2303、2304室
		中信建投期货经纪有限公司上海营业部	杨　坤		021－68765927	021－68763048	200122		世纪大道1589号长泰国际金融大厦8楼08－11单元
		中银国际期货有限责任公司上海世纪大道营业部	张湘林		021－61088088	021－61088066	200122		世纪大道1589号长泰国际金融大厦901室
		中证期货有限公司上海营业部	杨晓荣		021－68401585	021－68401583	200122		浦电路500号期货大厦3103室
		东吴期货有限公司上海牡丹江路营业部	朱　强		021－56121983	021－56121930	201901		宝山区牡丹江路1211号3层311单元
		东吴期货有限公司上海世纪大道营业部	熊　震		021－38722698	021－68546710	200122		浦东新区世纪大道1600号12A5－8室
		东吴期货有限公司上海肇嘉浜路营业部	马　跃		021－64732219	021－64451713	200032		肇嘉浜路746号14楼B室
		光大期货有限公司上海肇嘉浜路营业部	陈永丽		021－64155171	021－64155171	200031		肇嘉浜路680号811室
		国泰君安期货有限公司上海期货大厦营业部	杨　波		021－68401861	021－68402738	200122		浦电路500号期货大厦2001B室
		国泰君安期货有限公司上海曲阳路营业部	刘　骏		021－55892500	021－65447766	200437		曲阳路910号复城国际11号楼705/706室
		国泰君安期货有限公司上海中山北路营业部	包晓青		021－32522832	021－32522823	200063		中山北路3000号五层506、507、508单元
		海通期货有限公司上海建国西路营业部	姚　弘		021－64676255	021－64670133	200031		建国西路285号3楼
		海通期货有限公司上海期货大厦营业部	李晓雅		021－68400498	021－68400482	200122		浦电路500号期货大厦2201B室
		海证期货有限公司上海期货大厦营业部	宋　阳		021－68400237	021－68400628	200122		松林路300号期货大厦2703室
		上海大陆期货有限公司上海长寿路营业部	杨燕进		021－62991370	021－62990801	200060		长寿路137号财富时代大厦1726室
		上海大陆期货有限公司上海金沙路营业部	杨　帆		021－69988010	021－69988016	201800		嘉定区金沙路75号汇金商务大厦802、806室
		上海大陆期货有限公司上海中山北二路营业部	时　斌		021－55891116	021－55890955	200092		中山北二路1515号石油大厦D座508室
		上海大陆期货有限公司上海中山北路营业部	徐佩华		021－62853052	021－62607075	200063		中山北路3000号1105室
		上海东证期货有限公司上海宣化路营业部	杨志江		021－32506680－806	021－63326752	200050		宣化路28号B座1301室

续表

辖区	类别	机构名称	负责人1	负责人2	电话	传真	邮编	网址	地址
上海	营业部	上海良茂期货经纪有限公司上海宣化路营业部	江明德		021－62528592	021－62528210	200050		宣化路157号
		上海中财期货有限公司上海甘河路营业部	杨　力		021－60959196	021－60959196	200437		虹口区甘河路8号204－2室
		上海中财期货有限公司上海襄阳南路营业部	惲　伟		021－64339722	021－64333880	200031		襄阳南路365号B座
		上海中期期货经纪有限公司上海漕溪北路营业部	沈剑云		021－64279668	021－64689778	200030		徐汇区漕溪北路18号6B室
		上海中期期货经纪有限公司上海中山北路营业部	唐亦军		021－62034218	021－62036386	200063		中山北路2000号17层
		申银万国期货有限公司上海期货大厦营业部	杨　武		021－68401636	021－68401525	200122		浦电路500号期货大厦2903室
		申银万国期货有限公司上海新昌路营业部	余叶青		021－63276659	021－63276630	200031		上海市黄浦区新昌路180号2楼
		上海大陆期货有限公司上海福山路营业部	胡晓波		021－68753580	021－68751802	200120		上海市黄浦区福山路500号1903室
		光大期货有限公司上海新闸路营业部	段　鑫		021－22169021	021－22169061	200040		新闸路1508号静安国际广场2楼
		华鑫期货有限公司上海浦东南路营业部	朱春贵		021－58878809	021－58876266	200120		浦东南路379号金穗大厦8楼C座
		中辉期货经纪有限公司上海世纪大道营业部	张　磊		021－68763312	021－68761660	200122		上海市浦东新区世纪大道1589号1810、1811室
深圳	公司	中航期货经纪有限公司	周宝义	王建斌	0755－28069186	0755－28069186	518026	http://www.cafco.com.cn	深圳市福田区深南大道2008号中国凤凰大厦2栋5层512、513、501室
		深圳金汇期货经纪有限公司	储　虎	陈明学	0755－83472883	0755－83472800	518040	http://www.szjhqh.com	深圳市福田区深南大道6013号中国有色大厦18楼
		金瑞期货有限公司	李保民	卢赣平	0755－83679660	0755－83679900	518000	http://www.jrqh.com.cn	广东省深圳市福田区福虹路9号世界贸易广场A座2302－2304室、2401－2408室、38楼
		天琪期货有限公司	王建力	李　雷	82912495	82912519	518048	http://www.tqfutures.com	深圳市福田区深南大道4009号投资大厦三层
		中证期货有限公司	谭　宁	严金明	400－6789819	0755－83217421	518048	http://www.citicsf.com	深圳市福田区中心三路8号卓越时代广场二期14层
		神华期货经纪有限公司	张新华	傅庚生	0755－83517626	0755－83517611	518009	http://www.shqhgs.com/	广东省深圳市福田区深南大道6008号特区报业大厦西区29F
		五矿期货有限公司	任珠峰	姜昌武	0755－83752208	0755－82078340	518026	http://www.wkqh.cn	深圳市福田区益田路西福中路北新世界商务中心4801－A、4802－B、4803、4804
		海航东银期货有限公司	王海鹏	程庆芳	0755－83680538	0755－83662533	518031	http://www.dyqh.com.cn	广东省深圳市福田区深南中路2068号华能大厦中区18层
		深圳瑞龙期货有限公司	张　帆	张学东	0755－82028318	0755－82028789	518026	http://www.rlqh.cn 或 http://www.luckyloongfco.com	深圳市福田区福中三路诺德金融中心主楼33D
		平安期货有限公司	雷　晖	王　江	0755－83785241 0755－83788519	0755－83785241 0755－83788519	518026	http://futures.pingan.com	广东省深圳市福田区中心区东南部时代财富大厦26B、26C、26D、26E、26F房

续表

辖区	类别	机构名称	负责人1	负责人2	电　话	传　真	邮编	网　址	地　址
深圳	公司	招商期货有限公司	熊剑涛	王志斌	0755－82763142	0755－82763130	518048	http://qh.newone.com.cn	深圳市福田区福华一路免税商务大厦9楼
		乾坤期货有限公司	欧亚非	蔡英军	83998699	82912539	518048	http://www.qkfutures.com	深圳市福田区深南大道4009号投资大厦2楼
	营业部	金瑞期货有限公司深圳南山营业部	黄继志		0755－86616302	0755－86616220	518054		深圳市南山区商业文化中心区海岸大厦（西座1701）
		天琪期货有限公司深圳营业部	袁　兵		82909858	82909568	518048		深圳市福田区深南大道4009号13F，E1－E3
		神华期货经纪有限公司深圳市南山大道营业部	张　涛		0755－26455900	0755－26455911	518052		深圳市南山区南山大道1175号新绿岛大厦8B
		经易期货经纪有限公司深圳营业部	章沿辉		0755－88267280	0755－83733906	518026		深圳市福田区福中三路1006号诺德中心18E
		江南期货经纪有限公司深圳营业部	潘　梁		0755－83248725	0755－83352428	518031		深圳市福田区深南中路3024号航空大厦28楼
		广发期货有限公司深圳营业部	陈年柏		0755－33223089	0755－33223063	518026		深圳市福田区中心区26－3中国凤凰大厦1栋15B
		方正期货有限公司深圳营业部	杨　畅		13307483966	33345101	518040		深圳市福田区金田路3037号金中环大厦4303室
		格林期货有限公司深圳营业部	刘　立		0755－33983299	0755－33983280	518000		广东省深圳市福田区金田路诺德中心9楼E单元
		国信期货有限责任公司深圳营业部	任占虎		0755－82133580	0755－22386400	518001		深圳市红岭中路1010号深圳国际信托大厦1907室
		迈科期货经纪有限公司深圳营业部	闫勇刚		0755－23982022	0755－23982022－8066	518026		深圳市福田区益田路西福中路北新世界商务中心18层1802、1803、1804、1805
		瑞达期货经纪有限公司深圳营业部	魏成卫		83130192	83130190	518000		深圳市福田区联合广场A1510
		宝城期货有限公司深圳营业部	钟　斌		0755－33031009	82031048	518048		深圳市福田区中心区深圳中心商务大厦1901－1906
		光大期货有限公司深圳营业部	贾洪苏		82767977	82767970	518026		深圳市福田区益田路6009号新世界商务中心2701－2702
		华泰长城期货有限公司深圳金田路营业部	刘　涛		33970198	83252677	518035		深圳市福田区金田路与福中路交界东南荣超经贸中心1009
		华泰长城期货有限公司深圳竹子林营业部	刘旭东		0755－83774830	0755－83774706	518040		深圳市福田区竹子林紫竹七道中国经贸大厦22层ABC-DEFGHJ及13层ABC单元
		中粮期货经纪有限公司深圳营业部	方　晶		82528785	33973119	518048		深圳市福田区福华一路6号免税商务大厦2306
		新湖期货有限公司深圳营业部	李军姝		23811809	23811809	518035		深圳市福田区金田路4028号荣超经贸中心2405、2406室
		国泰君安期货有限公司深圳营业部	王　辉		0755－23976710	0755－23980597	518026		深圳市福田区益田路6009号新世界商务中心603
		湘财祈年期货经纪有限公司深圳营业部	常　巍		82833171	82835701	518048		深圳市福田区福华三路168号深圳国际商会中心0606、0608

续表

辖区	类别	机构名称	负责人1	负责人2	电　话	传　真	邮编	网　址	地　址
深圳	营业部	中国国际期货有限公司深圳市宝安宝民路营业部	林长江		0755－29990603	0755－27787632	518101		深圳市宝安3区宝民路中粮地产集团中心609、610单元
		中国国际期货有限公司深圳市福田益田路营业部	李宗平		0755－23818349 18600099659	0755－23818318	518048		深圳市福田区益田路6003号荣超商务中心A座15层
		南华期货有限公司深圳营业部	许国红		82577536	82577876	518035		深圳市福田区金田路1028号荣超经贸中心812、2703、2705室
		中国国际期货有限公司深圳市罗湖深南东路营业部	罗　旗		0755－25155398	0755－25156508	518001		深圳市罗湖区深南东路2010号奥康德大厦10楼西侧
		金元期货经纪有限公司深圳营业部	刘孝辉		0755－82077656	0755－82077247	518031		深圳市福田区上步南路1001号金峰大厦4F
		安信期货有限责任公司深圳营业部	袁小宁		0755－82558056	0755－82558037	518026		深圳市福田区深南大道2008号中国凤凰大厦1栋7D、7E
		上海金源期货经纪有限责任公司深圳营业部	罗贵德		82874510	82874690	518000		深圳市福田区福华一路98号卓越大厦1706A
四川	公司	成都倍特期货经纪有限公司	熊　军	刘国强	028－86269102	028－86269093	610041	http://www.btqh.com	成都市青羊区青龙街51号倍特康派大厦第1幢9层1－11号及13层6号
		华西期货有限责任公司	胡小泉	熊佳斌	028－86286128	028－86286161	610015	http://www.hxqh168.com	成都市青羊区通惠门路3号
		国金期货有限责任公司	李蒲贤	邵　俭	028－61303162	028－61304605	610061	http://www.gjqh.com.cn	成都市东大街芷泉段229号1栋2单元28层
	营业部	成都倍特期货经纪有限公司绵阳营业部	吴平刚		0816－2238660	0816－2238660	621000		四川省绵阳市涪城区临园路东段54号临园商务大厦16楼
		华西期货有限责任公司攀枝花营业部	库　兴		0812—3551746	0812—3551750	617000		攀枝花市东区大河北路149号4楼
		南华期货有限公司成都营业部	朴学哲		028－86532605	028－86532683	610015		成都市下西顺城街30号广电士百达国际大厦5楼
		瑞达期货经纪有限公司成都营业部	黄伟光		028－86783351	028－86785517	610015		成都市青羊区顺城大街229号顺城大厦6楼、8楼
		经易期货经纪有限公司成都营业部	刘　立		028－86131072	028－86132775	610041		成都市青羊区锦里东路2号宏达大厦11楼F座
		迈科期货经纪有限公司成都营业部	邓　宏		028－86725691	028－86725692	610016		成都总府路2号时代广场A座21F09－10
		申银万国期货有限公司成都营业部	陆三江		028－86270911	028－86270911	610031		成都市槐树街2号申银万国大厦3楼
		广州期货有限公司成都营业部	王　薇		028－86511630	028－86527561	610021		成都市东大街下东大街2168号1栋22层02号
天津	公司	一德期货经纪有限公司	常志武	吕拥华	022－58298788	022－58298759	300042	http://www.ydqh.com	天津市和平区解放路188号信达广场14层
		和融期货经纪有限责任公司	张　健	高玉章	022－23330060	022－23330070	300074	http://www.hrqh.com	天津市河西区气象台路100号
		象屿期货有限责任公司	洪江源	车有亮	022－23527921	022－23521820	300457	http://www.xiangyuqh.com	天津经济技术开发区广场东路20号E7号楼103室
		科信期货经纪有限公司	张永明	王　露	022－58356012	022－58356044	300042	http://www.caidaqh.com	天津市和平区赤峰道11号

续表

辖区	类别	机构名称	负责人1	负责人2	电话	传真	邮编	网址	地址
天津	公司	津投期货经纪有限公司	张文锁	李　唐	022－85589908	022－85589990	300203	http://www.jtqh.com	天津市河西区马场道59号国际贸易中心大厦A座9层
		天津金谷期货经纪有限公司	王桐林	刘静波	022－27835660－830	022－27816129	300070	http://www.jgbroking.com	天津市和平区卫津路73号嘉利大厦2704－2708
	营业部	格林期货有限公司天津营业部	宋胜利		022－23046199	022－23046198	300151		天津市和平区贵州路4号龙通大厦210号
		鲁证期货有限公司天津营业部	崔茂宗		022－66283471	022－66283470	300457		天津市开发区广场东路20号滨海金融街E3－B－11层
		北京中期期货经纪有限公司天津营业部	苗冠锋		022－23523115	022－23041518	300051		天津市和平区西康路35号出版大厦302
		银建期货经纪有限责任公司天津营业部	韩　兵		022－23130960	022－23131102	300011		天津市河东区新开路冠福大厦2508室
		国泰君安期货有限公司天津营业部	王毅刚		022－23304929	022－23300841	300050		天津市和平区郑州道18号港澳大厦6层
		民生期货有限公司天津营业部	张　萍		022－23130749	022－23130749	300042		天津市河西区徐州道5号外代大厦701室
		光大期货有限公司天津营业部	马学志		022－58780707	022－58780708	300201		天津市河西区围堤道53号丽晶大厦1003室
		海航东银期货有限公司天津营业部	朱国庆		022－23393518	022－23393506	300041		天津市和平区张自忠路240号港湾中心写字楼12B02
		上海大陆期货有限公司天津营业部	李文彬		022－23193260	022－23193255	300041		天津市和平区张自忠路240号港湾中心写字楼1－1－903
		南华期货有限公司天津营业部	訾丽娟		022－88371079	022－88371039	300074		天津市河西区友谊路41号大安大厦A座802
		北京首创期货有限责任公司天津营业部	徐英姿		022－59822886	022－59822889	300457		天津市开发区第三大街51号金融街W－2AB－4层
		成都倍特期货经纪有限公司天津营业部	努尔妮莎		022－58812608	022－58812607	300011		天津市河东区十一经路61号人保大厦22楼
		江苏弘业期货经纪有限公司天津营业部	马华林		022－58780756	022－58780720	300201		天津市河西区围堤道53号丽晶大厦2202－2203A
		上海中财期货有限公司天津营业部	黄乃群		022－58228155	022－58228153	300050		天津市和平区马场道114号二楼
		一德期货经纪有限公司天津营业部	刘志军		022－28372290	022－28372152	300074		天津市河西区围堤道103号峰汇广场A座1804室
		一德期货经纪有限公司天津滨海新区营业部	李　军		022－59820930	022－66225869	300457		天津市开发区广场东路20号滨海金融街E4－C－208室
		象屿期货有限责任公司天津营业部	刘元军		022－23525320	022－23521820	300060		天津市河西区卫津南路21号新金龙大厦四层
		冠通期货经纪有限公司天津营业部	张月刚		022－26217956	022－26224631	300011		天津市河北区中山路290号万科中心大厦17层
		浙商期货有限公司天津营业部	董啸林		022－88351166	022－58581116	300074		天津市河北区中山路290号万科中心大厦17层
厦门	公司	国贸期货经纪有限公司	詹志东	董晓亮	0592－5898722	0592－5160358	361004	http://www.itf.com.cn	中国福建省厦门市湖滨南路国贸大厦　11层、2层A1单元、5层B1单元
		瑞达期货经纪有限公司	林志斌	葛　昶	0592－2290653	0592－2397059	361009	http://www.rdqh.com	厦门市思明区塔埔东路169号十三层
	营业部	中国国际期货有限公司厦门营业部	熊黎燕		0592－2222913	0592－2222912			厦门市湖滨南路81号光大银行大厦11楼

续表

辖区	类别	机构名称	负责人1	负责人2	电话	传真	邮编	网址	地址
厦门	营业部	华证期货经纪有限公司厦门营业部	张鹏		0592－5200609	0592－5203180			厦门市嘉禾路321号汇腾大厦1306室
		吉粮期货有限公司厦门营业部	叶华明		0592－5186838	0592－5850338			厦门市湖滨南路258号鸿翔大厦21C－D
		象屿期货有限责任公司厦门营业部	朱鸣元		0592－5319186	0592－5319316			厦门市湖滨北路68号厦门人民保险大厦二十层2007－2010单元
		东海期货有限责任公司厦门营业部	樊雅娟		0592－5325639	0592－5367406			厦门市湖滨北路78号兴业银行大厦16楼
		海航东银期货有限公司厦门营业部	刘伦滨		0592－5177528	0592－5177530			厦门市莲前西路2号莲富大厦写字楼10楼D座
		东吴期货有限公司厦门营业部	王欣		0592－5584624	0592－5584620			厦门市思明区嘉禾路386号财富广场B栋904单元
		兴业期货有限公司厦门营业部	刘运林		0592－5860020	0592－5859797			厦门市思明区湖滨东路11号邮电广通大厦16层1601－1602室
		北京首创期货有限责任公司厦门营业部	林海涛		0592－3299380	0592－3299381			厦门市思明区湖滨南路90号立信广场2304室
		国信期货有限责任公司厦门营业部	魏博		0592－7558266	0592－7551566			厦门市同安区银湖中路85号莲福大厦3层308、310、318室
		上海良茂期货经纪有限公司厦门营业部	陈思新		0592－3213532	0592－3213511			厦门市思明区厦禾路877号胜骏广场305室、304室
		国元海勤期货有限公司厦门营业部	林德茂		0592－5312928	0592－5312958			厦门市思明区莲岳路1号磐基中心1707－1708室
		中粮期货经纪有限公司厦门营业部	张辉		0592－2685819	0592－2685816			厦门市思明区厦禾路银行中心189号2212－2215室
		神华期货经纪有限公司厦门营业部	迟克平		0592－3322136	0592－3322120			厦门市思明区厦禾路820号帝豪大厦506A
		金友期货经纪有限责任公司厦门营业部	林长丰		0592－5678309	0592－5678778			厦门市东渡路61号振华大厦B座201室至204室
		瑞达期货经纪有限公司厦门营业部	卢丽春		0592－3117219	0592－2290633			厦门市湖滨西路大西洋海景城15楼C
		鑫鼎盛期货有限公司厦门营业部	郑一峰		0592－3122798	0592－8090771			鹭江道2号第一广场15楼1505－1507
新疆	公司	金石期货有限公司	郭勇	马万金	0991－2331305	0991－2331306	830002	http://www.jsfco.com	乌鲁木齐市解放北路90号天际大厦
		新疆天利期货经纪有限公司	查海鹏	张小雷	0991－2824990	0991－2833757	830002	http://www.xjtlqh.com	乌鲁木齐市天山区西河坝后街137号瑞达国际大厦七楼
	营业部	金石期货有限公司石河子营业部	刁炎楷		0993－2070777	0993－2070300	832000		石河子市北四路167号四楼
		金石期货有限公司昌吉营业部	陈敏		0994－6518999	0994－6522501	831100		昌吉市北京南路1号金穗大厦5楼
		金石期货有限公司库尔勒营业部	张宏		0996－2611100	0996－2611015	841000		库尔勒市人民西路金都广场19楼
		金石期货有限公司哈密营业部	刘卫春		0902－6990851	0902－6990853	839000		哈密市爱国北路18号电力宾馆C楼三层
		新疆天利期货经纪有限公司克拉玛依营业部	李新生		0990－6238071	0990－6238071	834000		克拉玛依市友谊路169号友谊大厦五楼

续表

辖区	类别	机构名称	负责人1	负责人2	电话	传真	邮编	网址	地址
新疆	营业部	新疆天利期货经纪有限公司伊犁营业部	陈 斌		0999－8071130	0999－8071130	835000		伊宁市新伊犁河路怡安家园1号综合楼三楼
		新疆天利期货经纪有限公司阿克苏营业部	马煜翔		0997－6316161	0997－6315199	843000		阿克苏市南大街2号新农大厦五楼
		万达期货有限公司乌鲁木齐营业部	李 辉		0990－6551099	0991－2301306	830002		乌鲁木齐市新华北路80号金谷大厦A座8楼
		宏源期货有限公司乌鲁木齐营业部	高俊方		0991－2361099	0991－6153222	830002		乌鲁木齐市天山区文艺路233号宏源大厦13楼
云南	公司	云晨期货有限责任公司	金永静	曹 辉	0871－3142001	0871－3142012	650051	http://www.ycfutures.cn	云南省昆明市人民东路111号
		红塔期货有限责任公司	徐 冰	陈 兵	0871－3614259	0871－3636093	650224	http://www.hongtaqh.com	云南省昆明市北辰财富中心商住楼A幢28层（2801－A、B、C、D号）
	营业部	云晨期货有限责任公司蒙自营业部	杨 泉		0871－3650085	0873－3650087	661100		云南省蒙自县天马路4号建行大楼三楼
		红塔期货有限责任公司昆明营业部	王 安		0871－3614770	0871－3614680	650021		云南省昆明市祥云街55－59号银佳大厦16楼
		红塔期货有限责任公司大理营业部	龚年东		0872－8895768	0872－8895096	671000		云南省大理市建设西路6号建行大理南诏支行五楼
		红塔期货有限责任公司曲靖营业部	王智平		0874－3297788	0874－3290939	655000		云南省曲靖市麒麟北路2号银利大酒店第20层
		北京首创期货有限责任公司昆明营业部	吴全报		0871－3116897	0871－3116765	650021		云南省昆明市护国路2－4号广业大厦15楼B区
		万达期货有限公司昆明营业部	刘 健		0871－3612819	0871－3612839	650021		云南省昆明市三市街6号柏联广场9楼901－910号
		乾坤期货有限公司昆明营业部	张清海		0871－3102190	0871－3190581	650021		云南省昆明市青年路389号志远大厦23层C座
		浙江中大期货经纪有限公司昆明营业部	陈佳蕴		0871－3380838	0871－3380838	650041		云南省昆明市东风东路84号国联大厦三楼
		银河期货经纪有限公司昆明营业部	吴晓东		0871－3641108	0871－3602856	650032		云南省昆明市东风西路123号三合商利大厦13层A座
		华泰长城期货有限公司昆明营业部	詹亚飞		0871－5355129	0871－5355199	650031		云南省昆明市武成路13#地块天昊大厦1幢15楼B座
		宝城期货有限责任公司昆明营业部	任亚民		0871－5732733	0871－5732820	650224		云南省昆明市北京路900号颐高数码中心A座9楼
浙江	公司	浙江省永安期货经纪有限公司	方 锦	施建军	0571－88388190	0571－88388193	310005	http://www.yafco.com	杭州市潮王路208号浙江协作大厦3、6－10楼
		国海良时期货有限公司	刘俊红	张金荣	0571－85336125	0571－85237426	310014	http://www.lsqh.com.cn	杭州市河东路91号
		南华期货有限公司	徐文财	罗旭峰	0571－87839293	0571－88385371	310002	http://www.nanhua.net	杭州市上城区西湖大道193号定安名都三层
		浙江中大期货经纪有限公司	林 皓	鲁 峰	0571－87788888	0571－85777077	310003	http://www.zdqh.com	杭州中山北路中大广场五矿大厦三楼
		宝城期货有限责任公司	黄海洲	李 民	0571－85058012	0571－85166677	310013	http://www.bcqhgs.com	杭州市求是路8号公元大厦南裙1－301、1－501，北楼301、302、303
		浙江新世纪期货经纪有限公司	许齐华	徐根雪	0571－85058125	0571－85152791	310006	http://www.zjncf.com.cn	杭州市体育场路335号
		浙江大地期货经纪有限公司	王竞天	裘一平	0571－85153180	0571－85103150	310006	http://www.ddqh.com	杭州市延安路511号元通大厦12楼

续表

辖区	类别	机构名称	负责人1	负责人2	电话	传真	邮编	网址	地址
浙江	公司	浙商期货有限公司	吴承根	胡军	0571－87213050	0571－87234715	310006	http://www.zjtmqh.com	杭州市庆春路173号8－10层
		信达期货有限公司	张志刚	邓强	0571－28132660	0571－28132689	310004	http://www.cindaqh.com	杭州市文晖路108号浙江出版物资大厦12、16楼
		浙江新华期货经纪有限公司	赵大方	陈斌	0571－85783578	0571－85096756	310003	http://www.xhqh.com	杭州市凤起路102号
		新湖期货有限公司	马文胜	李北新	0571－87782186	0571－87782193	310009	http://www.xinhu.cn	杭州市平海路方正证券大厦11层
		浙江大越期货经纪有限责任公司	徐丽莉	陈挺	0575－85149426	0575－85127511	312000	http://www.dyqh.info	绍兴市解放北路186号
	营业部	浙江省永安期货经纪有限公司萧山营业部	孙剑		0571－82891990	0571－82891981	311200		萧山区通惠中路1号泰富广场1幢506－509室
		浙江省永安期货经纪有限公司温州营业部	王耀东		0577－88838481	0577－88838487	325000		温州市小南路巴黎大厦2楼
		浙江省永安期货经纪有限公司金华营业部	舒晓丽		0579－82133199	0579－82133077	321017		金华市八一南街387号信华大楼12楼
		浙江省永安期货经纪有限公司义乌营业部	朱伟		0579－85581098	0579－85581081	322000		义乌市宾王路68号房地产交易大厦14楼
		浙江省永安期货经纪有限公司嘉兴营业部	毛高飞		0573－82050830	0573－82050003	314200		嘉兴市建国南路317号惠肯商务楼4层
		浙江省永安期货经纪有限公司绍兴营业部	张桂珍		0575－85149353	0575－85119711	312000		绍兴市胜利路东路17号凯盛国际大厦16楼
		浙江省永安期货经纪有限公司台州营业部	陈青华		0576－88067111	0576－88067117	317100		台州市市府大道253号曙光大厦9楼
		浙江省永安期货经纪有限公司瑞安营业部	张招怀		0577－66809850	0577－65918683	318000		瑞安市安阳街道隆山东路505号新潮大厦C单元22楼室
		南华期货有限公司温州营业部	喻文豪		0577－89971808	0577－89971858	325000		温州市市府路口大自然大厦三期1号楼2302室
		南华期货有限公司嘉兴营业部	王一峰		0573－82153186	0573－82158127	314000		嘉兴市中山路133号粮食综合大楼五楼
		南华期货有限公司绍兴营业部	郑忠平		0575－85095958	0575－85095968	312085		浙江省绍兴市越城区中兴路中兴商务楼501、601
		南华期货有限公司台州营业部	缪迅		0576－88200279	0576－88206989	318000		台州市耀达路99号现代购物广场401号
		南华期货有限公司萧山营业部	徐丽琴		0571－83869599	0571－83869589	311200		杭州市萧山区北干街道金城路429号\431号天汇园1幢2单元301\302室
		浙商期货有限公司瑞安营业部	陈国峰		0577－65875508	0577－65875505	325200		瑞安市长虹路二轻大厦五楼
		浙商期货有限公司温州营业部	蒋大成		0577－88898813	0577－88893590	325000		温州市飞霞北路175号9楼
		浙商期货有限公司嘉兴营业部	魏晓海		0573－82770975	0573－82770967	314031		嘉兴市国浩广场综合楼5楼
		浙商期货有限公司义乌营业部	周春晓		0579－85567243	0579－85558990	322000		义乌市宾王路223号一层、九层
		浙商期货有限公司台州营业部	陆一铭		0576－82448776	0576－82448389	318050		台州世界贸易中心写字楼A区11层A－1123、A－1125、A－1127、A－1129
		浙商期货有限公司舟山营业部	潘达		0580－2064103	0580－2064275	316000		舟山市定海区人民南路6号南珍大厦12楼

续表

辖区	类别	机构名称	负责人1	负责人2	电　话	传　真	邮编	网　址	地　址
浙江	营业部	浙商期货有限公司杭州中河中路营业部	韩炯石		0571－28972505	0571－28972503	310003		浙江省杭州市中河中路281号1505、1506、1507、1508室
		浙商期货有限公司绍兴营业部	施禹国		0575－88970701	0575－88970709	312000		浙江省绍兴市城南绿洲写字楼五层
		浙商期货有限公司湖州营业部	薛　寒		0572－2050066	0572－2198080	313000		浙江省湖州市现代广场3幢12A07－12A12、12A15室
		浙商期货有限公司萧山营业部	姜晓青		0571－83788079	0571－83788077	311202		杭州市萧山区北干街道金城路540号心意广场3幢802室
		浙江中大期货经纪有限公司温州营业部	陈孝雨		0577－88801118	0577－88878772	325000		温州市小南路205号2楼
		浙江中大期货经纪有限公司温岭营业部	赵　晖		0576－86019113	0576－86019397	317500		温岭市万昌路118号邮政大楼11楼
		浙江中大期货经纪有限公司海宁营业部	方献军		0573－87079508	0573－87079501	314000		海宁市海洲西路218号4楼
		浙江中大期货经纪有限公司永康营业部	王好为		0579－87115059	0579－87135411	321300		永康市解放街8号供销大厦4楼
		浙江中大期货经纪有限公司义乌营业部	王建中		0579－85279566	0579－85279567	322000		义乌市丹溪北路18号雪峰商务大厦22层
		浙江新世纪期货经纪有限公司嵊州营业部	王江明		0575－83343581	0575－83343343	312400		嵊州市中国领带城精品展销中心三楼
		浙江新世纪期货经纪有限公司湖州营业部	金巍岗		0572－2176897	0572－2176895	313000		湖州市新天地写字楼13层1318－1320室
		浙江新世纪期货经纪有限公司萧山营业部	许卫东		0571－82634620	0571－82624288	311200		萧山城厢镇商业新世纪广场C座八楼
		浙江新世纪期货经纪有限公司温州营业部	瞿理智		0577－88866540	0577－88866542	325027		浙江省温州市飞霞南路439号鹿城建行大楼二楼北
		浙江新世纪期货经纪有限公司东阳营业部	郑齐盼		0579－89609100	0579－89609118	322100		浙江省东阳市吴宁街道办事处双岘路18号“信用联社大厦”G楼（一层）
		浙江新华期货经纪有限公司温岭营业部	方　珺		0576－86209625	0576－86209617	317500		温岭市东辉北路152号万昌大厦二楼
		浙江新华期货经纪有限公司绍兴营业部	卢　刚		0575－88239076	0575－85220226	312000		绍兴市中兴路288号现代大厦B幢401－402室
		浙江新华期货经纪有限公司义乌营业部	倪　音		0579－85125557	0579－85125608	322000		义乌市稠城丹溪路西侧F3号楼5－8号地块（丹溪北路65号）3楼、5楼
		浙江大地期货经纪有限公司台州营业部	王万利		0576－82567007	0576－82567005	318050		台州市路桥区腾达路塑料化工市场1501－1504号
		浙江大地期货经纪有限公司衢州营业部	施　珺		0570－8505858	0570－3053213	324000		浙江省衢州市下街165号
		浙江大地期货经纪有限公司温州营业部	沈驰峰		0577－88102785	0577－88102793	325000		温州市黎明中路143号海关大楼四层东首
		浙江大地期货经纪有限公司诸暨营业部	沈泳浩		0575－81785991	0575－81785985	311800		诸暨市暨阳北路8号东方时代广场C幢401号
		信达期货有限公司乐清营业部	程俊良		0577－27857766	0577－62577830	325600		乐清市乐成镇乐怡路2号乐怡大厦3楼
		信达期货有限公司金华营业部	项立程		0579－82328735	0579－82328748	321000		金华市中山路331号海洋大厦8楼

续表

辖区	类别	机构名称	负责人1	负责人2	电话	传真	邮编	网址	地址
浙江	营业部	信达期货有限公司富阳营业部	项国良		0571-23255888	0571-23238910	311400		富阳市富春街道江滨西大道57号国贸中心写字楼901-902室
		信达期货有限公司台州营业部	林　圣		0576-82908872	0576-82696333	318050		台州市路桥区银安街679号501-510室
		信达期货有限公司义乌营业部	章治国		0579-85400021	0579-85400023	322000		义乌市宾王路158号6楼
		国海良时期货有限公司绍兴营业部	赵伯乔		0575-87019338	0575-87112977	311800		诸暨市朱公路58号1-3层
		国海良时期货有限公司柯桥营业部	何燕艳		0575-81168598	0575-81168591	312000		浙江省绍兴县柯桥湖西路228号发展广场-轻纺大厦B楼12层
		国海良时期货有限公司越城营业部	寿铸涛		0575-85358278	0575-85359288	312000		绍兴市迪荡新城北辰广场1603、1604室
		国海良时期货有限公司湖州营业部	徐　俊		0572-2037398	0572-2037398	313000		湖州市威莱大街142号粮食大厦7楼
		国海良时期货有限公司台州营业部	戴慧玲		0576-81688166	0576-81688160	317500		台州温岭市万昌中路海关大楼北楼一楼
		宝城期货有限责任公司临海营业部	张炫昆		0576-85320333	0576-85385311	317000		浙江省临海市大洋街道临海大道（中）45号
		浙江大越期货经纪有限责任公司温州营业部	王安娜		0577-88670889	0577-88670111	325000		浙江省温州市车站大道裕达大厦1幢三层301-305室
		浙江大越期货经纪有限责任公司湖州营业部	项卫平		0572-8074586	13004251232	313200		德清县武康镇永安街148号东湖大厦四楼
		浙江大越期货经纪有限责任公司柯桥营业部	李再相		0575-81161526	0575-84786095	312030		绍兴柯桥万商路精工大厦4楼
		浙江大越期货经纪有限责任公司杭州营业部	俞　静		0571-87963293	0571-87979602	310007		杭州市西湖区紫荆花路2号联合大厦A座1107室
		浙江大越期货经纪有限责任公司上虞营业部	董　强		0575-80271828	0575-80271816	312300		上虞市百官街道锦茂大厦2001室
		新湖期货有限公司临海营业部	黄小波		0576-85475599	0576-85470860	317000		临海市东方大道8号建设大楼4层
		新湖期货有限公司嘉兴营业部	屠小妹		0573-82090662	0573-82052419	314000		嘉兴市中环广场东区A-1203室
		新湖期货有限公司温州营业部	韦　佳		0577-88983327	0577-88988026	325000		温州市市府路新益大厦1幢1102室
		宁波杉立期货经纪有限公司台州营业部	郑福旦		0576-84274548	0576-84274549	318020		台州市黄岩城关环城东路258号交通大厦10楼1013室
		宁波杉立期货经纪有限公司温州营业部	林冀瀚		0577-88980839	0577-88980836	325000		温州市车站大道时代商住广场北幢601室
		上海浙石期货经纪有限公司杭州营业部	张震宇		0571-87815001	0571-87812142	310009		杭州市河坊街54号
		国信期货有限责任公司杭州营业部	顾碧庆		0571-85287560	0571-85287550	310003		杭州市江干区新塘路65号元华旺座1幢1701室
		银河期货经纪有限公司杭州营业部	吕　东		0571-28003668	0571-28003676	310009		杭州市解放路26号金衙庄大厦10楼
		江苏弘业期货经纪有限公司杭州营业部	任震祥		0571-87185615	0571-87185523	310009		杭州市西湖大道18号新东方大厦B座1401室
		上海中财期货有限公司杭州营业部	俞新华		0571-56080568	0571-56080561	310007		杭州市体育场路458号中财金融广角二楼

续表

辖区	类别	机构名称	负责人1	负责人2	电话	传真	邮编	网址	地址
浙江	营业部	海通期货有限公司杭州营业部	斯掌龙		0571－85860911	0571－85860905	310000		杭州市凤起路334号同方财富大厦610室
		鲁证期货有限公司杭州营业部	王根望		0571－28118966	0571－28003636	310006		杭州市延安路466号省经贸大楼15楼
		广发期货有限公司杭州营业部	吕仙英		0571－28800828	0571－28800877	310020		杭州西湖大道239号，定安路126号（耀江广厦）7003A、7003B室
		国泰君安期货有限公司杭州营业部	罗永迪		0571－56112323	0571－56112821	310009		杭州市西湖大道58号金隆花园南区三层1号
		万达期货有限公司温州营业部	李　嫣		0577－88106888	0577－88896359	325000		温州市人民路浦发大楼二层
		国金期货有限责任公司杭州营业部	徐文滨		0571－87956109	0571－87956104	310012		杭州市文三路535号莱茵达大厦15层1502室（实际楼层为12层）
		中证期货有限公司杭州营业部	杨　若		0571－85060830	0571－85069980	310006		杭州延安路515号国信大厦11楼1117室
		红塔期货有限责任公司杭州营业部	张　珂		0571－87560601	0571－87560600	310000		浙江省杭州市中河中路222号21层2101室、2102室、2103室、2104室、2105室
		中粮期货经纪有限公司杭州营业部	钟　胜		0571－28058858	0571－28058860	310052		杭州市滨江区江南大道288号1幢（康恩贝大厦B座）1001室
		经易期货经纪有限公司台州营业部	于君星		0576－89880997	0576－89880990	318020		台州市黄岩区劳动北路黄岩总商会大厦11层
		宏源期货有限公司杭州营业部	曹可雄		0571－85279708	0571－85279701	310006		杭州市拱墅区华浙广场1号18楼
		格林期货有限公司杭州营业部	武　兴		0571－28055968	0571－28055965	310009		杭州市庆春路25－29号远洋大厦8层B、C、D单元
		美尔雅期货经纪有限公司杭州营业部	王　坚		0571－28112077	0571－28112093	310007		杭州市西湖区杭大路9号聚龙大厦东3楼B室
		申银万国期货有限公司杭州营业部	高建宝		0571－86087566	0571－86555535	310006		杭州市延安路328号恒通大厦401、402室
		中国国际期货有限公司杭州营业部	刘艺超		0571－89716777	0571－89716752	310006		杭州市西湖区杭大路15号嘉华国际商务中心706室
		瑞达期货经纪有限公司杭州营业部	谢　军		0571－28881528	0571－28115206	310008		杭州市上城区钱江路58号赞成·太和广场608－610室
		中辉期货经纪有限公司温州营业部	霍建国		0577－86075616	0577－86075505	325000		浙江省温州市车站大道高联大厦23层B2室、1层A1室

第九部分

附　　录

2010年国内期货市场大事记

1. **1月8日，**中国证监会宣布，国务院原则同意推出股指期货交易。

2. **1月12日，**中国证监会批复同意中国金融期货交易所开展股指期货交易。

3. **1月13日，**中国证监会下发了《关于进一步加强证券公司为期货公司提供中间介绍业务管理的通知》。

4. **1月13日，**全国证券期货监管工作会议召开。

5. **1月14日，**中国证监会召开股指期货上市工作动员大会暨上市工作领导小组第一次会议。

6. **1月27日，**中国期货业协会发布实施《期货投资者信用风险信息共享管理办法（试行）》和《期货投资者信用风险信息共享管理办法实施细则（试行）》。

7. **2月8日，**中国证监会正式发布《关于建立股指期货投资者适当性制度的规定（试行）》、《关于落实股指期货适当性制度有关工作的通知》。

8. **2月9日，**中国期货业协会发布实施《股指期货交易特别风险揭示》、《期货公司执行股指期货投资者适当性制度管理规则》和《证券公司为期货公司提供中间介绍业务协议指引（修订）》三项自律规则。

9. **2月12日，**中国证监会发布《关于加强股指期货上市开户相关工作的通知》。

10. **2月20日，**中国金融期货交易所发布沪深300股指期货合约和修订后的《中国金融期货交易所交易规则》、《中国金融期货交易所交易规则实施细则》。

11. **2月22日，**股指期货客户开始正式通过期货保证金监控中心统一开户系统进行开户，为股指期货上市交易迈开标志性一步。

12. **2月22日，**中国证监会下发了《关于进一步加强IB业务监管的通知》。

13. **3月30日，**中国期货业协会启动“首届‘期望杯’高校期货论文大奖赛”。

14. **4月1日，**中国证监会召开股指期货上市情况通报会，国家发改委等12个部委参加。

15. **4月8日，**股指期货启动仪式在上海举行。中共中央政治局委员、国务院副总理王岐山专门为股指期货的启动发来贺词，中共中央政治局委员、上海市委书记俞正声和中国证监会主席尚福林共同启动股指期货。

16. **4月16日，**沪深300股指期货在中国金融期货交易所正式上市交易。中国证监会副主席桂敏杰、姚刚，主席助理姜洋亲临上市仪式现场，桂敏杰副主席为股指期货鸣锣开市。

17. **4月21日，**中国证监会发布实施《证券公司参与股指期货交易指引》、《证券投资基金从事股指期货交易指引》。

18. **4 月 24 日**，由中国期货业协会主办的“2011 年第四届中国期货分析师论坛”在杭州举行。

19. **4 月 28 日**，中共中央政治局委员、国务院副总理王岐山视察中国金融期货交易所，并召开资本市场改革发展座谈会。

20. **5 月 7 日**，中国证监会组织召开股指期货上市工作总结会及期货市场监管与发展务虚会。

21. **5 月 21 日**，沪深 300 股指期货首个合约 IF1005 顺利完成交割。

22. **5 月 28 日**，上海期货交易所主办的“第七届上海衍生品市场论坛”在上海召开。

23. **6 月**，中国证券登记结算公司与股指期货相关的现货市场数据接入期货保证金监控中心上海总部监控室，股指期货跨市场监控平台初步建立。

24. **6 月 4 日**，中国期货业协会组织召开“期货公司座谈会”，中国证监会主席助理姜洋、期货一部主任宋安平和期货二部主任季向宇出席了会议。

25. **7 月 24 日**，孙冶方经济科学基金会与上海期货交易所联合举办“衍生品与实体经济”论坛。

26. **8 月 29 日**，中国期货业协会组织期货行业向甘肃舟曲灾区捐款 340 余万元。

27. **9 月 10 日**，郑州商品交易所举办郑州农产品期货（棉花）高峰论坛。

28. **9 月 15 日**，由大连商品交易所和大连市政府联合举办的第四届国际玉米产业大会在大连举行。

29. **9 月 20 日**，中国期货业协会第三次会员大会在北京召开，会议选举产生了第三届理事会。证监会主席尚福林出席大会并发表重要讲话，主席助理姜洋做了总结讲话。

30. **10 月 8 日**，中国期货业协会发布实施《中国期货业协会会员自律公约》。

31. **11 月 5 日**，中国证监会组织中国期货保证金监控中心、4 家期货交易所和期货软件商等召开了期货市场客户规范工作会议，标志着期货市场账户规范工作正式启动。

32. **11 月 6 日**，大连商品交易所和大马交易所在广州联合举办了第五届国际油脂油料大会。

33. **12 月 3 日**，由中国期货业协会、深圳证券交易所、深圳市人民政府共同主办的“2010 年第六届中国（深圳）国际期货大会”在深圳举行。证监会主席助理姜洋出席大会并发表重要讲话。

34. **12 月 12 日**，国务院副总理王岐山、中国证监会主席尚福林视察“中国资本市场二十周年成就展”开幕式郑州商品交易所展区。

35. **12 月 24 日**，上海期货交易所举行期货保税交割业务启动仪式。

36. **12 月 26 日**，郑州商品交易所举办期货市场暨郑州商品交易所二十周年庆祝活动。

2010年国际期货市场大事记

- **美国爆发“5·6闪电崩盘”**

2010年5月6日美国东部时间下午14：41至14：45，道琼斯、标普等主要股指突然开始急速暴跌，跌幅高达9%~10%，创1987年10月美国“股灾”以来的最大跌幅。随后，股指企稳反弹，但个股剧烈波动，至15点左右逐渐企稳。与此同时，股指期货亦出现高成交量、急速下跌和迅速反弹的现象。美国证监会（SEC）与商品期货交易委员会（CFTC）针对此次“闪电崩盘”（Flash Crash）进行了联合调查，并分别于2010年5月18日和9月30日发布了两篇调查报告，初步认定暴跌是证券市场短期流动性严重失衡导致的，这与美国股票市场的交易机制（如纽约证券交易所的“流动性补充机制”（Liquidity Replenishment Points，LRPs）和其他交易系统“自我救助机制”（Self-Help Remedy）对市场流动性的分割、高频交易撤离市场、止损指令的使用、报价机制缺陷等因素有关。闪电崩盘引发了市场对高频交易作用的激烈争议，使得对高频交易的监管成为热门话题。

- **美国国会通过《多德-弗兰克法案》，建立后危机时代的金融监管基石**

2010年7月21日，奥巴马签署了美国参、众两院通过的《多德-弗兰克华尔街改革与消费者保护法案》（简称《多德-弗兰克法案》），使之成为正式法律。该法案被称为“大萧条”以来最全面、最严厉的金融改革法案，成为与格拉斯-斯蒂格尔法案比肩的又一块金融监管基石。该法案涵盖消费者保护、衍生品交易与结算、系统性风险监管和沃克尔原则等金融市场的各个方面。该法案发布后，各监管机构需要据此制定相应的监管法规。

- **欧盟发布场外衍生品监管法案**

2010年9月15日，欧洲证券与市场管理局（简称ESMA）发布了《欧洲市场基础架构法案（草案）》（EMIR）。制定该法案的目的有两个：一是增强衍生品市场的透明度，二是增强衍生品市场的安全性。草案要求所有金融公司和交易量大的非金融公司交易的所有标准化衍生品都必须通过指定合格结算机构结算；金融公司和交易活动超过门槛值的非金融公司的所有场外衍生品交易都必须向认可的交易存管机构报告；银行和其他交易公司必须为场外衍生品交易拨备更充足的资本金。ESMA将负责在2012年6月前敲定监管法规，同时负责监督交易存管机构、指定合格结算机构。欧洲市场基础架构法案与修改后的金融工具市场指令法案（MIFID II）将成为欧洲金融改革的法律依据。

- **新加坡交易所提议收购澳洲证券交易所**

2010年10月25日，新加坡证券交易所宣布拟以82.6亿美元收购澳洲证券交易所，实现亚太地区交易所第一次的重大整合。两家公司分别是亚太地区第五、第八大证券市场的运营商，市值总和达138亿美元。但此项收购计划最终由于未能通过澳大利亚监管当局的审批而失败。

- **CFTC 推出多项金融改革的具体规则提议**

《多德－弗兰克法案》通过后，CFTC 根据该法案的要求，逐步推出了多项金融改革的规则草案。主要内容涉及应对市场操纵、明确管辖权限（特别是对掉期的监管）、明确掉期交易商和主要掉期参与者的主要责任、境外交易所注册制度、保障中小型交易商获得结算服务、保护举报者、对交易所、结算所的所有权作出限制等。但这些规则最终敲定尚需时日。

- **欧洲出台《金融工具市场指令法案 II》(MIFID II)**

2010 年 12 月 8 日，欧洲委员会公布了《金融工具市场指令法案 II（草案）》（MIFIDII），主要内容包括：

交易系统：所有衍生品交易都要转移至受监管市场、多边交易设施或有组织的交易机构的专门下属机构。

自动化交易：高频交易商要承担系统和风险管理的义务和资本金要求，并接受全面的监管。

暗池：监管机构需要持续的观察并设定更明确的界限。

透明度：要求及时、准确的公布交易后信息；调整行情发布系统的设置，不再批量发布信息，而是随时发布最新信息。

数据整合：强制建立证券买卖汇总记录带。

同时，欧洲委员会提出了遏制金融投机的新计划，对商品期货、债券投机和高频交易都施加更严格的限制，此外还提出要加大对内幕交易等金融犯罪的惩罚力度。

国际期货及期权市场情况[①]

一、2004～2010 年国际期货及期权市场成交情况

表 1　　全球期货及期权市场成交量（2004～2010 年）　　单位：百万手

产品类别	2004 年	2005 年	2006 年	2007 年	2008 年	2009 年	2010 年
期货	3491.55	4034.75	5282.82	7217.73	8317.70	8188.02	11182.53
期权	5373.16	5939.07	6579.39	8308.90	9361.08	9556.59	11112.72
总计	8864.71	9973.82	11862.21	15526.63	17678.78	17744.61	22295.25

表 2　　全球期货及期权市场的各大类品种成交分布（2004～2010 年）　　单位：百万手

产品类别	2004 年	2005 年	2006 年	2007 年	2008 年	2009 年	2010 年
股指	3799.40	4080.33	4454.22	5616.82	6488.62	6382.02	7413.78
个股	1996.66	2356.87	2876.49	4091.92	5511.19	5588.88	6285.49
利率	2271.25	2536.77	3193.41	3740.88	3204.84	2467.76	3208.81
外汇	105.38	167.19	240.05	334.71	597.48	992.39	2401.87
农产品	301.91	378.90	489.03	645.64	894.63	927.69	1305.38
能源	243.46	280.13	385.97	496.41	580.95	657.02	723.59
金属	165.79	171.06	218.68	256.07	356.16	614.33	818.64
其他	0.86	2.59	4.36	4.22	44.90	114.47	137.66

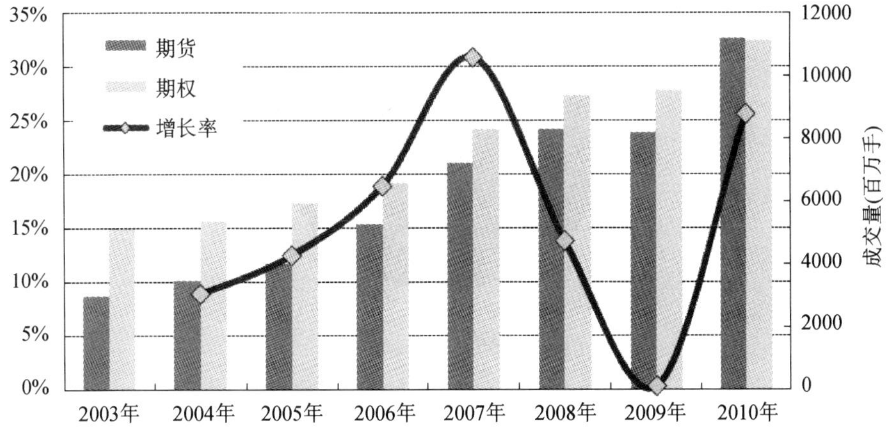

图 1　全球期货及期权市场成交量和增长率（2004～2010 年）

① 数据来源：美国期货业协会（Futures Industry Association）。

图 2　2010 年全球期货与期权市场的成交量对比

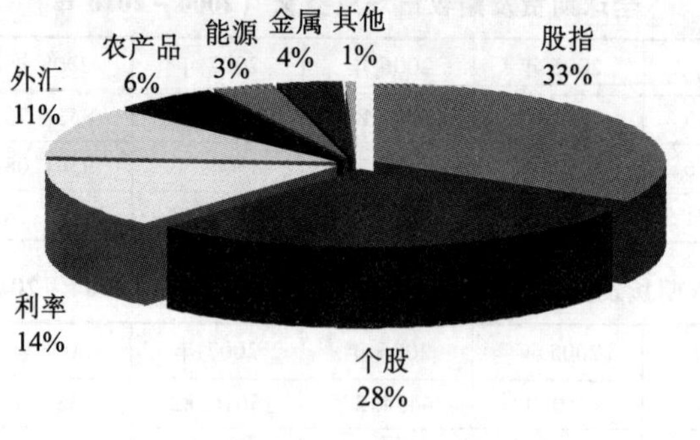

图 3　2010 年全球期货及期权市场的各大类品种成交分布

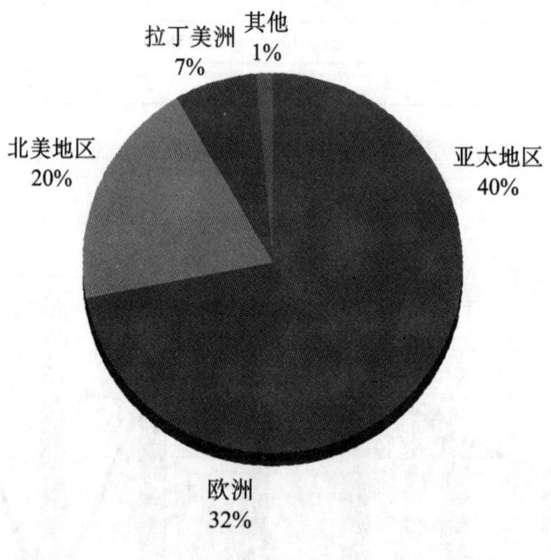

图 4　2010 年全球期货及期权成交量的地区分布

注：1. 其他地区包括南非、土耳其、以色列和迪拜

2. 交易所的位置按照所在国家所在的大洲统计

二、前 50 大交易所

表 3　　2010 年全球期货及期权市场前 50 大交易所排名①　　单位：手

排名	交易所		2009 年	2010 年	变化率
1	韩国交易所	Korea Exchange	3102891777	3748861401	20.8%
2	芝加哥商业交易所集团	CME Group	2589551487	3080492118	19.0%
3	欧洲期权与期货交易所	EUREX	2647406849	2642092726	-0.2%
4	纽约泛欧交易所集团	NYSE Euronext	1729965293	2154742282	24.6%
5	印度国家证券交易所	National Stock Exchange of India	918507122	1615788910	75.9%
6	巴西期货交易所—圣保罗证券交易所	BM&F Exchange	920377678	1422103993	54.5%
7	芝加哥期权交易所	CBOE	1135920178	1123505008	-1.1%
8	纳斯达克 OMX 集团	NASDAQ OMX Group	815545867	1099437223	34.8%
9	印度多种商品交易所	Multi Commodity Exchange of India	815545867	1081813643	180.7%
10	俄罗斯交易系统证券交易所	Russian Trading System Stock Exchange	474440043	623992363	31.5%
11	上海期货交易所	Shanghai Futures Exchange	434864068	621898215	43.0%
12	郑州商品交易所	Zhengzhou Commodity Exchange	227112521	495904984	118.4%
13	大连商品交易所	Dalian Commodity Exchange	416782261	403167751	-3.3%
14	洲际交易所	Intercontinental Exchange	263582881	328946083	24.8%
15	大阪证券交易所	Osaka Securities Exchange	166085409	196350279	18.2%
16	南非约翰内斯堡证券交易所	JSE South Africa	174505220	169898609	-2.6%
17	台湾期货交易所	Taiwan Futures Exchange	135125695	139792891	3.5%
18	东京金融交易所	Tokyo Financial Exchange	83678044	121210404	44.9%
19	伦敦金属交易所	London Metal Exchange	111930828	120258119	7.4%
20	香港交易所	Hong Kong Exchange & Clearing	98538258	116054377	17.8%
21	澳大利亚证券交易所	Australian Securities Exchange Group	82200578	106386077	29.4%
22	波士顿期权交易所	Boston Options Exchange	137784626	91754121	-33.4%
23	特拉维夫证券交易所	Tel - Aviv Stock Exchange	70914245	80440925	13.4%
24	伦敦证券交易所集团	LSE Group	77490255	76481330	-1.3%
25	西班牙金融期货期权交易所	Mercado Espanol de Optionesy Futuros Financieros	93057252	70224176	-24.5%
26	土耳其衍生品交易所	Turkish Derivatives Exchange	79431343	63952177	-19.5%
27	阿根廷罗萨里奥交易所	Mercado a Termino de Rosario	51483429	62046820	20.5%
28	新加坡交易所	Singapore Exchange	52237389	61750671	16.0%
29	中国金融期货交易所	China Financial Futures Exchange	无	45873295	无
30	蒙特利尔交易所	Bourse de Montreal	34753081	44296907	27.5%
31	墨西哥衍生品交易所	Mexican Derivatives Exchange	48780699	42595575	-12.7%
32	印度国家商品及衍生品交易所	National Commodity & Derivatives Exchange	29965383	40190612	34.1%
33	莫斯科银行间外汇交易所	Moscow Interbank Currency Exchange	19308241	31993282	65.7%

① 根据各交易所 2010 年期货和期权成交量以及清算量排名，下同。

续表

排名	交易所		2009 年	2010 年	变化率
34	东京工业品交易所	Tokyo Commodity Exchange	28881948	27636367	-4.3%
35	东京证券交易所	Tokyo Stock Exchange	26201383	26875977	2.6%
36	BATS 期权交易所	BATS Option Exchange	无	25103245	无
37	华沙证券交易所	Warsaw Stock Exchange	13820801	14684314	6.2%
38	奥斯陆证券交易所	Oslo Stock Exchange	13511246	13560340	0.4%
39	ELX 期货交易所	ELX Futures Exchange	5003983	13142541	162.6%
40	布达佩斯证券交易所	Budapest Stock Exchange	11795006	11810294	0.1%
41	雅典衍生品交易所	Athens Derivatives Exchange	7859952	8481281	7.9%
42	马来西亚衍生品交易所	Bursa Malaysia Derivatives Exchange	6137827	6154745	0.3%
43	堪萨斯期货交易所	Kansas City Board of Trade	3768660	5697874	51.2%
44	One Chicago 交易所	One Chicago	2983148	4971160	66.6%
45	泰国期货交易所	Thailand Futures Exchange	3072397	4245782	38.2%
46	东京谷物交易所	Tokyo Grain Exchange	4829183	2866588	-40.6%
47	明尼阿波利斯谷物交易所	Minneapolis Grain Exchange	1231961	1722497	39.8%
48	新西兰期货交易所	New Zealand Futures Exchange	1494047	1431422	-4.2%
49	维也纳交易所	Wiener Borse	766628	838991	9.4%
50	迪拜商业交易所	Dubai Mercantile Exchange	553888	744727	34.5%

三、前 20 大农产品期货及期权合约

表 4　　2010 年全球成交量前 20 大农产品期货及期权产品　　单位：手

排名	合约	交易所	2009 年	2010 年	变化率
1	白糖期货 White Sugar Futures	郑州商品交易所 ZCE	146063344	305303131	109.0%
2	天然橡胶期货 Rubber Futures	上海期货交易所 SHFE	89035959	167414912	88.0%
3	豆粕期货 Soy Meal Futures	大连商品交易所 DCE	155404029	125581888	-19.2%
4	豆油期货 Soy Oil Futures	大连商品交易所 DCE	94836881	91406238	-3.6%
5	1 号棉花期货 No. 1Cotton Futures	郑州商品交易所 ZCE	8534688	86955310	918.8%
6	玉米期货 Corn Futures	芝加哥商业交易所集团 CME	50948804	69841420	37.1%
7	棕榈油期货 Palm Oil Futures	大连商品交易所 DCE	44426498	41799813	-5.9%
8	黄大豆 1 号期货 No. 1 Soybeans Futures	大连商品交易所 DCE	42507076	37393600	-12.0%
9	大豆期货 Soybean Futures	芝加哥商业交易所集团 CME	35758855	36933960	3.3%
10	玉米期货 Corn Futures	大连商品交易所 DCE	16744088	35999573	115.0%
11	11 号白糖期货 Sugar #11 Futures	洲际交易所美国分部 ICE Futures U. S.	27300259	29052539	6.4%
12	早籼稻期货 Early Rice Futures *	郑州商品交易所 ZCE	1950083	26854086	1277.1%
13	小麦期货 Wheat Futures	芝加哥商业交易所集团 CME	17677547	23090255	30.6%

续表

排名	合约	交易所	2009 年	2010 年	变化率
14	玉米期货期权 Corn Options on Futures	芝加哥商业交易所集团 CME	14435687	20810260	44.2%
15	豆油期货 Soybean Oil Futures	芝加哥商业交易所集团 CME	17132082	20791164	21.4%
16	豆粕期货 Soybean Meal Futures	芝加哥商业交易所集团 CME	12880767	14052845	9.1%
17	活牛期货 Live Cattle Futures	芝加哥商业交易所集团 CME	8797033	11332739	28.8%
18	瓜尔豆期货 Guar Seed Futures	印度国家商品及衍生品交易所 NCDEX	9029772	10937797	21.1%
19	大豆期货期权 Soybean Options on Futures	芝加哥商业交易所集团 CME	9555840	10046345	5.1%
20	菜籽油期货 Rapeseed Oil Futures	郑州商品交易所 ZCE	10956863	9527915	-13.0%

注：* 该产品于 2009 年 4 月开始交易

四、前 20 大能源期货及期权合约

表 5　　2010 年全球成交量前 20 大能源期货及期权产品　　单位：手

排名	合约	交易所	2009 年	2010 年	变化率
1	西德克萨斯原油期货 WTI Crude Oil Futures	芝加哥商业交易所集团 CME	137428494	168652141	22.7%
2	布伦特原油期货 Brent Crude Oil Futures	洲际交易所欧洲分部 ICE Futures Europe	74137750	100022169	34.9%
3	Henry Hub 天然气期货 Henry Hub Natural Gas Futures	芝加哥商业交易所集团 CME	47951353	64323068	34.1%
4	西德克萨斯原油期货 WTI Crude Oil Futures	洲际交易所欧洲分部 ICE Futures Europe	46393671	52586415	13.3%
5	汽油期货 Gas oil Futures	洲际交易所欧洲分部 ICE Futures Europe	36038870	52296582	45.1%
6	原油期货 Crude Oil Futures	印度多种商品交易所 MCX	41092821	41537053	1.1%
7	西德克萨斯原油期货期权 WTI Crude Oil Options on Futures	芝加哥商业交易所集团 CME	28551730	32785267	14.8%
8	纽约港 RBOB 汽油期货 NY Harbor RBOB Gasoline Futures	芝加哥商业交易所集团 CME	21159516	27898698	31.8%
9	2 号取暖油期货 No. 2 Heating Oil Futures	芝加哥商业交易所集团 CME	21426015	26970106	25.9%
10	欧式天然气期货期权 Natural Gas European - Style Options on Futures	芝加哥商业交易所集团 CME	25309214	23957725	-5.3%
11	Henry Hub 天然气掉期 Henry Hub Natural Gas Swap	芝加哥商业交易所集团 CME	25670240	20417178	-20.5%
12	美国天然气基金 ETF 期权 U. S. Natural Gas Fund ETF Options	*	21341282	19180569	-10.1%
13	美国石油基金 ETF 期权 U. S. Oil Fund ETF Options	*	15932407	15191991	-4.6%
14	天然气期货 Natural Gas Futures	印度多种商品交易所 MCX	11124491	11176937	0.5%
15	布伦特原油期货 Brent Oil Futures	俄罗斯交易系统证券交易所 RTS	7471665	11127254	48.9%
16	燃料油期货 Fuel Oil Futures	上海期货交易所 SHFE	45753969	10682204	-76.7%

续表

排名	合约	交易所	2009 年	2010 年	变化率
17	Henry Hub 倒数第二月互换期货 Henry Hub Natural Gas Penultimate Swap Futures	芝加哥商业交易所集团 CME	11038692	8995324	-18.5%
18	PJM WH 非高峰期期货 PJM Western Hub Day Ahead Off-Peak Futures	芝加哥商业交易所集团 CME	6810613	4913517	-27.9%
19	西德克萨斯轻质原油均价期货期权 WTI Crude Oil Average Price Options on Futures	芝加哥商业交易所集团 CME	3203460	4621556	44.3%
20	欧洲排放单位期货 EUA Futures	洲际交易所欧洲分部 ICE Futures Europe	3775621	4263655	12.9%

注：* 表示可同时在多个期权交易所交易

五、前 20 大金属期货及期权合约

表 6　　2010 年全球成交量前 20 大金属期货及期权产品　　单位：手

排名	合约	交易所	2009 年	2010 年	变化率
1	螺纹钢期货 Steel Rebar Futures	上海期货交易所 SHFE	161574521	225612417	39.6%
2	锌期货 Zinc Futures	上海期货交易所 SHFE	32253386	146589373	354.5%
3	SPDR 黄金份额 ETF 期权 SPDR Gold Shares ETF Options	*	34346029	54737222	59.4%
4	铜期货 Copper Futures	上海期货交易所 SHFE	81217436	50788568	-37.5%
5	铝期货 High Grade Primary Aluminum Futures	伦敦金属交易所 LME	46988069	46537180	-1.0%
6	黄金期货 Gold Futures	芝加哥商业交易所集团 CME	35139541	44730345	27.3%
7	铜期货 Copper Futures	印度多种商品交易所 MCX	29602264	31341022	5.9%
8	铜期货 Copper Futures	伦敦金属交易所 LME	24922949	29949765	20.2%
9	银 M 期货 Silver M Futures	印度多种商品交易所 MCX	16954687	21325577	25.8%
10	安硕银信托 ETF 期权 iShares Silver Trust ETF Options	*	7157042	21187121	196.0%
11	锌期货 Special High Grade Zinc Futures	伦敦金属交易所 LME	15901774	18065641	13.6%
12	镍期货 Nickel Futures	印度多种商品交易所 MCX	9792850	17929207	83.1%
13	铝期货 Aluminum Futures	上海期货交易所 SHFE	20530548	17261995	-15.9%
14	银期货 Silver Futures	印度多种商品交易所 MCX	11555501	16440533	42.3%
15	黄金 M 期货 Gold M Futures	印度多种商品交易所 MCX	14756451	15307163	3.7%
16	银期货 Silver Futures	芝加哥商业交易所集团 CME	7990528	12826666	60.5%
17	黄金期货 Gold Futures	东京工业品交易所 TOCOM	11913502	12198340	2.4%
18	黄金期货 Gold Futures	印度多种商品交易所 MCX	12144967	12052225	-0.8%
19	铜期货 Copper Futures	芝加哥商业交易所集团 CME	6398967	10305670	61.1%
20	锌期货 Zinc Futures	印度多种商品交易所 MCX	4033350	8091763	100.6%

注：* 表示可同时在多个期权交易所交易

六、前20大股权类期货及期权合约

表7　　2010年全球股指衍生品成交量前20名　　单位：手

排名	合约	交易所	2009年	2010年	变化率
1	Kospi 200 指数期权 Kospi 200 Options	韩国交易所 KRX	2920990655	3525898562	20.7%
2	电子迷你标普500指数期货 E - Mini S&P 500 Index Futures	芝加哥商业交易所集团 CME	556314143	555328670	-0.2%
3	SPDR 标普 500ETF 期权 SPDR S&P 500 ETF Options	*	347697659	456863670	31.4%
4	标普 CNX Nifty 指数期权 S&P 500 CNX Nifty Index Options	印度国家证券交易所 NSE India	321265217	529773463	64.9%
5	欧洲斯托克50指数期货 Euro Stoxx 50 Futures	欧洲期权与期货交易所 Eurex	333407299	372229766	11.6%
6	欧洲斯托克50指数期权 Euro Stoxx 50 Index Options	欧洲期权与期货交易所 Eurex	300208574	284707318	-5.2%
7	RTS 指数期货 RTS Index Futures	俄罗斯交易系统证券交易所 RTS	150019917	224696733	49.8%
8	标普500指数期权 S&P 500 Index Options	芝加哥期权交易所 CBOE	154869646	175291508	13.2%
9	标普 CNX Nifty 指数期货 S&P CNX Nifty Index Futures	印度国家证券交易所 NSE India	195759414	156351505	-20.1%
10	迷你日经225指数期货 Nikkei 225 Mini Futures	大阪证券交易所 OSE	104738309	125113769	19.5%
11	Powershares QQQETF 期权 Powershares QQQ ETF Options	*	147839060	121404264	-17.9%
12	安硕罗素 2000ETF 期权 IShares Russell 2000 ETF Options	*	73375256	118975104	62.1%
13	Taiex 期权 Taiex Options	台湾期货交易所 TAIFEX	72082548	95666916	32.7%
14	Kospi 200 指数期货 Kospi 200 Futures	韩国交易所 KRX	83117030	86214025	3.7%
15	电子迷你纳斯达克100指数期货 E - Mini Nasdaq 100 Futures	芝加哥商业交易所集团 CME	77972143	79637745	2.1%
16	Dax 期权 Dax Options	欧洲期权与期货交易所 Eurex	95926938	75123392	-21.7%
17	TA - 25 指数期权 TA - 25 Index Options	以色列证券交易所 TASE	62271157	70573392	13.3%
18	SPDR 金融行业 ETF 期权 Financial Select Sector SPDR ETF Options	*	87979993	69351047	-21.2%
19	波动率指数期权 Volatility Index Options	芝加哥期权交易所 CBOE	33328163	62452232	87.4%
20	安硕 MSCI 新兴市场 ETF 期权 IShares MSCI Emerging Markets ETF Options	*	73375256	58287483	-20.6%

注：*表示可同时在多个美国期权交易所交易

七、前20大利率期货及期权合约

表8　　2010年全球成交量前20大利率期货及期权产品　　单位：手

排名	合约	交易所	2009年	2010年	变化率
1	欧洲美元期货 Eurodollar Futures	芝加哥商业交易所集团 CME	437585193	510955113	16.8%
2	10年期美国国债期货 10 Year Treasury Note Futures	芝加哥商业交易所集团 CME	189852019	293718907	54.7%
3	1天银行间存款期货 One Day Inter - Bank Deposit Futures	巴西期货交易所－圣保罗证券交易所 BM&F	151958184	293065417	92.9%
4	Euribor 期货 Euribor Futures	纽约泛欧交易所集团 Liffe	192859090	248504960	28.9%
5	德国欧元长期债券期货 Euro - Bund Futures	欧洲期权与期货交易所 Eurex	180755004	231484529	28.1%
6	德国欧元短期债券期货 Euro - Schatz Futures	欧洲期权与期货交易所 Eurex	125607110	140923898	12.2%
7	德国欧元中期债券期货 Euro - Bobl Futures	欧洲期权与期货交易所 Eurex	105820542	133851275	26.5%
8	5年期美国国债期货 5 Year Treasury Note Futures	芝加哥商业交易所集团 CME	98391120	132149948	34.3%
9	Euribor 期货期权 Euribor Options On Futures	纽约泛欧交易所集团 Liffe	121612383	121077679	-0.4%
10	3个月英镑利率期货 Short Sterling Futures	纽约泛欧交易所集团 Liffe	104073092	112944490	8.5%
11	欧洲美元期货期权 Eurodollar Options On Futures	芝加哥商业交易所集团 CME	117553569	106893369	-9.1%
12	IDI 指数期权 IDI Index Options	巴西期货交易所－圣保罗证券交易所 BM&F	40174869	88014027	119.1%
13	30年期美国国债期货 30 Year Treasury Bond Futures	芝加哥商业交易所集团 CME	62232671	83509754	34.2%
14	欧洲美元中期利率期货期权 Eurodollar Mid - Curve Options On Futures	芝加哥商业交易所集团 CME	43369605	76490147	76.4%
15	2年期美国国债期货 2 Year Treasury Note Futures	芝加哥商业交易所集团 CME	48158948	66977168	39.1%
16	10年期美国国债期货期权 10 Year Treasury Note Options On Futures	芝加哥商业交易所集团 CME	40206023	55280257	37.5%
17	德国欧元长期债券期货期权 Euro - Bund Options On Futures	欧洲期权与期货交易所 Eurex	28392790	39301301	38.4%
18	3年期国债期货 3 Year Treasury Bond Futures	澳大利亚证券交易所 ASX	24197537	34482136	42.5%
19	英国长期债券期货 Long Gilt Futures	纽约泛欧交易所集团 Liffe	23977779	28525983	19.0%
20	3年期国债期货 3 Year Treasury Bond Futures	韩国交易所 KRX	20050788	26922414	34.3%

八、前10大外汇期货及期权合约

表9　　2010年全球成交量前10大外汇期货及期权产品　　单位：手

排名	合约	交易所	2009年	2010年	同比增长
1	美元/印度卢比期货 U. S. Dollar/Indian Rupee Futures	印度多种商品交易所 MCX－SX	224273548	821254927	266.2%
2	美元/印度卢比期货 U. S. Dollar/Indian Rupee Futures	印度国家证券交易所 NSE India	226362368	705319585	211.6%
3	欧元期货 Euro FX Futures	芝加哥商业交易所集团 CME	54393644	86232358	58.5%
4	美元期货 U. S. Dollar Futures	巴西期货交易所－圣保罗证券交易所 BM&F	66776180	82453621	23.5%
5	美元/卢布期货 U. S. Dollar/Russian Ruble Futures	俄罗斯交易系统证券交易所 RTS	8468200	81122195	858.0%
6	美元期货 U. S. Dollar Futures	韩国交易所 KRX	41161819	64256678	56.1%
7	美元期货 U. S. Dollar Futures	阿根廷罗萨里奥交易所 ROFEX	51107696	61729396	20.8%
8	欧元/印度卢比期货 Euro/Indian Rupee Futures*	印度多种商品交易所 MCX－SX	0	46411303	0
9	欧元/美元期货 Euro/U. S. Dollar Futures**	俄罗斯交易系统证券交易所 RTS	13658237	39476420	189.0%
10	澳元/日元期货 Australian Dollar /Japanese Yen Futures	东京金融交易所 TFX	17793787	34272436	92.6%
11	日元期货 Japanese Yen Futures	芝加哥商业交易所集团 CME	24853787	31862793	28.2%
12	英镑期货 British Pound Futures	芝加哥商业交易所集团 CME	22749569	30220239	32.8%
13	美元/日元期货 U. S. Dollar/Japanese Yen Futures	东京金融交易所 TFX	20198781	27551634	36.4%
14	澳元期货 Australian Dollar Futures	芝加哥商业交易所集团 CME	16732682	25903355	54.8%
15	美元期货期权 U. S. Dollar Options On Futures	巴西期货交易所－圣保罗证券交易所 BM&F	21631255	24170975	11.7%
16	加元期货 Canadian Dollar Futures	芝加哥商业交易所集团 CME	15481166	22083807	42.6%
17	欧元/日元期货 Euro/Japanese Yen Futures	东京金融交易所 TFX	9961673	19921565	100.0%
18	美元展期期货 U. S. Dollar Rollover	巴西期货交易所－圣保罗证券交易所 BM&F	15280530	19223570	25.8%
19	欧元/印度卢比期货 Euro/Indian Rupee Futures*	印度国家证券交易所 NSE India	0	17326787	0
20	英镑/日元期货 British Pound/Japanese Yen Futures	东京金融交易所 TFX	16266521	17108444	5.2%

注：*该产品于2010年2月开始交易；**该产品于2009年2月开始交易